UNORTHODOX LAWMAKING
NEW LEGISLATIVE PROCESSES
IN THE U.S. CONGRESS

FIFTH EDITION

BARBARA SINCLAIR

立法学经典译丛

赵雪纲 主编

非正统的法律制定
美国国会的新立法程序
（第五版）

〔美〕芭芭拉·辛克莱 著
赵雪纲 顾佳羽 等译

商务印书馆
The Commercial Press

Barbara Sinclair

UNORTHODOX LAWMAKING

New Legislative Processes in the U. S. Congress

（**Fifth Edition**）

Copyright © 2017 by CQ Press

中译本根据国会季刊出版社 2017 年版译出

立法学经典译丛

总　序

一

柏拉图在《法律篇》的开头之处就通过雅典来客之口问道:"告诉我,你们的法律是谁制定(安排)的? 是某位神? 还是某个人?"①这种以追问立法者及其立法方式开端的思考方式,奠定了后世西方思想家探究立法问题的基本模式。又由于古犹太人首先以摩西传达的上帝诫命为其律法,故承继犹太信仰核心的基督教思想家对立法问题的思考,尤重立法者及其法律的"制定"问题。阿奎纳在阐述法律的核心要素时,将立法者(legislator)、理性(reason)、公共善(common good)和颁布(promulgation)四者作为判断一条规则具有法律品质的标准。② 在柏拉图或者阿奎纳这样的古典思想家那里,立法者到底应该是谁的问题,大体又可以分为两层来理解:第一层是,立法者应该是神还是人;第二层是,如果立法者是人,那应该是什么样的人。在古人那里,似乎只有神

---

① 柏拉图:《法律篇》,张智仁、何勤华译,孙增霖校,上海人民出版社 2001 年版,第 1 页。

② 圣多玛斯·阿奎那:《神学大全》第六册《论法律与恩宠》,周克勤总编,刘俊余译,中华道明会、碧岳学社 2008 年版,第 1—7 页。

所制定的法律,才是最不可能偏离正义的,而人所制定的法律则不一定如此。故而宙斯的儿子米诺斯"每隔九年……就到他父亲宙斯那里去请教,根据神谕"为克里特城邦制定法律。而摩西这样的先知,也是从上帝那里领受了衪借着天使所颁布的法律(旧约的法律),更不要说神子耶稣直接颁布新约法律的故事了。职是之故,人类立法者(human legislator),一定至少是半神之人,甚至本身就是神自身,否则他便不能参悟神道,并将永无谬误的神圣之法传达给人类。按柏拉图的看法,似乎只有神明亲自立法或通过半神之人传达自己的法律,这法律才能"像一个弓箭手那样始终瞄准唯一的目标",即美德。① 故而古人之追问立法者应该是神是人,其实是在关注人类立法者的限度以及人法的目的和方向问题。

然而,启蒙思想家却认为,神明和通神之人,甚至神样的人(god-like person),其自身之存否尚可质疑,因此,人类或者国家,只能可靠地从普通人那里寻得权威,以立言制法。普通人是芸芸众生,因此,启蒙思想家寻找到的这个人类立法者,不再是那个单数的神样的人,而是成了复数的"人们"(persons),而且他们还用一个单数的"人民"(a people)将这个复数的"人们"总括起来,树之为最高的、唯一正当的人类立法者。在这个探寻人类立法者的过程中,一位并非启蒙家的教士马西略发挥了重要的过渡作用。按照施特劳斯的理解,马西略的主张是,"在任何一个共和国中,最根本的政治权威……是人类立法者,也就是人民,全体公民"。因而"立法权应当属于那些凭借自身能力就能够制定出理想法律的人,这只能是全体公民"。进而,人法才是唯一能够被真正称为

---

① 参见柏拉图:《法律篇》,张智仁、何勤华译,孙增霖校,上海人民出版社 2001 年版,第 109 页。

法律的东西,因其立法者是人,而其目的在于为人类自身谋得身体上的福祉。①

　　如果说马西略类似现代人民主权理论的人类立法者思想是出于反教权目的而"被迫"表达的话,那么一百五十多年之后的马基雅维利基于反神学的抱负而阐述的专制君主为唯一立法者的学说,就不仅使得世俗之人成了唯一合格的立法者,而且使得专制君主命令之外的其他一切规则彻底丧失了法律的品质。霍布斯在一百二十年后接续并完善了马基雅维利的这一主张。尽管霍布斯还在讲自然法的戒律,但他明确提出,"正式来说,所谓法律是有权管辖他人的人所说的话",因此称自然法为法律"是不恰当的"。② 霍布斯的此观点,首开了后世"法律就是主权者的命令"这一实证法学立场的端绪。他的这种让主权者握有几乎全部权力的理论,对后世的议会主权观念影响深远。后来,经过斯宾诺莎、洛克等人的论述,不仅上帝为人立法的观念遭到了彻底的否弃,人类立法者成了唯一正当的立法者,而且人类立法者所定法律的目的只能是霍布斯式的"使生命与国家皆得安全"③,"为人民谋福利"④。当斯宾诺莎和洛克出于维护自由的信念而将民主政体视为几乎是最佳政体时,现代人民立法者的观念就呼之欲出了!⑤ 上承马西略、斯宾诺莎和洛克的卢梭完成了人民是唯一的主权者、唯一的立法者这理论上

---

① 参见列奥·施特劳斯:《帕多瓦的马西利乌斯》,载列奥·施特劳斯:《古今自由主义》,马志娟译,江苏人民出版社 2010 年版,第 215—236 页。

② 霍布斯:《利维坦》,黎思复、黎廷弼译,杨昌裕校,商务印书馆 1985 年版,第 122 页。

③ 斯宾诺莎:《神学政治论》,温锡增译,商务印书馆 1963 年版,第 66 页。

④ 洛克:《政府论(下篇)》,叶启芳、瞿菊农译,商务印书馆 1964 年版,第 89 页。

⑤ 参见斯宾诺莎:《神学政治论》,温锡增译,商务印书馆 1963 年版,第 216—219 页;洛克:《政府论(下篇)》,叶启芳、瞿菊农译,商务印书馆 1964 年版,第 80—98 页。

的最后一步。① 立法者终于由神而到半神之人、由半神之人而到独裁的君主，最终变成了人民，这是古今立法者身份之变，也是正当政体或最佳政体观念之变的紧要"时刻"——我们或可称之为"卢梭时刻"。

二

人民是唯一的主权者，也应是唯一的立法者，可是，作为集体的人民如何立法？ 就连创构人民主权理论的卢梭在这一点上也深感为难。"我们不能想象人民无休无止地开大会来讨论公共事务"②，尤其"常常是并不知道自己应该要些什么的盲目的群众……又怎么能亲自来执行像立法体系这样一桩既重大又困难的事业呢？"③摩西或者穆罕默德这样的伟大人物立法自是容易，他们以神道设教、代神明立言颁法即可，无须代表。但人民这样的立法者总是难以持续地制定法律，除非通过人民的代表机构。而卢梭又完全不相信人民能被"代表"，也不认为代表机构能享有国家主权并获得立法者的资格，人民的议员"不是也不可能是人民的代表，他们只不过是人民的办事员罢了"④，即便议员制定法律，他们似乎也只不过是"编订法律的人"，而编订法律的人"不应该有任何的立法权力"⑤。这是卢梭的理论难题，只不过在实践中，英国代议制彼时已在欧陆产生广泛影响，尤其受到孟德斯鸠等人的大力推崇。因此，到了十八世纪的时候，尽管人们在"谁应操有主权，谁应行使立法

---

① 参见汉娜·阿伦特：《论革命》，陈周旺译，译林出版社 2019 年版，第 181 页。
② 卢梭：《社会契约论》，何兆武译，商务印书馆 1980 年版，第 84 页。
③ 卢梭：《社会契约论》，何兆武译，商务印书馆 1980 年版，第 48 页。
④ 卢梭：《社会契约论》，何兆武译，商务印书馆 1980 年版，第 120 页。
⑤ 卢梭：《社会契约论》，何兆武译，商务印书馆 1980 年版，第 53 页。

权力"这样的问题上还有争议，但代议机构应具有主权者和立法者的身份这一观念，已然产生了极大影响。而且，尽管卢梭反对代议制度，但其人民主权观念却在经过法国大革命之后，愈加与议会制度结合在一起，进一步确定了议会主权即人民主权的观念。人民成为现代立法活动的至高之"神"，具有极为重要的理论和实践意义。

由此看来，虽然代议机构在英国历史中出现得早，代议制度实践在欧洲历史中也持续得长，①但将代议机构视为一国人民的代表机构，视为享有至高权力的立法者，却是人民主权观念确立之后的事情。后来，经过欧洲 1848 年的革命运动，到了十九世纪中期，主要处理代议制实践问题的密尔的《代议制政府》一纸风行，为体现人民主权的代议制度确立了更为坚实的基础。在"理想上最好的政府形式是代议制政府"一章的结尾之处，密尔讲过一段很有名的话：

> 显然能够充分满足所有要求的唯一政府是全体人民参加的政府；任何参加，即使是参加最小的公共职务也是有益的；这种参加的范围大小应到处和社会一般进步程度所允许的范围一样；只有容许所有的人在国家主权中都有一份才是可以想望的。但是既然在面积和人口超过一个小市镇的社会里除公共事务的某些极次要的部分外所有的人亲自参加公共事务是不可能的，从而就可得出结论说，一个完善政府的理想类型一定是代议制政府了。②

密尔这里所说的意思是，鉴于直接民主制不可能在现实中实现，因

---

① 参见弗朗索瓦·基佐：《欧洲代议制政府的历史起源》，张清津、袁淑娟译，复旦大学出版社 2008 年版。

② 密尔：《代议制政府》，汪瑄译，商务印书馆 1984 年版，第 55 页。

此只有能够最大程度地体现民主性的代议制政府,才是唯一可能的最佳政府形式。而且,密尔所说的代议制政府,主要就是指作为全体人民之代表的立法机构。其实,早于密尔的《代议制政府》一书十年时间,基佐在他的《欧洲代议制政府的历史起源》中批判卢梭的意志论代表理论时,就将代议制中的代表推上了至高地位,认为他们代表的不是个体的意志,而是公共理性、公共道德,因此代表构成的团体才能体现最高统治权所要求的理性、道德、真理和正义,也因此,代议机构才能享有最高的立法之权。[①]

三

　　既然代议机构理所当然地享有了最高立法权力,成了事实上的立法者,那么,这种在现代人看来来之不易的机构,又应该立出什么样的法律? 换言之,某些启蒙思想家将立法者由专制君主替换成代表人民的代议机构,目的是想让它制定什么样的法律?

　　中世纪的英格兰议会对后世代议制理论和实践产生了深远影响,孟德斯鸠对英格兰中世纪形成的这一传统深表赞赏,他的理由在于,因为这种制度有助于实现人民的"自由"——自由在孟德斯鸠眼里是好政治的主要标准。"世界上还有一个国家,它的政制的直接目的就是政治自由。"[②]英格兰这个国家不仅以政治自由为其立国目的,而且在光荣革命后还设计出了颇让孟德斯鸠赞叹的权力分立和制衡制度来实现政治自由。孟德斯鸠进而论述道,自由之国的"每个人都被认为具有自由的

---

　　① 　参见弗朗索瓦·基佐:《欧洲代议制政府的历史起源》,张清津、袁淑娟译,复旦大学出版社 2008 年版,第 300—313 页。
　　② 　孟德斯鸠:《论法的精神》,张雁深译,商务印书馆 1961 年版,第 155 页。

精神"，都应该自治，"所以立法权应该由人民集体享有"，但这在实际上又很难做到，"因此人民必须通过他们的代表来做一切他们自己所不能做的事情"。① 由此看来，将代议机构视为卢梭主权在民意义上的最高立法机关，或许孟德斯鸠尚不具此意，但立法权从根本上说应由人民集体享有而且立法的目的应为实现人民的自由，则是两个人的共同看法。

那么，促进和保护自由应是现代代议机构立法的唯一目的吗？不是！

密尔认为，历史上曾经存在专制君主和专断权力，有时也被用作猛药来消除国家的弊病，但是，只有当专制权力被用来"消除妨害民族享有自由的障碍时才是可以原谅的"②。也就是说，只有在人民的自由受到威胁而有丧失的危险时，专制权力才可以作为恢复自由的临时手段而被使用。在常态下，对于维护自由来说，平民政府无疑才是最佳的手段。而且，平民政府不仅有利于实现自由，还能促进民族性格的健康发展和进步，进而使国家达至普遍繁荣之境。"一切自由社会，比之任何其他社会，或者比自由社会在丧失自由以后，既更能免除社会的不公正和犯罪，又可达到更辉煌的繁荣。……自由国家的较高的繁荣明显得无法否认。"③原来如此！平民-代议制政府、自由社会、公正秩序、繁荣昌盛，是具有密切关联的事物。由此可以看到，孟德斯鸠、密尔等人论证代议制政府的正当性，是与论证国家和法律所欲实现的新目的——自由、公正、繁荣——连在一起的。当国家和法律所欲达至的目的经过启蒙思想家的不懈论述和宣传发生了根本变化时，能够建立起这样的新国家、能够制定出这样的新法律的政府形式也就必须发生根本变化，

---

① 孟德斯鸠:《论法的精神》，张雁深译，商务印书馆1961年版，第158页。
② 密尔:《代议制政府》，汪瑄译，商务印书馆1984年版，第43页。
③ 密尔:《代议制政府》，汪瑄译，商务印书馆1984年版，第46页。

这就是从君主制向民主制的转变，从君主一人立法向民众全体立法的转变——由于民众全体立法在实践操作中的困难，代议制政府形式和代议制立法于是就有了唯一的正当性。而且，原来"像一个弓箭手那样始终瞄准唯一的目标"的法律，所瞄准的那个唯一目标是美德，所以法律才须由神明自身或半神之人来制定，当法律的目标成为自由的公正，尤其是繁荣的"共富"（commonwealth）时，立法者也就必须变成代表全体民众之想望（desires）的代议机构。国家和法律在根本目标上的古今之变，带来了国家治理方式、立法者和立法方式上的彻底改变！

四

可是，代议制终究不是全民民主，代议机构在制定法律时也不易常能听取人民的意见。如果人民选出的代表是精英还好（熊彼特的精英民主理论），因为精英毕竟代表着更高的理性和美德。但若人民选出的少数代表僭取人民的至高政治地位，篡夺人民的利益，限制人民的自由，那该怎么办？因此，直到今日仍然有人认为："代议制事实上具备某些民主特征。但其寡头特征也是不容置疑的……（因此）代议制政府的制度安排是民主属性和非民主属性的组合。"①因此，代议制度"在创始之初被视作民主的对立物"可能是更有道理的，而在今天"被视为民主的表现形式之一"很有可能也是成问题的。②但是，毕竟我们可以通过更合理的制度设计来逐步解决代议制和代议机构立法所存在的问题，

---

①　伯纳德·曼宁：《代议制政府的原则》，史春玉译，中国社会科学出版社 2019 年版，第 215 页。

②　伯纳德·曼宁：《代议制政府的原则》，史春玉译，中国社会科学出版社 2019 年版，第 214 页。

因此达尔的看法还只是对代议机构立法所做的一般性批判,尚不致毁掉其根基。而二十世纪的另外两位政治立场迥异的思想家对代议制或议会民主制所做的批判,则让我们对代议机构立法的常态做法,甚至对人民主权理念本身也会产生深刻的疑虑。

第一位就是自由主义大师哈耶克。他认为人类社会自有其规律(法律),而人类按照自己的意志进行人为立法,有时固然有大大增强人类力量之功,但更多的时候却会带来糟糕的后果甚至灾难,因此他说:"立法这种发明赋予了人类一种威力无比的工具——它是人类为了实现某种善所需要的工具,但是人类却还没有学会控制它,并确保它不产生大恶。"①哈耶克引述别人的话说,得到人民主权观念加持的代议机构运用技艺来立法,更是一种现代的"发明,可能会产生某种严重的后果,与火的发现或火药的发明所具有的那种严重后果一样"②。因此,哈耶克坚决反对"法律乃是主权者的命令……一切法律都必须由正当选举产生的人民代表制定"这一观点,③因为这种观点极易导致一种普遍的信念,即"所有的法律都是,都能够是,也都应当是立法者随心所欲发明的产物"④。具体到代议制中,这种观点和信念假定人民可以"一起行动",而且人民一起行动时"在道德上也要比个人采取单独行动更可取"⑤,进一步地,它又推定人民的代议机构是全知全能的,并因此而享

---

①　弗里德利希·冯·哈耶克:《法律、立法与自由》(第一卷),邓正来等译,中国大百科全书出版社 2022 年版,第 182 页。

②　弗里德利希·冯·哈耶克:《法律、立法与自由》(第一卷),邓正来等译,中国大百科全书出版社 2022 年版,第 210—211 页。

③　参见弗里德利希·冯·哈耶克:《自由秩序原理》(上),邓正来译,生活·读书·新知三联书店 1997 年版,第 377 页。

④　弗里德利希·冯·哈耶克:《法律、立法与自由》(第一卷),邓正来等译,中国大百科全书出版社 2022 年版,第 184 页。

⑤　弗里德利希·冯·哈耶克:《法律、立法与自由》(第三卷),邓正来等译,中国大百科全书出版社 2022 年版,第 62 页。

有不受限制的主权(unlimited sovereignty)，可以随心所欲地制定一切法律。在哈耶克看来，这种观念只不过是现代人的臆想。

哈耶克提醒人们要警惕这种观念：最高立法者的意志就是法律，只有最高立法者的意志才是法律。原因在于，作为最高立法者的代议机构据此观念制定的法律极有可能侵犯人的自由。但这还不是最为糟糕的事情。当行政事务越来越多而民选议会过多承担了政府治理的任务时，议会的主要事务就会变成帮助国家机器正常有序地运转，这在哈耶克看来才是糟糕透顶之事。即便我们承认议会是最高立法者，这种改变议会和议员性质，让议会为行政机关背书，让政治决定立法的实践，会使立法机构将其真正的立法任务彻底抛弃，会使议会和议员不关注立法而关注政府治理任务，会使得议会和议员不能再代表普遍利益，而会趋向"变成他们各自选民利益的代言人"。[①]

政治治理任务的主要特征是命令的即时化，而非法律的恒稳性。洛克说："谁拥有立法权或最高权力，谁就有义务根据既已确立的、向全国人民颁布周知的、长期有效的法律来实行统治，而不得以即时性的命令来实行统治。"哈耶克据此认为，洛克眼里的立法机构成立的目的是制定法律以捍卫、保障社会成员的权利和自由，限制任何社会成员尤其是任何机构的权力和支配权。而现代代议机构立法权的政治化在很大程度上可以使之堕落成专断、绝对的权力，更要命的是，这种专断和绝对的立法权在这时其实只不过成了政治性权力的附庸。[②] 哈耶克最终对现代立法事业提出警示说："真正的立法从根本上说是一项需要远见

---

① 弗里德利希·冯·哈耶克：《法律、立法与自由》(第一卷)，邓正来等译，中国大百科全书出版社 2022 年版，第 51 页。

② 参见弗里德利希·冯·哈耶克：《自由秩序原理》(上)，邓正来译，生活·读书·新知三联书店 1997 年版，第 214—215 页。

的任务……立法必须是一项持续不断的任务,亦即一项必须持之不懈地以渐进方式去努力改进法律并使之与新情势相适应的任务。"①但这种新情势,却绝不应是政治性权力"创造"出来的。

　　施米特作为二十世纪的一位非自由主义者甚至反自由主义者,从另一个方向上对议会立法提出了深刻的批判。他像哈耶克一样认为,议会的愈加政治化和行政化是一个现实——"今天,议会主义是作为执政方法和政治体制而存在的"②。而这种现实在他看来是现代大众民主愈加发展的后果。因为大众民主愈是发展,议会这样的立法机构就愈是成为一种"商议和协调"机构,而离其"说服对手相信一种正确做法或者真理"的机构性质愈远,③于是卢梭式的"公意"也就愈加不可能从议会中产生出来,而正确的法律因之也就愈加不可能从议会中制定出来。当"议会从拥有明确真理的机构变成一种单纯的实际操作工具"时,"某种工艺流程"就成了它展示自身存在的最重要的东西。"于是,议会便走到了尽头。"④而且,当议会立法越来越为党派性的委员会操控时,"议会就变成了一个官署",而不再是一个"在公开辩论的基础上做出决断的场所了"。⑤ 于是,议会作为立法机构的正当性基础也便深遭侵蚀。施米特早在作于 1923 年的《当今议会制的思想史

----

　　① 　弗里德利希·冯·哈耶克:《立法、法律与自由》(第三卷),邓正来等译,中国大百科全书出版社 2022 年版,第 64 页。

　　② 　卡尔·施米特:《议会主义与现代大众民主的对立》,载卡尔·施米特:《论断与概念:在与魏玛、日内瓦、凡尔赛的斗争中(1923—1939)》,朱雁冰译,上海人民出版社 2006 年版,第 49 页。

　　③ 　卡尔·施米特:《议会主义与现代大众民主的对立》,载卡尔·施米特:《论断与概念:在与魏玛、日内瓦、凡尔赛的斗争中(1923—1939)》,朱雁冰译,上海人民出版社 2006 年版,第 49 页。

　　④ 　卡尔·施米特:《议会主义与现代大众民主的对立》,载卡尔·施米特:《论断与概念:在与魏玛、日内瓦、凡尔赛的斗争中(1923—1939)》,朱雁冰译,上海人民出版社 2006 年版,第 53 页。

　　⑤ 　参见卡尔·施米特:《宪法学说》,刘锋译,上海人民出版社 2005 年版,第 342 页。

状况》"导言"中就说过：

> 　　比例代表制和党派代表式选票的制度，破坏了选民与议员之间的关系，使结帮拉派成了议会中不可缺少的统治手段，使所谓的代表原则成了无稽之谈。此外，真正的事务不是出现在全体参加的公开会议上，而是出现在委员会里，甚至不一定出现在议会的委员会里；重大决策是在宗派领袖的秘密会议甚至议会外的委员会做出的……这样一来，整个议会制度最终变成了一件掩盖党派统治和经济利益的可怜外衣。①

　　当议会的立法不得不越来越"跟委员会甚至越来越小的委员会合作"时，作为人民代表机构的议会整体，就变成了"一种纯粹的门面"，议会在此意义上也就丧失了其"自身的理（ratio）"。②

　　更糟糕的还不止于此。在施米特看来，应将辩论作为其根本活动方式的议会，不仅对自身的这一根本之"理"不再坚持，而且它自己也越来越认为不可能通过公开辩论获得绝对意义上的真理和正确，它认为通过辩论能够获得部分相对真理已经是不错的了。这样，议会就"从一种其正确性不言自明的制度变成了一种单纯实用的技术性手段"，于是，"议会也就完结了"。③

　　这样的议会制定出来的法律，毫不尊贵，也不庄严。因为法律应该

---

　　①　卡尔·施米特：《当今议会制的思想史状况》，载卡尔·施米特：《政治的浪漫派》，冯克利、刘锋译，上海人民出版社 2004 年版，第 173 页。

　　②　参见卡尔·施米特：《当今议会制的思想史状况》，载卡尔·施米特：《政治的浪漫派》，冯克利、刘锋译，上海人民出版社 2004 年版，第 200 页。

　　③　参见卡尔·施米特：《当今议会制的思想史状况》，载卡尔·施米特：《政治的浪漫派》，冯克利、刘锋译，上海人民出版社 2004 年版，第 164 页。

是"与纯粹的权威(Autorias)相对的真理(Veritas)……与单纯的具体命令相对的普遍正确的规范"①,若现代法律只能从议会获得一个权威的外壳而不能从中获得真理品质,那么,我们还要议会制度干什么呢? 在施米特看来,这样一种议会制理念,摧毁了卢梭式"自身同质的"人民保障其意志的正义和理性的"所有属性",而只让议会成了一个个人利益的协调场域,从中只能产生价值中立的、功能主义-形式的法律。由此,施米特说,布尔什维克主义对现代议会制的批判,才有其甚大的合理性,而马克思主义思想中的专政理念,也才在某种程度上具有了道德上的正当性。② 施米特引用托洛茨基的话说:"相对真理的意识绝不可能赋予人们运用暴力和流血牺牲的勇气。"③因为只有一个以追求绝对真理和永恒正义的法律为目标的议会,才能树立起"立法的尊严"!

五

柏克说过,认为"法律从制定它的机构中便能够获致权威而与制定者的品质无关",是一种威胁人类社会的秩序和和谐、安全和幸福的极大谬误。④ 我们从哈耶克、施米特等二十世纪思想家对议会立法的反思和批判那里,仍然可以听到柏克此种观念的回声。所以,立法者到底应该是谁、立法者应该制定什么样的法律、如何保证立法者制定良好的法

---

① 卡尔·施米特:《当今议会制的思想史状况》,载卡尔·施米特:《政治的浪漫派》,冯克利、刘锋译,上海人民出版社 2004 年版,第 195 页。

② 参见卡尔·施米特:《当今议会制的思想史状况》,载卡尔·施米特:《政治的浪漫派》,冯克利、刘锋译,上海人民出版社 2004 年版,第 200 页及以下。

③ 卡尔·施米特:《当今议会制的思想史状况》,载卡尔·施米特:《政治的浪漫派》,冯克利、刘锋译,上海人民出版社 2004 年版,第 210 页。

④ 参见弗里德利希·冯·哈耶克:《自由秩序原理》(上),邓正来译,生活·读书·新知三联书店 1997 年版,第 378 页。

律等等这些问题，既是古人曾思考的问题，同样也是启蒙以来的现代立法理论所关注的问题。也可以说，这些基本问题，是一代代思想家论述立法的经典著作不断重新提出而且持久为后世心怀天下者所深思的问题。今日自不例外，也不应例外！

然而，代议机构自卢梭之后在实践中已经成为人民主权代表机构而能代表人民制定法律，且其制定的法律之目的和方向已然确定，那么对今日的我们来说，上述立法的诸基本问题似乎就只剩下了一个，那就是不断探索代议机构制定法律的正确方式，精心设计立法程序并将之确定为制度性的过程，以保证法律"来自人民、为了人民"的品质。由此，现代的立法学也就从根本上与柏拉图式的、亚里士多德式的古典立法学区分开来，①它无须再承担寻找立法者的任务，也不再承担探究制定何种性质、什么种类的法律的任务，而主要成了寻找和建构合理的立法过程的学问。正因如此，十九世纪后期尤其是二十世纪以来，关于立法过程的学术研究、制度设计之类的著作，遂多如过江之鲫，不可胜数。这些关于议会立法过程乃至议会议事规则的著作，对于人民主权理论已然确立起来的二十世纪来说，确实具有不小的意义，因为人民的法律在很大程度上确需由此合理的过程和精确的程序规则产生出来。

然而，如果我们的眼光仅仅停留在对这些程序性原理和细则的研究之上，而放弃对现代立法基础理论的持续性反思，恐有深陷技术泥潭之虞。而要反思现代立法的问题和现代立法研究的方向，不将视野扩展到整个现代立法理论的奠基时代甚至古代立法理论的形成时期，恐怕也不易真正深入。因此我们才不厌其烦地追溯立法理论的古今变化

---

① 参见赵雪纲：《亚里士多德论立法学》，《中国社会科学报》2021 年 4 月 28 日；另参见林志猛编：《立法与德性：柏拉图〈法义〉发微》，张清江、林志猛等译，华夏出版社 2019 年版。

过程,以期凸显古今立法思想家在立法者、立法目的、立法方式等问题上持有的有时相似、有时迥异的看法,从而为我们思考今日世界的重大立法问题提供一孔之见。也是因此之故,我们才组织编译了这套"立法学经典译丛",以图稍稍展现这些问题的基本脉络,从而推动关注今日中国乃至世界立法的人们进一步思考现代立法的种种问题。在我们组织移译的八部著作中,哈林顿的《立法的技艺》和边沁的《立法理论》,就其作者、创作年代和后世影响来看当之无愧已成"经典";而其他六部仍属当代专家探研现代立法理论、考究议会立法过程和立法技术的出色著作,它们能否成为立法学研究的"经典",尚待来日评判。但是,就我们切欲唤起研究者和立法者研读立法学经典著作的兴趣这一大愿而言,总称其为"经典",实亦恰当!

　　感谢中国政法大学法学院——尤其是焦洪昌和薛小建两位先生——对立法学研究工作的一贯支持,正是法学院提供的学术资助才使本译丛的出版成为可能;对于侯淑雯先生和各位译者,我们也要奉上真诚的敬意,并对他们付出的辛劳致以谢忱!

赵雪纲

二〇二二年九月十八日

献给

芬诺（Dick Fenno）

先生、导师和友人

目 录

图表目录

表

图

前　言

　　2016年3月初,辛克莱去世,我也如她的众多朋友和同事一样,对此深感震惊。她患病已经有一段时间了,但她从未向人提及自己的身体状况。事有偶然,这个学期我给本科生开设的课程是国会研究,下一节课正好是要讲授国会立法的规则和程序。刚刚结束春假返校的学生都在阅读《非正统的法律制定》(Unorthodox Lawmaking)一书。开始上课的时候,我说了芭芭拉刚刚去世的消息,并给同学们讲了她对国会研究(以及女权和政治研究)所做的贡献。当时,我悲叹《非正统的法律制定》第四版可能就是这部著作的最后一版了。从这部著作近20年前第一次出版时起,我就对它深为倚重,一直将其选作教学和研究材料。格雷格·考格尔(Greg Koger)那时正为《华盛顿邮报》(The Washington Post)准备专栏纪念芭芭拉对该报所做的贡献、产生的影响,我于是致信考格尔,强调了《非正统的法律制定》一书的重要性,并提出"应当有人担起责任","继续不断修订"本书,以使这部佳作能够泽及后人。我们这些教授国会研究学问的人已经痛失良友同仁,不能再让佳作埋没。

　　几个星期之后,我接到国会季刊出版社(CQ Press)资深编辑迈克尔·克恩斯(Michael Kerns)的电话。令我深感惊喜的是,他告诉我说,芭芭拉已经完成了《非正统的法律制定》第五版,而且这个新版的校样都已经有了。由于芭芭拉一直在生病,说实话,我对她能够完成本书第五版一时感到非常惊讶。但或许我本不应有此意外之感。芭芭拉专业造诣甚深，一直是一位追求完美的学者。(多德[Larry Dodd]和我共同主编的《反思国会》[Congress Reconsidered]一书将要再出新版，她写了其中一章，而她在12月的时候曾经设法联系我对该章内容进行审阅。那时距最终的截稿日期还有好几个月，芭芭拉总是提前完成任务，因此我没把这事儿放在心上。)迈克尔问我是否愿意在此新版面世截止日期前为本书写一个简短的前言。我同意了。但这还不是最后的惊喜。

x

当我阅读本书的校样，即摆在您面前的这本书的早前版本时，有两件事情让我心潮涌动。首先，我再次意识到《非正统的法律制定》一书何其精彩。其次，我因芭芭拉最后一次修订本书时所做的杰出工作深感震撼。不妨就让我从这两个方面来为您稍作解读吧。

芭芭拉《非正统的法律制定》一书为学者进行国会立法研究提供了上佳的学术资料，也为教师向学生讲授国会立法提供了重要的教学参考材料，学生因而能够很快把握这一主题的精髓。她在本书"自序"中指出："然而，根据最初的研究计划，本书并不是从我心里所想的那种专家角度来写的。阅读本书不需要预先了解关于国会的更多相关研究……我的主要目的是使读者对国会政治有所了解……"而通过本书的五个不同版本，芭芭拉已经实现了这个初衷。大学生能够阅读本书，读了本书，他们能够感知和触摸当代国会的实际运作过程，也能够了解甚至体会在一个变化的、更具党派性的政治情境中，这一过程如何发生了改变。这部著作既能激发学生更多地学习这些内容的兴趣，也为这些内容提供了框架、理论和细节上的讲解。

对于研究美国政治机构的学者、研究人员和研究生来说，辛克莱提供了更为前沿的研究方法，因而贡献尤大。这类读者可能需要了解各种程序是如何运作的，它们又是如何变化的；哪些程序为国会所遵循，而哪些程序又不再适用；如何借助一个立法过程，或者关于某一具体国会运作过程的某种其他细节程序，来通过或者否决一项重要立法。对于学者来说，辛克莱深入记述和阐释了她所观察到的非正统法律制定及其重大影响中的规律性变化。我们所有人的研究都有赖于她的《非正统的法律制定》一书，而她和她的这部著作从来都没有让我们感到失望。

　　重要的是，《非正统的法律制定》从来都不是一本关于议会程序的著作。正如芭芭拉在本书第 10 页 * 中指出的，"本书不研究晦涩不明且很少使用的程序"。确实，书中有很多细节来描述国会在某些具体立法等事件中用了多少程序，花了多大工作量。但是芭芭拉所关注的是一个更为宏大的蓝图。她想让学生从制高点来俯瞰全貌：通经众议院的条条大路，参议院中的路障关卡，两院之间的国会内部政治，非正统法律制定的原因和结果，以及非正统法律制定对议会回应公共政策需求、对民主价值所具有的潜在意义。沿着这一思路，她向读者展示了一些粗略的细节——分送多个委员会审议的形式及其使用频率，日益加剧的党派之争对委员会最终审议（committee mark-ups）的影响以及两院协商委员会（conference committees）召集次数的衰减，"核弹手段"（nuclear options）** 的威胁和应用在联邦法官确认中对议事阻挠的削弱。此书提醒人们不能"只见树木，不见森林"。树木，甚至是一些树叶和树皮，确

---

　　* 指英文原书第 10 页，即此中译本第 25 页。（本书中所有标 * 的脚注均为译者注。）

　　** nuclear option 意为核弹手段或核弹选项，是美国参议院的一种特殊投票程序，它允许参议院以简单多数票即半数以上赞同票即可推翻某一常设规则，常被用来压制少数派阻挠议事和决策。而在通常情况下，修订某一常设规则是需要 2/3 以上的绝对多数票才能进行的。2017 年，特朗普提名的联邦最高法院大法官戈萨奇（Neil Gorsuch）在民主党阻挠下未获得足够赞成票从而无法被任命，后参议院共和党即决定启用"核弹手段"，通过改变规则使戈萨奇仅获简单多数即过了关。此一表达因与"核武器"（nuclear weapons）同具极端手段之意而产生。

实可以增加森林的繁盛景象，但它们不是重点。

　　显而易见，芭芭拉·辛克莱所提供的最重要的理论和概念工具是"非正统的法律制定"本身。这一术语已经成为国会研究中标准词汇的一部分。很多天才的国会研究学者经年累月地撰写、分析规则和程序，以及它们在过去半个多世纪中所经历的种种变化，而芭芭拉在本书中广泛引证了他们的研究成果。芭芭拉在完成众议院党派领导办公室两个任期的工作之后意识到，描述国会过程的教科书式研究路径已经不再受到读者的青睐。传统观念已经成为例外，尤其是在讨论主要立法的时候。极为重要的是，如果"非正统的法律制定"成了新的公众观念，那么辛克莱通过这五个版本的著述向我们证明的是，这种"非正统的法律制定"也不是一成不变的。它在不断演化发展，因而新的版本总是受到人们的欢迎。

　　在政策案例研究的章节中——这一版的三章中有两章都是新增的内容——芭芭拉引导读者思考立法过程之外的问题，提出了"为什么是这样的？"这一问题。政治科学家，尤其是国会研究学者，沉醉于程序研究，而且常常为了程序本身而研究程序。但有时我们会忘记追问程序及其改变会对结果产生怎样的影响。在"谁获得了什么"为其本质的政治斗争中，程序及其改变有什么意义吗？辛克莱不想让读者忽略这个问题。在本书的每一个版本中，她都会通过提出同时期的经典案例来阐明非正统的程序如何影响了主要立法的制定和/或规避的内容与成果。

　　不过，本书的主要内容在本质上都是经验主义的——描述、分析程序并对之进行分类，查证某些非正统程序的使用频率，记录其在长期使用中的变化，并对比国会两院中的程序性方法——最后一章提供了规范性的思考。非正统的法律制定会比标准程序更好地服务于公众吗？

非正统的法律制定作为一种制度,对于公众认同国会具有什么样的潜在影响? 它能让国会与立法过程的其他参与者在政策影响力上一较高下吗? 在促进或者侵蚀各种相互竞争的民主价值方面,它又具有怎样的影响呢? 这些正是教授和学生们需要思考的问题。

这个修订后的第五版,其论述质量之高,是令我感到惊喜的第二个原因。芭芭拉再一次展示了她的专业和天赋。并非仅仅将第 112 届至第 114 届国会中的一些个案增加进去作为点缀,也不是仅仅更新了表中的数据,才使这一版看起来成了论述当前立法问题的最新著作。相反,本版处处提供新的案例来阐述更为广泛的原则,证明正在发生的立法变化。表格和图片不只提供了直到 2014 年和其后一些案例的数据,而且围绕这些数据所做的讨论和分析还着眼于剖析连续性、变化性及其潜在原因。读者们想知道:共和党自 2011 年主导众议院之后是否兑现了承诺——实行一种更为宽松的修正程序,还是说,规则仍像民主党主导众议院时期或共和党在 1995—2006 年主导众议院的 12 年间一样严格? 在议事阻挠的使用或者终止辩论提交表决的效果上,趋势有所变化吗? 芭芭拉解答了所有这些问题,甚至还提供了更多的论述。

芭芭拉不仅更新了表格和图片,补充了新的案例,重新做了分析,而且还始终紧盯着这些关键的问题。例如,如何在参议院补充修正规则的工作? 当然,不止这一个问题。此外,芭芭拉还讨论了这一策略在限制少数党提出修正案方面一直发挥的有效作用,讨论了共和党领袖麦康奈尔(Mitch McConnell)在其所属政党成为多数党后是否能够一直恪守他的承诺,即不通过"填满修正案之树"(filling the amendment tree)＊的做法,而

＊　"填满修正案之树"是指在参议院审议议案的过程中,参议员尤其是多数党领袖对一个议案提出多个修正案,将可对该议案所提的修正案数量用尽,从而阻止其他议员尤其是少数党议员再对议案提出修正案的做法。

是采用"参议院的传统运作方式"来开放修正程序之门。

在三个案例研究中，有两个案例是全新的。其中一个案例讲的是 2013 年政府停摆的威胁和瑞安-默里协议（Ryan-Murray deal）。这不仅是一个新的案例，而且能让学生更好地理解国会预算政治和程序实施机制的复杂性。另一个新的案例讲了 2015 年《美国爱国者法》（Patriot Act in 2015）的再授权和修订。芭芭拉明智地保留了本书第四版所讲的第 111 届国会通过的《平价医疗法》（Affordable Care Act）。它的极端重要性，以及非正统的法律制定方法在其通过中所发挥的关键作用，表现得非常清晰，也使它可能为读者所理解。这一章题为"极端非传统的程序"，也就绝非巧合了。

从总体上说，第五版不仅保留了前面几版形成的值得珍视的框架结构，还增添了新的、当前的理论视野，拓展了历史的绵延之维。

无论是国会研究人员和教师，还是我们的本科生和研究生，都是如此幸运，因为芭芭拉·辛克莱为我们留下了如此精彩的新版《非正统的法律制定》。

奥本海默（Bruce I. Oppenheimer）

2016 年 5 月

自　序

　　在我进行国会研究及国会制度教学的最初 20 年中，我在国会山观察到的立法过程和美国政府教科书中所描绘的立法过程越发大相径庭。和大多数教师一样，我在把教科书中描述的立法过程作为标准教授给学生的同时，也试图从各个方面为学生展现当前立法过程的概况，以让他们有所体会。但我逐渐认识到，这样的教学方式越来越显得捉襟见肘，也越发不够准确了。

　　对于本书几个较早版本的积极反馈，来自我的同事。这些反馈鼓励我去分享自己的更多思考和认识，因此，这个新版本也就诞生了。

　　这部著作描述了今日美国国会立法过程的运作方式。在本书中，我展示了立法过程发生的改变，探讨了改变的原因，并反思了这一改变的后果。然而，对照最初的研究计划，本书并不是从我心里所想的那种专家角度来写的。阅读本书不需要预先了解关于国会的更多相关研究。我相信，如果读者愿意进一步深入地研究国会问题，本书会帮助他们做些准备工作，但我的主要目的是使读者对国会政治有所了解，并使读者能够判断某些关于国会行为的主张。

　　我将当前的立法过程称为"非正统的法律制定"，以区别于教科书中仍然经常提到的作为标准立法过程的当前程序及实践。这一术语强调了变化的维度，便于我指称新出现的或比往常愈加频繁地使用的一套立法程序和实践。事实上，主要立法的立法过程现如今更加倾向于遵循非正统的法律制定程序，而非教科书中所描述的标准立法模式。

这个新的版本在立意和结构上，尤其是在论证上，都与之前的各版相似。我把数据一直更新到了第 113 届国会（2013—2014 年）结束之时，用很多当前的案例代替了旧的案例，引入了新的个案研究以取代大部分原有的案例分析。尤其是，通过讨论日益加剧的党派之争及其结果，我还分析了直到目前为止发生的变化以及展示出来的新趋势。我保留了本书先前几版中的一些例子，因为我认为它们有助于启发我们思考在多样化的政治情境中非正统的法律制定方式应该如何运作。

本书开头引入两个简短的个案研究，是为生动再现 1970—1990 年这 20 年间立法过程发生了多么大的变化。第一章描述了空气净化立法在此期间的两年中的通过经历，然后通过对比两个议案的立法过程，介绍了非正统的法律制定及其引发的问题。第二章到第五章阐释了构成这一新的立法过程的各种程序和实践。第二章从提案开始，之后一步步依次介绍众议院的立法过程，而其中的每个阶段都分析、阐述了各种经常使用的程序。第三章探究了参议院法案的通过程序。在 1970 年之前，绝大多数主要立法都遵循一种标准化的立法过程，然而正如这些章节所展现的，现在从开始提案直到法案通过，存在很多路径。在第四章，我将介绍，以前一旦众议院和参议院通过某项立法，两个不同的法案版本就必须相互协调，然而在最近几年，两院如何在主要立法上协调彼此之间的分歧，已经发生了重大变化。第五章讲述综合立法（omnibus legislation）、预算审议过程和立法-行政峰会。第六章探究带有当前立法和随时间不断变化的立法记录特征的程序与实践。第七章到第九章通过一系列案例研究来分析非正统的法律制定。对于 2009—2010 年的医保改革议案，包括政府停摆和瑞安-默里协议在内的 2013 年预算审议过程，以及 2015 年《美国爱国者法》（USA PATRIOT Act）

（全名《使用必要手段阻遏恐怖主义以团结并强化美国法》[Uniting and Strengthening America by Providing Appropriate Tools Required to Intercept and Obstruct Terrorism]）的再授权和重新改写，在这几章都做了研究。这些案例分析阐明了当前立法过程所涉及的内容广度和可变性。第十章反思立法程序和实践的变化对于立法结果以及国会运行产生的影响。

    我选择在本书前面的章节即第二章到第五章来描述当前的立法过程，继之以第六章来分析立法过程变化的轨迹及其原因。对倾向于先了解立法过程历史的读者来说，这些章节的顺序可以颠倒，即可先读第六章，然后回过头来再读第二章到第五章。第一章对主要立法的立法过程做了定量分析，除此之外，本书基于 1978—1979 年我在众议院多数党领袖办公室（the office of the House majority leader）担任美国政治科学协会国会研究员（American Political Science Association congressional fellow）期间的观察和经验，1987—1988 年我在议长办公室（the office of the Speaker）参与的非正式工作的观察和经验，还有对国会议员及为其工作的团队的访谈，以及对消息灵通的国会观察员的访谈——多年来我一直不愿透露这些做法，现在可以承认了。在 1987—1989 年间，得克萨斯州民主党人、众议院议长赖特（Jim Wright）及其工作人员为我提供了重要帮助，使我有机会从国会内部观察立法过程，我对此心怀感激。我也非常感谢所有那些虽然工作繁忙但多年来仍抽出时间接受我的访谈的人，从他们那里我了解到很多很多东西。所有没有透露姓名的引文都源于我的这些采访。

    在这里，我想特别感谢下列各位对我提供的巨大帮助：罗宾逊（Peter Robinson），他曾先后任职于众议院规则专家办公室（the House Parliamentarian's Office）、赖特议长工作团队以及参议院规则专家办公

xv

室（the Senate Parliamentarian's Office）；任职于国会研究服务部（the Congressional Research Service）的巴奇（Stan Bach）、贝斯（Richard Beth）、奥利兹克（Walter Oleszek）、雷比奇（Elizabeth Rybicki）和黑茨胡森（Valerie Heitshusen）；还有前参议院规则专家德夫（Robert Dove）。他们都有渊博的学识，并且极其慷慨地和我分享他们的专业见解。巴奇、克拉夫特（Michael Kraft）和麦瑟尔（Sandy Maisel）阅读了本书第一版初稿，给我提了非常宝贵的评论和建议。我想让他们知道，对于他们细致而深入的评审，我有多么感激，正是依据这些评审意见，本书初稿修改后的质量才大有提升。克鲁尼（Robin Kolodny）、奥本海默（Bruce Oppenheimer）和史密斯（Steve Smith）读了评审意见和部分初期文稿，提出了深刻有益的建议。卡温顿（Cary R. Covington）、赫里克（Rebekah Herrick）和梅内菲-里贝（David Menefee-Libey）审读了本书第一版，为第二版的改进和完善提供了很多有用的建议。我还要感谢为本书第五版提出重要建议的下列各位评审人：菲奇堡州立大学（Fitchburg State University）的伯麦（Eric Boehme）、北佐治亚大学（University of North Georgia）的卡瓦利（Carl Cavalli）、密苏里州立大学（Missouri State University）的康纳（George E. Connor）、圣约翰大学（St. John's University）的黑斯（Diane J. Heith）、萨克拉门托州立大学（Sacramento State University）的赫西（Wesley Hussey）、汉密尔顿学院（Hamilton College）的克林纳（Philip Klinkner）、佐治亚大学（University of Georgia）的林奇（Michael S. Lynch）、密西西比州立大学（Mississippi State University）的麦伦（Rob Mellen Jr.）、康涅狄格大学（University of Connecticut）的莫斯卡德里（Vincent G. Moscardelli）、西北大学（Northwestern University）的罗斯里德（Dianne Rothleder）、约翰·霍普金斯大学（Johns Hopkins University）的施洛兹曼（Daniel Schlozman）、新泽

西州立大学即罗格斯大学（Rutgers，The State University of New Jersey）的沃勒斯（Sophia Jordán Wallace）、雷德兰兹大学（University of Redlands）的凡·维克滕（Renée B. Van Vechten）、美国天主教大学（Catholic University of America）的沃尔纳（James I. Wallner）和杜兰大学（Tulane University）的斯考特·沃（Andrew Scott Waugh）。

巴奇读了本书第二版新的个案研究和第三版全文，并以其敏锐深刻的眼光、渊博的知识和学术直觉对这些内容做了评析。奥本海默和施克（Allen Shick）审读了第三版并给予我很多有益的建议。沃尔纳（James Wallner）读了第四版的第三章，并提供了很有价值的信息和建议。对这几位同仁，我深表感谢。多年以来，琼斯（David Jones）、考格尔（Gregory Koger）和罗齐（Alan Rozzi）为我提供了非常重要的研究帮助。很多定量研究材料都是在专业学术会议上发表的，我要感谢对这些文稿进行评论的各位同仁。我将继续向国会研究领域的同仁们学习。这些研究者太多了，恕我不能在此一一列举，但我深深感谢他们所有人。当然，前述的任何人都不应对本书中仍然存在的任何错误负责。最后，感谢非常出色的文字编辑马尔卡尼奇（Megan Markanich），以及世哲出版集团国会季刊出版社（CQ Press and SAGE）的科诺（Charisse Kiino）、马图扎克（Nancy Matuszak）。能够和他们一起合作，我深感荣幸。

第一章 空气净化法案：简论立法过程的改变

1970 年国会通过了一部开创性的立法《空气净化法》(Clean Air Act)，《国会季刊》称这一立法是"美国历史上最具综合性的空气污染控制法案"(《国会季刊年鉴》[CQ Almanac] [CQA]，1970 年，第 472 页)。

由于该议案由众议院州际和对外贸易委员会(House Interstate and Foreign Commerce Committee)所报告，所以它在众议院审议时根据的是一条开放性规则，这个规则允许对该议案提出任何适当的修正。在对它提出的 9 条修正案中，有 8 条遭到否决，其中绝大多数都是通过口头表决的方式进行的，只有一条技术性的修正案被接受下来。这个议案以 375∶1 的票数在众议院获得通过。

在参议院，公共工程委员会(Public Works Committee)报告了议案，它比前述众议院的立法或者行政部门的草案更为强势。对这个议案，参议院辩论了 2 天时间，其间有 10 条修正案经口头表决被采纳，2 条以唱名表决遭拒，最终，参议院以 73∶0 的票数通过了这一强势议案。由 5 名众议院委员会成员和 9 名参议员组成的两院协商委员会在这一立法中形成的共识，更接近于参议院较严格的版本，而非众议院更温和的版本，而参众两院都赞同协商委员会成员以口头表决方式确定下来的版本。

尽管这个法案比尼克松(Richard Nixon)总统最初提出的立法更为强势，但他仍然签署了这个《空气净化法》，还引用一位著名记者的评论说这是"国会有史以来通过的调整国内经济的最具深远意义的法律之一"。这一法案设置的汽车尾气排放标准非常严格,迫使汽车制造商不得不应用新的技术,而且在这一法案的指导下,环境保护局(Environmental Protection Agency)还确立了全国空气质量标准(Cohen 1992, 13)。

* * *

到了 1989 年,当第 101 届国会开始对《空气净化法》进行重大修订时,政治和制度环境已经发生了变化,从提出立法到法案通过的路径已与 1970 年的做法非常不同了。在参议院,稍作改动、重新命名的"公共工程和环境委员会"(Public Works and Environment Committee)再次报告了一个强势版本的议案。参议院花了 6 天时间来讨论审议这一议案,但是多数党领袖、缅因州民主党人米切尔(George Mitchell)仍未争取到所需的 60 票来挫败一场带来灭顶之灾的议事阻挠。为了能够制定一个可以在参议院获得通过的议案,这位多数党领袖开始与行政部门以及为数众多且立场摇摆不定的参议员进行协商。环境委员会的委员们持续参与了协商,有很多对具体问题感兴趣的其他参议员也参与了协商。经过一个月的沟通,这些人最终达成了共识。为了防止这个共识遭到任何破坏,米切尔和老布什(George H. W. Bush)承诺反对参议院审议时提出的修正案——甚至是反映他们自己的政策偏好的修正案。

米切尔将通过协商达成的共识作为环境委员会所报告的议案的替代修正案而提出。他通过协商获得一个复杂的"一致同意协议"(unanimous consent agreement,简称"UCA"),以供参议院审议该议案时使用。这个一致同意协议,即"UCA",对辩论或提出修正案并不限制,它仅仅要求参议员将他们想提出的修正案列成清单。这就为参议院审议该议案提供了最低限度的机会。在一个多月的时间里,经过 10 天辩论之后，参议院以 89∶11 的票数通过了这一议案。在名单上所列的大约 250 个修正案中，有 25 个修正案被提出来进入唱名投票环节，其中 9 个修正案获得通过。没有一个修正案违反前述的"一致同意协议"。

在众议院，这一立法案被分送给三个委员会审议，而 1970 年的议案仅仅被转送给一个委员会审议。作为州际和对外贸易委员会的后继者，能源和商业委员会（Energy and Commerce Committee）是三个委员会中的首要委员会，在各个参与审议的委员会经过长时间谈判之后，能源和商业委员会报告了各审议委员会沟通协商后形成的立法案。尽管如此，一个关键性的议题却是在这样的情况下决定下来的，即小组委员会和全体委员会（full committee）表决时票数极其相近。华盛顿州民主党人、议长弗雷（Tom Foley）担心这个议题会导致众议院审议议案时出现激烈的党派分裂之战。因此他指示民主党中两个派别的主要议员代表——小组委员会主席、来自加利福尼亚州的瓦克斯曼（Henry Waxman）和全体委员会主席、来自密歇根州的丁格尔（John Dingell）——对彼此的分歧形成一个妥协方案。为了推动他们尽快协商，弗雷还为众议院审议该立法案设定了最后期限。之后，议长及其助手一起协助瓦克斯曼和丁格尔进行工作，以督促小组委员会和全体委员会尽快达成协议。其他的委员会也在议长发布的最后期限之前报告了他们的立法建议。

和 1970 年的议案不同，1990 年的空气净化立法案在提交众议院讨论时，遵循的是规则委员会报告中所列的一项规则，即修正案不得超过 19 项，而且这项规则对修正案的审议也做了详细的规定。这个起到关键性作用的瓦克斯曼-丁格尔协议（Waxman-Dingell deal）作为一项修正案被提交给众议院讨论审议，并以 405∶15 的票数获得通过。共计 6 项修正案被提交唱名表决（a roll call vote），其中 5 项通过，没有一项修正案与瓦克斯曼-丁格尔协议的内容相抵触。因此众议院以 401∶21 的票数通过了这一法案。

议长弗雷选出了 130 名协商会议成员来代表对该法案议题具有某种管辖权的 7 个委员会。来自 2 个委员会的 9 名协商委员会委员代表参议院。经过长时间协商之后形成的议案,在参众两院很快就通过了。作为《空气净化法》的极大拓展,1990 年的这个法案第一次提出计划控制酸雨,对有毒气体污染物的排放规定了严格的新程序,还设定了提高城市空气质量的新标准和时间表(*Congress and the Nation* 1993,469,473-474)。尽管这一议案要比老布什总统已经提出的草案强势得多,总统仍然签署了这个法案。

＊ ＊ ＊

这些立法案例阐明了主要立法的立法过程从 20 世纪 70 年代早期到 20 世纪 90 年代早期发生了多么巨大的变化。① 《1970 年空气净化法》的立法过程完全符合美国政治和立法过程教科书中阐释的从提案到法律的标准立法过程(参见表 1.1)。1970 年的议案在参众两院中都只有一个委员会来讨论审议。当在众议院审议时,该议案还只是委员会提出并批准的一个草案。而且众议院审议该议案时遵循一条公开规则,即允许提出所有与议案有密切联系的修正意见。参议院审议的也只是由它的委员会提出的草案;没有哪个参议员发动议事阻挠,也没有经过马拉松式修正过程。在两院都表决通过该法案的时候,分别来自两个委员会的一小部分资深议员还一起开会,提出一个介于参众两院版本之间的相互妥协的方案。

---

① 这些描述主要基于一手资料、(针对 1990 年议案所做的)访谈以及下述二手资料形成:Congressional Quarterly's accounts,Cohen(1992),以及 Smith(1995,第 12 章)。

与之相对比,1990 年法案的立法过程要复杂得多,不能将之归结为一个顺畅、简捷的程序。这个立法由众议院的数个委员会审议,而且在议会两院中,妥协都是通过非正式程序形成的,即在各个委员会提交其法案审议意见之后,国会再根据审议达成的妥协意见对法案进行修订。院会审议程序(floor procedure)很复杂,根据所议具体法案的情况进行安排。在参议院,一场议事阻挠的确实可能性影响了法案审议程序的安排,使得多数党领袖米切尔不得不通过谈判来组织一个庞大的联合体。这次会议最终达成的一致意见,所需议员规模和多样化程度,远远超过了 1970 年法案。

表 1.1   规范立法过程的典型:《1970 年空气净化法》

行为	众议院	参议院
委员会讨论 (Committee)	HR 17255 议案送交州际和对外贸易委员会讨论; 1970 年 3 月 16—21 日和 4 月 14 日对议案进行听证; 最后审定议案; 1970 年 6 月 3 日报告议案; 规则委员会同意根据公开规则审议议案	S 4358 议案送交参议院公共工程委员会; 1970 年 3 月 16—20 日,3 月 23—26 日和 4 月 17 日对议案进行听证; 最后审定议案; 1970 年 9 月 17 日报告议案
院会审议 (Floor)	经全院委员会审议,1970 年 6 月 10 日通过	1970 年 9 月 21—22 日院会辩论; 1970 年 9 月 22 日通过议案
协商委员会审议 (Conference)	确定协商委员会委员; 协商会议讨论; 形成协商会议决议; 1970 年 12 月 17 日提交协商会议报告	
议员审议 (Floor)	1970 年 12 月 18 日众议院批准协商会议报告	1970 年 12 月 18 日参议院批准协商会议报告
总统审批 (Presidential)	提交总统; 1970 年 12 月 31 日总统签署	

　　在当前的国会中,重大议案鲜有遵从上述表格所描述的规范立法过程的。和《1970年空气净化法》所经历的那种标准的规范立法过程相比,在我看来,《1990年空气净化法》所经历的非正统的立法过程,事实上更能体现当前主要立法的典型特征。而且,从1990年以来,非正统的立法过程在形式上一直不断进化,越来越频繁地适用于国会立法当中。

　　当然,即使在规范立法程序居于主导地位的时期,也不是所有立法都遵从表1.1所描述的这个相对简单、明确的过程,一直都存在着其他可替代的立法方法。然而,国会并不经常使用这些立法方法,只有在极其特殊的情况下才会开启这些替代性的路径,绝大部分主要立法仍然遵从那种规范性的立法过程。①

　　今天,类似《1970年空气净化法》那样只由一个委员会提交议案报告,且根据一条允许提出所有相关修正案的规则进行院会审议的情况,已经很少见了。事实上,现在立法过程在很大程度上已经分为两支。绝大部分法案是经由简易程序(shortcut procedure)通过的,即众议院的暂停议事规则(suspension of the rules)(参见本书第二章)* 和参议院一天结束时进行的“突击表决”(wrap-up)中的全体一致同意(参见本书第三章)。然而,这些议案并不是重大议案,它们不仅不存在争议,而且也

5

―――――――――

　　① 处理无争议立法的简易立法过程,确实曾经存在而且至今一直都有。

　　* 暂停议事规则是众议院审议立法案时经常使用的一种程序。正如名称所示,这个程序允许众议院暂停使用其长期有效的成文规则,以便加速审议某些得到广泛支持的立法案。更具体地说就是,众议院暂时将其提出、审议议案时常用的成文规则置于一边,采用一些新的简单规则。暂停议事规则程序在议会审议议案过程中有下列长处:1. 无需根据特殊规则而让不具优先权的议案在众议院提出审议;2. 使否则就会交由程序异议的议案得到审议;3. 通过限制辩论,禁止在众议院审议过程中提出修正案而提高审议活动的效率。鉴于这些特点,以及暂停议事规则动议需经2/3以上绝对多数票才能通过,故常常被用来推进审议争议不大的立法案。

没什么影响力。相反,现今重大立法案的立法过程,则常常适用那些曾经一度属于非正统的各种立法实践和立法程序。

议案不再是提交两院当中的某一个委员会,很多议案开始被数个委员会同时审议,尤其是在众议院中,尽管最具争议性的议案完全绕过委员会的情况也越来越多。更为常见的情况是,当一个议案已经报告但尚未提交议员审议之时,主要的实体性内容变化已经通过非正式程序形成了。涵盖诸多事项的综合议案(omnibus measures)已经成为立法领域中的常见之事,正式的行政-国会峰会(executive-congressional summits)形成立法协定的情况也不再被认为是不同寻常的。在众议院审议阶段,绝大部分重大议案的审议均需遵从复杂而且往往严格的规则,这些规则常常是为处理所论议案独有的问题而设定的。在参议院,议事阻挠的威胁是家常便饭,影响到立法过程的各个方面,使得提交投票以结束辩论(cloture vote)也成为立法过程的常规构成部分。本书要探究的是,自20世纪70年代以来,美国国会的立法过程是怎样改变的,以及为什么会改变。另外,本书也要考察这些改变所引发的结果。

我在本书中很关注立法过程在过去数十年间发生的改变,而在此之前的很长时间内,立法过程都是相对稳定的,但是,这几十年间发生的变化也并非绝无仅有。宪法并未对国会如何开展其制定法律的核心任务做出详细规定,除了几条基本要求之外,宪法允许两院自主决定它们各自的规则和程序。在两百多年的历史中,国会曾多次修改其立法程序。

在很早的年代中,参众两院的立法过程都强调要对立法全员负责。各院全员在审议时就某个主题进行辩论,决定是否批准立法,并且,如果立法获得批准,还要阐明实质性的准则。然后,要任命一个特别委员会或特选委员会,来根据这些准则起草立法草案(Cooper and Young

1989；Risjord 1994)。

甚至在较早的几十年间,也不是所有事务都会被给予那么多的时间和关注,不大重要的事务首先会被送到较小的委员会那里。众议院于是就开始创造常设——也就是永久性的——委员会来处理反复出现的复杂问题,而参议院则开始把与某一主题相关的所有事务都送到某个特选的委员会那里,因为这个委员会一开始就是专为处理这种事务而设立的。19世纪20年代,众议院常设委员会已经相当普遍了;参议院在稍后的时间里变得普遍。这些委员会对立法做初步的工作;只有当委员会的工作结束之后,国会的其他议员才能获得发言权。

国会的审议程序,也随时间的推移而不断变化。早年间,国会两院的审议程序相对来说不那么固定,组织也较为松散,甚至众议院对议员的辩论时间也很少设置限制(Binder 1996)。在审议依序提交上来的议案时,众议院能够处理关于议案的所有事务。然而不久之后,众议院的审议程序就出问题了。在1811年,众议院通过了第一批严格限制发言辩论的规则并贯穿整个19世纪。众议院一直都在奋力形成一套公正有效的方法来规制和安排审议事项。一直到19世纪80年代和90年代,众议院才为主要立法的审议议程设立了属于它自己的首要制度:来自规则委员会的特别规则(Oppenheimer 1994)。这种特别规则要求众议院全体议员简单多数赞同即可,它允许立法不按顺序来处理。此举让多数党及其领袖——如果他们不仅在形式上还在实际上控制了规则委员会的话——有了控制众议院议程安排的可能。

参议院的审议程序也发生了改变,但就其自身的发展过程来说相对要小得多(Bach 1994)。参议院对辩论不设限制,这最初是因为根本就没有需要深思熟虑的决议,这种不设限制的做法随着时间流逝逐渐成了参议院的一种受人尊敬的特质(Binder 1997)。早年间,参议院规模较小,因而没必要限制议员就某个问题进行辩论的时间。然而最终,参议员延长辩论时间的特权却成了一个问题。那个时候,此一特权已经牢固确立起来;这种为了反对改变而由规则本身确立起来的巨大障碍,得到了一个公认的神话的强化和支持,即延长辩论时间反映了国父们的想法(Binder and Smith 1997)。在来自总统和公众的非同寻常的压力下,参议院在 1917 年才首度改变了它的规则,使打断辩论成为可能。然而,结果造成这种提交表决以终止辩论的程序(cloture procedure),颇为麻烦难用,而且要求只有 2/3 多数投票赞同才能成功。

　　立法过程为什么随时间流逝而不断发生变化呢? 立法过程的漫长演变历史太过复杂,此处置之不论,而学者们仅仅就"事情为何会那样变化"一事,也难以取得一致意见(Cooper 1981; Gamm and Shepsle 1989)。工作量增加、政治和社会停摆的改变、政党和党员个人的策略性行为,确实都是很重要的影响因素。比如说,议会工作量的不断加大,议员人数的持续增长,都给众议院增加了压力使它修改程序,因为原来的程序只能应付一个人数较少、工作量较小的立法机构的工作。多数人,尤其是具有党派立场的多数人,发现他们自己的立法目标受到国会某院规则的阻碍,因为这些规则能让少数人更易蓄意阻挠议事。这些多数人能够在众议院改变这种规则,在参议院中却大受阻碍而很难完成这项工作。从某种更加抽象、更加理论性的层面来说,立法过程中的这些改变可被视为议员对于制度架构和政治环境提供给他们的问题和机遇所做的回应,因为无论作为个人还是作为集体,议员都追求一些目标,诸如再次当选、对所在议院产生影响,以及良好的公共政策等等(Fenno 1973; Sinclair 1995)。

　　20 世纪 70 年代以来立法过程发生的变化,是一个连载故事中最新的一段。好好研究这些变化,不仅有助阐明当前的立法过程(即国会山现如今正在发生的事情),还能推而广之让我们越发精通更大范围的政治过程。这种研究也可以给我们提供新的眼光,让我们看清诸如国会这样的民主机构是如何不断改进以适应新的情况和变化的。

第二章到第五章描述了构成新的立法过程的程序和实践,并纪实性地记录下了它们的使用频率。第二章开始就引介了一个议案,并一步一步展示了它在众议院经历的过程,探究、讲明了每个阶段所频繁使用的程序。第三章追溯了参议院通过一个议案的路径。在 1970 年之前,人们可以谈论多数主要立法所经历的某种标准立法过程,但正如这几章内容所表明的,现如今一个议案从提案起一直到最后通过,有了许多不同的路线。一旦众议院和参议院已经通过某一立法案,两个不同的版本就必须协调一致,我在第四章解释了这一点。第五章讲的是包含多项内容的综合立法(omnibus legislation)、预算程序以及立法-行政峰会。

第六章探讨了当前法律制定的历史起源问题,对随时间而变的具体实践也做了纪实性描述。第七章到第九章借助案例分析了非正统的法律制定。除了阐明当今立法过程如何运行以外,这几章案例研究的内容意在阐明政治环境如何影响立法过程。第七章追溯了《2010 年患者保护与平价医疗法》(the Patient Protection and Affordable Care Act of 2010〔the ACA〕)或称《奥巴马医改法》(Obamacare)的制定过程。2009年,在第 111 届国会开始的时候,民主党人奥巴马(Barack Obama)刚刚当选总统,而且民主党人在两院都占据了绝大多数议席。《2010 年患者保护与平价医疗法》的立法过程可谓一波三折,这一长篇传奇故事表明,在一个党派高度极化时期通过一项重大的、非递增性的(nonincremental)立法有多么艰难。为了制定这部医保改革法,借助了多种多样的非正统过程和程序。甚至《1974 年国会预算和截留控制法》(Congressional Budget and Impoundment Control Act of 1974)(或叫

《预算法》[Budget Act]）都掺和进来发挥作用了。第八章集中论述第113 届国会（2013—2014 年）的预算程序，在这一过程中，共和党人控制了众议院而民主党人继续控制参议院，总统也是共和党人。这一章证明，当控制权分开而党派高度极化时，制定必须通过的（must-pass）法律是多么困难重重。另外，本章还阐明了一个问题，即如何用非正统的程序最终克服这些困难。第九章追溯了《美国爱国者法》在 2015 年的再授权和实质性的重新改写，阐明这种再授权立法的要求如何有时能够使重大的政策改变成为可能，哪怕在非常不利的情况下。该章还详细阐述了另一个问题，即当今的参议院是如何发挥作用的。第十章分析了新的程序和实践对立法结果以及国会运作所产生的影响。国会是联邦政府中最不受欢迎的部门，只有一小部分美国人表示自己信任国会。美国人对国会运作过程并不感到满意，或者说，并不常常对国会制定出来的政策感到满意（Gallup Organization 2011；Hibbing and Theiss-Morse 1995）。根据盖勒普组织的调查，在过去数年间，国会工作的支持率在大部分时候连 20% 的水平都达不到；在 2015 年 3 月，只有 18% 的美国公众支持国会处理其工作的方式（pollingreport. com/CongJob1. htm）。非正统的法律制定，部分——或直接或间接地——要为此负责吗？非正统的法律制定提升还是抑制了一个议案成为法律的可能性？这种立法过程当中的改变对于国会的运作还有什么其他的影响？它培育还是阻碍了商讨权衡（deliberation）、专业知识的发展和运用、对广泛利益的涵括以及明智和适时的决策？

美国人对国会期望甚高甚多。国会应该代表人民，应该通过既反映人民意志又能发挥作用的法律，也就是说，公民期望国会议员将人民的观点、需要和利益带进立法过程中，人民选他们当代表，想的不就是这些吗？而且公民期望国会通过法律来回应大众多数的呼声，及时有效处理紧迫的国民难题。非正统的法律制定已使国会或多或少能够处理它所肩负的这些艰巨任务了吗？

对于数据的说明

我在此要说的是，主要立法的立法过程已经发生改变。为了表明事情确实如此，我需要确定重大立法案（major legislation），*然后纪实性地描述它们随时间发生的变化。重大议案（major measures）是由《国会季刊周报》（*CQ Weekly*）（1998 年之前叫作《国会季刊每周报道》[*Congressional Quarterly Weekly Report*]）所刊载的重大立法案来决定的，而这个重大立法案名单又是由关键票所支持的那些议案来强化的（同样依据的是《国会季刊周报》）。这为每一届国会都提供了一个大约40—60 个议案的清单（还有其他一些诸如预算决议案和宪法修正案这样的议案），而排除了同期观察员认为重大的议案。然后我审查了这些重大议案在挑选出来的数届国会中经历的立法过程。在可能之处，我

9

---

　　*　major legislation，major measures，major act，major bill，是本书一再出现的表达。major 一词的使用，究其本意，是为了凸显某一议案、立法案或者法律能够对一国的政治、经济或社会生活产生重大和深远影响，因而与一般意义上的或次要意义上的 minor legislation，minor measures，minor act，minor bill 不同。另外，从立法技术角度来说，此种重大法案一般都是包含章节、条文较多的体系之作，因而也可与内容较为简单的修正案、决议案、法规、行政命令等形成对比（但有时一个内容简单的修正案，比如说宪法修正案，却不一定在内容上"次要"[minor]，这为精确翻译 major 一词带来很大困难），在英美法国家，更可与法官通过判例造出的"法"形成对比。这种重大法案，只有经一国最高立法机构（在美国就是合众国国会）通过才能成为法律，这也是其为"重大"的根本原因之一。综合前意，本书把 major 一词译成"重大"，而较少译成"主要""重要""主体"等，尽管"重大"一词有时很难恰好与"次要"（minor）形成对应关系，因为我们实在找不到更合适的汉语表达。本书作者认定重大法案的标准其实并不完全符合这个词语的传统用法，因为作者说，"所谓重大立法案（major legislation），是指那些已经被列入国会议程的非常重要的立法案，在国会中它们将得到认真审议"（参见本书第十章[英文原书第 260 页]）。但是，在本书提及"重大法案""重大立法案""重大议案"的大多数地方，我们仍然大致可以对其做传统的理解。

借助其他学者的工作补充了我自己的数据资料。

所选的国会是第 87 届（1961—1962 年）、第 89 届（1965—1966 年）以及第 91 届（1969—1970 年），这些都是改革之前的国会；①第 94 届国会（1975—1976 年），也即首届改革的国会；第 95 届国会（1977—1978 年），即卡特（Jimmy Carter）总统任内第一届国会；第 97 届国会（1981—1982 年），卡特总统任内最后一届和里根（Ronald Reagan）总统任内第一届国会；第 100 届国会（1987—1988 年）和第 101 届国会（1989—1990 年），即里根任内最后一届和老布什任内第一届国会；第 103 届国会（1993—1994 年），即克林顿（Bill Clinton）任内第一届国会；第 104 届国会（1995—1996 年），即 40 多年来共和党人第一次同时控制两院的国会；第 105 届国会（1997—1998 年）；以及从第 107 届国会（2001—2002 年）一直到第 113 届国会（2013—2014 年）。民主党人在第 87、89、95、103 和 111 届国会的时候，尽享联合控制总统职位和国会两院的成果。共和党人在第 97 届国会时控制了总统职位和参议院。他们同时控制总统职位和两院是在 2001 年上半年——那时，随着佛蒙特州的杰福兹（Jim Jeffords）转向参加民主党人的核心会议，对参议院的控制转到了民主党人手中——以及第 108 届和第 109 届国会期间。挑选出来的其他几届国会见证了两党的轮流控制，民主党人直到第 104 届国会一直都是多数党，在第 110 届国会上又成为多数党，而共和党人从第 104 届一直到第 106 届国会都是多数党。在第 112 届和第 113 届国会中，共和党人控制了众议院而民主党人控制了参议院。

---

① 第 89 届国会也是"伟大社会"（Great Society）时期的国会，在这一届国会中，大量极其重要的立法获得通过，例如《选举权法》（Voting Rights Act）和《老年人医保法》（Medicare）。参见本书第六章对 20 世纪 70 年代的改革所做的讨论。

第二章 多重路径：众议院的立法过程

当前国会的立法过程变化多端、错综复杂。表 1.1 中描述的传统规范立法程序是可预测的、直线性的，一个阶段接着另一个阶段，顺序始终不变。现在，立法在很多阶段都没有单一、标准的路径，而是可能会依循很多不同的道路进行。理解当前立法过程的最佳方式是从提案开始，然后一步步进入国会每一院的立法过程中去，研究每个阶段中常用的立法方法。这就是本章以及随后三章的主要内容。

这不是一部论述国会程序的著作。本书不研究晦涩不明且很少使用的程序。我的目的毋宁说是让人们理解当前国会审议任何主要立法时所用的程序和实践。①

为了研究的方便，我将从众议院立法开始。绝大多数立法和其他议案——预算决议和宪法修正案——都可以从任何一院开始。宪法要求税收立法应由人民的议会即众议院提出，而且依循惯例，财政拨款议案，即如何花钱的议案，也首先从众议院开始。然而，参议院作为政策发起者，地位也是完全平等的。即使在税收领域，参议院也能通过修改众议院通过的次要税收议案(a minor House-passed tax bill)来启动政策改革。然而，由于众议院立法几乎总比参议院立法先行(Strom and

---

① 很多内容我都参考了下列诸位关于国会程序的论述细节，参见 Tiefer (1989)，Gold et al. (1992)，Oleszek(2004)，以及 Gold(2004)。国会研究服务部的人们，尤其是巴奇、贝斯、奥利兹克、雷比奇，都是非常宝贵的信息来源。就像沃尔纳一样，罗宾逊同样也给我提供了极大助益。

Rundquist 1977），我就先从众议院立法开始论述。尽管有关同一议题的立法活动（action）都有可能在参众两院同时发生，但正式的立法活动是一个连续的过程：众议院和参议院不能在同一个时间对同一个议案进行立法并做出决定。

一、 提案（Bill Introduction）

要想提出议案，一名众议员只需在众议院会期将议案投进"议案箱"（hopper）即可，这是摆在该院会议厅前边的一个木头箱子。①* 最近这几年，提案的形式一直都没有改变。只有众议员可以在众议院提出议案或者决议，而且众议员的提案数量也没有限制。因此，即使是总统，也需要求助于众议员来提出议案，尽管这对总统而言并不是什么难题。

事实上，议员提出的立法案有很多来源。有些议案代表了利益集团甚或个人选民的要求，有些议案来自联邦政府部门或者机构，有些议案则代表了议员个人的政策偏好。国会的立法过程是开放的、可渗透

---

　　① 此处所用的"议案"（bill）一词，也可用作复数（bills），具体表示的时候加前缀 HR（众议院）和 S（参议院），表示联合决议（joint resolutions）时，分别用 H. J. Res 和 S. J. Res。议案和决议在立法过程和立法结果上并没有实质性区别，两者都要成为法律。我试图用"措施"（measure）一词来指示某种涵括内容更广的立法门类，使之不仅包括议案，也把不成为法律的共同决议（concurrent resolutions）和宪法修正案包含进来（H. Con. Res 或者 S. Con. Res）。在立法过程术语中，议案和联合决议与共同决议和宪法修正案之间的区别，是后两者不要求总统签署。用 H. Res 或者 S. Res 来表示的决议，是指完全在一院权限内处理事务而不要求另一院采取行动的决议。

　　* bill 一词，本书大多译作"议案"，有时为行文通顺也译成"法案"。act 一词在法律名称当中出现时多译作"法"，有时译成"法案"。legislation 一词多译为"立法"或"立法案"，有时也译成"议案"或"法案"。至于 measure 一词，在不同语境中，很难翻译为同一个词语，只好根据上下文语境有时译为"措施"，有时译为"议案"，有时则译为"法案"或者"立法案"。

的(permeable)。尽管只有国会议员能够实施官方行为,例如提案和表决,但议员的行为会受总统、利益集团、选民、媒体和公众舆论的影响。这就使得这些群体在立法过程中都可以扮演重要角色。

二、 议案送交委员会审议（Bill Referral）

　　议案一旦提出,就应送交有管辖权的一个或多个委员会进行审议。因为委员会是立法案的主要打造者,也因为各个委员会的人数和观点不同,所以接收议案的委员会不同,立法结果也将不同。规则专家(parliamentarian)是众议院无党派偏见的专业人员,在议长指导下处理送交过来的议案,因为议长有权决定将议案送交哪些委员会审议。议案送交审议遵循众议院的先例和规则,这个规则就是第十规则(Rule X),它规定了每个委员会有权审议哪些主题的立法。因此,议案送交委员会审议通常都有相当的规律可循,但也可能存在一些自由裁量的情况,尤其是当出现一些新的立法议题时(King 1994)。

12

（一） 分送多个委员会审议（Multiple Referral） *

　　1975年,众议院改变了自己的规则,允许将立法案送交一个以上的委员会进行审议。重要的立法议题已经发生了变化:很多议题变得更为复杂,不再完全符合一个委员会的管辖权限。既然规则发生了改变,议案分送多个委员会审议就变得更为常见,尤其是对重大立法案的审

　　＊ 分送多个委员会审议是美国国会立法的一种程序。在早期时候,这个程序是指,当一个议案在一个委员会中审议完成后,再送交第二个、第三个或更多委员会审议。自从1975年众议院规则改革以来,按照这个程序,一个在众议院提出的议案,不仅可以在第一个委员会完成审议后送交第二个委员会审议,还可以送交更多的委员(即三个以上的委员会)继续审议。

议。从 20 世纪 80 年代后期（1987—1990 年）开始一直到现在，国会中大约有 20% 的立法案被送交一个以上的委员会进行审议。当只考虑重大立法案的审议时，多个委员会审议的可能性就更大了。在 20 世纪 80 年代后期以来的历届国会中，大多数届国会都有 3/10 的重大议案是分送多个委员会审议的。①

　　绝大多数分送多个委员会审议的法案——大约占到总数的 2/3 到 3/4——都是提交两个委员会。再次强调一下，重大立法案是不同的。在 20 世纪 80 年代后期和 20 世纪 90 年代前期的国会（第 100、101 和 103 届国会）中，有一半以上的多委员会审议立法案分送给了 3 个或者 3 个以上的委员会，有些情况下，还会分送给更多的委员会。例如，克林顿总统的重塑政府立法（《1993 年政府改革和储蓄法》[Government Reform and Savings Act of 1993]）就分送给了 17 个众议院委员会审议；他提出的医疗保健议案分送给了 10 个委员会审议。第 100 届国会（1987—1993 年）通过的巨额贸易法案分送给了 6 个委员会，还有其他 5 个委员会撰写了与贸易相关的立法案，这种立法案都被纳入了综合贸易法案当中。在共和党人于 1994 年的选举中赢得对众议院的控制权之后，重大议案被分送给 2 个以上委员会审议的比例才降低了，自此之后只有 1/5 的重大议案被分送给 2 个以上的委员会审议。尽管如此，在每一届国会中，仍有议案被分送多个委员会审议。因此，在第 104 届国会中，即自 20 世纪 50 年代以来共和党首次主导众议院的国会中，废除商务部的议案被分送给 11 个委员会审议，关于移民改革的议案则分送给 7 个委员会审议。在第 108 届国会（2003—2005 年）中，关于全面改

13

――――――――――

　　① 阐明这一问题的附有全部资料的列表，以及本章讨论的大多数其他"非正统的立法过程"，可在本书第六章看到。

革政府情报系统的议案被分送给 13 个委员会审议。众议院在 2009 年通过的气候变化法案被分送给 8 个委员会审议，而 2013 年的一个制裁伊朗议案则被分送给 6 个委员会审议。

多个委员会对重塑政府议案具有审议权是很容易理解的，因为该议案涉及很多联邦机构，而每个联邦机构都处于一个委员会的管辖权限之内。与之类似，全面改革情报系统议案涉及很多委员会管辖权限内的机构和职能——不仅包括情报机构，而且包括武装部队委员会、国土安全委员会、监督与政府改革委员会（处理政府重组事务）、司法委员会（负责联邦刑法）以及金融服务委员会（此处事关洗钱）。然而，为什么援助两个东欧国家的立法案需要分送多个委员会审议呢？在援助波兰和匈牙利的议案上，外交事务委员会基于自己的涉外援助事务管辖权，主导了该议案的审议工作，但是筹款委员会也需要对该议案进行审议，因为筹款委员会有权给予外国特殊贸易优惠；波兰学生奖学金计划、波兰农民和商人技术培训计划以及增加美国对波兰和匈牙利的出口贸易计划，还涉及其他的委员会。正是基于附加制裁所涉内容的广泛性，2013 年的制裁伊朗议案才被分送给 6 个委员会进行审议。该案的审议涉及能源部门、航运和践踏人权者；它进一步收紧了伊朗获取外汇储备的口子。最初的 1975 年多委员会审议规则规定，议长要把一个议案分送给具有相关事务管辖权的所有委员会。在 1995 年之前，议长已有三种方式将议案分送多个委员会审议（Davidson and Oleszek 1992）。最常用的方式是同时分送（a joint referral），即把议案同时分送给两个或两个以上的委员会。或者，也可拆分一个议案，并将拆分后的各个部分或各个章节分送给不同的委员会。这种拆分分送（split referrals）的方式相对来说已经越发少见了；对复杂的立法案进行拆分是很难的。更常见的是顺次分送（sequential referrals），即把一个法案依次分送给两个或者两个以上的委员会。通常来说，接受议案的第一个委员会拥有最高管辖权，因此也是最重要的议案审议者，会在关于该议案的立法中发挥主要作用。

　　议长也可以将不同的分送方式加以合并。这样，立法案可能会根据同时分送方式在一开始被分送给两个或两个以上拥有最大管辖权的委员会，然后再顺次分送给其他委员会（它们有管辖权，但与所审议案利益关联不大）进行审议。根据 1977 年的修订，分送多个委员会审议规则允许议长为任一类型的委员会审议设定汇报的最后期限。①

14　　这个旨在精简立法过程的 1995 年规则，取消了原有的同时分送形式，要求议长指定一个主审委员会（a primary committee）来将议案送交给它（Evans and Oleszek 1995）。也可以这样解释，事实上这一规则是在拆分分送形式中设置了若干主审委员会。在第 104 届国会初任的 100 天内，拆分分送的形式曾被多次使用。例如，福利改革议案就在被拆分后分送给筹款委员会、经济与教育机会委员会和农业委员会来审议。根据议案的权重将其分送给一个主审委员会审议并另外将其送交一个或一个以上的其他委员会辅助初审（*additional initial referral*），已经在一定程度上取代了同时分送和顺次分送这两种方式。

　　作为辅助初审的委员会接到议案即可开始审议。它们着手审议法案之前不必等待主审委员会的审议报告。在这个意义上，此一新的审议过程有点类似原来的联合审议程序。然而，当主审委员会提交审议报告时，其他委员会就必须在议长确定的时限内完成审议。一旦时限确定，其他委员会就必须在指定时间内提交报告，否则就会视同自动解

---

　　①　按照惯例，时限是为顺次分送而非同时分送或拆分分送而设的。既然议长可以决定使用哪种分送方式，那么他或她对于时限自然也可行使自由裁量权。

除审议权,即取消它的议案审议权限。这种送交形式常常被表述为,
"送交某(主审)委员会,此外同时送交(辅理)委员会,各审议委员会需
谨守议长随后所定的审议期限,并在各自权限范围内审议所涉条款"。
因此,HR 1256 议案,即《家庭禁烟和烟草管制法》(Family Smoking
Prevention and Tobacco Control Act),由于赋予食品和药品监管局(Food
and Drug Administration, FDA)以监管烟草产品的权力,就在 2009 年 3
月 3 日"被送交能源和商业委员会审议,此外同时送交监督与政府改革
委员会,各审议委员会需谨守议长随后所定的审议期限,并在各自权限
范围内审议所涉条款"(国会图书馆网站概述[Thomas bill summary])。

　　当主审委员会提交了审议报告时,如果其他委员会还没有提交,议
长常常就会对其他委员会设置报告提交的时限。这类时限可能很短,
有些情况下甚至只有一天。在共和党人 1995 年获得众议院的主导权
之后,各委员会之间法案审议权之争的频率似乎下降了,尽管这种争斗
绝不可能彻底灭绝。新规则能在何种程度上界定各委员会的审议权
限,尚不明确。当然,当共和党人第一次占据多数议席成为多数党时,
各委员会主席就承受了来自两个方面的巨大压力,一是政党领袖,一是
党员,因为他们不希望各委员会之间的审议权之争影响共和党立法议
程中各个议案的最终通过。同时,共和党领袖还继续对各委员会的决
策严加控制。当民主党人在 2006 年选举之后重掌众议院并在 2008 年
赢得总统大选时,立法的压力再次加剧,立法的压力给委员会主席泼了
冷水,让他们完全不想再通过审议管辖权之争来阻止议案通过。在任
何情况下,众议院议长现在似乎都有足够权力遏制委员会通过审议权
之争来阻碍立法过程。

　　获得议案辅助初审权的委员会,并不总是提交审议报告。逐渐增多
的记录显示,这样的委员会被解除了审议权。例如,在第 112 届国会

15

中，《2012 年制止暴力侵害女性再授权法》(The Violence Against Women Reauthorization Act of 2012)被送交给司法委员会，还被送交给了能源和商业委员会、教育和劳动力委员会(Committee on Education and the Workforce)＊以及金融服务委员会。但只有司法委员会提交了审议报告，其他委员会的审议权均遭解除。全面改革情报系统议案被分送给了 13 个委员会审议，其中 5 个委员会提交了审议报告，8 个委员会被解除审议权。当共和党在 2010 年重新获得众议院多数议席之后，大概是为了加快立法进程，辅理委员会(secondary committees)的审议权循例遭到解除。因此在第 112 届国会期间(2011—2012 年)，有 37%的重大立法案都被分送多个委员会审议，但只有 1 个立法案由 1 个以上的委员会提交了审议报告；在第 113 届国会中，有 57%以上的重大立法案被分送多个委员会审议，但只有 3 个立法案由 1 个以上的委员会提交了审议报告。

辅理委员会被解除审议权未必意味着它在立法中没有实质意义。可以肯定的是，在某些情况下，辅理委员会认为待审议案中涉及其管辖权的内容并不重要，因此完全不必费力参与审议。胎儿保护立法案将伤害或杀死试管胎儿的行为确定为单独的犯罪，该立法案被送交司法委员会审议，此外也同时被送交武装部队委员会，因为武装部队委员会对所有武装人员的行为都具有管辖权，包括武装部队成员的犯罪行为。

＊　教育和劳动力委员会是美国众议院的一个常设委员会。此委员会最早成立于内战即将结束的 1867 年，初名"教育和劳工委员会"(Committee on Education and Labor)。1883 年，该委员会一分为二，成为教育委员会和劳工委员会。1947 年，两个委员会又重新合并，且恢复原名"教育和劳工委员会"。1997 年，此一委员会被重命名为"教育和劳动力委员会"。2007 年，又恢复原名"教育和劳工委员会"。2010 年，再次被重新命名为"教育和劳动力委员会"。2011 年，又改为"教育和劳工委员会"。2023 年，再改"教育和劳动力委员会"。从总体上看，民主党倾向于称其为"教育和劳工委员会"，共和党更愿称其为"教育和劳动力委员会"。本书作者在不同章节使用不同表达，即是按此一委员会在众议院不同时期的名称来称呼的。

极有可能是因该立法案与武装部队委员会的管辖权牵联很小，所以该委员会主动放弃了对该议案的审议权。要么就是，主动放弃审议权的委员会对议案的顾虑可能已由主审委员会以非正式方式打消了。例如，《2009 年美国清洁能源与安全法》（American Clean Energy and Security Act of 2009），即气候变化法案，被分送给能源和商业委员会，以及其他 8 个辅助审议委员会。当能源和商业委员会在 2009 年 6 月 5 日提交审议报告之后，其他 8 个委员会都被解除了审议权，但它们对该法案的关切和意见都在经非正式协商后产生的报告中体现出来了。最棘手的是解决农业委员会提出的质疑，该委员会的委员们担心二氧化碳的排放限制对于农民和其他乡村居民产生的影响。一份经加利福尼亚州民主党人、能源和商业委员会主席瓦克斯曼和明尼苏达州民主党人、农业委员会主席皮特森（Collin Peterson）谈判达成并提交乡村地区民主党人审批的协议，指定由美国农业部（US Department of Agriculture）而非瓦克斯曼法案中指定的环境保护局（Environmental Protection Agency）来负责运行监督农业活动的项目，以达到该法案所设的碳排放和交易要求（《点名报》，2010 年 6 月 24 日）。因此，尽管农业委员会没有提出审议意见，并被解除了审议权，但其委员以及委员所代表的利益实际上都对该法案产生了重大影响。在这个案例中，协议内容已经被法案吸纳合并进来——该法案在 6 月 26 日提交众议院审议（参考后文对规则的讨论）。被解除审议权的委员会可能已获承诺在众议院审议时提出补充修正案，或者说，如果议案修订了现行法律（这是常见的情况），这个委员会可能就已经对自身权限所涉议案文本感到满意，而认为无需再调整了。委员会不提出报告，并不意味着它放弃了任何关于管辖权的主张。我们将在第四章中讨论，委员会常常会收到两院协商委员会

（Conference Committee）*的说明。当政党领导层准备向国会提交一个法案时，它可能会要求辅理委员会放弃对该法案的审议，从而加速立法进程。

分送多个委员会审议对于委员会如何工作和立法如何进行有什么意义呢？显然，在国会多数重要的立法中，各个委员会必须一起工作以确保立法的顺利进行。一些常常共享管辖权的委员会已经形成了协同工作的标准程序。分送多个委员会审议可能也加快了通过非正式过程（常常仅有多数党议员参加）形成立法决议的进程。例如，全面改革情报系统议案正式分送给5个委员会审议，但事实上它是由共和党委员会主席和共和党领导层拟定的。2009年，加利福尼亚州民主党人、议长佩洛希（Nancy Pelosi）要求分管医保的3个委员会的主席在委员会审议之前共同拟定议案；她担心3个委员会分别提交差异甚大的议案可能会导致立法延迟和内斗。这些委员会审议的议案，是各委员会主席充分考虑了党派领导层意见后拟定的议案。

一些观察员对这种立法倾向表达出悲哀之情，但是，强烈的党派倾向而非分送多个委员会审议规则才应对此负主要责任。当立法案事实上得到多个委员会审议时，就可以从多个角度来应对很多复杂的难题。在委员会审议阶段让更多不同利益得到表达，让更为多样化的成员群体发声，这个阶段就会极有价值。基于我们今天面对的问题之复杂性，这当然是非常有益的方式，即使导致一些立法延迟也很值得。近期循例解除辅理委员会审议权限的倾向，可能会减少听取其他建议的机会。

＊　两院协商委员会是参众两院组织的一个临时性小组，成立这个协商委员会的目的是协调两院已经通过的立法案中存在的分歧。

（二）　委员会决议

根据教科书的描述,立法过程是从某一国会委员会正式开始的。尽管情况确实仍然常常如此——正如我们在前文讨论过的,现在并不总是这样了,因为一个以上的委员会可能会参与到立法过程当中。现在的委员会立法,常常与我们过去所持的常识性立法观念大有差异。自 20 世纪 70 年代前期以来,众议院委员会决议发生的最大变化或许就是,党派在立法过程中发挥越来越大的驱动作用。绝大多数委员会都曾努力避免或至少尽力抑制党派立场分歧。即使委员会之间不能达成共识,它们也会努力通过两党协商过程来做出决定(Fenno 1973)。它们之所以这样做,是因为这种方式在很大程度上提升了委员会决议在众议院审议当中的通过率;当一个委员会对所审议案提交意见一致的报告时,众议院其他议员就更易认为这个议案没什么争议或至少所有难题都已解决,因此也就更易遵从这个委员会的指导意见。由于众议院议员的影响力很大程度上取决于他们所在委员会获得的支持,因此他们就更愿意努力在委员会审议阶段促成建立"超大联盟"。诚然,总是有一些委员会因为内部委员的意识形态差异而使做出一致决议成为不可能之事。在整个 20 世纪 50 年代和 60 年代,众议院教育和劳工委员会就因委员会内部的分歧和争斗,以及其报告在众议院审议阶段的极低通过率而声名狼藉。然而,即使一个委员会像筹款委员会对税制制定那样对自己的管辖权存在潜在的内部分歧,它仍然会尽力遏制内部的冲突,并带着广受支持的方案提交到议院审议。

现在,各委员会更可能基于党派立场做出决议了。由于各个政党自身内部的主张渐趋一致,而不同党派之间在政策倾向上渐行渐远,所

17

以已经很难也不大必要建立两党联盟来保证议院审议的成功通过了（参见本书第六章）。自 20 世纪 90 年代早期以来，众议院中约有半数重大议案的委员会审议过程都已带有明显的党派性，这个数字大约是此前选出来的各届国会的两倍。① 从第 111 届到第 113 届国会（2009—2014 年），平均 57% 的重大议案的委员会审议过程都具有党派性。

　　尽管如此，也并非所有议案都是党派性委员会审议程序的产物。负责选区福利立法的各个委员会，例如农业委员会和交通委员会，就努力维护统一性和两党合作，即使在最近几届国会中这样做已经变得困难多了。在 2013 年，交通委员会就曾在一个大型水资源工程再授权法案上达成了两党一致的协议，并通过口头表决方式向国会做了汇报。绝大多数委员会对很多相当重要但没有很大争议的立法案做了审议。例如，在 2012 年，能源和商业委员会就以全体一致意见报告了再授权食品和药品监管局收取服务费的法案，随后这一法案以 387∶5 的票数在众议院通过。在 2011 年，司法委员会委员在全面修订专利法上达成两党一致协议，尽管这一议题曾让委员们产生分歧但并未造成党派性分裂，最终该委员会以 32∶3 的票数报告了这一法案。或许更令人惊讶的是，在 2008 年，因分裂而声名狼藉的教育和劳工委员会，在 10 年后出台了第一部综合性的《高等教育法》（Higher Education Act）大修议案，但不是经党派主导的立法程序而是由委员会一致投票同意出台的。然而，在最为重要的法案上，各委员会现在都易因沿党派路线而出现分裂。

　　在委员会中，党派极化比最终的投票表决影响要大得多。由于民

---

① 20 世纪 90 年代前期以来的图表是基于第 103、105 和 107—110 届国会的情况制作的，表中显示的数字是这几届国会中的平均比例。

主党和共和党在很多政策议题上分歧很大,所以在做出决议的过程中,多数党实际上常常将少数党的意见排除出去;委员会常常并不真正做出决议,真正的决议都是通过非正式程序做出的,是通过委员会内的多数党委员——有时还是政党领导层——的幕后交易做出的。少数党委员也会参加的正式委员会审议会议,仅仅成了一个形式。规则允许少数党委员提出修正案,审议却流于形式,而且所有修正案都会因多数党委员步调一致的投票遭到否决。民主党在 2006 年经选举获胜,成为多数党,它曾承诺要比连续 12 年占据多数党议席的共和党人做得更好,要更多地让真正的少数党委员参与到委员会审议之中。但这时的民主党像它之前的共和党那样,发现这种尝试导致的常常只是法案审议的延宕和立法受阻。与之相似,2010 年之后的历届国会中占据多数党地位的共和党人,在关涉到党派性议题的谈判沟通时,差不多也把民主党议员排除出去了。正如两党在当前很多极其重要的议题上政见不同一样,两党对什么是良好公共政策的看法也差异甚大,而且事实上少数党议员现在常常不能通过协商谈判在选举中占到便宜,因此这个时候,即使是在委员会审议阶段,也很难维系两党议员之间的真诚协作关系了。

(三) 绕过委员会的审议(Bypassing Committee)

尽管现在立法常常需要经过不止一个委员会的审议,但有时一些议案能完全绕过委员会的审议。在 20 世纪 80 年代后期,众议院几乎有 1/5 的重大立法案不经任何一个委员会审议。这一数字在 20 世纪 90 年代的几届国会中降到了大约平均 1/10,然而之后却在 2001—2006 年的几届国会中再次升至 1/5,进而,在 2007—2014 年,这一数字增长至 1/3。

在众议院中绕过有管辖权的委员会审议的情形各种各样。众议院中的多数党议员,可以通过免审程序(discharge procedure)不将议案提

交反应迟缓的委员会:任何议员都可提出免审请求(discharge petition),
要求绕过委员会审议,直接将议案提交众议院审议;当半数(218名)众
议员签署了申请,议案即可避开委员会审议程序,直接提交众议院审
议。① 在第97届国会(1981—1982年)、第102届国会(1991—1992年)
和第103届国会(1993—1994年)中,要求平衡联邦预算的宪法修正案
就是通过免审程序直接提交众议院审议的。在这三次情况下,具有管
辖权的众议院司法委员会(House Judiciary Committee)都反对该议案,
并拒绝对之进行审议或做出报告。

　　尽管免审程序很少成功(Beth 1994;也见 Pearson and Schickler
2009),免审请求的威胁却能迫使委员会和多数党领导层将议案提交众
议院审议——他们本来并不情愿提交。在第106届国会(1999—2000
年)中,竞选资金改革和管理型医保法规的支持者利用免审请求说服了
共和党领导层将这些议题提交众议院审议。尽管这两次免审请求都没
有获得规定人数的签名,但当签名人数接近规定人数的时候,多数党议
员领导层就不得不投降了。如果一个免审请求确实获得了218个议员
签名,那么它的支持者而非多数党领导层就能主导众议院的审议过程。
在2002年,当伊利诺州共和党人、议长哈斯泰特(Dennis Hastert)拒绝
提交竞选资金改革议案时,该议案的支持者就成功使之获得免审资格,
并罕见地在多数党领导层反对的情况下使之通过了。通过免审请求路
径直接将议案提交众议院审议的又一个成功案例,是2015年秋季修订
《进出口银行法》(Export-Import Bank)的议案。由金融服务委员会主席
亨萨林(Jeb Hensarling)领导的强硬派保守共和党人拒绝修订银行法,

----

　　① 实际上,出于技术原因,免审请求追求的常常是对议案支持者的规则的免审,而不
是对议案本身的免审。

他们关注的是银行企业的福利。俄亥俄州共和党人、议长博纳(John Boehner)拒绝否决金融服务委员会的决议,不愿将这一法案提交众议院审议。对一部分共和党人而言,银行对出口的资金支持对于他们所在选区的就业非常重要,于是他们联合民主党人获得了所需的 218 个签名,从而不用再遵从修订法案的规则。这一规则以及随后的这个议案,直接就在众议院获得了通过。

　　能够成功绕过委员会的决定常常是由多数党领导层做出的。① 做出这一决定的理由很多。紧急情况导致的极端时间压力可以迫使绕过委员会以便迅速通过法案。国会对 2001 年 9 月 11 日美国遭遇的袭击做出反应,在 9 月 14 日通过一项决议授权总统使用武力应对袭击(这就是授权攻击阿富汗的决议),还通过一项为这次行动拨付资金的法案。这两种情况都没有时间供委员会审议。其他旨在处理"9·11"事件余波的立法,特别是一项帮助陷入困境的航空公司的法案,以及另一项加强航空安全的法案,也没有经过委员会审议就被提交给众议院审议,以便加速立法进程。2008 年秋季的金融危机需要迅速应对,这也使委员会没有时间审议。之后成为法律的议案(确立问题资产救助计划或称 TARP 的银行"紧急救助"议案)也未经两院任何委员会的审议。

　　有时,造成时间压力的紧急情况纯粹是出于政治原因。当一个联邦法院裁定联邦贸易委员会(Federal Trade Commission, FTC)确定全国禁止呼叫名单(the national do-not-call-list)超出了现行法律规定时,商业委员会主席在领导层全力支持下不经委员会审议,立即就向众议院提交了议案,明确授予联邦贸易委员会这种权力,从而推翻了法院的裁

20

---

　　① 领导层最常用的手段是通过规则委员会获得的,这就是通过规则委员会拟定议案(以便提交众议院院会审议),即使规则委员会尚未对该议案提出报告(Tiefer 1989, 268-269)。

决。为了不让登记在这个名单上的 5 000 万潜在选民失望，尽快立法被认为是十分必要的。

在大多数情况下，当绕过委员会时，都是某种政治策略考虑扮演了重要角色。2007 年 1 月，新的民主党多数派领导层在不先提交委员会审议的情况下就向众议院提交了一系列议案供其审议。在竞选期间，民主党人曾经承诺在他们控制众议院的前 100 个小时内通过一系列特定法案，而履行这一承诺就要绕过委员会的审议环节。与之类似，2009年年初，为了让奥巴马总统在宣誓就职后尽快签署广受欢迎的法案，众议院民主党领导层绕过委员会审议，策划迅速通过了州儿童健康保险计划（State Children's Health Insurance Program，SCHIP）的再授权和《莱德贝特公平薪酬法》（Lily Ledbetter Fair Pay Act）。毕竟这两个法案都已在上一届国会的众议院中获得了通过。在 2015 年 1 月第 114 届国会上任之初，为了迅速展开工作，共和党领导层提出 9 个未经委员会审议报告的议案，其中包括基石输油管道立法案（Keystone XL pipeline legislation），废除《2010 年患者保护与平价医疗法》（即 ACA 或者《奥巴马医改法》）的议案，以及几个关于放宽商业管制的议案。

有时，当领导层提出所谓的"信息"议案时，也会绕过委员会——他们知道这些议案不太可能成为法律，但是可以向党的基层组织"传达信息"，绕过委员会会使信息传达得更快，而且可以给予领导层更大的灵活性。因此，在 2011 年，新的共和党多数派通过了法案，废除总统选举公共资助制度，并禁止为公共广播电台提供资金支持。2013 年秋天，在平价医疗法案网站艰难推出期间，博纳向众议院提出一项未经报告的法案，允许不符合奥巴马医改覆盖标准的保险计划继续销售，从而削弱 ACA。2011 年夏天，共和党主导的众议院和总统奥巴马之间在提高债务上限问题上陷入僵局。这时，极端保守的共和党研究小组提出"削减开支、限制支出和收支平衡"(Cut, Cap, and Balance)议案,它使债务上限的增加取决于规定平衡预算的宪法修正案能否通过,这一议案最后是直接提交众议院审议的。由于参议院和总统职位都由民主党人控制,这些措施都不可能成为法律。

两党高度极化和分权控制,亦即民主党总统和共和党所掌握的至少国会一院的结合,使得行政权力和立法权力之间很难达成协议,导致了我所说的"保利娜的危险"决策("perils of Pauline" decision making):就像老电视剧中可怜的保利娜被绑在火车轨道上而机车要从她身上碾过,她在最后一秒才获救,"必须通过"的立法案,例如资助政府或者允许政府偿还债务的提案,一直悬而未决,直到协议达成的最后一刻,而这种情况在下一次又周而复始(参见本书第八章)。政党领袖总是不得不进行这样的交易谈判,他们常常越过委员会来完成这项工作。2012年新年前夕,就在最后期限之前几个小时达成了一个协议,即财政悬崖协议(fiscal cliff deal)。这个事情,以及 2013 年秋季终结政府停摆的立法案(迄今为止可怜的保利娜遭机车碾压的一个实例),都是例子。(案例细节请参考 Sinclair 2014 和本书第五章、第八章。)现在,在多数情况下,当领导层决定绕过委员会时,有管辖权的委员会的主席就会积极参与议案的起草过程,即使他们常常并不发挥主要作用;党派领袖和委员会领袖也常常结成联盟,共同制定战略决策。然而,当委员会被绕过时,委员会的普通委员们——无论属于多数党还是少数党——确实就对提案的实质内容影响甚微了。

三、 委员会审议之后的调整(Postcommittee Adjustments)

在委员会提交议案报告之后,支持者常常会对议案做实质性的修改。这种实质性的修改几乎已经成为常态。根据我所掌握的数据,在1980年之后的历届国会中平均有1/3的重大立法案都在委员会审议之后做了实质性的修改。在第104届和第110届国会中,新的多数党主导的国会两院在委员会审议之后对几近半数的主要立法都做了实质性修改。而在第112届国会中,新的众议院多数党对41%的立法案进行了实质性修改。修改后的议案很少再被拿回委员会做正式修订。更为常见的是,修改的内容会通过协商被吸纳进来,形成替代议案或者修正案——通常被称为"主持人修正案"(a manager's amendment),因为这种修改案将由众议院辩论的主持人提出。一种情况是,替代议案可能会取代委员会议案,成为提交众议院审议的议案(叫作基础议案[base bill]),或者也可以根据这一规则将之纳入委员会议案当中;另一种情况则是,替代议案或者主持人修正案可以由众议院中的支持者直接提出。

这些委员会审议之后对议案所做的修订,是为了提升立法案通过的机率。委员会和政党领袖几乎每次都会参与其中,而多数党领导层常常是主导者。涉及棘手的政治性、实质性或者程序性问题的主要立法,极有可能需要做这样的修改。在大多数情况下,委员会领导在委员会中都会竭尽所能确保法案的通过,而多数党领袖则最终负责让本党议员和作为制度要求的众议院通过法案。

分送多个委员会审议的立法案可以要求在委员会审议之后进行修改,以便使议案适于议院审议——要么是因为一些辅理委员会依赖非正式程序处理自己的审议,要么是因为几个委员会报告的不同议案版本需要协调。例如,前文提到的2009年由能源和商业委员会报告的气候法案就是在非正式谈判协商中做了重大修改,从而满足具有管辖权的各种其他委员会所提的建议。议长能够且确实解除了辅理委员会的审议权限,但这些委员会中若有相当数量的委员在院会审议时反对该法案,那么它就通过不了。尤其是,一项可以满足农业委员会中的民主党议员及其他乡村地区议员诉求的妥协,是法案通过的前提条件。当总统是同党时,多数党领袖现在常常与他密切合作,将通过总统所提计划视为全党成功的重要内容(参见 Sinclair 2006)。这也会推进委员会审议之后的修改。在"9·11"事件之后,众议院司法委员会提交了一个两党协作版本的议案,即后来成为《美国爱国者法》的那个议案。小布什政府认为这个议案过于软弱,因此共和党领导层提出了一个更为强硬的政府支持的版本,取代了委员会报告的议案,并将其提交国会审议。2009 年,在奥巴马政府的要求下,众议院民主党人对信用卡监管法案做了若干修订,强化了政府对信用卡事务的监管。

　　议案所涉及问题的争议性和突出性,常会推动启用委员会审议之后的修改。议案支持者可能会发现,当他们的议案从委员会那里出来时,无法赢得足够选票使之获得通过。或者,领导层可能认为起草的议案有损本党形象。例如,司法委员会在 2013 年报告了一个议案:在全国范围内禁止怀孕 20 周后堕胎。议案发起人关于强奸很少导致怀孕的评论引发了关注。人们说这个议案完全没有考虑强奸或乱伦案件中的例外情况,因此群情激愤。作为回应,共和党领导层在议案中增加了一条豁免性规定(同时领导层撤销了议案发起人担任院会审议主持人的职务,任命了一位女性担任此一职务;《国会季刊周报》,2013 年 6 月24 日,第 1100 页)。在第 110 届特别是第 111 届国会中,民主党人开始处理一些极具争议的议题,而争取多数议员通过议案的过程,有时需要在委员会已经结束审议之后来修改议案。例如,在 2007 年,一项禁止在工作中歧视同性恋的议案,增加了一个豁免某些宗教组织责任的条款。在第 111 届国会任期内，关塔那摩监狱囚犯的法律地位是一个反复出现的议题。作为总统竞选人，奥巴马曾承诺关闭这所监狱，而共和党人认为如何对待关押在这所监狱中的基地组织犯罪嫌疑人，将是一个非常具有政治吸引力的议题。为了减轻两党各自的敏感选民的担忧，民主党人常常不得不在委员会中使用妥协性的措辞（language），然而，这并不总能奏效。因此，2009 年春天，威斯康星州民主党人、拨款委员会主席奥贝（David Obey）想出了一种关于这一议题的措辞，并将其融入了委员会所审议的战争补充资金法案（the war supplemental funding bill）。共和党人宣称关塔那摩监狱中所关押的犯罪嫌疑人可能会以某种方式在美国获得释放，这种说法进一步引起了媒体的广泛关注。无论如何，这是一个很难通过的法案，而且奥贝和领导层都清楚关塔那摩问题是一个棘手问题，他们并不需要为此花费精力。因此作为委员会审议之后的修改，前述措辞被加进去了，除了其他的规定之外，那种措辞还明确禁止将该法案所说的任何资金用于在美国释放任何关塔那摩囚犯。为了在 2010 年夏天能够让《公开法》（DISCLOSE Act，即《公开选举支出以加强民主法》[Democracy Is Strengthened by Casting Light on Spending in Elections]）通过，这一法案被要求必须在委员会审议之后做重大修改。同年早些时候，联邦最高法院在"公民联合会诉联邦选举委员会"（Citizens United v. Federal Election Commission）一案中裁定，公司、工会和非营利组织可用自己的经费资助政治竞选广告，数额不受限制。为了对抗这一裁决可能带来的有害影响，民主党人起草了一项议案，强烈要求披露竞选资金支持情况，例如，任何经营电视广告的组织都要在广告中披露它的最大捐赠者信息。在反对这一议案的主要企业集团看来，全国步枪协会（NRA）的反抗似乎导致了失败。稳健而保守

24

的蓝狗民主党人*——其中有许多人来自乡村地区——不会投票支持一个有如此众多反对者的议案。全国步枪协会尤其担心乡村和南部选区,因为它在这些地方拥有许多非常热心的拥护者。马里兰州民主党人范·霍伦(Chris Van Hollen),这位首要提案人和议长助理,对众议院行政委员会已经报告的这个议案进行谈判并做出妥协,形成了一个委员会审议之后的修改版本。它基本上免除了全国步枪协会的披露要求。改革派组织和自由派民主党人发现这是一个令人不快的交易,但多数人还是将其硬吞下去,勉强接受了这个议案,因为这总比根本就没有议案要好一些。

同时处理许多问题的立法案可能既有重大影响,带来许多争论,同时就其本身来说,也罕有不要求委员会审议之后进行微调的。这种包括多项措施在内的综合议案,其范围之广,其实意味着至少其中某些条款会让多数议员深感兴趣,我们第五章还会对此再做讨论。集中到一个版本中,而让多数党的多数议员和众议院的多数议员都感到满意,可能对要做报告的委员会来说就很难了。为次年的联邦支出制订详细计划的预算决议案——应该花多少钱、花在哪里、税收应不应该增长、赤字可以达到什么程度——和使法律符合预算计划(由此也可以把税收增长和大量项目的变化包括进来)的和解议案,都属于这种包括多项措施的综合议案,它们常常要求多数党领导层精心安排委员会审议之后

---

　　*　"蓝狗联盟"或"蓝狗党团"团体成立于 1995 年,是美国众议院民主党内的一股保守势力。之所以起名"蓝狗",是由于时任得克萨斯州民主党众议员皮特·格伦报怨民主党左翼把他们偏右的民主党人掐得"面色发蓝"(choked blue)。由于在美国政治中"黄狗民主党人"用来指最坚定的铁杆民主党人,他们这些保守派民主党人便称自己为"蓝狗"。蓝狗联盟曾是国会中民主党的一股重要势力,因此其左翼倾向的进步派民主党团(Progressive Democratic Caucus)十分讨厌保守派蓝狗联盟,认为他们与共和党无异,并使民主党长期分裂。

的修改。

四、 暂停议事规则（Suspension of the Rules）

　　在众议院里，由多数党领导层来安排议院立法辩论。当委员会提出关于议案的报告时，它就被置于了众议院其中一个议程——联盟的或者众议院的议程——的最后部分，如果它是重大立法案的话。考虑立法案在这个议程中所处的顺位没有多大意义，因为最优的议院辩论安排必须让议员关注和考虑大量的政策与政治因素。众议院已经研究出种种能让议员具有弹性工作时间的方法以便把立法案提交本院议员审议。将立法案提交众议院审议的首要途径，一是通过暂停议事规则，二是通过规则委员会的特殊规则，而这两个程序都是由多数党领导层控制的。

　　没什么争议的立法案，常常是通过暂停议事规则来审议的。动议启用暂停议事规则照例是在星期一和星期二，从2003年起还包括了星期三。按照这个程序提出的立法，最多辩论40分钟。不允许提出任何修正案，2/3多数赞同即算通过。

25　　　　1989年到1996年间的历届国会，在众议院通过的所有法案中，平均有55%都是经由这种暂停议事规则程序通过的；1997年到2006年之间，这个均数上升到了76%。在第110届即民主党重掌主导权之后的第一届国会中，这个比例降到了52%（Wolfensberger 2002, 11，后来数据又有更新）。根据暂停议事规则审议的许多立法案，影响都比较小，也没那么重要。2010年7月1日根据暂停议事规则通过的法案，包括下述几种：

H. Res. 1228——《向直升机攻击（轻型）第三中队老兵及其家属致敬决议案》（阿肯色州共和党人、议员布兹曼［John Boozman］→退伍军人事务委员会）

HR 2340——《鲑鱼湖土地选择决议案》（阿拉斯加州共和党人、议员扬［Don Young］→自然资源委员会）

H. Res. 1460——《认识传粉昆虫在支持生态系统中的重要作用并支持全国传粉昆虫周的目标和理念决议案》（佛罗里达州民主党人、议员黑斯廷斯［Alcee Hastings］→农业委员会）

H. Res. 1321——《表达众议院和平民主解决泰国政治状况立场决议案》（美属萨摩亚群岛民主党人、议员法利奥马维加［Eni Faleomavaega］→外交事务委员会）

H. Res. 1405——《祝贺 2010 年独立 50 周年的非洲 17 国人民决议案》（伊利诺州民主党人、议员拉什［Bobby Rush］→外交事务委员会）

H. Res. 1412——《祝贺南非政府首度两次成功定罪贩卖人口决议案》（新泽西州共和党人、议员史密斯［Chris Smith］→外交事务委员会）

H. Res. 1462——《因危地马拉、洪都拉斯和萨尔瓦多人民战胜导致致命洪水和泥石流灾害的席卷中美洲的阿加莎飓风而向其表达支

持决议案》（佛罗里达州共和党人、议员麦克［Connie Mack］→外交事务委员会）

H. Con. Res. 290——《向确立6月30日为"全国电子签名日"表达支持的决议案》（华盛顿州民主党人、议员麦克德莫特［Jim McDermott］→能源和商业委员会）

意义更加深远的立法案，也可以暂停议事规则来审议。如果一个议案得到广泛支持，以至于国会不必耗费大量时间辩论审议，这种情况就会发生。所以在2010年7月1日，众议院也经此程序通过了下述议案：

HR 5609——《修订1971年联邦竞选法，将根据此法登记的其委托方包括被发现是国际恐怖主义赞助人的外国政府或包括其他外国国民的任何游说者视同外国国民的决议案》（纽约州民主党人、议员霍尔［John Hall］→众议院行政委员会）

HR 5503——《确保将对责任限制法受害者的保护赋予因BP石油钻探爆炸死亡的石油工人家属，使其拥有更大诉讼权利的决议案》（密歇根州民主党人、议员科尼尔斯［John Conyers］→司法委员会）

偶尔，多数党领导层出于策略考虑会提出对更有争议的立法案适用暂停议事规则。在2008年8月休会之前的几个星期内，当飞涨的汽油价格已经把能源政策推到议事日程中心的时候，领导层就根据暂停议事规则提出了民主党的若干能源议案。领导层想要给民主党议员一个机会来向选民表明他们关心汽油价格，而不让共和党趁机强行投票通过解除近海钻探暂停令，因为这个暂停令是多数民主党人尤其加利福尼亚州民主党人所反对的，而弱势的资历较浅的议员和"红色"选区议员并不想要投票反对它。暂停议事程序不仅阻止修正案，还禁止动议重新提交——这通常是少数党能够获得的另一种修正议案的方法（见本章后文的论述）。民主党领袖知道自己不可能聚集 2/3 的票数，但他们也知道，要是他们的立法案在参议院通过了——可能性不大——小布什总统就会对其行使否决权，所以，这也丧失不了什么东西。这些领袖实现了自己的目标：给民主党议员机会来投票支持能源立法案，而不必就近海钻探事项进行投票。

议长对于什么立法案应根据暂停议事规则审议，具有完全的自由裁量权。当一个委员会主席认为有议案应适用暂停议事规则时，就向领导层提出要求。议长要受到限制使用这一程序的政党规则的指导。其中的典型规则就是第 109 届国会中的共和党党团大会规则（Republican Conference rule），它是这样规定的：

> 多数党领袖不应根据暂停议事规则来安排任何议案或决议提交审议，这会导致：（1）不能将成本估算包含进来；（2）一直得不到少数党的批准；（3）遭到报告议案的委员会成员 1/3 以上的人反对；（4）创设一个新的立法项目；（5）延长一项授权，而其创始制定法包含了一个日落条款（a sunset provision）；或者（6）在授权、拨款或者任何给定年度的直接支出中，批准超过 10% 的增长。

民主党党团规则在要旨上也是类似的。这些规则可能会被放弃，但 2/3 投票赞同才能通过的要求，限制了根据暂停议事规则能够成功通过的议案。

27

次要议案（minor measures）通常也是这样审议的,这对议员追求连任大有帮助。当给国会提出修正案供其讨论审议的机会减少时,让议案借助暂停议事规则得以通过的机会,对于照顾选民、取悦利益集团或追求政策利益来说,就变得更有价值了,尽管这个机会很难成功,因为能够获得 2/3 的赞同票数实属不易。前文所列的明明白白的实例,都是出现在领导层发出的众议院审议日程上的;请注意,每个议案的发起人都得到了凸显。

2/3 票数通过的要求,也给了少数党一个支点,根据众议院规则,他们的这种支点本就极少。作为少数党的民主党人使用这个杠杆来确保民主党发起的议案能以合理比例通过暂停议事程序得到审议。由于对分给少数党的暂停议事规则议案感到不满,民主党人在 1997 年 10 月 1 日连续挫败了 6 个暂停议事议案,还迫使多数党推迟了另外 10 个议案的审议。之后,共和党人愈加慷慨大度了（Wolfensberger 2002）。而且无论民主党人还是共和党人,在自己是多数党时,都继续允许少数党有其比例份额。少数党因此就使多数党的活动愈加不便了。根据暂停议事程序赞同议案,远比其他路径节省时间。然而,这个杠杆受多数党能力的限制,因为多数党可以通过特别规则重新提出在暂停议事程序下被否决的议案。

五、 特殊规则

多数重大立法案都是通过一项特殊规则提交众议院审议的,这项特殊规则允许议案不按议事规则进行就能接受。规则委员会负责报告这样的规则,这种规则采取的是众议院决议的形式——名为众议院决议案（H. Res）。每项决议都必须获得众议院议员的多数投票才能通过。

这项规则为众议院审议议案设定了条款规定。一项规则常常具体列明要花多少时间来进行一般性辩论（general debate），列明由谁来控制时间。一般性辩论惯常是一个或两个小时，尽管重大议案偶尔也会被给予多得多的时间。时间在报告这个立法案的委员会主席和少数党首席委员（ranking minority member）之间通常是平等分配的；若有若干委员会同时审议一个议案，则每个委员会都要在一般性辩论时间之内控制自己的时间。

一项规则可以限制修正案（的数量）、搁置议事程序（否则违背这种程序就是违背众议院立法案审议规则或者立法案提出规则），还能规制众议院审议的其他具体规定。一项规则限制修正案（数量）的程度，以及它限制的方式，也可以被改变。开放规则（open rule）允许提出所有与所论议案密切相关的修正案，而封闭规则（closed rule）会禁止提供报告的委员会提出的修正案以外的所有修正案。在这两个极端之间，还有一项规则，那就是允许提出某些——但不是所有——与所论议案密切相关的修正案。①

当前，规则委员会把规则分成开放规则、修正开放（modified open）规则、结构化（structured）规则或者封闭规则几类。修正开放规则允许在特定时间内（常常是在众议院开始审议之前）提出《国会记录》（*Congressional Record*）*所载的所有与所论议案密切相关的修正案（有

28

---

　　①　规则委员会可以而且有时确实允许提出与所论议案并不相关的修正案。

　　*　《国会记录》是国会召开期间刊登国会参众两院每日工作进程的出版物，最初于1873 年 3 月 4 日出版，国会开会期间每日发行。这是联邦政府第一次直接和正式对国会工作进程进行系列报道和出版。国会记录包括每位议员在国会或准备在国会上所做的全部发言，议员还可对其发言在刊出前予以整理甚至增加其当时实际并未说过的内容。在每一期的《国会记录》后面有该记录的《每日摘要》（*Daily Digest*），分别概述各院、各委员会及其小组的工作情况，也记载每日的立法公告。每周末预告下周的议事日程。该摘要于 1947年 3 月 17 日开始出版。

时称为预印规定［a preprinting requirement］），或者，修正开放规则也可对修正程序设定时间限制——称为时间上限（a time cap）——并允许在这一时限内提出所有与所论议案密切相关的修正案。结构化规则"允许提出规则当中指定的修正案，或者规则委员会报告（此报告要与提交院会审议的规则一起提交院会审议）当中指定的修正案"（规则委员会全体成员［Rules Committee staff］）。因此，结构化规则就包括了对修正案设定某些限制但又并不完全禁止修正案的所有规则。它们本身就包括了人们习惯所称的"修正封闭"（modified closed）规则——近年来这一称呼常常被用到那些只允许少数党替代议案（a minority-party substitute）的规则上面。当规则委员会想要报告一项结构化规则时，它的主席通常都会通知众议院议员，形式是写一封"致亲爱的同仁"函件，并在该委员会的网站上发个声明。然后议员们就把他们想要提出的修正案提交给规则委员会，由该委员会决定把哪些修正案提上台面。

在当前的众议院中，绝大多数规则都有某种限制性。从 1989 年到 2008 年，平均有 68% 的规则不同于简单的开放规则（修正开放规则、结构化/修正封闭规则，或者封闭规则）。在第 111 届国会期间，没有任何立法案是根据一项简单的开放规则提交众议院审议的，而在第 112、113 届国会期间，平均只有 8% 的规则是开放的。与其承诺一致，共和党多数领导层确实想根据开放规则将常规拨款议案提交众议院审议。在 2011 和 2012 年，14 个拨款议案中有 13 个都是根据开放规则来审议的；在 2013 和 2014 年，12 个当中有 8 个也是这样的。在这两届国会里，为国会提供资金的拨款议案都是根据结构化规则来审议的，领导层认为，这个议案给少数党提供了太大的机会，从而造成了争执和祸害。2014 年提交众议院审议的最后 3 个常规拨款议案是根据修正开放规则来审议的，这或许说明领导层已经对开放规则下的程序之冗长不定失去耐心。

限制性规则甚至更可能用于重大立法案而不是所有立法案。从 29 1993 年到 2002 年,平均有 67% 的重大议案是根据一项实体性的限制性 规则来审议的,也就是说,是根据一项结构化规则或封闭规则来审议 的;在(2003—2014 年的)历届国会中,几乎所有规则都一直是实体性的 限制性规则——平均占比达到了 95%。结构化规则在允许提出多少修 正案这个问题上确实变化甚大。比如说,《烟草控制法》(HR 1256)所 根据的规则只允许提出一个修正案,一个共和党的替代议案;HR 9,这 个对小型企业减税的议案,也只允许密歇根州民主党人莱文(Sander Levin)提出一个"在性质上属于替代议案的修正案",莱文可是提交报 告的众议院筹款委员会的民主党首席委员呢。第一个议案许可食品和 药品监管局管制烟草问题,它是在第 111 届国会中审议的,那时民主党 是多数党;第二个议案则由第 113 届国会审议,那时共和党是多数党。 HR 10 是一个改变特许学校许可计划的议案,它也是由第 113 届国会审 议的,审议时所依据的规则允许提出 9 个修正案——其中 3 个由共和 党人发起,6 个由民主党人发起。适用于《2010 年国防授权法》 (National Defense Authorization Act〔NDAA〕of 2010)的规则,按照议事 规程产生了 82 个修正案,而《2013 年国防部授权法》(Department of Defense〔DOD〕Authorization Act of 2013)则许可提出 172 个修正案。 所有这些都是"结构化"规则。

当重大立法案准备提交众议院审议时,必须做出使用何种类型的 规则的决定。鉴于当前规则的多样性,选择也是多种多样的。规则委 员会负责做出正式决定,而报告立法案的委员会的领导则公开宣布他 们的选择偏好。但是,由于规则委员会的多数党委员是由议长挑选出 来的,因此该党领袖就会大大影响这个决定的内容。决定对重大立法案适用何种规则,对于法案的成功通过来说被认为极其重要。不必惊讶,在这里政党领袖是决定性人物。

因为在设计一项规则时有许多选择,就可以修改特殊规则使之适于处理当下的问题,即使是相对简单的结构化规则,也能说明这一点。规则委员会对适用于 HR 527 的议案——《2015 年小型商业监管灵活性改进法》(Small Business Regulatory Flexibility Improvements Act of 2015)——的规则做了总结,它是这样说的:①

1. 结构化规则。

2. 提供 1 小时的一般性辩论时间,其中 40 分钟由司法委员会主席与少数党首席委员来平均分配和控制使用,20 分钟由小型商业委员会主席与少数党首席委员来平均分配和控制使用。

3. 搁置针对议案审议提出的一切程序问题异议。

4. 按议事规程提出具有替代议案性质的用于修正的修正案原始版本,并规定它应视为已读而提交审议,此一原始版本应包含规则委员会第 114-3 号刊印文件(Rules Committee Print 114-3)。

5. 搁置针对具有替代议案性质的修正案提出的一切程序问题异议。

6. 按议事规程只提出规则委员会报告 A 部分印制的进一步修正案。每一此类修正案只能按报告印制的顺序提交,只能由报告所指定的委员提交,且应视为已读而提交审议,辩论时间须由报告写明,支持者和反对者应予平等分配和控制时间,每一此类修正

---

① 相较于这项规则本身来说,规则委员会的这个总结理解起来更容易一些,因此这里就直接引用了。

案不应再行修正，也不应服从针对该问题提出的分组表决要求。

　　7. 搁置针对报告 A 部分印制的修正案提出的一切程序问题异议。

　　8. 提出动议将议案发回委员会进一步审议，动议可附或不附指示。

　　这个议案被分送给了两个委员会，但司法委员会提交了报告，而小型商业委员会则被解除了审议权。尽管如此，两个委员会都得到了辩论时间，而且在每一种情况下，都给予了作为多数党委员的委员会主席以及相应的少数党首席委员一般性辩论时间（#2）。司法委员会按议事规程报告的 HR 527 议案的文本（包含规则委员会第 114-3 号刊印文件）——这是一个修正案，在性质上是最初提出的议案的替代议案——成了议案，将在众议院审议时修正（#4），以简化国会的立法程序。只有明确列出来的修正案才可提出，也只有向规则委员会提出要求的委员才能提出（#6）；6 个修正案是按议事规程提出的，而对每个修正案，辩论时间——10 分钟——也都是明确规定的。（上文的总结列明了修正案、发起人、给予的时间以及核心内容提要，但为了节省篇幅，我们这里就不再一一列出这些内容了。）对这些修正案来说，是不允许再做任何修正的。针对原始议案（#3）、委员会的替代性议案（#5）或者修正案（#7）违背众议院规则这个问题所提的程序异议，也要搁置。最后，正如众议院规则所要求的那样，这一规则规定可以提出动议，将议案发回委员会进行进一步审议（参见下一节内容）。

（一）　特殊规则的使用

　　特殊规则可以用来节省时间，防止阻挠议事和拖延，可以用来集中精力辩论关键选择，有时也可以用来结构化这些选择，因为众议院审议议案时会为了推进某一特定结果而面临这些选择。

31   显然，封闭规则既能节省时间，又有助于在众议院审议之前的阶段达成总体妥协。在 2006 年竞选期间，众议院民主党人已经承诺在头一个 100 小时"立法"时间通过一系列法案，即那个"六对六"(Six for Six)法案。尽管包含在内的这些法案是精心挑选出来以便容易通过的，其中许多也得到了共和党人的大力支持，但遵循常规的委员会审议程序并且允许众议院审议时公开辩论，不可能不超出领导层自我规定的时限。这个最后期限实际上给了少数党(共和党)一种强大刺激来拖延时间，并因此会使这个新的多数党(民主党)看起来十分无能。所以就像前文讨论的那样，领导层绕过了审议这些法案的委员会，并根据封闭规则将之提交众议院审议。由于类似的原因，在 2009 年上半年，封闭规则被用到了州儿童健康保险计划议案和《莱德贝特公平薪酬法》上；而且在 2015 年，众议院共和党人由于想要迅速开始着手工作，就在国会开会的第一个月提出了 10 部议案，而其中 8 部依据的都是封闭规则。限制提出修正案和搁置程序异议的规则也可以节省时间并防止阻挠议事。在共和党人于 1994 年选举中获得众议院多数党地位之前，他们已经许诺，如果自己控制了众议院，就会比民主党人掌权时少用限制性规则。不过，众议院共和党人也曾许诺，要在选出第 104 届国会最初的 100 天时间里，通过"与美国订约"(The Contract with America)计划。当他们根据开放规则将"与美国订约"中的一个项目提交众议院审议时，民主党人十分自然地就提出了许多修正案。在此之后，共和党人控制的规则委员会常常(用其他的非限制性规则)对总体修正活动列出时间限制。

对修正案的任何限制——甚至只要求将其在提交众议院审议之前

数日打印在《国会记录》中——都可以通过减少不确定性而有助于议案支持者。这样,支持者就能集中力量,更有效地来规划战略性行动了。反对者连反应都来不及。

当规则能让委员在综合性替代议案中做出选择但不准就差距不大的修正案进行投票时,就是将辩论集中在了替代性方案上,集中在了重大选择而非对细节的吹毛求疵上。从 20 世纪 80 年代后期以来,允许在综合性替代议案中做出选择的规则,一直都在使用。征税议案、预算决议、民权法案和诸如关于育儿假期、最低工资和儿童保育等问题的社会福利立法,就是根据这种规则提交众议院审议的。规定了下一年度总体支出方案的 2009 年预算决议审议规则,就是按照议事规程对 4 个"性质上属于替代议案的修正案"来投票的:一个进步党团替代议案(a Progressive Caucus substitute),一个共和党研究小组替代议案,一个黑人党团替代议案,以及一个由预算委员会资深委员、怀俄明州共和党人瑞安(Paul Ryan)发起的替代议案。其中每一个都获得了 40 分钟的辩论时间。两年之后,共和党控制了众议院,但这个预算决议规则的结构是差不多的。有 5 个替代性的修正案按议事规程提出:第一个由国会黑人党团发起;第二个由田纳西州民主党人库柏(Jim Cooper)发起,他是一个更保守的民主党人;第三个由进步党团发起;第四个由共和党研究委员会(RSC)提出,它由一些极为保守的共和党人组成;第五个是民主党党团替代议案。库柏修正案获得了 20 分钟的辩论时间,其他每个都是 30 分钟。

除了减少不确定性和集中于辩论之外,精心设计的规则还能安排各种选择以利于获得某种特定结果。最简单的方式是完全不接受领导层反对但可能通过的修正案,实际上这样做也是常事。例如,建立一个国会委员会来调查政府应对卡特里娜飓风方案的决议案,就是根据一项封闭规则提出的,因而阻止了民主党人提出一个修正案。民主党人

32

的这个修正案，是想让独立的委员会而不是共和党人占多数的国会委员会成为该调查主体。在 2009 年，气候变化议案的规则只允许提出一个替代议案，它是由弗吉尼亚州共和党人福布斯（Randy Forbes）发起的，而不是共和党领袖博纳所要求的那个替代议案。规则委员会中的民主党人主张说，博纳的替代议案不符合现收现付规则（pay-as-you-go [PAYGO] rules）；共和党人指责说，民主党人是担心博纳的替代议案真会通过。2012 年的国防部授权议案审议时根据的是这样一项规则，它接受了 142 项修正案但不包括麦戈文（McGovern）修正案在内，麦戈文修正案想要的是加速推进美国从阿富汗撤军，而这是领导层谨防的一个提议。

　　将规则用作策略工具，最初是在 20 世纪 80 年代由民主党多数党领导层提出来的。1988 年的福利改革立法规则例证了规则如何能够安排选择。大多数民主党人——足以构成众议院绝对多数——都支持通过福利改革议案，他们认为这个议案是一项非常好的公共政策。然而，许多人是出于改选原因这样认为的，于是他们不得不公开表明观点，支持缩减该项目的费用。通过许可对一项温和削减该项目费用的修正案进行投票，但阻止对一个严重削减该项目费用的修正案进行投票，这项规则给了那些需要它的议员一个机会来证明财政责任，也确保了多数民主党人都支持的那个立法案能被制定成法律。2015 年 1 月，一项资助国土安全部的拨款议案需要获得通过以阻止政府部分停摆。国会共和党人受奥巴马计划激发，要给父母是美国公民但无证明文件的工人提供工作许可，他们想利用该拨款议案迫使奥巴马撤销他的决定。众议院共和党领导层知道参议院不可能通过这样一个议案。国土安全部拨款议案的这项规则，根据议事规程提出 5 个修正案，都与移民问题相关。其中前两个最为关键。阿德霍尔特（Aderholt）修正案禁止"不管源于何处的任何资金来实施（1）2014 年 11 月 20 日宣告的行政行为，即暂缓遣返某些非法滞留美国的外国人和出于其他目的滞留美国的外国人,以及(2)2011 年和 2012 年签署的关于检控裁量权和移民执法重点的四个'莫顿备忘录'(Morton Memos),它们事实上阻止某些阶层的非法外国人被从本国清除出去"(Rules Website)。布莱克本(Blackburn)修正案想阻止使用任何资金来审查奥巴马"童年入境暂缓遣返计划"(Deferred Action for Childhood Arrivals)下新的、续签的或者前已遭到否决的申请。这里的第一个修正案以 237∶190 的票数获得通过,其中只有 7 个共和党人投了赞成票;第二个修正案以 218∶207 的票数获得通过,其中共和党人是 218 票赞成,26 票反对。如此一来,这项规则就给了多数共和党人一个机会来表达对总统移民政策的强烈不满,而这种态度对移民政策的基础来说是非常重要的。领导层希望这能提供掩护以便后来更易说服足够多的人来投票赞成并由此通过一个清洁的(也就是没有移民修正案的)国土安全部议案(DHS bill)。通过将反移民条款分成两个修正案,领导也给了较少数量的共和党人(强烈反对移民的立场对他们来说是一个选民难题)一个机会,让他们能够投票反对布莱克本修正案中更严苛的条款。当然,复杂的策略性规则并不总是能够发挥作用。2015 年,为了通过"贸易促进权"(Trade Promotion Authority)(TPA 或快速审批权)议案,众议院共和党领导层构建了一项复杂的规则。已获参议院通过的这个议案既包含了快速审批权(许多民主党人和一些共和党人都反对),也包含了贸易调整援助(Trade Adjustment Assistance, TAA)(民主党人支持而多数共和党人反对)。如果将这个议案一揽子提交众议院审议投票,它就很可能"全军覆没"。领导层担心这一点,但是为了把这个法案送交总统签署,两个部分的内容都必须获得通过。于是这项规则就规定了对这两部分内容分开投票。由于民主党人支持 TAA(它帮助被贸易取代位置的工人),领导层假定,他们就会提供通过 TAA 所需的大量投票,而共和党人则会提供绝大多数赞同票给快速审批权。然而,民主党人采取了策略性行动,投票否决了 TAA。由于两个部分内容都必须获得赞成,这就等于枪毙了这个立法案,尽管只是暂时枪毙了。

多数党议员投票赞同这样的规则,不仅是因为对按程序投票支持本党的期望现在已是极其强大,而且也是因为这里所说的修正案常常就是议员认为糟糕但在政治上又难以投票反对的公共政策的修正案。（对民主党人来说,事关堕胎、持有枪支等敏感问题的修正案,常常是成问题的;对共和党人来说,对普通的国内项目增加支出或进行补助的修正案也是成问题的。）

如果完全阻止投票在政治上行不通,就可用规则来迫使一项修正案的支持者假借国会的幌子提出这项修正案,这种幌子能让投票情况极难捉摸。所以,比如说,远不是让少数党为多数党的议案提供一个替代议案,一项规则能够迫使少数党通过提出带有指示的发回委员会重审的动议,而提出一个选项。比如说,当众议院共和党人在 2002 年夏天将他们的处方药议案提交众议院审议时,他们就是通过这样一个动议,迫使民主党人提出提供更大的处方药优惠这一选项。2006 年 4 月,尽管有 9 个修正案按议事规程提出,但规则委员会并未给予民主党提出相较共和党游说改革议案远为强大的替代议案作为修正案的机会,这就使得动议将议案发回委员会重审变成了民主党让自己的替代议案获得投票支持的唯一方法。封闭规则确实可以迫使少数党通过动议发回委员会重审以提供替代议案,而根据众议院办事规则,不能否决少数党的这个动议;而且无论在共和党还是民主党控制众议院的情况下,封闭规则的使用频率都已经大大上升了。在民主党控制的第 110、111 届国会里,平均有 35% 的规则是封闭规则;在共和党控制的第 112、113 届国会里，平均有 42% 的规则是封闭规则。

（二）国会的新办法（New Parliamentary Devices）

国会近些年进一步推出了一些新的办法，它们使特殊规则变得更加灵活了，也让安排各种选择有了更为强大的工具。一项自动生效的规则规定，当众议院采纳一项规则时，与之相伴的议案就得到自动修正，从而将该规则中设定或参照的修正案文本包括进来。新的术语是"审议时视同通过"（considered as adopted），而且不再单独对其进行投票。具有自动生效条款的规则得到越来越多的使用。在 20 世纪 90 年代的 3 届民主党国会里（1989—1994 年），平均有 19% 的规则都包含了自动生效条款；在 1995—2006 年共和党控制的 6 届国会里，有 27% 的规则也都包含了自动生效条款；而在 2007—2014 年的 4 届国会里，这个平均数是 32%，这 4 届国会，2 届由民主党控制，2 届是共和党占了多数。有些自动生效规则完全用委员会的议案替代了初始议案，这样的话，如果一项规则说，"现在议案中所印的某委员会提出的具有替代议案性质的修正案，审议时应视同通过"，那么这基本上就是一个"节省时间节省投票"的说法。这是规则委员会前顾问沃尔芬斯伯格（Don Wolfensberger）所说的话。"经由众议院自动采纳委员会修正案，你就不用对完全相同的事务（假设少数的替代性议案失败的话）投两次票了，反而会提起动议发回委员会重审。"（2006 年 3 月，与沃尔芬斯伯格的个人交流内容）

如果将只使委员会修正案自动生效的规则排除出去，那么自动生效规则使用频率上升就仍然是很明显的——从 20 世纪 90 年代早期（1989—1994 年）3 届国会的 16.7% 涨到 1995—2008 年 7 届国会的 20%，再涨到 2009—2014 年间的 25%。这个程序提供了简单的办法，能在最后关头往一个议案里塞进一些改动，而且有些自动生效条款也只

35

做了技术上的改变。但是，委员会审议之后具有重大实质性意义的妥协，甚至全新的条款，也能通过一个自动生效条款不经众议院审议投票而被塞进一个议案当中。共和党领导层对 2005 年和解议案精心设计的委员会审议之后的重要修改，一股脑被塞进了预算委员会主席发起的一个修正案当中；这项规则规定，该修正案"审议时应视同通过"，因此排除了所有其他的修正案。如我们在前文讨论的，能源和商业委员会主席瓦克斯曼及民主党领导层与同享气候变化立法之权的其他委员会进行谈判，达成了一套复杂的协议。那些在能源和商业委员会已经报告其议案之后谈成的协议——特别是与农业委员会达成的那个核心交易——就通过一项自动生效规则被吸纳进了该议案之中。实际上，这是一个尤其复杂的自动生效规则版本。一个由瓦克斯曼谈判并推出的版本整体上取代了能源和商业委员会的议案，然后又有一个长达 309 页的瓦克斯曼修正案进一步修正了它。前文描述的许多其他委员会审议之后的修改也被合并进了这个议案当中，通过自动生效规则在众议院得到审议。2009 年的信用卡监管议案，以及关于战争经费补充拨款议案的关塔那摩妥协措辞，还有添加到 2013 年反堕胎议案中的那些豁免条款，都是这种情况。自动生效规则在 2009 年经济刺激法案和医保法案的立法过程中，都具有非常重要的策略性意义（参见 Sinclair 2012，第七章和本书第七章的案例研究）。在经济刺激法案那里，若干已使民主党人感到困窘的条款，诸如在华盛顿特区资助转售国家广场，就是根据这项规则中的一个自动生效条款而被删除了。同样，2009 财年的综合拨款法案也是根据一项封闭规则审议的，而这项封闭规则包含了一个不考虑国会议员生活费增长的自动生效条款。

因为这项规则中的一个自动生效条款允许不经投票就把这种术语加入立法案当中，所以就能用它来通过一些议员本会迟疑公开投票支持的事务。没有记名投票,问题的可见性就降低了,对它所负的责任也就模糊不明了。2004 年的时候,有 128 亿新的商业减税通过一项自动生效规则,(《点名报》,2004 年 4 月 7 日)被悄悄纳入了交通议案当中。2006 年,根据审议一个控制 527 组织 * 选举参与的议案的规则,共和党人使一个修正案自动生效,以废除加在党派协作支出上的限制,这意味着一个政党在与其候选人协作时可以支付数量不受限制的硬通货(H. Res. 755)。在 2010 年年初,国会面临着必须将债务限额提高到创纪录水平的问题。众议院领导层使用了一项自动生效规则,这就让并不情愿的议员更容易为这种令人反感的议案投赞成票。第一次投票是针对这项规则进行的,而通过采纳这项规则,众议院接受了债务限额的提高之举。第二次投票针对的是通用得多的现收现付预算实施规则;这次投票就批准了这个议案(《国会季刊周报》在线[*CQW Online*],2010 年 2 月 8 日,第 334 页)。

　　自动生效条款也用来处理更加复杂的甚至对全局有重要意义的情况。民主党因遭受政治压力被迫向众议院提案,该提案的内容事关扩大低收入家庭儿童课税扣除,而共和党人把它与高收入家庭的减税捆绑在了一起。然后他们就把这个议案提交众议院审议了,所据规则明确规定,赞同这项规则即意味着不单独投票就自动赞同该议案。这迫使国会就该议案组织了一个两院协商委员从而给了众议院共和党人否决该议案的机会。

　　众议院在 2006 年春天审议游说或伦理改革议案时所依据的规则,用沃尔芬斯伯格的话来说,是带有 3 个独立自动生效条款的"所有自动

　　＊　527 组织(527 organization or 527 group)是美国的一种具有免税资格的组织,该组织根据《美国税收法典》第 527 节(Section 527 of the U. S. Internal Revenue Code [26 U. S. C. §527])的规定成立,主要目的是通过免税捐赠影响联邦、各州和地方公职的提名、选举、任命等事务。

生效规则之母"（《点名报》，2006 年 6 月 19 日）。规则委员会提交的版本替代了有管辖权的委员会报告的议案。这个版本删除了司法委员会所提议案中的若干主要条款，因为规则委员会领导层一直不能说服该委员会的委员接受这些条款。规则委员会版本又进一步做出修改，方式是删除司法委员会版本的另一个条款。最后，又将在众议院获得通过的规制 527 组织的条例加到了该议案当中，然后才提交参议院审议。所有这些都是自动完成的，未经投票。

　　给予委员会主席以"全部权限"的规则是另一个版本。规则委员会于每一届国会之后出版的《活动调查报告》（Survey of Activities）里说，"这种规则授权一个委员会的主席（通常是众议院正在审议的议案的主持人）或他指定的人来提供整体性的修正案，它包括了特殊规则规定的尚未得到处理的修正案，还有对任何这种修正案提出的密切相关的修订"（110th Congress，23）。也就是说，众议院审议主持人可以把一些修正案打包进一个较大的修正案当中，而且在这一过程中，经由提案人同意，主持人还可以对打包进来的修正案做一些修改。国防部年度授权议案的规则通常会按议事规程提出大量修正案，这种规则常常赋予主席以全部权限，而其中的大部分修正案都是由此得到处理的。没有这种权限，议案的审议就会耗费过多的时间。正如规则委员会所说的，"这样一项规则能使众议院审议主持人以最高效率获得最大程度的一致意见，同时也能尽量节省重复审议的时间"（23）。由于整体性修正案总能获得通过，这就给了众议院审议主持人讨价还价的筹码，他可以想方设法修改修正案，交换条件就是他能决定把什么样的修正案打包进来（inclusion）。"至尊之王"（king-of-the-hill）和"至尊之后"（queen-of-the-hill）规则，即从 20 世纪 80 年代后期到 20 世纪 90 年代后期新的、频频用于主要立法的策略，已遭废弃不用，但是，正如 2015 年的预算决议规则所表明的,当出于策略性考虑的时候,它们仍然可以为领袖们所用。一项规则中的"至尊之王"条款规定的是,一系列修正案或全部替代性议案都要按照某种规定的议事规程来投票,而最后获得多数票的那一个胜出;"至尊之后"条款也允许对所有的修正案版本进行投票,但规定,无论哪个版本获得最高票数,只要它获得多数票即算胜出。这些策略使得对若干选项中的每一个都进行投票成为可能。按照普通的国会议事程序,如果一个修正案或者替代议案获得多数票,就不能再对议案已修订的部分另行提出进一步的修订了。很明显,当使用"至尊之王"程序时,最后被投票的修正案或替代议案是占优势的。在"至尊之后"程序中,排到最后一个进行投票的也是占优势的,因为这个最后选项的支持者,不像前边那些选项的支持者一样,知道他们为了获胜需要多少票数。当然,领导层总是将其偏好的选择排在最后。这些种类的规则常常被用到预算决议的审议上。

现在控制了国会两院的共和党人在 2015 年下决心要通过一项预算决议。共和党领导层知道,这个做法可以让两种人都稍稍感到满意,一种是坚持大幅削减未来 10 年开支、紧缩预算的财政鹰派人物,另一种是要求提升他们认为资金严重不足的防卫项目支出的防卫鹰派人物。众议院预算委员会(HBC)是由赤字鹰派(deficit hawks)控制的,而且,尽管领导层试图改变委员们的看法,预算委员会讨论修改后还是将一个领导层担心防卫鹰派人物不会支持的预算决议提交议会辩论表决(《点名报》,2015 年 3 月 19 日)。实际上,有 70 名左右的议员——其中许多都来自武装部队委员会——联名致信领导层,誓要投票反对这个决议案,除非防卫支出得到增加。

领导层最初决定通过一项自动生效规则来在预算决议中增加防卫支出。然而,这大大激怒了财政鹰派人物,他们竭力要求进行投票。因此，领导层决定试用一下"至尊之后"规则。这一规则根据议事规程提出一个进步党团替代议案、一个黑人党团替代议案、一个共和党研究小组替代议案、一个民主党党团替代议案、一个和该委员会报告的预算决议完全相同的替代议案，以及一个与该委员会的决议完全相同的替代议案——只不过替代议案增加了防卫支出。它们就是按照这个顺序提交众议院讨论的，而不管哪个获得最高票，只要票数是多数，就可以胜出；倘若这若干替代议案获得了相同票数，那么则是最后被投票的议案胜出。为了让赤字鹰派人物投票，委员会报告版本的议案也作为修正案而非只是作为正在被修订的基础议案提出了，但这个带有增加防卫支出内容的替代议案被放到了最后——占据了有利位置。

领导层的策略起了作用，带有额外防卫支出内容的那个替代议案以 219∶208 票胜出，且只有 26 个共和党人投了反对票。实际上，其他那些替代议案中甚至没有一个获得多数票。防卫鹰派人物拒不投票，而那个委员会报告版本的议案以 319∶105 的票数被推翻，其中共和党人是 139 票赞成，105 票反对。不过，那些优先考虑削减防卫支出赤字的议员得到了机会，来首先投票赞成那个更为精简的委员会报告版本的议案。因此，他们既保住了自己作为财政鹰派的名声，又在自己更喜欢的替代议案遭遇失败后投票支持了增加国防开支的预算决议。

六、 众议院审议（On the Floor）

众议院审议一个议案，始于对规则的辩论。一共分配一小时，一半时间由规则委员会中的多数党控制，另一半时间由少数党控制。多数党委员解释并论证规则，少数党委员表达其所属的党派立场，然后两部分人都给想要发言的其他议员以时间。如果规则和立法案都没有争议,所用时间就可以远远少于一小时。如果立法案有争议但规则无争议,议员经常就会花时间来实质性地讨论立法案。由于今天的很多规则都是限制性的而且非常复杂,所以对于规则常常会有很大争议,因此,众议院的辩论也很可能是围绕规则本身的性质来进行的,并且需要花上整整一小时的时间。在这个过程中,对规则所提的任何修正案都不是按照议事规程来的。

众议院必须在开始审议立法案之前就规则达成一致意见。为多数党主持规则辩论的规则委员会委员,会就先决问题提出动议(move the previous question)。如果成功就规则达成了一致意见,则动议停止规则辩论,众议院进而对规则本身进行投票。修订规则的唯一方式就是挫败先决问题动议。如果反对者挫败了先决问题动议,他们就控制了议院辩论和审议,也就可以提出他们想要看到的特殊规则。对多数党来说,在安排先决问题的动议上遭到失败,是灾难性的,因此极少发生这种情况。在这个关键的程序动议上投票反对本党的议员,不会很快就获得宽恕。

对先决问题进行的一次令人难忘的投票发生在 1981 年,那是关于实施里根总统经济计划的一项和解议案的投票。关于这项立法案的核心争议就发生在规则上。里根和众议院共和党人想要对里根的一揽子支出削减计划单独投票,于是他们就把投票弄成了一场测试,测试议员们支持还是反对那个多数人喜爱的拯救经济计划。控制众议院的民主党人提出一个规则,迫使举行一系列投票来削减某些很受欢迎的项目。由于知道自己可能丢掉一些赞成票,因此可能导致相当大程度上里根经济计划的失败,共和党人决定努力挫败关于这个规则的先决问题。在一些保守民主党人的帮助下,共和党获得了成功,因而能够代之以他们自己的规则,即他们号召的对一揽子计划打包进行单独投票。对先

39

决问题进行投票常常是远不可见的。一旦先决问题已经获得同意，众议院就会对规则本身进行投票。当规则没有争议时，投票可以口头进行；对有争议的规则，投票情况会被记录下来。这些记录下来的投票常常仍然叫作唱名投票（roll call votes），尽管众议院一直以来很少在选举投票之前的日子里进行唱名投票。因为规则常常容易引发争议，对先决问题或规则本身进行的投票，或者对这两者进行的投票，就可能被记录下来。多数党有时候会在规则投票上遭遇失败，但这种情况越来越少发生。从 1981 年到 1992 年，民主党人平均每年只会在 1 次规则投票上遭到失败。在人们严厉指责的第 103 届国会（1993—1994 年）上，民主党人在 5 次规则投票上遭到失败，而在第 105 届国会期间，由于属于微弱多数党，共和党人也是在 5 次规则投票上遭遇败绩。在第 104 届和第 106 届国会期间，共和党人只在 1 次规则投票上失败了；而在第 107 届国会期间，则是 2 次。从那时以来的数年间（2003—2014 年），多数党从未在某个规则投票上遭遇败绩。多数党议员理应在此类程序问题的投票上支持本党。共和党近年来甚至很少全面审查本党议员在规则投票上的意向。"我们基本上是要求所有本党议员给出反馈，如果他们对规则有任何疑问的话。通常的假设是，如果没有疑问，你就应该投赞成票，"一位领导层助手解释说，"如果你有疑问，就需要让我们知道……比党鞭点名计数（Whip Count）* 更经常的情况是，我们让党鞭去抽样调

---

　　* 党鞭点名计数是由政党领袖所做的非正式计票行为，旨在了解议员在国会重大事务或重大立法议程上的态度。一般来说，党鞭点名计数会发生在参众两院进行院会审议的数日甚或数个小时当中。例如，在 1965 年 4 月 7 日发生的一次党鞭点名计数中，民主党领袖在众议院询问本党普通议员对一项启动医保项目的议案的立场，后该案于 4 月 8 日获得通过。党鞭点名计数上的立场大致可分为赞同、倾向赞同、未决、倾向反对、反对这几种。党鞭点名计数一般都是不公开进行的，它对党鞭了解本党议员对某项立法案的态度、督促本党议员在某一立法案上形成一致意见很有帮助。

查难点所在——那些在类似议题上一直存有疑问的本党议员,只需保证他们没问题就行了。"共和党内部也有更务实的议员和更强硬的议员之分,二者也有冲突,并且强硬派议员有时候也会威胁要背叛规则。为了回应这些问题,共和党领袖在 2015 年年初警告党鞭团队成员和小组委员会主席说,如果他们在此类程序问题的投票上不能支持本党,就要辞去所占职位。有两名助理党鞭确实就辞职了。

实际上,先决问题和规则投票往往是高度党派化的。多数党议员几乎总是全体一致投票支持。当所说的规则实质上具有限制性的时候——多数如此——少数党几乎总会一致投票反对。为了削减规则辩论和投票所耗时间,规则委员会近年来屡屡提出规则报告,从而为不止一个议案设定辩论要求。第 112 届国会就为不止一个议案提出了 27 个规则报告,而在第 113 届国会期间,所报告的这种规则达到 44 个。

如果众议院经辩论赞同规则,那么它常常就会进入全院委员会,那是辩论和修正立法案的地方。① 作为一种议会法上的拟制(parliamentary fiction),全院委员会和众议院具有相同数量的议员,只是全院委员会有一些稍稍更为组织化的规则。全院委员会处理事务的法定人数是 100 人,而不是众议院处理事务的法定人数,即 218 人(全体议员的半数)。在全院委员会中,当一名议员得到主席允准而提出修正案或就修正案发言时,他只有 5 分钟时间。议长并不主持全院委员会,但由于是由议长来挑选主持人而且他总会选一名多数党议员来主持,因此多数党总是控制着主席之位。

---

①　规则中通常有一个条款是这样表述的:"兹决议,在本决议采纳之后的任何时间,议长根据第 18 条规则第 2(b)款,均得宣告众议院变成审议国情咨文的众议院全院委员会来审议某议案。"也就是说,这项规则明确规定,这个议案将在议长选择的某个时间在全院委员会上进行审议。有的时候,这项规则也会讲明是在众议院中审议。这实际上是一项封闭规则,因为在众议院中,那个终止辩论的先决问题动议,常常是根据议事规程而来的。

一般性辩论始于全院委员会对议案的审议。规则已经明确了由谁来控制时间。报告议案的委员会或小组委员会主席充当多数党的全院委员会审议主持人，实际上控制着分配给委员会多数党的时间；其少数党同行控制着少数党的时间分配。如果立法案是若干委员会的作品，那么每个委员会都会有审议主持人。多数党的审议主持人开始时会先发表一个准备好的说明，解释这个立法案要做什么，为什么值得通过。

少数党审议主持人随后也会发表一个说明，此说明范围较广，既可以诚挚赞同其对手一伙人，也可以竭力攻击议案。当委员会快要达成一个总体性的两党一致意见时，一般性辩论就可以成为一场名副其实的联谊欢宴。委员会成员会对他们所做的这项出色的工作，以及他们做这项工作时的完美合作之道，互相道贺。当报告立法案的委员会陷于分裂时，尤其是当委员会陷进党派分裂时，众议院辩论的调子就会充满争论甚至有时势不两立。由于近年发展起来的党派和意识形态严重极化问题，在重大立法案上，我们看到的更可能是气氛高度紧张的党派斗争，而非联谊欢宴。（参见表 6.1 所示党派中的趋势。）

在发表公开说明之后，审议主持人会分配一些时间——通常是很短的时间——给其他希望发言的议员。总的来说，多数党审议主持人（也许是多位主持人）分配时间给立法案的支持者和多数党议员，而少数党主持人分配时间给少数党议员，而且，考虑到议案可能具有争议性，也会分配时间给议案的反对者。

当一般性辩论时间用完的时候，修订程序就开始了。下一步要发生什么事情，取决于规则的规定。如果所有密切相关的修正案都得到许可——现在这种情况甚少——那就是批准（recognize）议员提出修正案。众议院规则赋予全院委员会主席以自由裁量权，来决定批准的顺序，但在习惯上，做报告的委员会的议员可以优先获得批准，而且他们是按照资深程度来获得批准的（Tiefer 1989，231）。一旦批准一名议员来提出其修正案，这名议员就可以获得 5 分钟时间来对修正案进行说明。审议主持人也有 5 分钟时间来做回应。然后其他议员就可以发言了。他们通过提交形式上的修正案获得时间来"说到最后"或者"讲出必要数量的话"。提交形式上的修正案的议员实际上并不想要通过它，但是通过提交行为本身，他或她获得了 5 分钟时间来就实际上正在讨论的修正案发言。

一名众议员可以对审议中的修正案提出一个修正案。这样一种二级修正案可以是真诚地为了提升他所欲修订的修正案的品质。或者，隐含在这个二级修正案背后的目的也可以是降低初始修正案的影响甚或总体上否定它。如果一个议案的支持者认为他们不能击败一个受人欢迎但在他们看来有害的修正案，他们就可以竭力设法提出一个二级修正案来至少降低或弱化它的影响或后果。

根据这个 5 分钟规则对一个修正案进行辩论，可以进行相当长一段时间，但是最终，在每个想要发言的人都发完言后，就要对这个修正案进行投票了。有时审议主持人对修正案完全没有反对意见，或者实际上支持它，并将在无需记名投票的情况下完全"接受"这个修正案。在这种情况下，修正案常常会以口头表决方式获得赞同。如果审议主持人——或其他议员——反对该修正案，就会发起投票。第一次投票可以是口头表决，但如果修正案争议极大，口头表决中的失败一方就会要求举行记名投票。只需要有 25 名议员赞同，就不得不进行记名投票。

众议院使用的是电子投票系统。议员们都有一张个人化电子卡，看起来就像信用卡。他们将自己的电子卡塞进位于众议院议席座位后边的十个投票器中的一个，按"赞同"键、"反对"键，或按"提交"键。投票由电脑记名，会在投票人姓名后显示绿色、红色或者黄色小灯，那会在议长讲台背后的巨大发光显示屏上呈现出来。

　　这个修正案得到处理之后，另一名议员获得提出另一个修正案的许可。根据开放规则，只要有人想提出修正案，并想要在众议院审议时提出，修正程序就会继续下去。众议院可以通过多数票表决终止辩论，但要保证至少在审议之前一天"预先打印"在《国会记录》中的修正案有 10 分钟辩论时间（Tiefer 1989，401−403）。不像参议员那样，众议员在拖延时间的辩论上耐心有限。在 1995 年 1 月，共和党人根据开放规则提出非资助授权议案（the unfunded mandates bill）供众议院审议。在辩论了 6 天，对无数政治上冒险的修正案进行投票而仍有 170 个修正案待决之后，他们投票终止了辩论。

　　更常用的控制修正程序时间的方法是通过规则。根据某些规则，修正程序的进行几乎和前文描述的完全一样，除非允许提出的修正案或许限于《国会记录》中预先打印的那些。现在的情况常常是，规则细致规定了哪些修正案符合议事规程，哪位议员可以提出哪个修正案。在这些情况下，规则通常会对某个具体修正案的辩论明确规定时间限制——一个主要修正案通常是 10 分钟或者 20 分钟或者 1 小时。结构化规则也禁止提出二级修正案（也就是对修正案所提的修正案）。

　　因此，全院委员会中发生的事情根据规则的性质和所涉委员会的数量而有种种变化。由于适用于主要立法的大多数规则都是限制性的，所以修正程序就很少延长。即使当规则委员会允许提出一定数量的修正案时，它所分配的辩论时间也常常很短——最为常见的情况是，除了少数党替代议案以外（可给 1 小时），修正案只给 10 分钟时间。比如说，2011 年的国防部授权议案审议时所根据的规则允许提出 82 个修正案。该规则明确规定一般性辩论时间是 1 小时，因此每个修正案只分配了 10 分钟的辩论时间。主席拥有分配时间的全部权力。这个议案在 2010 年 5 月 27 日星期四下午开始处理，到 5 月 28 日结束。极为常见的是许可提出少于一打修正案的规则。这种规则可以确保快速完成几乎全部立法案的审议进程；它们使得审议过程更加有序，更可预测。但是，20 世纪 80 年代后期仍然通行的那种随心所欲、不受约束、不必照稿宣读的修正程序，现在已经是陈年往事了。

一般性辩论和允许提出的所有修订完成之后，全院委员会就会离席向众议院做报告。议长再次主持会议，众议院规则再次开始生效。全院委员会采纳的修正案必须得到众议院的同意，这就给了修正案的反对者第二次机会来挫败修正案。不过通常来说，众议院对已经采纳的修正案是一揽子打包进行投票的，所以赞同也就是确定的了。偶尔也会发生这样的情况，如果赞同票和反对票势均力敌，而修正案对立法案做了重大和难以令人接受的修改，就会有人做出努力想要改变结果，并且偶尔也会产生效果。然而，通常的情况是，在全院委员会胜出的修正案会在众议院再次胜出。毕竟，这两个团体的成员是完全相同的。

少数党因此就可以提出动议来将立法案发回委员会重审，可以附有也可以不附指示。不附指示的发回重审动议，基本上就是一个否决法案的动议了，因此极少成功。至此，已有太多的议员与这个法案的制定利害攸关了，如果它缺乏多数党的支持，本不可能坚持那么久的。附有指示的——也就是明确指示做出哪些修改后重新报告——发回重审动议，实际上是一个修正议案的动议。它是少数党修改立法案的最后机会。这种动议可以提出少数党的议案版本替代多数党版本，或者，它也可以提出更为温和的修改建议。提出对法案进行重大修改的动议，重新提交委员会审议后，很少能够通过。

一旦发回重审的动议得到处理，就要对最后的议案通过进行投票

43

了——一般都是记名投票。走到这一步的立法案，几乎必定都会通过。多数党领导层如果不能保证投票通过的话，极少会提出一个议案供众议院审议。但是，在 2000 年年初的时候，共和党领袖发现自己处在了迫使他们在相当多的场合忽视这个基本准则的境地中。小布什的项目常常野心勃勃，争议甚大，而他们负责通过这些项目，这时的共和党虽是多数党，却是微弱多数。共和党领导层把小布什工作计划的若干重要部分提交给众议院审议，即便他们并不确保会有足够票数通过这些部分，而后就进行公开记名投票，直到他们可以迫使或说服足够多的本党议员支持议案通过。一场普通的记名投票持续 15 分钟，而且常常延长到 17 分钟，以便让行动拖沓的人有时间走到会场投票。毕竟，大多数议员在审议议案期间都不会一直待在会场内，而是待在委员会会议室或他们自己的办公室里处理其他事务。这个众议院规则只是规定，记名投票必须公开举行，时间为 15 分钟，而没有明确规定最长时间限制。

共和党的众议院领导层就曾利用了这个空子。最为明显的例子就是在协商报告（the conference report）*上对医保处方药议案进行投票的时候，这个投票持续了大概 3 小时。该议案的最终通过投票也延长了时间——大概延长了 1 小时。2001 年赋予总统贸易促进权的立法案，以及 2005 年对《中美洲公平贸易协定》（Central America Fair Trade Agreement）和《美国安全汽油法》（Gasoline for America's Security Act）的批准，都获得了同样的处理。共和党领袖深思熟虑做出正确判断，他们认为，本党总统和本党面临的完全公开的失败之可能性，将使足够多的

---

* 协商报告是指参众两院通过联合组建的协商委员会就一个议案进行谈判协商所达成的最终版本，它要打印出来提交各院以供其审议。这种协商报告的内容，包括一份主持人的说明，以及对所达成的协议内容的逐节解释。

共和党议员动摇,从而使党派能够勉强赢得胜利。

宪法修正案要求 2/3 多数票才能通过,因此常常在众议院审议投票时遭遇败绩。而且根据暂停议事程序审议的议案,也要求 2/3 多数票才能通过,因此有时也会失败。正如前文所讨论的,按照暂停议事程序审议的大多数但并非所有立法案都是无争议的。有时候,多数党领导层完全是利用暂停议事程序给予本党议员机会,来让他们投票赞同某个议案,即使它不大可能获得通过。民主党领导层在 2008 年根据暂停议事程序提出的若干能源议案就是例证。随着汽油价格飙升,民主党人意在告诉自己的选民,他们在想方设法提供帮助,但民主党领导层想避免对允许大幅提升海底钻探问题进行投票。有的时候,领导层可能做出错误判断,这或许是因为最新的情况发生了变化。2005 年,有一项议案要对允许向中国售卖军火和向有关防卫技术的国家施加新的贸易限制,这个议案直到最后时刻都获得了压倒性支持,但国防企业费心费力密集游说,这个议案最终以 215∶203 的票数未获通过。还有些时候,领导层看上去是"冒险"(on spec)对一些议案采用暂停议事程序。如果该议案获得了 2/3 多数票,那么就节省了大量审议时间;如果不是这样,那就可以根据一项特殊规则再次提出议案。2010 年 6 月底的时候,一项增加失业救济金的议案未能获得根据暂停议事程序通过所需的 2/3 多数票,在这种情况下,民主党领袖们次日根据一项规则再次审议该议案并使之获得通过。同样,共和党领导层在 2012 年 9 月根据暂停议事程序安排了一项提高科学、技术、工程和数学专业签证(STEM visas)人数的议案,那时众议院审议时间已相当紧张。这个议案最后遭遇败绩。选举之后,该项议案根据一项规则再次提出,然后就通过了。

只要求简单多数就能通过的议案,在众议院审议中很少失败。在第 100、101、103 和 104 届国会中,在这个阶段遭遇败绩的重大议案只有：关于资助尼加拉瓜反政府武装的两个相互对抗的提案，一个是里根总统提出的，而另一个是由民主党领导层在 1988 年发起的；1990 年首次预算峰会协议（尽管从技术上说那是一个会议报告的失败）；以及第 104 届国会中的竞选资金议案，这是共和党领导层所反对的立法案。第 105 届国会中的党派微弱多数导致了更高的失败率，有 4 个议案在这个阶段未获通过，其中包括两个属于领导层优先考虑的议案（教育券计划和放弃应急防洪环境法规计划）。

　　在第 107 届国会中，当会议报告审议规则遭遇败绩的时候，破产改革议案死于众议院的审议投票，我们将在本书第四章讨论这个案例。一项严格限制联邦支出的议案在 2004 年的众议院审议中以 268：146 的票数比例遭遇惨败。为了获得足够赞同票在是年通过这个预算决议，共和党领导层已经许诺保守主义者就他们的预算程序改革提案举行投票。为了履行自己的诺言，领导层提出这个议案供众议院审议，即使它严重分裂了共和党议员，而且考虑到民主党人全体一致的反对，它也注定会遭到失败。在第 109 和 111 届国会中，根据只要求简单多数就能通过的程序提出的重大议案，没有一个是失败的。在第 110 届国会中，第一个格外不受欢迎的纾困银行的议案之典型，在众议院审议时被推翻了，但是第二个问题资产救助计划议案通过了（参见本书第四章）。在第 112 届国会中，有两个关于利比亚冲突的议案——一个是撤回对行政机构此种工作的资助，另一个是授权进行这种工作——在审议中遭到失败。领导层对这两者都不支持。因此，当一个议案在众议院审议中遭遇败绩时，总是涉及非常特殊的情况。

　　2013 年农场议案再授权的失败，以及 2015 年年初国土安全部拨款延期 3 周的失败，有一些不同。在共和党于 2010 年选举中重掌众议院之后，这个多数党的领导层常常发现，其反对做出任何妥协的强硬派议员使得立法非常艰难(Sinclair 2014)。在 2013 年 6 月,强硬派在众议院审议中挫败了农场议案。他们一直坚持向众议院提出审议并通过一个食品券修正案,这个修正案失去了民主党人的支持,然后又有足够数量的强硬派在最后阶段背叛本党,导致这个议案被挫败。领导层后来曾经设法在国会中通过一个农场议案,但这次挫败是一个主要的阻碍和扰乱。议长博纳想在没有移民条款的情况下为国土安全部拨款延长 3 周时间以便为谈判提供更多时间,但强硬派不愿支持他,(最终导致这一计划遭到挫败,)这也是相同的情况。

　　众议院审议遭遇挫败,尤其是多数党领导层支持的立法案在审议投票中遭遇挫败,是极少见的情况,这既是因为党派高度极化,也是因为领导层很少将不获多数票支持的立法案提交众议院审议投票。党鞭督导制度有助于查明本党议员在立法案审议之前打算如何投票。如果多数党领导层不能获得多数票,不能通过说服或者调整而使讨论中的立法案获得多数票,这个领导层很少会将该立法案提交院会审议投票。实用主义的强硬派在共和党多数中的分裂,常常导致博纳的领导权遭到异常频繁的袭击。因此,刚好就在 2013 年 8 月休会之前,众议院领袖被迫将交通拨款议案撤回了审议,原因是缺乏足够的票数。拨款委员会中的共和党人已经撰写了一个议案,这是一个遵守预算决议的严厉约束的议案。结果是,那些住在郊区、家道殷实的共和党人(suburban Republicans)反对这个议案,因为它大大削减自己所在选区的费用,这将带来不利影响,而那些绝不会受到费用削减严重影响的议员却拒绝大发慈悲投票赞同这个法案。在 2015 年年初的时候,一个边境安全议案和一个反堕胎议案被从议事日程上撤回,因为预料不到的问题产生了。

　　尽管如此,到达众议院审议阶段的议案几乎仍然总能通过。一旦一个议案获得通过，重审动议就会提出并被摆上台面。这确保了所说问题不能被重启讨论。于是，这个立法案就被送交参议院了。

七、 众议院中的非正统法律制定

如果将规范的立法过程看作爬梯子的话，那么当前的过程就更像是在爬一棵枝杈歧出的古老大树。立法的路线过去常常是线性的和可预测的，现在却成了弯曲多变的。确实，"合乎规范模式"从来就不能完整描述议案成为法律的过程。一直都是存在各种不同路线可供选择的。然而，在以往的时候，其他的选择性路线并未频频用在主要立法上。现在，变化却成了常态。正如第七章和第九章的案例研究所表明的，绝没有任何两种重大议案可能遵循完全相同的立法过程。

尽管非正统法律制定的实践和程序产生于对不同问题和时机的回应（参见本书第六章），它们的结果却是类似的。众议院中的实践和程序加速了法律制定。许多实践和程序使得多数党领导层推进本党议员的立法目标变得更加容易。领导层现在可以更加灵活地塑造立法过程来适应有待进行的具体立法。然而，正如我们越来越清楚地看到的那样，非正统的法律制定也要付出代价。多数党领导层近年来使用非正统法律制定的工具和技术的方式，已经越来越倾向于导致这样的结果：排除少数党对立法过程的富有意义的参与。

第三章　路径与障碍：参议院的立法过程

在参议院,立法必须遵循与众议院相同的基本路径,在许多情况下,不同阶段的各种程序是相似的——至少在表面上看是这样。然而参议院与众议院是完全不同的机构（Koger 2002；Matthews 1960；Sinclair 1989, 2006；Smith 1989）。参议院成员较少,等级不明显,也不那么正式。参议院规则（Senate rules）赋予参议员个人极大的权力：参议员可以无限期地在辩论中冗长发言,除非参议院发起"终结辩论"程序（cloture）提付表决,而这要求获得绝对多数同意；此外,任何参议员都可以对几乎任何一项立法案提出无限次的修正案,而且这些修正案甚至不需要与立法案密切相关。现行规则允许参议员扩大辩论范围和参议院院会修正案的范围（Sinclair 1989）。就像众议院一样,如今,参议院在党派和意识形态上出现了极化现象,而利用这些参议院特权的往往是少数党。多数党领袖的应对之计是采取强硬的程序策略,随之而来的则是一种程序军备竞赛（a procedural arms race）（参见 Smith 2014）。

这两个机构的差异反映在它们的立法过程上。参议院的大部分事务都是以一致同意的方式完成的——这既是对参议员作为独立个体的权力的承认,也是对参议员个人权力的扩增。任何一个参议员都可以阻挠"一致同意"的形成。参议院不像众议院那样是由多数人统治的议院。在众议院,多数派总是能占优势；而在参议院,少数派常常能遏制多数派。

一、 提案

在参议院，与在众议院一样，只有议会成员，也就是参议员可以提出立法案，而且每个参议员都可以提出他或者她想提出的各种议案。参议员可以直接将他们的议案提交本院讨论审议，也可在本院会期内只将议案交给高级书记员。立法案的理念源于选民、行政机关、利益集团以及立法者自己感兴趣的议题，这在参众两院是相似的。因为参议员代表所有的州，并且比一般众议员担任更多的委员会职务，所以他们倾向于提出涉及更广议题的立法案。

二、 议案送交委员会审议

当一项议案在众议院提出或者出自众议院时，通常是由该院秘书长根据国会规则专家的建议，将其转送主管（predominant jurisdiction）委员会进行审议。与众议院规则不同，参议院规则不鼓励分送多个委员会审议议案。

（一） 分送多个委员会审议与多个委员会

在参议院中有可能出现分送多个委员会审议的情况。1977 年的一项参议院规则规定，两党联合领导层（即多数党领袖和少数党领袖的共同行为）可以通过提出动议，建议将立法案分送多个委员会审议，但这一方法从未被用过（Davidson 1989，379-380）。有几类议案是通过议事规则（standing order）来实现分送多个委员会审议的（由参议院决议通过的议事规则，与参议院规则具有同样的效力，并且在遭废止前一直有效）。因此，根据议事规则，情报授权议案得以经分送多个委员会审议程序而到了情报委员会和武装部队委员会那里。否则，立法案要分送多个委员会审议，就需要取得全体一致同意。正如 1977 年参议院规则所批准的，这个全体一致同意的要求可以对每个委员会的立法审议规定时限。

在参议院，分送多个委员会审议议案的情形比在众议院要少得多，分送多个委员会审议的议案不足 1/20，而且在最近的几届国会中这一比例还在一直下降（见表 6.2）。即使是重大议案，分送多个委员会审议的可能性也只是稍大一点而已，在 1987 至 2010 年间，平均只有不到 1/20 的议案被分送给一个以上的委员会。在第 112 届和第 113 届国会（2011—2014 年）中，没有任何重大议案被分送多个委员会审议。许多分送众议院多个委员会的议案，在参议院里只能转送一个委员会。在参议院，分送多个委员会审议可能并不常见，但当多个委员会都来审议同一部议案时，情况却不是这样的。周期性交通再授权议案（the periodic transportation reauthorization bill）的大部分内容都是由环境和公共工程委员会审议报告的，但税收条款是由财政委员会起草的，而批准公共交通项目的条款则是由银行委员会草拟的。这些条款一般在院会审议开始后才被一一纳入该议案当中。能源议案通常同时涉及能源和自然资源委员会、环境和公共工程委员会、商业委员会以及财政委员会。2006 年参议院通过的港口安全议案是由国土安全委员会报告的。然而，商业委员会在 2005 年已经报告了一项涉及港口安全的议案，而且商业委员会主席声称对港口安全问题具有管辖权。迫于多数党领袖拒绝在争议解决之前将议案提交院会审议的压力，这两个委员会的主席才在议案语言表述上达成了一致意见。基于对海关的管辖权，财政委员会也参与了谈判沟通。提交到院会上审议的议案因此就是一个包含了 3 个委员会之间的协议的修正版本（《国会季刊周报》，2006 年 9 月 4 日，第 3215 页；2006 年 12 月 18 日，第 3356 页）。正如这个例证所表明的，无论议案是否分送多个委员会审议，只要是委员会管辖范围重叠的立法案，都可能会带来这种难题。在参议院，当立法案牵涉到多个委员会的管辖权时，各个委员会的主席经常非正式地解决委员会之间存在的各种问题。因此，2005 年，全面修订联邦养老金法的立法案，在众议院就被转送给了教育和劳动力委员会以及筹款委员会；在参议院，健康、教育、劳工和养老金委员会（Committee on Health，Education，Labor，and Pensions［HELP］）与财政委员会各自批准了它们自己草拟的议案，而且两个委员会的领袖们还同意在该立法案提交院会审议之前，将它们各自批准的议案进行合并（HR 2830；《国会季刊周报》，2005 年 10 月 3 日，第 2625 页）。正如港口安全立法的例子所表明的那样，立法有时需要领导层的推动。与过去相比，当对最优先立法案存在争议时，多数党领袖会更加密切地指导谈判，或在达成协议方面发挥核心作用。因此，2009 年，在健康、教育、劳工和养老金委员会与财政委员会分别报告了全然不同的医保改革议案后，多数党领袖、内华达州民主党人里德（Harry Reid）就将提交院会审议的议案合并成了一个议案（参见本书第七章）。

（二）　参议院委员会的决议

从院会审议投票的模式来看，参议院与众议院一样，党派立场也是高度极化的（见表 6.1）。党派极化影响了参议院委员会的决策，但参议院所受影响的程度远比众议院要低。在 20 世纪 60 年代和 70 年代的国会中，参议院委员会程序在不到 1/10 的重大议案上是具有党派性的；

到了20世纪80年代,这个数字增加到了大约1/7。在20世纪90年代和21世纪头十年的国会(第103—110届)中,参议院委员会程序在大约1/4的重大议案上是带有党派性的。在第111届国会中,这个数字上升到近40%,但在随后的两届国会中,这一数字又下降至平均每届15%。因此,当然可以说,现在参议院委员会的决议比过去更可能带有党派性。然而,在众议院委员会报告的重大议案中,约有一半是带有党派性的委员会程序的产物,与众议院相比,参议院委员会的党派性仍然是有限的。

在很大程度上正是参议院规则导致了参众两院之间的差异。与众议院不同的是,在参议院,即使在最具影响力的委员会中,委员会内部的党派比例也与该院党派比例密切相关,而且近年来,参议院党派内部的分裂程度往往很小。就像在21世纪头十年早期的大部分时间里那样,大多数参议院委员会的规模相对较小,所以当参议院两党席位差别很小时,在每个委员会中,多数党可能也只比少数党多一名议员。在这种情况下,将少数党排除在委员会决策之外并在委员会里依赖纯粹的党派联盟,是存在问题的。

此外,更重要的是,因为参议院规则赋予参议员个体很大的权力,任何参议员,无论其是不是一个委员会的成员,都可能会在立法过程的后期给立法案制造麻烦。因此,一项议案的支持者更倾向于在委员会审议阶段组建一个得到广泛支持的联盟,在这个联盟里有利害关系的参议员既包含委员会委员,也包含不是委员会委员的议员,这意味着两党联盟。

参议员承担多个委员会分配的任务并且通常担任至少一个——而且常常是多个——小组委员会的领导职位。例如,在第108届国会中,参议员平均每人接到3.9个委员会的工作任务和8.1个小组委员会的工作任务；多数党议员平均每人担任 1.7 个主席职位。① 因此，参议员的工作非常紧张。这种情况造成的时间紧迫，以及参议院议事程序的公开性，导致参议院委员会明显倾向于将争议（包括党派争议）拖延到院会阶段进行处理。也就是说，被提出的有重大分歧的修正案将在院会中进行表决。正如一位领导层的工作人员所说的那样，委员会主席们可能"认为，如果他们在委员会审议阶段卷进这些争议议题当中，将永远不可能使议案获得通过"。委员会委员愿意互相配合，因为他们知道他们将得到在院会上发言的机会。而且，更进一步说，真正的原因是，如果战斗必将在参议院院会中重新开始，那为什么还要在委员会中进行耗时的斗争呢？

　　尽管如此，自 20 世纪 90 年代中期以来，参议院委员会的决议还是比以前更具党争性了。但在委员会决议中存在党争现象的比重并不很高，部分原因是，现在在很多最具党争性的议题上，委员会常常被绕过。尽管在参议院程序中有避免获得微弱多数通过的激励机制，但党派极化使得寻求两党都能接受的妥协方案变得更加困难了。

（三）绕过委员会的审议

　　与众议院相同的是，在参议院，委员会的审议有时会被完全绕过。在 20 世纪 90 年代和 21 世纪头十年的国会中，不首先经过委员会而直接在参议院院会上审议的重大议案的占比变化很大，但平均来看比重比以前高得多。有据可查，在 20 世纪 60 年代至 80 年代的国会中，参议院中有 7% 的重大议案绕过了委员会；在第 103 届至第 110 届国会中，这一比例平均增长到 26%；从 2009 年到 2014 年，这一比例达到了 52%。

---

　　① 《国会季刊周报》，2003 年 4 月 12 日，C2—C17。

在参议院，绕过委员会的审议从技术上说是简单的。根据参议院院会正式规则第 14 条，如果任何参议员反对将议案转送给委员会（更确切地说，就是在院会上反对二读后进一步审议议案，因为二读是在议案提交委员会之前进行的），该议案将被直接列入参议院审议日程表（Tiefer 1989，594）。当参议院委员会报告的立法案在等待参议院院会审议，而一项众议院通过的附加议案也提交到参议院时，这个程序经常被用来直接将议案列入参议院议程，而不是将其转送至已经处理过该议题的委员会。与此类似，当参议院委员会仍在起草一项议案，而众议院将其议案版本提交参议院时，众议院通过的议案通常会以一致同意的方式被搁置下来。当然，使用这些程序并不构成任何真正意义上的绕过委员会。

任何参议员只要反对将议案提交委员会，就能直接将立法案列入参议院议程，这一权力似乎使绕过委员会变得容易了。然而，多数党领袖通过其职位所享有的议程安排权，实际上对其他参议员直接通过这一途径将议案提交参议院拥有否决权。虽然这一途径在程序上很简单，但这个直接的途径确实需要多数党领袖的同意才能发挥作用。

多数党领袖或者获得多数党领袖同意的参议院委员会主席，有时会利用这一规则来加快立法进程，特别是对于相对没什么争议的立法案。1995 年刚刚获得多数席位的共和党人，决定迅速通过关于要求国会遵守各种规制法的立法案；众议院在会期的第一天就通过了它自己的议案版本。此前有一项类似的得到两党支持的议案已经获得通过，因此参议院一致同意直接将该立法案列入议事日程表。尽管如此，参议院还是花了一周时间才通过了这项议案。推迟向数字电视过渡的议案在参议院是没有争议的，并且尽快通过这项议案十分重要，因此该议案就绕过了委员会，并在 2009 年 1 月获得一致通过。

出于政治考虑，可能会要求绕过委员会进行立法。在 2001 年年末，多数党领袖、南达科他州民主党人达施勒（Tom Daschle）让新墨西哥州民主党人、能源和自然资源委员会主席宾加曼（Jeff Bingaman）取消了对能源立法案进一步的最终审定，因为当时该委员会可能会批准在北极国家野生动物保护区钻探开发，而委员会的这一立场遭到了参议院大多数民主党人的反对。达施勒和宾加曼共同提出一项民主党议案，达施勒利用院会正式规则第 14 条，将该议案直接提交院会审议。特丽·夏沃事件（Terri Schiavo matter）体现了政治和时间给立法带来的压力。夏沃自 1990 年遭受严重脑损伤以来，一直处于植物人状态。她的丈夫获得法庭准许，可以摘掉夏沃的生命维持器，但她的父母反对这样做。这是一个得到社会保守派和国会关注的著名案件。复活节休会期间，国会共和党人匆忙通过了一项关于允许她的父母就州法院判决向联邦法院提起上诉的议案。该议案不仅绕过参众两院的委员会，而且参议院也以口头表决方式通过了该议案，这是必要的，因为大多数参议员甚至都不在华盛顿。2013 年，美国联邦航空管理局（FAA）开始让空中交通管制员休假，以符合国会早些时候通过的一项要求削减开支的立法案。（参见本书第八章。）由于担心乘客（毕竟他们是选民）的强烈抗议，议员们很快通过了一项允许联邦航空管理局筹集资金以防止休假的议案。为了尽快通过这个议案，参众两院的委员会都被绕过了。同年晚些时候，多数党领袖里德将一项为网上购物建立统一的全国销售税系统的议案提交院会审议。因为财政委员会主席、蒙大拿州民主党人鲍克斯（Max Baucus）反对该议案，所以他绕过了财政委员会。蒙大拿州不征收销售税，鲍克斯担心该议案将会损害他所在州的营商环境。政党领导层就一些重大立法案进行谈判，很可能也需要绕过委员会。例如，2007 年，多数党领袖里德和少数党领袖、肯塔基州共和党人麦康奈尔就游说改革立法案谈判达成了一项两党协议。在一个能够直接影响议员的议题上,加强领导层参与可能是必要的。2008 年秋季金融危机爆发之后通过的《经济稳定紧急法》(Emergency Economic Stabilization Act)(一项落实 TARP 或叫问题资产救助计划的法案)就是民主党、共和党、委员会领袖与小布什政府谈判的产物。立法的速度是至关重要的,而且它涉及国会和行政部门的权力这一微妙问题。

　　参议员们有另一种——在某些方面甚至更容易——绕过委员会的方法,这种方法不需要领导层同意。他们可以将自己的立法案作为另一项议案的修正案提交院会审议。在大多数情况下,这项"修正案"甚至不需要与议案内容密切相关(germane)。最初的格拉姆-鲁德曼(Gramm-Rudman)预算平衡立法案就从未得到委员会的审议。该立法案的主要提案人(sponsor)、得克萨斯州共和党人格拉姆(Phil Gramm)只是将其作为提高债务上限立法案的修正案提交院会审议。在第 108 届国会期间,民主党人一再努力,试图把一个修正案附加到不相关的议案中,这就是提高最低工资和拒绝小布什总统关于加班工资规定的行政性变更的修正案。民主党人多次成功提出了有关加班费规定的修正案,尽管这一修正案从未成为法律。亚利桑那州共和党参议员麦凯恩(John McCain)提出的一个修正案,遭到小布什总统的强烈反对,此即禁止"对在押人员使用残忍、不人道和有辱人格的待遇"修正案。2005 年年底,这个修正案还是在院会审议期间被加入到了国防部拨款议案中,尽管有遭否决的危险,但它最终仍然成了法律(《国会季刊周报》,2005 年 10 月 10 日,第 2725 页)。2007 年,马塞诸塞州民主党参议员泰德·肯尼迪(Ted Kennedy),增加了一项将基于性别、性别认同和性取向的攻击纳入联邦仇恨犯罪的条款,并将该条款作为国防部授权议案的一个修正案,但是该条款在两院协商会议上被删掉了。2009 年,该条款再次被加入国防部授权议案,后来该条款的确也成了法律。

正如这些例证所表明的那样,参议院立法过程往往不如众议院立法过程那么正式。与众议院相比,参议院的个体议员更重要,而参议院委员会则不那么重要。考虑到参议员的个人权力以及每个参议员巨大的工作量,非正式谈判和协商有时会代替更正式的立法程序。

三、 委员会审议之后的调整

与众议院一样,为了增加议案通过的可能性,参议院的立法案可能会在委员会报告后进行修改。在 1989 年至 2014 年的国会中,平均有 36% 的重大议案都在委员会审议之后做了调整。

在参议院,通常是委员会领袖甚至参议员个人牵头进行委员会审议之后的调整。在 1999 年,作为商业委员会主席的参议员麦凯恩,不得不在委员会审议之后做出一系列妥协,以通过一个立法案,即旨在保护高科技公司、应对可能的千年虫问题(Year 2000 Problem,简称 Y2K 问题)而设定责任限额的立法案。正如麦凯恩在参议院院会上所解释的那样:

54　　　总统先生,①我们长达数月的工作即将结束:调查、起草、谈判和妥协……

我想提醒我的同僚们注意,自从这项议案在商业委员会获得通过以来,已经达成了许多妥协。这当然不如由众议院通过的议

_____

① 宪法规定美国副总统为参议院议长;参议院会议的主席通常就被称为"总统先生",尽管副总统很少主持会议。

案那么有说服力。达成这些妥协是为了让议案能够获得两党赞同，并可以获得签署，成为法律。（《国会记录》，1999 年 6 月 15 日，S6976）

2009 年，在没有共和党支持的情况下，参议院银行委员会以 12∶11 的投票结果报告了一项信用卡监管议案。康涅狄格州民主党人、委员会主席多德（Chris Dodd）担心这项议案在共和党联合反对派反对的情况下不能通过，因此他与阿拉巴马州共和党人、委员会少数党首席委员谢尔比（Richard Shelby）谈判达成了一项协议。2013 年，在环境和公共工程委员会报告了一项大型水利项目再授权议案后，加利福尼亚州民主党人、环境和公共工程委员会主席博克瑟（Barbara Boxer）和路易斯安那州共和党人维特（David Vitter）就一系列修改进行了谈判，谈判内容包括消除行政和环境组织对简化许可程序因而可能缩减环境审查条款的担忧。这些修改被塞进一位主持人提交院会审议的修正案中。

制定一项委员会审议之后的妥协方案可以在政党领导层的领导下进行。对于 1990 年的空气净化法案，多数党领袖、缅因州民主党人米切尔精心策划了复杂的谈判并最终提出了一个可以在参议院获得通过的议案（Cohen 1992, 81—98）。1989 年，他在儿童保育立法案上也同样积极推进妥协谈判；当自由派劳工委员会的议案显然无法自行通过时，他根据财政和劳工委员会的议案内容整理出了一个替代议案。2011 年春天，《美国爱国者法》即将到期，国家情报总监警告国会若不延长该法案将带来可怕的后果。参议院司法委员会报告了一项议案，但因该议案具有更大的公民自由保护力度和更短的实施期限，不太可能被共和党控制的众议院接受。面对审议议案最后期限的压力，参议院多数党领袖里德、参议院少数党领袖麦康奈尔和众议院议长博纳制定了一项

妥协的延期议案,该议案在截止日期前获得了参议院的批准,然后在最
后期限届满之前获得了众议院的批准。① 由于委员会的控制力逐渐缩
小,而党派极化现象又不断加剧,政党领袖越来越多地参与到重大立法
案的立法过程当中。一位领导层助理解释说,就"旗舰"立法案而言,
(政党领袖的参与)"有点像从摇篮到坟墓的过程"。该助手接着说:

> 在真正重大的议案上,一旦出现争议,早在委员会最终审议之
> 前,[多数党领袖]就会立即召开会议。在某一议题上,多数党领袖
> 立即让[主席]参与进来,并与[一位积极推动这个议题的委员会委
> 员]和其他人进行谈话。在这种旗舰立法案问题上,多数党领袖拉
> 拢委员会中持不同意见的委员并尽力帮助主席。

在通常情况下,达成委员会审议之后的妥协是多数党领袖为通过
重大立法案所做努力的重要组成部分。在第 111 届国会中,多数党领
袖里德在就委员会审议后的医保立法案进行谈判、做出调整上发挥了
核心作用,这一点将在第七章中详细论述。

当然,实质性地修改议案以增加支持率的策略并不总是成功的。
想要不疏远其支持者而修改议案,就可能无法做出足够的修改来获得
所需的新选票。通常要成功做到这一点,就如同用线穿一根细针那样
困难。在制定一项能够在参议院获得通过的医保改革议案的过程中,
里德曾多次面临一种情况:进行修改可以拉拢所需的稳健派,但会失去
自由派的支持。

---

① 由于程序上的原因,该妥协方案只是作为众议院通过议案的替代修正案而非参议
院司法委员会议案的替代修正案提出。

　　参议院规则及其运用极大地增加了制定能在参议院获得通过的立法案的难度。相比过去，参议员们现在更加频繁地使用冗长辩论权——他们有权利去发言，从而无限期地阻止立法活动。由于中断辩论需要获得 60 票的支持，立法案的支持者就必须建立一个比简单多数更大的联盟。这样做可能需要做出相当大的妥协，并且可能需要这里所说的那种委员会审议之后的调整。如果只需要多数支持的话，共和党人本来是可以以此作为首选方式去通过强势的千年虫立法案和集体诉讼议案的。同样，2009 年年初的巨额经济刺激议案以及 2009 年和 2010 年的医保改革议案通过得如此艰难，是因为作为少数党的共和党人有意使用议事阻挠（filibuster）来阻止议案通过，因此民主党人就有必要建立一个庞大的支持联盟。（参见本书第七章。）

参议院中的帮派（Gangs）

　　在参议院，议员们有时会组成小组——通常是两党的专门小组——来制定立法妥协方案。新闻记者和参议员自己经常将那些更明确的小组称为"帮派"。因此，一个被称为"十四人帮"（Gang of Fourteen）的两党小组提出了一项妥协方案，这一妥协方案阻止了多数党领袖、田纳西州共和党人弗里斯特（Bill Frist）的威胁——他威胁要"走核弹手段"，并且改变参议院对总统提名的阻挠议事规则。（见后续各段的论述。）不太成功的例子也有，比如说，2007 年 7 月，一个帮派试图提出一项跨党的稳健的伊拉克政策；2008 年，一个"能源帮派"试图制定一项两党都赞同的能源议案；2011 年夏天，一个"六人帮"真的提出了一项赤字削减计划，但未获得通过。

　　简要考察一下"八人帮"及它在第 113 届国会移民立法中的作用，就能说明非正式的参议员小组如何推动参议院的法律制定。全面移民改革议案在第 109 届和第 110 届国会中未能通过；2007 年，一项得到小布什总统大力支持的两党议案在参议院审议表决时夭折，当时由自由派民主党人和保守派共和党人组成的多数票反对中止辩论。因此，议案的支持者知道通过该立法案是困难的。自上次做出努力反对大赦之后数年来，共和党的死忠选民越来越"反对大赦"。然而，在 2012 年的选举中，拉丁裔选民以压倒性多数投票支持民主党，此后许多共和党的国家领袖就明白，为了赢得未来的总统选举，他们不能把日益壮大的拉丁裔选民拱手让给竞争对手。决定在第 113 届国会协同努力的 8 名参议员中，有 4 名民主党人和 4 名共和党人，其中包括在民主党领导层排名第二的伊利诺伊州民主党参议员杜宾（Dick Durbin）和排名第三的纽约州民主党参议员舒默（Chuck Schumer），以及两位备受尊敬的共和党人麦凯恩和南卡罗来纳州共和党参议员格雷厄姆（Lindsey Graham），还有当选为茶党共和党参议员并被吹捧为未来总统候选人的卢比奥（Marco Rubio）。他们决心快速采取行动，于是在 2013 年 1 月 28 日制定并公布了一套所含内容广泛的原则；这项立法案将加强边境安全，同时让那些非法进入美国境内的人有机会取得绿卡并最终获得公民身份。谈判不仅涉及参议员，还涉及利益团体。在 3 月的最后一周，美国商会（U. S. Chamber of Commerce）和美国劳工联合会-产业工人联合会（AFL-CIO）就一项外籍工作人员计划的提案达成了一致意见。舒默说："商界和劳工界在未来（外国工人）的流动问题上达成了协议，这是过去阻碍移民改革的一个议题"，"所以，这是一个需要克服的重大的、主要的障碍"（《国会季刊周报》，2013 年 4 月 8 日，第 630—631 页）。"八人帮"在起草这个议案时坚持完全保密的态度，以防止在他们准备好之前议案就被公开争讼。

这项长达 844 页的议案于 4 月 17 日公布，该帮派的共和党议员纷纷煽风点火,向选民宣传。卢比奥花了几个小时告诉保守派电台主持人,由于今天的移民制度是"事实上的大赦",而该议案是反对大赦的,因为它要求对非法移民进行严厉惩罚并试图永久封锁边境(《国会季刊周报》,2013 年 6 月 10 日,第 980—981 页)。格雷厄姆向其他参议员保证,在不给参议员们辩论机会的情况下,该帮派是不会强行通过这一议案的。南卡罗来纳州共和党人格雷厄姆说:"你们将有机会阅读议案,你们将有机会修改议案,你们将有机会使它更好,你们将有机会否决它","谁都不会在这个议案上出其不意地遭受偷袭"(《国会季刊周报》,2013 年 4 月 22 日,第 724—725 页)。

57

该议案随后被送交司法委员会审议,而司法委员会中有该帮的 4 名成员——杜宾、舒默、格雷厄姆以及亚利桑那州共和党人弗莱克(Jeff Flake)。议案的最终审定工作(markup)持续了 5 天,但该议案没做丝毫改动。在最终审定期间,整个帮派每晚都要开会讨论哪些即将出来的修正案会破坏这个一致协议,并且司法委员会中的 4 名该帮成员要确保支持者知情。当该议案被提交参议院院会审议时,该帮派参与制定了一项加强边境安全条款的妥协修正案,以争取共和党的选票。经过 3 周的院会辩论,该议案于 6 月 27 日以 68∶32 的投票结果获得通过,没人提出修正案以破坏前述的一致同意协议。

四、 安排院会立法日程

参议院不使用特殊规则将立法案提交院会审议。多数党领袖通过动议或一致同意,只是将议案从议事日程表上拿出来提交审议。参议院先例规定多数党领袖有首先进行发言的权利;当几名参议员同时请求发言时,多数党领袖第一个发言,少数党领袖第二个发言。否则,参议院规则要求主席批准第一位请求发言的参议员进行发言，这使参议院主席的自由裁量权远不如众议院的主席那么大。（当参议院进行立法案辩论时，议案辩论的主持人[manager]有权在政党领袖之后但在其他参议员之前进行发言。）

尽管参议院的这一程序似乎比众议院简单，但参议院多数党领导层实际上对立法日程安排和审议条款的控制权要小得多。对于任何有争议的动议，任何参议员都可以进行无限期的辩论，除非或直到有60名参议员投票赞同终止辩论。因为继续审议一项议案的动议是有争议的，所以参议员们可以阻挠将他们反对的立法案提交院会。

这一事实塑造了参议院审议立法案的实际过程。多数党领袖经常通过一致同意将议案从院会审议日程表中拿出来提交审议。一项对第98届国会（1983—1984年）参议院审议的247个问题的研究发现，有98%的这类议案获得了一致同意（Tiefer 1989, 563）。另一项研究表明，在1981年至2002年间，平均每年只提出了11项继续审议动议（Beth 2003, 3）。然而，在过去的几届国会中，要获得一致同意来提出重大的、有争议的立法案变得越来越困难，多数党领袖不得不诉诸使用继续审议动议来推进立法，而这种动议可能受到议事阻挠（见下一节）。

（一）协商过程

由于任何参议员都可以阻止一致同意请求，因此，如果多数党领袖希望院会立法日程顺利推进，他或她就必须在立法案提交院会之前与所有具有利害关系的参议员进行接洽。多数党领袖总是与报告委员会领袖和少数党领袖进行协商。在参议院，有效的日程安排需要两党合作，而这需要多数党领袖和少数党领袖之间的密切协商。众议院的院会日程安排是多数党领导层的一项单独任务，而参议院与众议院不同，如果两党领袖不合作,参议院立法日程就无法运作。

　　一个议题越有争议,越具党争性,就越需要协商。在弹劾克林顿总统的审判中,多数党领袖、密西西比州共和党人洛特(Trent Lott)与少数党领袖达施勒每天多次进行协商。在第110届和第111届国会中,作为多数党的民主党人认为少数党领导层在"拖延"立法过程并试图阻止他们完成任何事情,但多数党领袖里德别无选择,只能与少数党领袖麦康奈尔进行协商,通常他们会在参议院会期每天多次进行协商。

　　由于任何参议员都可以反对审议立法案,而且由于有时间限制,领袖们不可能就立法案的每一项内容与每位参议员进行协商,因此,如果与议案没有明显利害关系的参议员确实在其中存在利害关系,他就应该告知自己的党派领导层。在每一项议案上,凡是要求在该议案提交院会审议之前告知自己的参议员,多数党领袖和少数党领袖属下的政党秘书都必须将其姓名记录下来,必须向这些参议员征求意见。此外,一旦多数党领袖和少数党领袖初步达成一致同意协议,就要用"热线"电话来告知参议员们,"热线"是一条通往所有参议员办公室的自动电话线;录制的留言(the recorded message)应详细列明协议的条款,并要求有异议的参议员在规定时间内告诉本党领袖。如今,电子邮件也被用于这种"热线"服务了。

　　参议院政党领袖认为,他们对要求被告知情况的参议员唯一的责任就是告诉他们,领袖们何时准备好将一项议案提交院会审议,而这很可能就是某位参议员所期望知道的全部内容。参议员可能只是想确保自己能够在立法案提出审议时做好准备以便提出修正案。然而,在其他情况下,参议员也可以随时反对将某一立法案提交院会审议,或者也可以在该议案的支持者根据自己的喜好对议案进行修改时提出反对意见。参议员向本党领袖提出的这种通告(notification)被称为"搁置通

59

告"(a hold)。* 一封写给共和党领袖麦康奈尔的典型搁置通告信函的内容如下:

亲爱的米奇:

我在此请求,在就参议院可能审议的[议案名称]或任何其他类似立法案达成任何一致同意协议之前,请先向我征求意见。

敬礼

[签名]

2014 年 11 月 19 日,俄克拉何马州共和党参议员科伯恩(Tom Coburn)向少数党领袖麦康奈尔发送了一封内容更为详细的搁置通告信函,其中部分内容如下:

我写信是为了告知您,设若 NDAA(《国防授权法》)包含无关的公共土地条款,例如授权新的国家公园单位,扩大荒野地区,创建新的国家遗产区,或扩大联邦土地基数,我就打算利用我作为合众国参议员可使用的所有程序选择权,包括反对任何一致同意协议或时间限制的权利。(《点名报》,2014 年 12 月 3 日)

政党秘书们每天早上进行商议,并互相告知对立法案或提名的新的搁置通告。但是,他们不会透露本党提起搁置请求的议员的姓名,因此搁置通告可能是匿名的。2006 年 3 月,俄勒冈州民主党参议员怀登

---

* "a hold"通常译成"搁置通告","place a hold"一般译成"提起搁置请求",甚至译成"搁置"。有时根据上下文语境,为保汉语句可通顺,这些译法也会混用。

（Ron Wyden）提出指控说，情报系统再授权议案"因一个秘密搁置通告，现在已被延宕数月"（《国会记录》，2006年3月8日，S1872）。参议院曾多次通过规则要求参议员在一定天数后披露他们的搁置请求，但事实证明，这些规则在很大程度上没什么效果。"反复提起搁置通告"（revolving hold）是绕过规则的一种简单方法，即在规定的披露天数结束之前，一位参议员撤销了他的搁置通告，而另一位参议员又对此事提起搁置请求。在2007年的大部分时间里，要求参议员像众议员那样以电子形式发布其竞选财务表的立法案，就受了反复提起搁置通告策略的影响。

　　当然，如果提起搁置通告的目的是寻求谈判，参议员们就会公开自己的身份，而且这是最常见的情况。

　　搁置通告非常频繁，而且提出搁置请求已成为参议院的标准操作程序。在《每日摘要》（CongressDaily［Daily］）2003年7月2日的《国会山新闻提要》中就隐隐可以看出这种情况。《每日摘要》关于这种事情的报道让人几乎昏昏欲睡，但也几乎没有其他什么报道能让人提神的了，因为7月4日国会休会：

　　　　据参议院领导层助手透露，参议院多数党领袖弗里斯特和财政委员会主席格拉斯利（Charles Grassley）继续与阿拉巴马州共和党参议员谢尔比和塞申斯（Jeff Sessions）就他们搁置的一项议案进行谈判，该议案旨在通过削减进口产品的关税而使数百家美国企业受益。上周晚些时候，66名参议员写信给弗里斯特，敦促他"无需进一步提出修正案"就将该议案提交院会审议，以迫使启动"提付表决终结辩论"程序来打破议案搁置状态。这位助手说，虽然这封信函让弗里斯特在与两位阿拉巴马州参议员的谈判中获得了更多的筹码，但"除非他已竭尽全力友好地解决了问题，否则他不会将议案提交院会审议"。谢尔比和塞申斯希望在议案中增加一些条款，规定袜子包装要贴上原产地标签，还有其他一些要求。（《每日摘要》，2003 年 7 月 2 日，周三）

参议院规则并不允许提起搁置通告，提起搁置通告是一种非正式的习惯。让搁置通告真正产生影响的是阻挠议案继续审议的或隐或显的威胁。当然，搁置通告不能阻止对拨款议案等必须通过的立法案的审议。多数党领袖有时也会在提起搁置通告的情况下继续审议不那么重要的立法案，并可能会发现搁置通告中隐含的威胁其实是虚张声势。

另外，多数党领袖可能会在继续审议动议上面临议事阻挠，即便克服了对动议的议事阻挠，议案自身也可能遭遇议事阻挠。即使这两种议事阻挠都能被克服，也会耗时甚巨。尤其是在休会前或会期结束前——在院会审议时间所剩无几的情况下——大多数立法案都不太可能花费那么多时间去审议。毕竟，如果用极其有限的时间来想办法结束一场议事阻挠，就会牺牲其他的立法案。立法案的支持者面临越来越大的压力要求他们做出让步，以消除议事阻挠带来的威胁。2006 年 7 月，参议员怀登对一项重大的电信议案提出搁置通告，因为他反对该议案在"网络中立"问题上的软弱措辞。《国会季刊周报》（2006 年 9 月 4 日，第 2321 页）报道，事实上"参议院领袖已经明确表示，在提案人得到足够多的赞同票，以克服民主党人可能提出的议事阻挠之前，他们不会将该议案提交院会审议"。

随着审议时间越来越少，搁置通告日益变成了否决。在第 113 届国会的跛脚鸭（选举后）会期*上，一个延长多项广受支持的减税措施

＊　"跛脚鸭会期"（lame-duck session）是指从美国国会中期选举后的 11 月起到新一届国会成立的 1 月为止的这段时间。

的议案夭折了。一位不愿透露姓名的共和党参议员对该议案提起搁置通告，尽管这不是唯一的原因，但搁置通告导致了该议案遭到否决。参议员科伯恩多次提出搁置通告，他在同一个跛脚鸭会期中还阻止了另一项广受支持的议案，即《恐怖主义风险保险法》（TRIA）。尽管该议案已经在参众两院获得通过，并且两院之间也达成了妥协，但多数党领袖里德并没有将该议案提交院会审议；只要有议员反对，时间就太有限了。与得克萨斯州共和党人、金融服务委员会主席亨萨林（Jeb Hensarling）达成协议的舒默说："他不会让我们做任何事情。是科伯恩让它彻底完蛋了。" 61

　　参议员们为了在另一事项上取得别人的让步而要对某个事项提出搁置通告，有时被称为"人质挟持"，这种做法使参议院的议事日程安排变得更加复杂。一个典型的例证发生在 1995 年，当时参议院外交关系委员会主席、北卡罗来纳州共和党人赫尔姆斯（Jesse Helms）发起一项国务院重组议案，这项议案却遭到克林顿政府和许多民主党人反对。赫尔姆斯将这项立法案提交院会审议，但两次强制进行终结辩论提交表决的尝试均遭失败，而后堪萨斯州共和党人、多数党领袖多尔（Bob Dole）停止了对该议案进行的院会审议。无奈之下，赫尔姆斯开始对大使提名、《第二阶段削减战略武器条约》（START II）和《化学武器公约》（Chemical Warms Convention）等议案进行遏制。民主党人对此所做的回应是对一项亵渎国旗宪法修正案和一项古巴制裁议案的审议采取阻挠行动，而这两项议案都是赫尔姆斯的优先立法事项。谈判和让步最终打破了僵局，尽管只有古巴制裁议案真正成为法律。当然，"人质挟持"很少这么复杂。一个更典型的例证是，宾夕法尼亚州共和党参议员图米（Pat Toomey）在 2014 年 9 月对儿童保育和发展固定拨款议案（Child Care and Development Block Grant bill）提起搁置通告。让他取消搁置通告并允许对这项几乎获得一致支持的议案进行院会投票的对价是，他自己提出的要求中小学教师接受背景调查的议案也在院会表决通过。他的这一策略未获成功，但他确实将批准议案推迟到了选举之后，并迫使多数党领袖里德不得不花费时间来启动终结辩论程序。

因此，多数党领袖安排立法议程是受到严格限制的。当多数党领袖就继续审议某项议案发起参议院一致同意请求时，这一行动几乎总是已经得到了领袖本党议员的准许，并得到了少数党领袖的同意，而少数党领袖已经得到其本党议员的准许。

（二）提名

宪法赋予参议院对总统高层人事任命提供建议和同意的权力。这意味着参议院必须以多数票通过总统对白宫内阁秘书长和其他高官、大使以及包括最高法院大法官在内的法官的提名。对继续审议提名的动议是不能辩论的，但对批准提名的动议则可以辩论，因而批准提名的动议可遭议事阻挠。

党派极化使得提名的确认过程变得越来越具有对抗性。即使参议院多数明确支持提名，参议员们也会使用搁置通告来阻止他们所反对的提名。2003年，民主党人阻止了埃斯特拉达（Miguel Estrada）担任上诉法院法官的提名。在7次试图强行启动终结辩论、提交表决程序失败后，埃斯特拉达从审议中撤回了自己的名字，而在每一次终结辩论、提交表决的投票中，多数人都投了赞成票。2009年，共和党人对备受尊敬的密歇根大学调查研究中心主任格罗夫斯（Robert Groves）担任人口普查局局长的提名提交搁置通告，因为他们担心他会在2010年的人口普查中支持统计抽样。格罗夫斯的提名最终在终结辩论、提交表决程序中以较大优势得到确认。尽管以多数但非60票的投票支持终结了辩论并提交表决,但奥巴马总统关于贝克尔(Craig Becker)进入国家劳资关系委员会(National Labor Relations Board)的提名还是失败了。(奥巴马利用休会任命的权力,在国会休会期间"临时"任命贝克尔担任该委员会的职务。)

在里根和老布什执政期间,民主党人阻止了对他们认为过于保守的法官的提名;20世纪90年代后期,共和党人阻止了克林顿的许多提名人选,因为他们认为这些提名候选人过于偏向自由主义。(参见爱泼斯坦和西格尔2005年论述司法确认程序的作品,即Epstein and Segal 2005。)当反对党控制参议院时,它常常能够在委员会中阻止总统提名但反对党讨厌的人选,使一项提名永远无法提交院会投票。民主党人认为小布什的许多上诉法院提名人选是右翼极端分子。在第108届国会中,共和党人占了多数,因此他们可以将小布什提名的人选从司法委员会中投票选出,但他们无法阻止民主党人以议事阻挠方式反对提名通过。

遭受挫败的参议院共和党人威胁要改变参议院规则,不允许对总统提名进行议事阻挠。共和党人没有获得以常规方式改变参议院规则所需的2/3票数,然而,他们的计划让参议院主席(可能是副总统切尼[Dick Cheney])不得不做出规定,终止关于提名的辩论只需要获得简单多数。民主党人当然会对这一裁决提出上诉,但只需要简单多数即可维持主席的裁决。该计划被称为"核弹手段",因为它可能带来爆炸性后果(参见本书第十章)。

由于实施该计划需要主席做出违反参议院先例的裁决,因此可以认为该计划是共和党人考虑到民主党人对参议院规则的非正统使用而做出的一种高度非正统的回应(见Beth 2005)。在最后一刻,由14名参议员组成的两党小组避免了这场决战。该小组中的民主党人同意,除非情况特殊，否则不会支持对法官提名所做的议事阻挠；作为回报，共和党人承诺不支持"核弹手段"。在第 109 届国会期间，这项协议得到实施。2005 年，参议院批准了小布什提名的两名最高法院大法官人选，尽管这两人都被认为相当偏向保守主义。该协议起到了一定作用，但大多数民主党人也担心，公众舆论不会支持针对被提名者提出的议事阻挠，因为两位提名人都被认为是非常合适的人选。

在第 111 届国会中，民主党多数获得足够多的席位，如果他们愿意花时间去做的话，他们通常可以强制终结辩论，但由于时间限制，未经任命的提名积压达到了前所未有的水平。自 2010 年选举之后，参议院民主党人的多数席位减少，参议院民主党人更难任命提名，而年资较浅的民主党议员又开始向本党领袖施压，要求进行议事阻挠改革。

在民主党人采取"核弹手段"的威胁下，共和党人同意，原来允许的对许多提名提起的终结辩论程序之后的辩论时间应该减少。这一议事规则是在 2013 年第 113 届国会开始时达成的，它是一项仅对本届国会有效的参议院规则变更。地区法院法官提名在终结辩论程序后的辩论时间减少到 2 小时，并且，针对大多数行政部门提名人选的同一辩论时间减少到 8 小时；在上诉法院提名、内阁提名和类似的高级官员提名上，仍保留 30 小时的辩论时间。然而，规则的改变并没有减少启动"终结辩论"程序所需的票数，拥有 45 名议员的共和党人经常拒绝接受民主党人提议的对奥巴马总统提名人选的"生死投票"表决。少数党阻碍对劳工部部长、消费者金融保护局（CFPB）局长、环境保护局局长和其他 12 个行政部门的提名使多数党领袖里德深感恼怒。里德称，这些提名人为任命投票已经等待了约 260 天之久，所以他再次威胁要动用"核弹手段"。里德认为，麦康奈尔没有兑现他限制拖延的承诺。于是，两党再次达成了对 7 名提名人进行一次性"生死投票"表决的协议。

在 2013 年秋天,共和党人阻止了对华盛顿特区巡回上诉法院 3 位提名人的投票。尽管由于所审理的案件的重要性,该法院被认为是仅次于最高法院的、第二重要的联邦法院,但共和党人认为,它不需要一次性完成 3 位法官的提名任命。民主党人回应说,共和党人只是试图保持他们在该法院中的多数地位。2013 年 11 月 21 日,在共和党人于 10 月 31 日再次阻止对其中一位提名人提起终结辩论程序后,里德扣动了"核弹手段"的扳机。他提议重新考虑其中一项提名,然后提出了一个程序异议,即对于非最高法院的提名,只需简单多数即可提起"终结辩论、提交表决"程序。根据当时的先例,主席裁定必须要有 60 票才行。里德就主席裁定向整个参议院提起上诉,参议院以简单多数投票支持了里德。因此,在可以以同样的方式再次改变规则之前,对除了最高法院大法官的所有提名人选提起"终结辩论、提交表决"程序,仍然只需要简单多数即可。

愤怒的共和党人做出回应,迫使民主党人对所有提名人选启动"终结辩论"程序,然后用尽规则明确规定的所有辩论时间。尽管如此,规则的改变还是使民主党得以任命比以前多得多的提名人选。从规则改变之日到第 113 届国会结束,仅仅在一年多一点的时间里,参议院就批准任命了 96 名法官和大约 300 名行政部门提名人选。在规则改变之前,参议员们越来越多地把提名作为"人质挟持",以迫使政府在其他事务上做出让步,也就是说,参议员们为了获得与政府讨价还价的筹码,阻止了他们并不反对的提名人选。因此,犹他州共和党参议员贝内特(Bob Bennett)和阿拉斯加州共和党参议员穆尔科夫斯基(Lisa Murkowski)对海耶斯(David Hayes)担任内政部副部长的提名提出了搁置请求,因为他们声称,内政部没有充分解释其取消西部各州石油和天然气租约的决定(《点名报》,2009 年 5 月 13 日)。里德试图启动"终结

64

辩论"程序，但以 57∶39 的投票结果遭遇败绩。犹他州共和党参议员哈奇（Orrin Hatch）解释说："这与海耶斯本人无关，而是与内政部正在发生的事情有关。"在内政部部长萨拉扎尔（Ken Salazar）向海耶斯承诺将立即审查所有有争议的租约后，搁置请求才被解除，而海耶斯也才获得任命。2010 年 2 月，阿拉巴马州共和党人谢尔比请求搁置 70 多名奥巴马提名人选。谢尔比要求为 KC-135 美国空军加油机队提供资金，设立一个可以在阿拉巴马州创造数千个就业机会的项目，并要求恢复从预算中削减的资金，将之用于同样位于阿拉巴马州的联邦调查局（FBI）恐怖爆炸装置分析中心。在招致媒体密切关注和广泛批评之后，谢尔比才解除了对大多数提名人选的搁置请求，但他声称自己已经达到了目的，"引起了白宫的关注"（《华盛顿邮报》[*WP*]，2010 年 2 月 8 日）。甚至总统所属政党的议员有时也会使用这种策略。2013 年，民主党人贝吉奇（Mark Begich）和他的阿拉斯加州参议员同僚、共和党人穆尔科夫斯基试图在费尔班克斯（Fairbanks）的埃尔森空军基地（Eielson Air Force Base）保留一支 F-16 中队的议案未能引起军方官员的关注，所以贝吉奇即请求搁置一位三星上将荣升四星上将的提名事宜。10 月，美国空军宣布这些喷气式飞机将留在费尔班克斯。

参议员们仍然试图使用这一策略，但随着规则的改变，它已经失去了很大的效力。参议员现在可以拖延任命，并迫使其支持者花费大量的院会辩论时间，但很少可以阻止提名获得通过。因此，政府就没有理由满足挟持者的要求了。

（三）处理无争议事务

国会审议并通过了许多完全没有争议的议案和提名。为了加速处理这类事务，众议院使用了暂停议事规则；参议院则采取一致同意的方式。

　　为了确定一项议案是否足够没有争议以至于能以一致同意的方式
获得通过，它需要得到"清理"（cleared）——这一过程由政党秘书办公
室的工作人员负责。一名多数党助手解释说，"我第一次得知，一项议
案通常不是来自发起人就是来自委员会"，"并且他们还会说：'我们想
通过这样那样的议案。你能用热线来通知参议员吗？'"助手就会核对
日程表，看看是否有参议员就此事项发出了搁置通告信函。如果已经
有人提出搁置请求，助手就会接着解释说：

　　　　我会打电话给那个人或那些人，看看发生了什么。他们要么
　　会说，"我就是讨厌那个议案"；要么会说，"［它有］这样或那样的
　　问题"。或者他们也许只是想得到通知以了解即将发生的事情。
　　我会减少他们的担忧，或许也会发现还有其他的问题，而这可能意
　　味着我必须把它转交给其他人处理。

　　如果问题能在工作人员层面得到解决，助手将询问多数党领袖和
相关委员会："能用热线来通知参议员吗？"这时，与该工作人员职位所
对应的少数党助手就会得到通知，然后在少数党一方进行大致相同的
过程。这位工作人员总结说："然后我就会为这个事项拨打热线电话。
打完热线电话后，任何提出问题的参议员办公室都必须给我们打电话
进行反馈。我会再给这些办公室打电话，然后，如果双方都同意批准议
案的话，就要进行突击表决（wrap-up）。"

　　"突击表决"会在一天结束时进行。一个接一个的议案由多数党领
袖或其指定的人提出，不进行辩论，议案获得一致同意通过；少数党领
袖或其指定人员总是到会，以保护少数党议员的权利，但事实上，所有

提出的问题都已得到批准（Gold 2003, 79-80；Oleszek 2004, 198）。例如，2015 年 8 月 5 日，多数党领袖指定的科罗拉多州共和党参议员加德纳（Cory Gardner）打来电话，参议院便迅速连续通过了 12 项议案和参议院决议。所通过的议案和决议范围甚宽，从一项旨在改善国内机场安全事件期间政府间规划和沟通的众议院法案（HR 720），以及《电子健康公平法》（这个法案［S 1347］是一个修正案，旨在修订《社会保障法》第十八编关于门诊手术中心治疗患者所受对待的规定，具体来说就是是否应该决定对患者使用有意义的电子健康记录［EHR］），一直到命名数家邮局的决议，再到宣告国家小龙虾日的决议。161 名外交部官员的提名也全都得到任命批准（《国会记录》，2015 年 8 月 5 日，S6422-S6426）。

　　参议员在审查领导层试图批准的事项时表现出咄咄逼人的态度，并且他们对"可接受的东西"的看法也会影响这一程序的运作方式。20世纪 80 年代，俄亥俄州自由派民主党人梅岑鲍姆（Howard Metzenbaum）让他的工作人员审查每一项寻求集团不正当交易的议案。他经常反对其他没有争议的议案，以至于多数党领袖、田纳西州共和党人贝克（Howard Baker）的工作人员在将立法案提交院会表决之前，都会例行与他进行商议（参见 Gold 2003）。保守的共和党指导委员会现在就是这样做的，尽管其委员所认为的可以提出反对意见的事项确实大不相同。工作人员会仔细审查每一项借助热线来通告的议案，如果他们站在保守主义的立场认为这是一项糟糕的立法案，甚至认为该议案只是需要进行更仔细的审查，他们就会赞同议案通告。参与这一过程的一名工作人员解释说，"如果谁都不替纳税人尽到谨慎注意之责，那就会让很多（本不应当通过的）事项获得通过了"。由于对借助热线通告信息规定的总体时间可能很短，该工作人员接着说，"所以我们的意见是先暂停通告。参议员可以取消搁置请求。他无法阻止一项议案获得通过"。

通常情况下，这一过程——即使有反对意见——会"悄无声息地"进行，但在 2008 年年末和 2009 年年初，关于通过一系列公共土地议案的斗争爆发为一场公开战争。参议院能源和自然资源委员会（Senate Energy and Natural Resources Committee）已经就 90 项公共土地议案提出报告，包括认定荒野地区、野生和风景河流、远足小径、遗产区、水利项目和历史保护方案。按照惯例，这类议案都是在突击表决时以一致同意方式来通过的，但当领导层试图批准这些议案时，参议员科伯恩对全部议案都提出了搁置请求；他担心总成本太大，也担心影响私有财产权的各种问题（Wolfensberger，载《点名报》，2009 年 4 月 13 日）。这些议案最终还是以综合公共土地议案的形式成了法律，尽管是到了下一届国会，而且是在参议院领袖和众议院领袖花费了大量时间和精力之后才实现的（参见本书第五章）。

（四）　一致同意协议

参议院经常根据正式的一致同意协议审议立法案。多数党领袖和高级工作人员，特别是政党秘书长，会就立法案审议设定条款问题进行协商以达成协议。一致同意协议可以规定一般性辩论的时间，也可以就特定修正案的辩论规定时限；它可以完全禁止非密切相关的（或者，更常见的说法是，不相关的）修正案或未明确列入立法日程的修正案；[1]并且一致同意协议还可以规定特定修正案的投票时限和最终通过的投票时限（Smith and Flathman 1989；Tiefer 1989，573–584）。这里举一个全面的、复杂的一致同意协议的例子。它于 2014 年 7 月 23 日提出

---

① 　在大多数情况下，相关性标准不如密切性标准准确。

并达成：

里德先生、总统先生，我请求一致同意，在共和党领袖赞同的情况下，在多数党领袖确定的某一时间，由参议院按照第 468 号日程安排继续审议众议院第 5021 号决议案（H. R. 5021），即《公路和交通资助法》（Highway and Transportation Funding Act）。该议案仅有的修正案如下：怀登（Wyden）修正案，第 3582 号；卡珀-库克-博克瑟（Carper-Corker-Boxer）修正案，第 3583 号；李（Lee）修正案，第 3584 号；图米（Toomey）修正案，第 3585 号。此外，每项修正案都应有一小时的辩论时间，由支持者和反对者平均分配；两位领袖或其指定人员可就该议案进行不超过两小时的一般性辩论；在使用或放弃辩论时间后，参议院应按议事规程对修正案进行投票表决；表决前，对任何修正案均不得再提出二级修正案；不得动议将该议案提交审议；根据图米修正案的处理，应对该议案进行三读，如该议案被修正，参议院应投票表决是否通过经过修改的议案。此外，考虑到页码正确和行号对齐的情况，应授权秘书长在必要时对修正案进行技术性更改；而且，议案的修正案和通过票数必须达到 60 票的门槛。最后，如果该议案获得通过，参议院应继续审议众议院第 108 号共同决议案（H. Con. Res 108）（允许对众议院第 5021 号决议案的登记情况进行更正，即更正一个技术性错误），该决议案已由众议院提交参议院并且提上议程。我还请求以一致同意的方式赞同这一共同决议案，并在没有干预行动或辩论的情况下，搁置重新审议的动议。

临时代理总统：没有异议，照此办理。（《国会记录》，2014 年 7 月 23 日，S4721–S4722）

这个一致同意协议规定,在 2015 年 5 月之前,应审议一项交通法案再授权议案。该议案需要尽快获得通过,以防止交通运输项目的资金耗尽,并且由于国会无法通过长期的再授权议案,所以这一议案只是一个权宜之计。一致同意协议列出了按议事规程应行审议的修正案,它规定每个修正案的辩论时间为一小时,并规定了由谁来控制辩论时间——"由支持者和反对者平均分配和控制"。它还明确规定,一般性辩论时间限制为两小时,由两位领袖或他们指定的人平均分配,而修正案在全部辩论结束后应按议事规程进行表决。不允许提出二级修正案,也禁止提出各种耗时的动议。重要的是,这个一致同意协议规定,通过任何修正案、通过该议案本身,都需要 60 票。

正如一致同意协议规定的那样,参议院的一致同意协议可为院会审议规定议事规程,而且通常还会包括节省时间的条款,但参议院的一致同意协议仍然可以允许远超众议院一般性辩论时间的辩论时间。

在议案提交院会审议之前制定并适用于整个审议过程的综合性一致同意协议是相当罕见的(Evans and Oleszek 1995;Smith and Flathman 1989)。如今,领袖往往只能在辩论开始前达成部分协议。该协议可以只规定应提出某议案,实际上,可以只规定不能反对继续审议某议案的动议,甚或只是指定一个时间对继续审议议案的动议进行辩论。

随着审议的进行,参议员们可能会更清楚地知道他们想要提出什么修正案,以及他们需要多少时间来提出修正案,并可能达成进一步的协议。这些问题可能会在院会辩论中得以明确——有时由议案审议主持人确定,有时由政党领袖确定。因此,若干部分的一致同意协议可能会决定一项议案的审议过程。在第 108 届国会中,平均每个提交到院会审议的重大议案约有 6 个一致同意协议。一位专家与会者解释如下:

通常,你达成一个一致同意协议只是为了把一些议案提交院会审议,然后你可能会达成另一个将涉及一些重要修正案的一致同意协议,此后也许稍晚一点,又会达成一个开始在一定程度上限制修正案的一致同意协议,之后可能达成一个确定何时进行投票的一致同意协议。所以一致同意协议是通过一系列的步骤来完成的,每一步过后都会留下越来越少的余地。

下面是用于审议 S1 即基石输油管道议案的一系列一致同意协议:

2015 年 1 月 9 日

基石输油管道——协议:参议院继续审议一项动议,该动议提出接着审议 S.1,以批准基石输油管道议案。

达成一项一致同意协议,该协议规定,2015 年 1 月 12 日星期一下午 2 点左右到下午 5 点 30 分,参议院恢复审议继续审议该议案的动议,并按照惯例平均分配和控制审议时间。

1 月 12 日

(在正式选出并宣誓的参议员中,3/5 投了赞成票,达成 63 票赞成、32 票反对的结果,参议院同意所提动议,即结束对继续审议该议案的动议的进一步辩论。)

达成一项一致同意协议,该协议规定,从 2015 年 1 月 13 日星期二上午 10 点左右至下午 12 点 30 分,进一步审议继续审议该议案的动议,审议时间由两位领袖或其指定人员平均分配。尽管有第二十条规则的规定,但在上午工作期间,参议院"终结辩论"程序后参议院计票的会间休息和休会时间都应用于继续审议该议案的动议。

1 月 13 日

（基石输油管道议案——协议：参议院开始审议 S.1，在赞同继续审议动议，并对提出的下列修正案采取行动之后，批准基石输油管道议案：……）

达成一项一致同意协议，该协议规定，仅在本周审议该议案期间，才可审议这些未决修正案，并将该议案提交辩论。

达成一项一致同意协议，该协议规定，2015 年 1 月 16 日星期五上午 9 点 30 分左右，参议院恢复对该议案的审议。

1 月 16 日

达成一项一致同意协议，该协议规定，2015 年 1 月 20 日星期二上午 11 点左右，参议院恢复对该议案的审议。

1 月 20 日

达成一项一致同意协议，该协议规定，2015 年 1 月 21 日星期三上午 10 点 30 分左右进一步审议该议案。

1 月 21 日

达成一项一致同意协议，该协议规定，2015 年 1 月 22 日星期四上午 10 点 30 分左右进一步审议该议案。

1 月 22 日

达成一项一致同意协议，该协议规定，2015 年 1 月 26 日星期一下午 4 点 30 分左右，参议院恢复对该议案的审议，尽管参议院休会，但一级修正案的截止提交时间为 2015 年 1 月 26 日星期一下午 3 点，二级修正案的截止提交时间为 2015 年 1 月 26 日星期一下午 5 点。

70

1 月 26 日

（对穆尔科夫斯基修正案也即共和党委员会议案的"终结辩论"程序进行两次投票。两次都以失败告终。）

达成一项一致同意协议，协议规定，从 2015 年 1 月 27 日星期二上午 11 点左右至下午 12 点 30 分，进一步审议该议案。两党平均分配审议时间，由民主党控制前半段时间，共和党控制后半段时间。

1 月 27 日

达成一项一致同意时间协议，协议规定，2015 年 1 月 28 日星期三下午 2 点 30 分，参议院按所列议事规程对以下修正案进行表决：第 75 号卡丁（Cardin）修正案（是第 2 号修正案［穆尔科夫斯基替代修正案］的修正案）（如上所列）（以相同形式列出的其他 17 项修正案）；该名单上的所有修正案均须获得 60 票赞成才能通过，且不得对修正案进行二级修正；每次投票的辩论时间平均为 2 分钟，并且第一次连续投票之后的所有投票时长均为 10 分钟。

达成一项一致同意协议，协议规定，在 2015 年 1 月 28 日星期三上午 10 点 30 分左右，对该议案做进一步审议。

1 月 28 日

达成一项一致同意时间协议，协议规定，2015 年 1 月 29 日星期四上午 10 点 30 分左右，参议院继续审议议案，依据惯例，平均每个议案审议 15 分钟，参议院对下列修正案按照所列议事规程进行表决：穆尔科夫斯基（针对巴拉索［Barrasso］提出）第 245 号修正案（对第 2 号修正案的修正）（如上所列）［与以相同形式列出的其他 5 项修正案］；所列的所有修正案均须获得 60 票赞成才能通过，且不得对议案的任何未决修正案进行二级修正；每次投票的辩论时间平均为 2 分钟，并且在第一次连续投票之后的所有投票时长为 10 分钟；一旦这些修正案经过表决，参议院应同意继续审议一个动议，即重审针对议案所做的失败的终结辩论的动议；这一重新审议动议应获同意，在重新审议时，参议院应对就该议案启动"终结辩论"的动议进行表决；如果对经修正的议案启动"终结辩论"程序，则截至下午 2 点 30 分终结辩论后的所有时间都用来审议该议案。

达成一项一致同意协议，协议规定，2015 年 1 月 29 日星期四上午 10 点 30 分左右，对该议案做进一步审议。

1 月 29 日

（在正式选出并宣誓的参议员中有 3/5 投了赞成票，达成 62 票赞成、35 票反对的结果［第 45 号表决］，参议院在重新考虑后同意结束对议案进一步辩论的动议。

参议院以 62 票赞成、36 票反对的结果［第 49 号表决］，在对提出的下列修正案和动议采取行动后……通过了 S.1，批准了基石输油管道项目……）

一致同意协议为众议院的一些特殊规则提供了可预测性。不同之处在于，在众议院以简单多数同意即可批准一项特殊规则，而参议院的一致同意协议要求全体一致同意——只需一位参议员就可以否决规则。当然，这种差异对两院的立法过程有着巨大的影响。

显然，一致同意协议让多数党领袖的工作更加容易了，一个综合性的一致同意协议可以让领袖更好地了解在院会中通过立法案需要多长时间。即使是部分一致同意协议，也能提供一些可预测性。议案支持者非常重视一致同意协议所能实现的减少不确定性这一功能。但为什么其他参议员一定会赞同一致同意协议？对于其他参议员来说，由于他们非常繁忙的日程安排与他们自己的立法优先事项，一致同意协议更可使他们合理安排日程、高效利用时间，这是重要的好处，即使参议员不支持一项议案，也可能会决定默许一项一致同意协议。但如果参议员强烈反对某一立法案，他或她始终可以提出反对意见。

近年来，少数党有时会反对审议——而不仅仅是反对通过——它强烈反对的重大立法案。到第 112 届国会时(2011—2012 年)，对继续审议的动议进行投票已变得司空见惯。在那一届国会中，有 42 次唱名表决——涉及 34 项不同的议案——针对的都是继续审议动议，或者说，更常见的是，针对的是对继续审议动议(由多数党领导层提出)启动"终结辩论"程序的做法，其中有 8 次未能通过。在第 113 届国会中(2013—2014 年)，共有 36 次这样的唱名表决，涉及 29 项不同的议案，其中有 11 次未能通过。

在某些时候下，多数党领导层在没有达成协议的情况下就将立法案提交院会审议，所以，他们不是请求一致同意审议议案，而是采取行动继续审议议案。领袖可能知道，他没有足够的票数来终止反对继续审议动议的议事阻挠，但他希望至少就这个议题进行一场辩论来表明政治观点(尽管从技术上讲，这种辩论针对的是继续审议动议)。在第

108 届国会期间,民主党人进行议事阻挠并且阻碍对继续审议所说议案的动议进行一次性"生死表决",导致 3 项重大议案遭到扼杀。在第 110 届国会中,尽管在共和党阻挠继续审议动议时民主党占了绝大多数,但允许医保协商处方药价格的议案,简化劳工组织建立要求的议案,一项给予哥伦比亚特区众议院投票代表权的议案,一项推翻最高法院严重限制原告在职业歧视案件中提起诉讼能力的裁决的议案,拯救美国汽车工业的议案,还有《梦想法》(DREAM Act)(《外侨未成年人发展、救济和教育法》,它从根本上使在美国高中毕业、从未陷入法律纠纷的无证移民子女合法化了),这些议案均未获得通过。在第 112 届和第 113 届国会中,随着民主党多数席位的缩减,一些民主党的优先事项,包括几项创造就业机会的议案、延长学生低息贷款的议案、延长失业救济金和提高最低工资的议案,都被共和党的议事阻挠扼杀了。然而,即使在这些极具争议性和党争性的情况下,政党领袖间还是达成了一致同意协议,具体确定了辩论将在何时进行、辩论的时间长短,以及将在何时终结辩论、提交表决。

　　少数党现在很少一开始就愿意赞同限制修正案数量或辩论时间的一致同意协议。例如,在第 108 届国会中,只有在 5 个重大议案上的一致同意协议一开始就在某种程度上限制了修正案数量。在第 110 届和第 111 届国会中,特殊情况确实使综合性的一致同意协议达成得更加频繁了。虽然民主党在 2006 年的选举中操控了参议院,但小布什仍然是总统,所以至少及时制定一些立法案对共和党人来说仍然非常重要。一个特别典型的例证是 2008 年的《经济稳定紧急法》(Emergency Economic Stabilization Act)(实施问题资产救助计划)。该法案由参议院民主党人、共和党人和白宫经谈判协商制定出来,并根据一个综合性的一致同意协议提交院会审议,而该一致同意协议只允许对一项修正案进行表决（除了完全作为对众议院其他议题议案的修正案而提出的妥协方案之外）。在第 111 届国会中，多数党民主党有时会说服共和党人同意综合性的一致同意协议，条件是保证对后者提出的修正案进行投票。2010 年 1 月提高债务限额议案的一致同意协议，就是一个很好的例证。这个综合性的一致同意协议让共和党人能对一系列修正案进行投票，而无论如何，这是一项必须通过的法案。然而，更常见的情况是，只有经过一段时间的辩论和修正活动之后，少数党才会考虑限制修正案数量的可能性。因此，无论是在理论上还是在实践中，多数党对院会议程的控制都是有限的。

五、 参议院院会

假设参议院已经同意审议立法案。院会辩论的开始方式与众议院相同：多数党和少数党院会主持人发表开幕词。与众议院一样，委员会或小组委员会主席和少数党首席委员（ranking member）通常会主持立法案的院会审议，但在参议院，没有此类正式职位的议案提案人也可以担任院会审议主持人。

即便如此，辩论也不会像众议院那样受到限制，在参议院，除非受到一致同意协议的约束，否则辩论时间是不受限制的。参议员的发言可能比众议员的发言要长得多。当参议院进行一场激烈的辩论时，比如 1991 年对授权海湾战争决议的辩论，没有严格的时间限制会使辩论变得更好、更具有戏剧性。在不那么重要的场合，参议院的辩论可能会无休止地拖延下去。

尤其是，如果参议院在没有综合性的一致同意协议的情况下运行，针对修正案的辩论就是相当无序的。即使当众议院根据开放规则运作的时候，它通常也会按章节或标题修订议案，以至于在给定的时间内，只能针对特定章节或标题的修正案按议事规程展开辩论。在参议院，随时可以对议案提出修正案。虽然并非必需，但参议员通常会在院会提出修正案之前把它打印在《国会记录》中。院会主持人可能知道某位参议员打算何时提出修正案，而如果该参议员在计划时间未出席院会审议，院会主持人可能会等待！相比之下，众议院不等待任何议员，当然也不等待想要提出修正案的普通议员。

法定人数唱名（quorum calls）是用来消磨时间的。参议员可以提出"程序异议"，主张出席会议的法定人数不足，主席这时就会要求书记员点名。① 参议院不使用电子投票。当每个人都在等待本应该提出修正案的参议员出现时，书记员会非常慢地叫出参议员的名字。当参议员入会时，法定人数唱名即行取消，通常出席人数都达不到法定人数要求。同样，当参议员们在院会审议过程中需要一些时间进行私下谈判时，法定人数唱名就可能会让审议超时。例如，院会审议主持人和提出修正案的参议员可能想看看，他们是否能够制定出一个双方都可接受的妥协版本的修正案。

（一）　修正案规则及其影响

74

在大多数情况下，参议院规则允许任何参议员对院会审议的立法案提出他或她所希望的尽可能多的修正案。对于大多数议案来说，修正案甚至不需要与立法案密切相关；也就是说，如果参议员想为农业议案提供民权条款，或者为一个民权议案提出农业方面的修正案，参议院

---

① 事实上，出席会议的人数很少达到法定人数，因为参议员在他们的办公室或委员会工作。即使出席人数达到法定人数，主席也必须点名；只有在终结辩论期间，主席才能通过计票来确定是否达到了法定出席人数。

规则并不禁止这样做。因此，参议院的委员会通过拒绝报告来扼杀立法案的权力要比众议院的委员会小得多。议员想要表达的观点可以作为其他一些院会议案的修正案提出。根据参议院规则，一般性拨款议案（即支出议案）的修正案必须是与议案本身密切相关的，但参议员通常不愿意执行这一规则。一些一致同意协议要求修正案应是相关的（一个不如"密切相关"那么严格的标准），除非明确列出并在启动"终结辩论"程序后，修正案与议案本身才必须是密切相关的。1974年的《国会预算和截留控制法》（以下简称《预算法》）要求预算决议与和解议案的修正案应是密切相关的。

事实上，参议员们经常提出非密切相关的修正案。在赫尔姆斯漫长的参议员生涯中，他在校车、同性恋、色情和堕胎等热门话题上都曾提出非密切相关的修正案，以使他的议题能够提交院会审议，并迫使参议员对这些议题进行投票。20世纪80年代末，他成功地将一项修正案附加到一项教育议案中，该修正案禁止色情电话服务（付费提供有明确色情信息的1—900号电话服务）。

但赫尔姆斯绝不是个例，大多数参议员至少偶尔也会使用这种策略。参议员科伯恩和其他保守派共和党人经常就不相关的立法案提出枪支修正案。例如，在第111届国会中，他们就成功对授予哥伦比亚特区众议院投票席位的议案和监管信用卡的立法案提出了这类修正案。2011年，对联邦航空管理局再授权议案就提出了一项修正案，内容是废除《2010年患者保护与平价医疗法》（ACA，或《奥巴马医改法》）；2012年，对地面交通再授权议案提出的修正案包括：一项给予雇主根据ACA提供某些类型保险的宗教豁免修正案，一项禁止和另一项批准基石输油管道项目的修正案，一项授权白宫行政管理和预算局（OMB）取消和合并重复的联邦项目的修正案，以及一项再授权农村学校项目的修正案。对禁止国会议员及其助手利用履职过程中获得的信息进行股票交易的议案，提出了国会任期限制和专项拨款使用的修正案。参议员们提出非密切相关修正案的能力和意愿，对多数党领导层更不受拘束地控制立法日程和议程具有重大影响。领导层不能通过拒绝将立法案列入立法日程来阻止某些议题进入院会讨论审议。参议员仅能将某个立法案作为一项非密切相关的修正案提出。在第 104 届国会中，多数党领袖多尔和大多数共和党人本来都非常希望将涉及共和党参议员帕克伍德（Bob Packwood）的性骚扰道德案件的公开听证会议题排除在院会审议之外。但参议员博克瑟将它作为国防授权议案的一项修正案提交院会审议，并迫使院会对该案进行记名投票（recorded vote）。民主党人更想避开枪支权利议题，但科伯恩强行让这些议题进入参议院议程当中。

随着参议院在 20 世纪 90 年代变得更具党争性，参议院少数党越来越善于利用参议院的许可性修正规则（permissive amending rules），以强行使其议题在院会上得到审议。1996 年，参议院多数党领袖多尔和大多数参议院共和党人都不想就提高最低工资问题进行投票，因为大多数共和党人都反对提高最低工资，尽管公众欢迎提高最低工资。参议院民主党人准备将提高最低工资作为每一项重要立法的修正案提交院会审议。而为了避免对之进行投票，多尔被迫推迟了很多投票，这导致参议院的立法进程陷入停滞。最终，作为多尔继任者的多数党领袖、参议员洛特投降了，同意对该议案进行表决，议案轻松通过。

少数党民主党人有时在持不同政见的共和党人的帮助下，使用类似的策略，强行就竞选资金改革、烟草税、保健组织（HMO）监管、布什政府限制加班费的规则和进一步提高最低工资等议题进行辩论。所有这些议题都是多数党竭力想要避免讨论的议题。2004 年，民主党人利用就国防授权议案进行的辩论，来强调他们对伊拉克战争的担忧，具体办法是提交修正案——这些修正案要求小布什总统提交一份关于美国稳定伊拉克局势战略并具体说明所需军队数量(参议员泰德·肯尼迪)的报告，还要求国防部(DOD)进行准备并向国会提交大量报告，讲明世界各地的美国军事监狱中被羁押者的待遇(佛蒙特州民主党参议员莱希[Patrick Leahy])。在第 111 届国会中，共和党人利用参议院宽松的修正规则，迫使参议院就如何处理关塔那摩军事监狱和被羁押人员，以及联邦预算赤字等议题展开辩论。

　　修正规则使多数党和领导层在参议院比在众议院更难控制议程。参议院领袖有时会把他们自己反对的议案提交院会审议，因为阻止这些议案进入院会审议的企图会严重扰乱他们的日程安排，而且很可能也不会获得成功。例如，在 2001 年，尽管大多数共和党人(包括小布什总统在内)强烈反对竞选资金改革立法案，但多数党领袖洛特并未试图阻止该议案进入院会审议。共和党人麦凯恩和他的民主党盟友曾威胁要将该议案作为非密切相关的修正案附加到洛特提交院会审议的每一项议案中。试图阻止该议案的结果，就是会让新总统的计划陷入僵局。2010 年关于增加债务限额议案的一致同意协议规定，就一项取消极不受欢迎的问题资产救助计划的修正案进行投票，并就取消已拨付给立法机构的开销和其他不太受欢迎的项目的修正案进行投票。里德同意了，事实上，是他通过谈判协商达成了这个一致同意协议，因为他需要通过议案，因为他知道，无论如何他都不能无限期地阻止这些议题进入院会讨论审议。里德以绝对多数——以及 60 票的要求(见后文各段)——的优势击败了这些修正案。

　　这种有限的议程控制也会给多数党想要通过并有足够选票通过的

立法案带来问题。少数党有时会提出"杀手修正案"*,这会导致原本获得多数支持的议案遭到否决。因此,2004 年 3 月,共和党人将保护枪支企业免于诉讼的立法案提交参议院院会审议,该议案有 60 多名支持者,似乎有把握通过。要是众议院的限制性规则可以适用的话,就一定会适用此规则。当以 75:22 的投票结果对继续审议该议案的投票启动"终结辩论"程序时,民主党中反对该议案的议员未能阻止该案进入院会审议。

然而,一项由加利福尼亚州民主党参议员范斯坦(Dianne Feinstein)、弗吉尼亚州共和党参议员华纳(John W. Warner)和舒默发起的修正案,却以 52:47 的投票结果获得通过。该修正案将原定于 9 月到期的 19 种军用半自动攻击武器的禁令延长了 10 年。几分钟后,参议院以 53:46 票通过了麦凯恩和罗得岛州民主党参议员里德(Jack Reed)的一项提案,该提案要求对在枪展上的枪支交易(无论枪商有无执照)进行犯罪背景调查,填补了枪支管制倡导者所指责的一个现行法律漏洞,即有可能向罪犯和恐怖分子出售武器。全国步枪协会让该议案的主要发起人、爱达荷州共和党参议员克雷格(Larry E. Craig)知道,从该协会的角度来看,修订后的议案比没有议案更糟糕。之后克雷格在参议院院会审议中发言表示,该议案"受到了如此严重的伤害,不应该被通过",最终该案以 90:8 的票数遭到否决(《华盛顿邮报》,2004年 3 月 3 日)。在第 111 届国会中,保守派共和党人提出了一项关于

---

* 在议会辩论中,杀手修正案意指由不赞成某一议案的议员提出的修正案,也叫破坏修正案(a wrecking amendment)或毒丸修正案(a poison pill amendment)。提出这种修正案的目的是让所提议案无效,而非通过投票直接反对议案。另外,议员提出杀手修正案,不是出于善意地想真正修订议案,因此即便这种修正案被接受,在最后投票中,提出杀手修正案的议员往往也不会对做出修正的议案投赞同票。提出杀手修正案的议员,其真实动机在于延长辩论时间,拖延立法案的通过,进而敦促议案发起人撤回议案。

《哥伦比亚特区投票权法》的修正案,该修正案是想废除特区严格的枪支管制规定。尽管该修正案的通过并未阻止共和党人强烈反对的这项法案在参议院获得通过,但它在众议院扼杀了该法案。

今天的参议员们认为,他们有权根据自己的意愿在院会审议中提出尽可能多的修正案,并应在这样做时得到方便。例如,根据参议院规则,一旦有修正案提出,该修正案就处于待决状态,在该修正案得到处理之前,不能安排任何其他的一级修正案进入议事日程。但这一规则可以在一致同意的情况下放弃。正在审议的修正案可经一致同意而被"搁置"(set aside)但仍处于待决状态,然后就可以提出另一项修正案。为了照顾参议员,参议院经常这样做。结果是,许多修正案同时处于待决状态,这就可能会导致混乱。然而,如果在这种情况下多数党领袖拒绝经一致同意来提出更多修正案,那么少数党参议员就会十分不满。参议院有时会审议"并列的"修正案——也就是说,它会同时审议关于同一主题的两项一级修正案——它们常常是可互相替代的修正案。常规参议院规则一定不允许这样做,因此只有获得一致同意才有可能这样做。一致同意协议可以规定提出并列修正案。这两项修正案都将进行表决,即使它们是相互冲突的、可互相替代的修正案,但如果两项修正案都获得通过,那它们就都在议案中保留,由此产生的问题会在议案通过后的程序中得到解决。

尽管从总体上看,参议院院会提出并提交唱名表决的修正案数量自 20 世纪 70 年代达到顶峰以来有所下降(Lee 2010),但对重大立法案的修正活动仍然常常频率很高,而马拉松式修正①(当提出 10 项或更多

①   这是我提出的说法,不是正式名称。对修正案进行的"间接"投票,例如投票搁置一项修正案,投票放弃《预算法》以允许提出一项修正案,都被计算在内。

修正案并推动记名投票时）也绝非罕见。在 20 世纪 90 年代和 21 世纪头十年的国会中，参议院院会审议的重大议案平均约有 30% 受到记名投票所决定的 10 项或 10 项以上修正案的修正。这一数字在第 112 届和第 113 届国会中分别下降到了 24% 和 17%，少数党共和党人严厉指责多数党领袖里德，因为他用这种议会策略来压制提出非密切相关的修正案。（参见下一节。）

　　什么样的立法案可能会引发高比例的修正活动？这种修正活动通常代表着想要立法还是阻止立法？与其他立法案相比，必须通过的立法案，以及似乎极有可能通过的立法案，往往会引发大量的修正活动，这表明参议员们正在利用这些议案作为立法的工具。为了维持政府运作必须通过的拨款议案，就像国防授权议案那样，构成了马拉松式修正所针对的立法案的常规部分。涉及范围非常广泛的立法案往往会引发大量的修正活动，预算决议、重大税收议案和综合拨款议案就是例证。在 2015 年年初，批准基石输油管道计划的议案是新的多数党共和党的优先事项，很明显，共和党有足够的票数战胜议事阻挠，通过该议案。针对该议案，议员们提出了 41 项唱名表决的修正案。并且当然，有争议的立法案激发了修正活动，因为反对者试图改变甚至扼杀它，或者至少试图将支持有争议条款的人记录在案。针对 2003 年参议院通过的医保处方药议案，议员们提出了 34 项修正案并进行了唱名表决。第 109 届和第 110 届国会审议的移民议案分别进行了 36 次和 34 次的修正案投票。此外，针对医保改革和解议案提出的修正案也进行了 41 次唱名表决（参见本书第七章）。近年来，国防授权议案引发了大量的修正活动，因为这些议案涉及的范围相当广泛并且部分修正极具争议性（例如导弹防御系统），而且由于它们被视为几近必须通过的立法案，少数党就将其视为便利工具来推动就其想要强调的议题进行投票。在

2004 年国防部授权议案的唱名表决中有 30 项修正案获得通过，其中包括前面提到的肯尼修正案和莱希修正案，这些修正案旨在提请媒体关注民主党对小布什政府伊拉克政策的批评并使共和党人陷入困境。共和党人对 2009 年国防授权议案提出一项修正案，要求允许在其本州持有有效许可证的个人，能在任何许可持枪或不禁止居民持枪的州持有隐匿枪支。

我们必须记住，提交唱名表决的修正案只是冰山一角。例如，针对 2004 年情报系统改革议案，只有 7 项修正案进行了唱名表决，但总共提出了 262 项修正案，该议案在参议院院会审议了 9 天。2003 年，对备受争议的能源议案的 18 项修正案进行了唱名表决，但在多数党领袖弗里斯特放弃通过共和党版本的议案之前，针对该议案已经提出了数百项修正案。

为了加快参议院院会的立法进程，院会主持人通常会同意接受许多修正案，要么按原样接受，要么接受一些经过协商的修改，并将其纳入一个巨大的"主持人修正案"，然后由院会主持人提出。有工作人员（只是半开玩笑地）报告说，经过几天艰苦的院会讨论后，主持人可能愿意接受"几乎任何事情"。众所周知，其中一些修正案将在两院协商会议上遭到否决。即使如此，参议员们也可以将参议院通过的修正案归功于自己。

如果一位参议员希望对自己提出的修正案进行记名投票，该参议员几乎总能获得这样的机会。参议院政党领袖无法像众议院政党领袖有时所能做到的那样，保护本党议员免于进行艰难投票。可以肯定的是，议案的支持者经常会搁置一项修正案。这是一项不能辩论的动议，而且如果一项修正案被成功搁置——这只需要多数票即可——就可以终止对它的辩论，并且修正案本身也不会在未经表决的情况下遭到否决。然而，对于那些反对修正案但又担心投票反对它会有什么政治后果的参议员来说，这种策略只是一块无效的遮羞布而已。

和解议案的审议受《预算法》规则的制约,这些规则非常复杂,需要60票才能否决。对和解议案提出的许多修正案,都可以以违反《预算法》为由对之提出程序异议而否决,这是惯例。然而,该修正案的发起人可以要求就搁置该法案进行记名投票。虽然60票才能搁置的要求使得否决这项动议相对容易,但参议员们必须进行记名投票。国会的措辞并不提供太多的屏障来掩盖参议员们对修正案实质内容的反对。(事实上,如果有一位参议员认为搁置预算规则是一个错误,因而无论所说修正案的实质内容如何,原则上他都会投票反对这些动议,那么他或她可能很难说服选民相信自己的动机。)

根据规则,每位参议员都有权利对几乎任何一项立法案提出自己想要的任何修正案,这一权利有很多用途,事实上,这一权利常常被用来达成各种目的。委员会领袖和政党领袖都清楚,参议院的许可性修正规则给了心怀不满的参议员一个有力的武器。因此,在议案提交院会审议之前,领袖都极想与任何表示不满的参议员讨价还价,寻求妥协。不在司法委员会中的参议员可以在院会前阶段影响立法案的安排,这对于处境相似的众议院议员来说是不可能的。如果参议员以非正式方式或通过搁置而提醒议案的发起人,说他们所提议案的某些条款有问题,那么发起人就必须认真考虑去努力安抚参议员。哪怕只有一位不满意的参议员,甚至只是一位属于少数党的年资较浅的参议员,也会造成很大的麻烦。

(二) 冗长辩论和终结辩论

议案的支持者不仅要关注反对者可能在院会审议上提出的一连串修正案,还要关注反对者可能会使用冗长辩论来彻底阻止立法行动之事。在参议院,当每个参议员都说出了自己想说的话,或者在终结辩论程序之后,辩论就结束了。终结辩论程序是参议院结束对任何参议员的反对意见的辩论的唯一途径。

　　任何参议员都可以在参议院发起终结请求辩论。当参议员收集 16 个签名后,即可提起终结辩论请求;经过一天的休会,参议院投票。在大多数问题上,参议院全体议员必须有 3/5(通常是 60 名)投票支持,终结辩论动议才能通过。如果讨论中的议案改变了参议院规则,则需要出席并参加表决的 2/3 议员同意才能终止辩论。(如前所述,民主党人在 2013 年 11 月改变了提名问题上的议事阻挠规则,而共和党人在 2015 年没有推翻这一改变。)

　　即使终结辩论表决取得成功,辩论也不一定会立即结束。参议院规则第 22 条,即终结辩论规则,规定在终结辩论投票后的审议时间不得超过 30 小时。这 30 小时包括了花费在法定人数唱名、投票以及辩论上的时间。该规则还要求,在终结辩论程序后审议的修正案必须是密切相关的修正案。

　　如果终结辩论动议失败,议案的支持者可能会再次尝试提出动议。可对一项议案提出的终结辩论请求,没有数量限制,有时支持者甚至在对前一项终结辩论请求进行投票之前就提交了新的请求,以尽量减少因要求在提出请求和投票之间有一天会期而造成的延误。在 1987 年和 1988 年,多数党领袖、西弗吉尼亚州民主党人伯德(Robert C. Byrd)在承认失败之前,曾八次试图对竞选资金改革立法案强行启用终结辩论程序。1999 年,共和党人曾三次试图在千年虫立法案上强行启用终结辩论程序,但均以失败告终,直到该议案的发起人麦凯恩决定做出妥协。在第 108 届国会中,多数党领袖弗里斯特七次试图对埃斯特拉达的上诉法院法官提名强行启用终结辩论程序,但他从未获得成功。在 2015 年年初,新上任的多数党领袖麦康奈尔四次试图就众议院提交的继续审议国土安全拨款议案的动议启用终结辩论。该议案包含一项禁止使用资金实施政府移民政策的条款,民主党人拒绝对其进行一次性投票表决,除非麦康奈尔同意删除这一条款。

终结辩论提交表决的过程是耗时且繁琐的。此外,如果反对者坚决反对,支持者可能就需要在参议院通过一项议案的多个阶段利用终结辩论程序。因此,针对继续审议议案的动议、某些修正案、议案本身、与提交两院协商会议有关的各种动议以及两院协商会议报告,都可能发生冗长辩论。从来没有一项单独的议案在所有阶段都受到议事阻挠,但在几个阶段寻求启用终结辩论的情况并非罕见。例如,在1993年的"汽车选民登记制度"议案中,就继续审议的动议、议案本身以及两院协商会议报告,都进行了终结辩论、提交表决。为了在2009年通过烟草监管议案,支持者们必须赢得针对继续审议议案动议、多德修正案(它本质上是一个替代议案,即委员会议案)以及议案通过所提的终结辩论表决。这一过程耗费了参议院院会两周的时间。正如第七章所述,通过医保改革法议案也需要赢得五次终结辩论表决。

终结辩论规则的目的是给予参议院某种方式来结束议事阻挠,即利用冗长辩论来阻止或推迟立法案的审议通过。然而,议事阻挠并不像人们认为的那样易于分辨,这尤其是因为,现代的议事阻挠很少像过去一些著名的议事阻挠那样进行冗长辩论(Beth 1995b)。议事阻挠一词让人联想到路易斯安那州民主党参议员休伊·朗(Huey Long)在20世纪30年代阅读宪法、引用圣经并提供"蒸馏酒"配方的形象;* 也让人

81

---

* 休伊·朗(1893—1935),曾任路易斯安纳州州长,1930年当选美国参议员,曾在参议院发表一次长达15小时30分钟的议事阻挠演说,在这一过程中,念宪法、读圣经、提供蒸馏酒配方的事情他都做了,不然占不了那么长时间。休伊·朗1935年在路易斯安纳州议会大厦遇刺身亡,其妻子和儿子后来都曾担任美国参议员之职。

想到 20 世纪 50 年代南卡罗来纳州民主党参议员瑟蒙德（Strom Thurmond）在院会审议时曾连续 24 小时发言；或者让人想起在 1964 年伟大的民权斗争期间发生的事情，即参议员们睡在国会大厦的帆布床上夜以继日地开会。现代的议事阻挠很少如此具有戏剧性了，而且现在威胁要进行议事阻挠经常会取代实际的议事阻挠。提起搁置请求就可能会使立法案完全无法提交院会审议。

　　由于威胁要进行议事阻挠经常发生，而且这种威胁可能是不明确的，因此，议案的支持者可能会在反对者明确表示他们打算进行议事阻挠之前提出终结辩论动议，并且毫无疑问，有时反对者实际上并没有议事阻挠的意图。启用终结辩论之后所有修正案都必须密切相关这一要求，有时会鼓励支持者争取启用"终结辩论"。最后，当参议员们花费很长时间辩论并修正一项议案时，他们可能只是在履行自己的审议职能，而不是试图扼杀这项议案。许多议事阻挠的目的都是迫使对立法案达成妥协，而不是彻底扼杀立法案。因此，区分讨论商议（deliberating）和议事阻挠变得更加困难。

　　议事阻挠，是指试图对某一特定议案或已做出的任命提名启用终结辩论程序的情况，这一策略现在在参议院甚为常见。在 20 世纪 90 年代初至 2006 年的国会（第 103 届至第 109 届）中，平均每届国会会启用 30 次"议事阻挠"程序，在 2007 年至 2014 年——民主党控制的最近 4 届参议院中——这一数字上升到了 55 次（Beth 1995b；《国会季刊年鉴》；《国会季刊周报》在线，不同年份；民主党研究小组［DSG］1994）。在 1993 年至 2006 年间，每届国会的终结辩论投票数量平均为 53 次，这表明在许多议案上都进行了不止一次的终结辩论投票。2007—2014 年，每届国会的参议院在终结辩论程序上投票达 91 次。①

―――――――

　　①　在 2013 年 11 月 21 日规则改变后，在提名上进行的终结辩论唱名表决不计算在内。

在各种各样的事项上都会出现议事阻挠的情况。冗长辩论并不局限于当今的重大议题。参议员有时会因为地方观念而搁置次要的(minor)和地方的(parochial)立法案,甚或重大议案。一项调整胡佛水坝门票价格的议案曾遭到议事阻挠;由于担心古巴会干扰他们本州的无线电广播,参议员通过议事阻挠叫停了一项设立马蒂电台(Radio Marti)向古巴广播的议案;一名马里兰州参议员通过议事阻挠让《华盛顿都会区机场换乘法》未能通过。1992 年 10 月,当第 102 届国会快要休会时,纽约州共和党参议员达马托(Alfonse D'Amato)在院会上发言 15 小时 15 分钟,以抗议从城市援助税议案中删除一个条款的行为,他说这一条款本可以恢复一家纽约打字机厂的工作岗位(《国会季刊周报》,1992 年 10 月 10 日,第 3128 页)。克林顿总统与国会在 1999 年 11 月就拨款议案达成协议,包含这项协议的议案本应在是年国会休会前通过,但它遭到明尼苏达州和威斯康星州参议员的议事阻挠,因为该议案中包括了《东北乳业合约》(the Northeast Dairy Compact),他们声称该合约伤害了他们本州奶农的利益。参议员鲍克斯也对该议案进行议事阻挠,原因是它没有包括让农村地区更易获得卫星电视的条款。

重大立法案尤其可能遇到与冗长辩论相关的问题——搁置请求、议事阻挠威胁或者议事阻挠。从 20 世纪 90 年代初到 21 世纪头十年中期,在所有重大议案中约有一半都遭遇了冗长辩论。在 2007 年至 2014 年间,这一数字猛增至 2/3。在第 108 届国会上,民主党人利用参议院的绝对多数投票要求,否决了能源立法案、福利法再授权案、强化集体诉讼的立法案以及医疗事故法的修改。在第 110 届国会开始时,共和党人搁置了明显具有多数党民主党色彩的新的道德改革立法案,直到他们从多数党领袖里德那里得到承诺,要在未来就共和党人的单项否决立法案(line-item veto legislation)进行投票。在第 110 届国会期间,共

82

和党人阻止民主党人就小布什总统的伊拉克政策进行不经修正的投票（clean vote），并扼杀了民主党人的大部分国内事务立法计划。尽管民主党在第 111 届国会中占了多数，但共和党人还是设法扼杀了民主党和奥巴马总统的一些重大优先事项，包括《梦想法》在内。在第 113 届国会中，民主党人在三次未能对一项降低学生贷款利率的议案启动终结辩论后，被迫同意了将学生贷款利率与市场利率挂钩的妥协方案。而在 2015 年，刚刚成为少数党的民主党人迫使多数党共和党放弃了他们撤销总统移民政策的尝试。然而，议事阻挠并不仅仅是少数党的工具。20 世纪 90 年代末，多数党共和党人一再通过议事阻挠让竞选资金立法案遭遇败绩。在 1999 年 6 月，多数党资深议员格拉姆宣布反对通过一项得到广泛支持的议案，除非议案的支持者同意放弃他不喜欢的资助机制，因为该议案允许残疾人在从事有偿工作时保留医疗补助和医保福利（《华盛顿邮报》，1999 年 6 月 17 日）。在第 108 届国会上，互联网税收暂停议案一开始就被田纳西州共和党参议员亚历山大（Lamar Alexander）拦截了，因为这位前州长担心该议案会影响州和地方的税收权力。这位前州长还与另外三名前州长——其中两名是民主党人，一名是共和党人——一起带头为各州冲锋陷阵。经过数月的僵持，他们迫使议案支持者接受了一项重大妥协。与参议院的许可性修正规则相比，冗长辩论权为参议员个人提供了一种强大的武器，很少有人不去使用。

83 　　自 20 世纪 90 年代初以来，冗长辩论已成为经常使用的党争工具，这加强了冗长辩论的影响。除了 2009 年的几个月外，参议院少数党的规模一直是足够大的，如果其议员团结一致，他们就能阻止大多数议案审议通过（预算决议案和和解议案除外；参见本书第五章）。因此，有争议的议案几乎总是需要 60 票才能在参议院获得通过，而获得必要的支持往往需要做出重大让步。

多数党领袖并非完全没有武器来对抗参议员利用参议院规则为本党和个人利益服务，并且在参议院规则允许的范围内，他们已经适应了少数党对冗长辩论的常规使用。参议院的许可性规则加上该院的巨大工作量，使得参议院院会审议时间成为稀缺而宝贵的东西，因此对于多数党领袖来说，启动终结辩论程序是个难题，更何况还要获得绝对多数同意。这一过程需要时间。正如多数党领袖里德在回应参议员谢尔比对 70 项任命提名的搁置请求时所宣称的那样，"世上没有足够的时间——至少在参议院的世界里没有足够的时间——对每一个搁置请求都启用终结辩论"（《国会记录》，转引自《华盛顿邮报》，2010 年 3 月 6 日）。由于少数党现在频繁地拒绝对继续审议立法案的动议给予一致同意，多数党领袖经常会动议继续审议一项议案，然后立即对该动议提出终结辩论动议，随后再立刻撤回继续审议动议。这使得参议院有可能在终结辩论、提交表决前的一段时间内（用参议院术语来讲，即当终结辩论动议"成熟"时）处理其他事务。如果终结辩论失败，多数党领袖现在经常会动议重新审议终结辩论投票。（要做到这一点，他需要站在占据优势的一方这边参加记名投票，而结果是官方所列参议员投票名单上会出现一些非常奇怪的投票——多数党领袖刚刚花了巨大的努力试图对一个本党关键议程项目启用终结辩论，却又投票反对启用终结辩论程序。）动议重新审议终结辩论投票——但随后又推迟对该动议采取行动——让多数党领袖可以提出重新审议动议，只要他认为自己有把握在投票结果上获胜。没有必要再一次经历整个终结辩论过程。这可以节省时间，并在时间安排上给予多数党领袖更大的灵活性（Beth et al. 2009）。

一旦成功启用终结辩论程序，事项审议就可以再持续 30 小时。在这一点上,少数党可能会一致同意缩短或节省这个时长。少数党可能会以提交投票强行推进终结辩论来换取(多数党)让步,或许它也可能会干脆缴枪投降。然而,少数党——或仅仅其部分议员——也可能会坚持 30 小时。另外,在此期间,除非获得一致同意,否则禁止审议任何其他事务。2010 年 7 月 20 日,民主党人终于设法对已于 6 月失效的延长紧急失业保险期限的立法案启动了终结辩论程序,该案之所以失效,是因为共和党反对在不削减其他开支来支付紧急失业保险费用的情况下延长期限。一旦民主党人获得 60 票支持,启用终结辩论——由于参议员伯德的席位已有新人就位,而且对议案所做的修改又让两位缅因州稳健派共和党人加入这一阵营——该议案的通过就毫无疑问了,但共和党人仍然坚持利用这 30 小时进行辩论。他们很可能是认为,在最终表决通过之前,他们的信息传达会比在其他情况下得到更多的媒体关注。一旦启用终结辩论程序,修正案就必须是密切相关的——这对议案的支持者来说是一个福音。此外,多数党领袖可能会阻止所有与终结辩论程序相关的修正案。多数党领袖可以"填满修正案之树"——也就是说,利用多数党领袖的优先发言权在国会程序允许的所有阶段提出修正案,[①]从而阻止其他参议员再提他们自己的修正案。如果该议案的支持者随后启用终结辩论,那么多数党领袖就可以用尽终结辩论之后的时间,从而阻止提出任何其他修正案或就其进行投票表决。虽然还没有一个清单详细列明多数党领袖使用这种国会程序策略的所有实例(识别这种策略并不容易,对于如何严格定义它们也存在一些分歧),但专家们一致认为,近年来这种做法有所增加(Beth et al. 2009, 11)。多数党领袖弗里斯特在第 109 届国会(2005—2006 年)开始审议

---

① 技术上的修正动议,包括承诺或重新承诺的动议及修正案。

立法案的时候似乎就已六次使用这种策略；里德在第 110 届国会（2007—2008 年）上有九次这样行事，在第 111 届国会（2009—2010 年）上有五次，在第 112 届和 113 届国会（2011—2014 年）上使用这种策略更是多达十五次。多数党领袖也会在立法通过后的阶段"填满修正案之树"。据统计，在 2009 年至 2014 年间，每届国会平均有七次"填满两院之间的修正案之树"的情况发生（参见本书第四章）。不足为奇的是，当使用这种策略时，少数党十分不满。近年来，它的使用成为争论的主要焦点。共和党人声称，多数党领袖里德阻止了共和党人的修正案，以保护他自己的弱势议员不必就可能影响他们连任的修正案进行投票。共和党人指责里德是在摧毁参议院的根本。民主党人回应说，是共和党人让参议院无法进行立法。里德抱怨说："我们已经在许多立法案上尝试使用多种不同方式来表示同意，……让我们只处理密切相关的修正案。不！那相关的修正案怎么办？不！"之所以有这样的抱怨，是因为他试图就将要提出的修正案起草一致同意协议，而共和党人对此做了回应（《点名报》，2014 年 1 月 9 日）。

　　如果多数党需要获得绝对多数才能通过几乎所有议案，那么一旦多数党掌握了 60 票，多数党领袖就有了足够激励去"填满修正案之树"并阻挠其他的修正案。当然，从多数党领袖的立场来看，这一策略的局限性在于，除非可以启用终结辩论，否则无法表决通过有争议的议案。在 20 世纪 90 年代末，多数党领袖洛特曾多次使用这种策略，但由于民主党人在终结辩论的投票上高度团结，常常只是导致陷入僵局。在第 109 届和第 110 届国会中，弗里斯特和里德共有十五次使用这种策略，而其中有八次，多数党领袖要么阻止了将议案提交院会审议，要么撤回了他自己的修正案，以让其他参议员提出他们的修正案。在第 113 届国会最初审议的十五起里德"填满修正案之树"的案例中，有九起是里德强行阻止将议案提交院会审议。即使是得到两党大力支持的议案，也可能作为附带损害而夭折。2014 年 5 月，一项旨在鼓励建筑节能的两党议案遭遇了这样的命运。共和党人要求提出修正案，批准基石输油管道的建设，并阻止奥巴马总统在国会未采取行动的情况下发布气候变化规则。里德拒绝了这一要求，他"填满修正案之树"并启动了终结辩论。终结辩论在党派路线投票中遭遇失败，致使该议案夭折。

除非获得绝对多数赞同票，否则该策略需要在特殊的情况下才能发挥作用。2007 年年初，里德填满了关于延续拨款决议的修正案之树，这是必要的，因为时为多数党的共和党未能通过 2007 财年的大部分拨款议案。然后，里德启用了终结辩论提交投票程序，最终民主党人在投票中获胜。结果是延续拨款决议以与众议院议案相同的形式迅速在参议院获得通过，这正是延续拨款决议想要达到的目标。里德之所以能够以这种激进的策略取得成功，是因为延续拨款决议是必须通过的立法案，其通过的最后期限迫在眉睫，而共和党人也不愿让人们看到他们的失职。在随后担任多数党领袖的几年里，里德有时会以"填满修正案之树"作为初步行动，让共和党同意将民主党认为合理的修正案清单提交院会审议。但总的来说，只有当少数党更重视通过讨论中的立法案，而不是更重视提出修正案时，这种策略才会成功。

共和党领袖麦康奈尔承诺，如果共和党人在第 114 届国会中占据多数席位，他将以传统方式管理参议院，允许参议员自由提出修正案，而不是"填满修正案之树"。事实上，第 114 届国会提出的修正案比第 113 届国会提出的更多，但事实证明，让参议院重回昔日只能是一个梦想，从麦康奈尔担任多数党领袖的任期开始，他就发现"填满修正案之树"对于通过立法案来说往往是必要的。

因为各种形式的议事阻挠威胁已经变得司空见惯，现在，有时也会将 60 票的要求写入一致同意协议当中。多数党同意这样做是因为可以节省时间；少数党可能会得到实质性的让步，也可能出于各种可能的原因而不想经历耗时的终结辩论过程。据国会研究服务部的专家报告，一致同意协议中的 60 票要求可以追溯到 20 世纪 90 年代初，但近年在一致同意协议中提到 60 票的要求变得更加频繁了。多数党领袖弗里斯特同意——在第 109 届国会上——通过 3 项干细胞研究议案需要 60 票（Beth et al. 2009, 表 2；《国会季刊周报》，2016 年 8 月 14 日，第 2214 页）。在 2007 年，根据一个规定了 60 票要求的一致同意协议，一项干细胞议案再次被提交院会审议。第 110 届国会共审议了 11 项议案，这些议案都是根据一致同意协议中要求的 60 票才能通过规定审议的。2009 年年初，里德就《莱德贝特公平薪酬法》进行谈判达成的一致同意协议规定，通过该议案需要 59 票（占宣誓参议员总数的 3/5，当时总票数为 98 票）。民主党人急于迅速取得一项立法成果，而且还有一个大议程等待民主党人采取行动，因此他们急于避免花费时间经历终结辩论过程。然而，为了获得共和党人的同意，民主党人不得不赞同一项比众议院已经通过的议案更弱的议案。在第 113 届国会（2013—2014 年）中，根据一致同意协议 60 票的通过要求，审议了桑迪飓风之后提供援助的灾难援助补充议案，以及继续为公路项目提供资金（原授权即将到期）的"公路信托基金补丁"（Highway Trust Fund Patch）议案。这两项议案都需要迅速获得通过，立成法律。

　　一致同意协议现在更频繁地规定某些特定修正案需要 60 票才能通过。在第 109 届国会中，有 6 项修正案在一致同意协议中规定必须达到 60 票；在第 110 届国会上，飙升至 33 项修正案需要达到 60 票。从那以后，这几乎成了惯例。显然，修正案的反对者会因这些条款而受益，而且由于多数党在起草即将提交院会审议的议案时拥有主导权，修正案的支持者更有可能是少数党议员。那么，为什么少数党议员会赞同一致同意协议呢？大多数情况下，这是因为他们知道自己的修正案在任何情况下都无法获得简单多数（毕竟，他们是少数党），而一致同意协议可以让他们对修正案进行赞成或反对的投票表决。提案人的主要动机可能是宣传他们自己的提案，或迫使他们的反对者投出难以解释的投票。如果少数党迫使多数党启用终结辩论程序，多数党领袖可能就会"填满修正案之树"，以阻止对修正案进行表决。

多数党领袖的武器作为消极工具比作为积极工具更有效。任何参议员都可以提出继续审议动议，但在半个多世纪的时间里，只有两项多数党领袖反对的这种动议获得通过。在一致同意协议的谈判过程中，实际上多数党领袖可能会以允许对修正案进行不经修正的投票来换取修正案通过的 60 票门槛。他可以通过"填满修正案之树"来阻止对修正案进行投票表决。但最终要通过立法案，他要么需要所有参议员的合作，要么需要获得 60 票。

参议员们也渴望——用一位知识渊博的参与者的话说——"享受生活"，这一点实际上给了多数党领袖一些筹码。星期四或星期五下午，当机场引诱参议员回家时，参议员们提出自己不太重要的修正案的热情往往就会减退。同样，如果多数党领袖在临休会前安排审议一项议案，并坚持在参议院散会前完成审议工作，那么行动往往就会加快。一名前高层领导助理是这样解释的：

> 现在很多时候，你在没有达成［全面］一致意见的情况下就将议案提交院会审议。这是一种非正式的评估期。你有几天的辩论时间。如果你认为它不会有任何进展，你就去找民主党（那时是少数党）。你要看他们有多少修正案……然后……比如说，到了星期

四，事情似乎仍然没有进展。你就会问民主党人：你们还有多少修正案想要提出？民主党人会说：好吧，我们还有 100 条修正案。你持续不断一直到晚上还让参议员提出修正案。然后他们基本上就想逃离院会了，他们想要回家。所以到了星期四晚上你就会消磨尽他们的斗志。很快，他们就会说：好吧，我们还有一个修正案。就这样了。

然而，只有当所有参议员都对所讨论的议题没什么强烈感受时，这些策略才起作用。

最后，参议员们必须考虑他们行使参议院特权是否可能加大选举成本。如果立法案广受欢迎，那么被视为要对立法的失败负责就是一种高风险的策略，而很少有当选政客想冒这种风险。因此，如果一项议案很受欢迎，并且如果其支持者能够提高立法过程的透明度以将公共责任归咎于反对者，那么反对者的成本可能就会过高。在第 111 届国会期间，共和党人全力反对医保改革，但他们不愿以议事阻挠方式来杯葛信用卡监管议案，并且，尽管他们反对那个针对极不受欢迎的华尔街提出来的金融服务监管议案，但这种反对意见仍然有所克制。

如果立法案到了通过投票阶段，它几乎肯定就会通过。毕竟，一项议案的通过只需要简单多数票即可。在最近的几届国会中，几乎所有在参议院通过投票中遭遇败绩的重大议案，都是需要 2/3 绝对多数支持票的宪法修正案。在极少数的例外中，包括了一项禁止对同性恋者实施就业歧视的议案，该议案遭到大部分共和党（当时属于多数党）参议员的反对，而且它只是作为一个一揽子协议的一部分提交院会审议的；还有一个枪支责任议案，在杀手修正案获得通过之后，议案发起人宣告该议案失败。

六、 参议院中的非正统法律制定

　　由于参议院的立法过程一直没有众议院那么正式，因而也更加灵活，所以，参议院对正统和非正统立法之间的区分不如众议院那么明确。根据规则，参议员们始终有权利畅所欲言，提出多项修正案，并提出非密切相关的修正案。他们总是使用这些特权。然而，所有证据都表明，近几十年来，此类行为发生的频率大幅增加了。参议院当前的立法过程必定是基于这样一个假设，即现在常常作为政党团队的参议员，经常会充分地利用自己的特权。作为立法日程安排标准组成部分的广泛协商以及对参议员个人的尊重，都是对参议员根据规则过度行使其特权的回应。此外，近年来，各党派——尤其是少数党——正在充分利用参议院规则来推进其党派目标的实现。当被一个有组织的、规模庞大的参议员群体利用时，参议院的许可性规则就成了一种强大的武器。

　　与众议院的非正统法律制定不同，总的来说，参议院立法过程的改变使立法变得更加困难了。参议员们愿意利用他们的特权，而且在参议院中反复如此行事对他们来说没有太大成本，鉴于这一点，成功的法律制定就必须照顾个别参议员和少数党，而大多数有争议的立法案也必须在参议院以绝对多数通过。然而，参议院的非正统法律制定也有积极的一面。建立超大规模联盟的必要性越来越大，这就很难把任何少数派排除在外从而使其不能有意义地参与立法过程。少数派，无论政党少数派还是其他少数派，都可以让别人听到他们的声音。而且，无论好坏，他们常常都能影响法律制定的结果。

第四章 立法：协调参众两院分歧

由于参众两院在议员身份和规则上存在差异,重大立法案不太可能在两院达成形式上的一致。即使众议院和参议院提交了完全相同的议案,当该议案通过参众两院完全不同的立法过程时,通过议案所必需的修改也可能会有种种差异。然而,在议案成为法律之前,两院必须都赞同相同的表述和措辞。毕竟,一部法律不能有几个不同的版本,不然人们怎么知道他们应该遵守哪个版本?

有很多不同的方法可以用来协调参众两院的分歧。一院可以简单接受另一院提出的立法版本。而基于两院之间的修正案确立起来的程序,需要反复进行公开的讨价还价。可以任命一个由两院成员组成的协商委员会,使之负责提出一个折中的方案,然后再提交给两院批准。

总的来说,两院协商委员会只负责解决重大立法案上存在的分歧。对某一届国会通过的所有议案或所有成为法律的议案所做的研究发现,只有 9%—13%的议案进入了两院协商委员会(Oleszek 2004,255;Smith 1995,406)。在第 109—111 届国会上,这一数字甚至更低。在2005 年至 2006 年,在成为法律的议案中,只有 5%经过了协商委员会这一程序,而在 2007 年至 2008 年,只有 4%的议案经过了两院协商委员会的协调(《点名报》,2010 年 3 月 10 日)。

一、 传统的非协商委员会协调程序

在次要立法案（minor legislation）上，或者当两院的议案版本差异不大时，一院可能愿意接受另一院的议案。早在 2009 年，众议院便未经协商委员会协调而接受了参议院的一个议案版本，即延长和扩大州儿童健康保险计划的议案。参众两院的议案非常相似，民主党领袖希望尽快将这个立法案提交给新总统奥巴马，以便早日取得成效。2013 年众议院有人提出一项无争议的议案，即允许艾滋病阳性的人向其他艾滋病阳性的人捐赠器官的议案，该议案提案人就要求众议院接受参议院的版本，以避免拖延，众议院接受了。

有时，出于政治上的考虑要求一院直接通过另一院的议案。对广受欢迎的"全国禁止呼叫名单"（National Do Not Call Registry）的司法威胁导致众议院立即通过一项议案，并促使参议院在数小时后不加修改地接受了该立法案。2013 年年初，众议院接受了参议院版本的《制止暴力侵害女性再授权法》。作为众议院多数党的共和党的内部分裂阻止了共和党人以多数共和党议员乐于采取的更有限的形式通过一项议案，而媒体那时正在猛烈抨击共和党对这项广受欢迎的议案的顽抗态度。为了了解他们背后的故事，俄亥俄州共和党人、议长博纳将参议院的议案提交众议院院会审议，尽管只有少数共和党人投票赞成，但是院会仍然通过了该议案。

在一届国会的后期，当时间紧迫或者一项议案有可能夭折时，一院甚至可以接受另一院的重大立法案。如果让支持者在下面两种当中进行选择，即或者让立法案夭折并在下一届国会重新提出，或者采纳不那么喜欢的版本，那么支持者很可能会选择后者。1980 年曾有一个引人注目的事例,当时众议院在一次跛脚鸭(即选举后)会期上就接受了参议院的一项重大议案,即关于阿拉斯加土地的较弱版本的议案。由于共和党在选举中赢得了参议院的控制权,众议院中那些支持特别强调环保的议案的人知道,如果等到明年再将议案提交参议院,情况会更糟。他们还知道,如果他们要提出其他一些议案而不是简单接受参议院的版本,那么参议院中反对强环保版本的人很容易利用冗长辩论在会期剩下的几天枪毙该立法案。同样,在2006年的跛脚鸭会期上,众议院勉强接受了一项限制性更大的参议院议案,该版本的议案许可在墨西哥湾扩大近海钻探。众议院共和党人本打算坚持他们更为宽松的议案,但当民主党人赢得两院的控制权时,他们知道参议院的议案是他们能得到的最好的妥协结果。冗长辩论的权力作为一种阻挠手段——尤其是在开会后期——可能会使众议院处于不利地位,让它面临一种选择:要么接受参议院的立法案,要么冒参议院反对派在需要采取进一步的行动时将其扼杀的风险。

　　一般来说,现在若一院出于战略考虑接受另一院的立法案,则是为了避免参议院出现拖延或更糟的情况。因此,在第108届国会(2003—2004年)中,少数党民主党成功阻挠了破产和集体诉讼全面改革的立法案——这两项立法在共和党多数党优先事项清单上都非常重要。由于参议院中共和党占了多数,第109届国会的立法前景似乎更好。尽管如此,共和党领导层还是希望避免再给对手更多拖延立法的机会,除非绝对必要。因此,伊利诺伊州共和党人、议长哈斯泰特和田纳西州共和党人、多数党领袖弗里斯特一致认为,参议院应该首先通过这两项议案,然后众议院应不加修改地通过参议院议案。这一策略成功了。弗里斯特在没有杀手修正案的情况下让这两项议案在参议院获得了通过,尽管共和党人确实不得不对破产议案提出终结辩论动议,而众议院也没有改动便采纳了参议院的议案。

然而,有时出于战略考虑,参议院也必须接受众议院的议案。2004年,当共和党控制的众议院不顾共和党领导层的反对,通过了谢斯-米汉(Shays-Meehan)竞选资金改革议案时,南达科他州民主党人、参议院少数党领袖达施勒在共和党控制的参议院中没做任何改正就策划通过了该议案。该议案的支持者知道,如果将谢斯-米汉竞选资金改革议案与参议院通过的麦凯恩-芬戈尔德(McCain-Feingold)议案一起提交两院协商委员会,共和党反对派就会枪毙它。

参众两院在大多数次要立法案和一些主要立法案上的分歧可以通过两院修正案的程序进行协调,这种程序有时也被称为"乒乓球"程序。假设众议院已经通过立法案并将其提交给参议院,参议院随后修正该议案——修正的方式或许是用参议院的版本代替众议院的版本,然后,参议院再将议案发回众议院。此时,众议院审议该议案的主持人可能会要求众议院以一致同意的方式(或者根据暂停议事规则或某一特殊规则)"用一项修正案来承认参议院的修正案"。这里所说的参议院修正案实际上是该议案的参议院版本,而众议院增加的修正案则是众议院解决两院分歧的最初提议。通常,众议院至少在其议员们最关心的问题上会坚持自己的立场或行动。如果众议院同意这项动议,那么修改后的议案将返回给参议院,而参议院可以接受众议院的提议,也可以以它自己的提议作为回复。

92 　　国会的用语措辞可能会复杂得令人难以置信。例如,2008 年 7 月26 日,参议院"同意赞同众议院修正参议院修正众议院对参议院修正[住房改革]议案的修正的动议"。实际上正式进行的是相当直接的讨价还价,参众两院相继提出修正案以修正对方的修正案。立法案可能会在两院之间多次流转(Oleszek 2004, 257-258; Tiefer 1989, 778)。通常,分歧通过众议院和参议院的各种委员会(并且如果是主要立法,还包括政党领袖在内)之间非正式的、幕后的谈判来解决,然后将协商结果纳入一院转给另一院的修正案中。

自 20 世纪 90 年代初以来,非协商委员会会议形式的解决程序(nonconference resolution procedures)用得更加频繁,程序本身也愈加复杂了。后面这一小节将讨论此处描述的这些程序的种种变体,以及为何和如何利用它们。

二、 两院协商委员会

直到最近,两院之间关于重大立法案的分歧通常还是由两院协商委员会来解决(Longley and Oleszek 1989)。从 20 世纪 60 年代到 20 世纪 90 年代,进入决议阶段的重大议案中有 76% 都提交给了两院协商委员会;在其中一些立法案例中,还使用了两院之间的修正案。但在进入 21 世纪后(第 107 届至第 110 届国会),这一数字下降到了 47%,并且还在继续下降——从 2009 年到 2014 年更是平均下降到了 20%。

两院都必须同意将立法案提交协商委员会。众议院要求召开协商会议,然后参议院需要同意。通常这种批准是获得全体一致同意的,但也可以通过动议和多数票来实现,尽管在参议院这项动议可能会遭到议事阻挠。不过,偶尔也会有其中一院拒绝参加协商会议。2006 年,当时占多数的众议院共和党人就曾拒绝与参议院就移民立法举行协商会议。小布什总统支持参议院通过的议案,而众议院共和党人对该议案深恶痛绝。通过拒绝参加协商会议,众议院共和党人枪毙了该议案。同样,参议院在 2015 年年初也曾拒绝参加关于国土安全部拨款议案的协商会议。众议院的议案包括了阻止资助总统的移民计划的条款。参议院民主党人对该议案提出议事阻挠,直到肯塔基州共和党领袖麦康奈尔同意放弃该条款。通过拒绝参加协商会议,民主党人也迫使议长博纳将未经修改的议案提交院会审议,院会轻轻松松就通过了该议案。另一种选择是让国土安全部停摆,但这样的话新控制两院的共和党就要面对可怕的新闻界。

（一） 两院协商会议成员的任命

在两院中,都是主持官员任命协商会议成员:众议院规则只赋予议长这样做的权力;参议院的主持官员则必须获得全体一致同意才有这种权力。在参议院,由于主持官员力量较弱,委员会领袖开始越来越多地在政党领袖的参与下,而在实际上做出选择。牵头的委员会的主席在与少数党首席委员"协商"后,向主持官员"推荐"一份协商会议成员名单,主持官员会不做任何改变就接受这一名单。在传统中,两院协商委员会是跨党派的,多数党委员与少数党委员的比例大致反映了其在国会某院当中的比例,而且多数党也允许少数党选择它自己的协商委员会委员。

众议院中的这一过程是类似的,只是议长拥有更多的自由裁量权。众议院规则明确要求议长任命"不少于半数支持议长所决定的众议院立场的委员"。这个规则还规定:"议长应任命主要负责立法的议员,并应尽最大可能纳入众议院通过的议案的主要条款的主要支持者。"(Gold et al. 1992, 339)由于关于哪些成员符合这些标准的决定权完全掌握在议长手中,因此该规则实际上就让议长有更大的活动余地,如果愿意,他也可以选择年资较浅的议员或者并非某个委员会委员的议员。

在第 104 届国会期间,佐治亚州共和党人、议长金里奇（Newt Gingrich）在行使议长的自由裁量权时表现得非常强硬。他任命新晋议员,有时甚至任命支持立法案的民主党人,那时民主党可是少数党,民主党中的有些人甚至拒绝参加审议立法案的协商会议代表团。1999年,共和党领导层反对的管理型医保立法案在众议院获得通过后,议长哈斯泰特运用他的自由裁量权,将这一成功通过的议案的共和党支持者排除在了两院协商委员会之外。尽管改变阵营支持诺伍德-丁格尔议案(Norwood-Dingell bill)的68名共和党人中的许多人提出抗议,但无论佐治亚州共和党首席提案人诺伍德(Charlie Norwood),还是另一位坚定支持者、爱荷华州共和党人甘斯克(Greg Ganske),均未获得任命。

参议院领袖也不时试图对协商会议代表动手脚,正如1996年堪萨斯州共和党人、多数党领袖多尔对肯尼迪-卡斯鲍姆(Kennedy-Kassebaum)医保改革议案所做的那样。然而,与会议相关的许多动议都是有争议的,都可能受到议事阻挠,这一事实就把参议院领袖束缚住了。多尔试图在协商会议代表中安排一些医疗储蓄账户的支持者,这是他赞成的,但参议院多数议员投票反对,因此多尔的努力遭到马萨诸塞州民主党参议员泰德·肯尼迪的阻挠,后者威胁要通过议事阻挠程序来阻止协商会议成员的任命。

在两院中,大多数协商会议委员都会是报告议案的委员会(或多个委员会)的委员,而且总的来说一般还是相当资深的委员。在今天,两院所任命的协商委员会委员都包括了负责审议议案的小组委员会的领袖。协商会议代表团不再像20世纪70年代中期以前那样,仅仅由委员会最资深的委员组成。

在数个委员会审议立法案之后,所有委员会都希望有代表能够参加两院协商委员会。即使一个委员会被解除了审议权限,它仍然认为自己有资格参加协商会议。事实上,当委员会同意自己被解除审议权限时,它们并未放弃其管辖权限。通常情况下,被解除审议权限的委员会的主席会向主审委员会发一信函，大意是说想要派代表参加协商会议，然后，该信函会被印在《国会记录》当中。众议院中普遍存在的分送多个委员会审议的制度曾一度导致出现了非常庞大的协商会议代表团。为审议 1988 年贸易议案而组织的两院协商委员会，竟有来自 9 个参议院委员会的 44 名参议员和来自 14 个众议院委员会的 155 名众议员（Tiefer 1989，798-799）。虽然这是一个极端的例子，但由多个委员会派出协商会议代表团的情况是很常见的。除了分送多个委员会审议制度会给两院协商委员会的规模带来压力外，参议院偏好对议案附加非密切相关修正案的倾向，也会对协商委员会的规模造成压力。这些修正案涉及其管辖权的众议院委员会，也期望自己进入到两院协商委员会当中。

　　1995 年，当共和党人控制了众议院时，金里奇试图缩小协商会议代表团的规模以加快立法审议速度，这一行动取得了部分成功。在分项否决议案（line-item veto bill）问题上，众议院 8 人规模的代表团实际上比参议院 18 人规模的代表团要小得多。议长哈斯泰特也尽可能缩小协商会议代表团的规模。他仅为 2001 年和 2003 年的税收和解议案以及 2001 年和 2003 年的预算决议案任命了 3 名协商会议委员，并为医保处方药议案任命了来自两个委员会的 8 名委员。加利福尼亚州民主党人佩洛西作为议长，在关键的时候也走了同样的路。在 2009 年年初，她只为巨额刺激议案任命了 5 名协商会议委员。民主党人认为，这项议案必须尽快颁布，以防止经济陷入萧条。然而，一些议案涉及的范围很广，影响到很多委员会的管辖权，以至于组建大型协商会议代表团几乎不可避免。实施 1997 年平衡预算协议支出条款的和解议案是参众两院各 8 个委员会的产物。因此，两院协商委员会共有 73 名成员。2010 年金融服务改革议案的两院协商委员会由 43 名成员组成，其中 31

名来自众议院,12 名来自参议院。

　　哈斯泰特议长制定了一项"2：1"规则,来回应在涉及多个委员会管辖权的议案上召开大型会议的问题。任何委员会,只要提出管辖权主张而被非党派性的国会规则专家认可为有效,都应有代表参会。只有主审委员会(或者有时是多个委员会)有 3 个以上的协商会议代表名额。其他委员会都得到了 2 个多数党和 1 个少数党协商会议代表名额。负责 2005 年巨额交通再授权议案的众议院协商会议代表团,其成员包括了得克萨斯州共和党人、多数党领袖迪莱(Tom DeLay),交通委员会的 34 名委员,以及以下 10 个委员会的各 3 名委员:预算委员会、教育委员会、能源委员会、政府改革委员会、国土安全委员会、司法委员会、资源委员会、规则委员会、科学委员会和筹款委员会。佩洛西遵循同样的规则,因此,她任命了金融服务委员会的 16 名委员和以下 5 个委员会的各 3 名委员作为 2010 年金融服务改革议案的两院协商委员会成员:农业委员会、能源和商业委员会、司法委员会、监督与政府改革委员会,以及小型企业委员会。

　　通常,只有出自主审委员会的协商会议成员才有权就整个议案进行协商谈判。就 2005 年交通议案而言,只有迪莱才有权审议整个议案,而交通委员会委员有权审议议案中除两种税产产权外的所有内容。就金融服务改革议案而言,只有来自主审委员会即金融服务委员会的委员才有权审议整个议案。众议院任命审议大型复杂议案的两院协商委员会委员时,现在通常会非常详细地指定某些委员可以讨论协商的确切标题或章节,就像他们为审议金融服务改革议案的来自其他委员会的每个协商委员会委员所规定的那样。因此,例如,来自"农业委员会的两院协商委员会委员审议众议院议案标题 I 下的次标题 A 和 B 第1303、1609、1702、1703 节,标题 III(除第 3301 和 3302 节外)第 4205

（c）、4804（b）（8）（B）、5008 和 7509 节，以及参议院修正案标题 I 下的次标题 A 第 102 节，标题 VII、VIII 下的第 406、604（h）节，标题 VII、VIII 下的第 983、989E、1027（j）、1088（a）（8）、1098 和 1099 节，以及参议院向两院协商委员会承诺做出修改的内容"（国会图书馆网站对 HR 4173 的议案状况所做报告）。众议院协商会议成员的权力一直是特定的管辖权，但在任命成员过程中明确规定的范围似乎已大大增加。

对于最重要的和争议较大的立法案——特别是政党和总统议程上的最优先事项——哈斯泰特总是任命一名众议院政党领导层成员参加会议，并将其任命为有权审议整个议案的全权个人代表。因此，得克萨斯州共和党人、多数党领袖阿梅（Dick Armey）就是 2001 年税收和解议案的协商会议成员。彼时的党鞭和多数党领袖迪莱参加了有关能源议案、医保处方药议案和交通议案的协商会议。所有这些都不是完全没有先例的。1987 年，得克萨斯州民主党人、议长赖特就曾任命华盛顿州民主党人、多数党领袖弗雷参加格拉姆-鲁德曼预算平衡议案的重修会议。然而，领导层定期出现在此类协商会议代表团中的情况是新出现的。佩洛西没有任命领导层参加协商会议代表团，但她本人非正式地参加了谈判。

参议院协商会议代表团通常是——但并不总是——很小的。参议院参加 2002 年农业议案审议的协商会议成员有 7 人，而众议院代表团则包括了农业委员会的 14 名委员以及其他 9 个委员会的各 3 名委员。参加 2013 年农业议案审议会议的人员所呈现出的不平衡程度有所减轻：两院协商委员会成员包括 12 名参议员和 29 名众议员，众议员中有 21 名来自农业委员会，来自外交事务委员会和筹款委员会的各有 3 名，另外 2 名议员因其是院会主持人而被包括在内。此外，参议院很少明确列出两院协商委员会成员有权审议的议案章节或标题。通常，两院协商委员会成员所代表的委员会甚至也没有具体明确的审议内容。因此，审议金融服务改革议案的12名参议员来自银行委员会和农业委员会，但他们在获得任命时既没有提到其在委员会中担任的职位，也没有明确规定任何授权限制。

（二）　达成协议

两院协商委员会委员负责在参众两院立场之间达成妥协，以赢得两院多数同意。20世纪70年代中期制定的阳光规则（sunshine rules）要求两院协商委员会的会议要向公众公开。然而，由于公共论坛会抑制艰难且通常实属必要的讨价还价，因此许多谈判都是在幕后以非正式的方式进行的。为了达成妥协，两院协商委员会委员可能需要放弃他们所主张的立场，这些立场通常是他们强烈主张的，往往也是某些利益集团和选民热烈支持的，显然私下更容易达成协议。两院协商委员会委员通常致力于解决议案之间无数的细微差异，当主要的、有争议的条款出现争议时，委员们会直接进行幕后谈判。通常情况下，公开的会议只是简单地批准已在其他地方达成的协议。

当然，达成协议的难度取决于两院议案的分歧程度，以及协商会议成员坚持他们立场的强烈程度。某些差异会比其他差异更容易达成妥协。当一项拨款议案提交两院协商委员会时，它通常会包括数百个有争议的事项，但钱数上的差异通常可以通过折中方案或权衡事项轻重轻松得到解决。激烈的斗争更有可能是围绕实质性条款展开的（例如海德［Hyde］修正案，它禁止联邦政府资助堕胎，但排除了某些常常争议极大的例外情况）。

当两院对一个问题采取完全不同的解决方法时，两院协商委员会就会面临最困难的任务，在这种情况下，妥协是毫无意义的。1995年，众议院通过了一个分项否决议案，它允许总统提案取消国会原先批准的特定事项开支。除非国会两院都投票推翻该提案，否则它将成为法律。参议院的分项否决议案则非常不同。参议院提议，拨款法案在通过后应拆分为数百项单独的议案提交总统，从而使总统可以否决个别事项。显然，完全没有办法协调这两种方法之间的差异，两院协商委员会委员必须选择一个，或者提出一种完全不同的解决方法。

两院在变化无常的政治问题上的议案之间的分歧，也可能会让解决方案变得非常复杂。参议院在第 107 届国会上通过的破产法全面改革议案，就包括一项防止反堕胎团体利用该议案来逃避支付法院判决罚款的条款，许多参议员坚决要求在最终议案版本中保留这一表述。众议院议案中没有这样的表述，而许多众议院议员坚决要求将其排除出最终的议案版本。

在 2005 年的大部分时间里，"酷刑"议题使参众两院产生了意见分歧。参议院在几项议案中增加了一项由亚利桑那州共和党人麦凯恩发起的条款，该条款将禁止对敌方战斗人员实施酷刑或残忍和不人道的待遇。众议院共和党委员会和政党领袖反对麦凯恩修正案，众议院的国防授权议案和拨款议案也没有包含麦凯恩的表述。（2005 年年底，众议院以压倒性多数通过了一项动议，指示参加国防部拨款议案审议的两院协商会议成员接受反酷刑表述，众议院共和党领袖无法再坚持他们的反对意见，协商会议成员因此而将该条款纳入了两院协商委员会报告的统一文本之中。）2007 年，一项扩大报复性犯罪定义的修正案成为国防授权议案的关键所在。由于希望避免遭到小布什的否决，民主党人在参议院院会审议时增加了这个非密切相关的修正案，但众议院协商会议成员坚持认为，他们无法通过包含该修正案的两院协商委员会报告的统一文本。众议院共和党人反对该修正案，并且有许多反伊拉克战争的众议院民主党人也反对这个国防部授权议案。

与传统的小型、单一委员会的会议相比,由来自多个不同委员会的许多协商会议成员组成的两院协商委员会可能更不灵便。众议院目前的标准操作程序,即明确规定协商会议成员的"有限管辖权",让其只能审议议案的某些章节或标题,在一定程度上缓解了这个问题。由具有若干项有限管辖权的协商会议成员组成的两院协商委员会常常通过小组会议运行,方式是,众议院具有有限管辖权的协商会议成员与参议院具有有限管辖权的协商会议成员进行谈判沟通。

尽管众议院全权协商会议成员对整个议案拥有管辖权,但只有当事项威胁到两院协商委员会成功开会时,这些成员才会参与其他委员会所管辖的条款的谈判。由于参议院很少明确将其协商会议成员的权力限制在议案的特定部分,如果协商会议成员愿意,他们可以涉足某一立法案的任何方面的问题。事实上,工作人员报告说,即使是没有参加会议的参议员,如果他们对某个议题很感兴趣,也可能让自己参与到谈判之中。但时间限制确实倾向于让参议院协商会议成员只关注议案中属于其委员会管辖范围的部分。

小组会议确实提供了某种制度性的安排,但当来自多个不同委员会的协商会议成员参与进来时,仍必须有人协调工作,以确保取得进展并确保最终将各部分整合成统一的整体。主审委员会的主席对此负有主要责任,但政党领袖及其高级幕僚也经常积极参与协调工作。

立法过程的改变使政党领袖更深入地参与进来,分属不同政党的议员因而开始期望其党派领袖能在两院协商委员会阶段参与重大立法案的审议工作。哈斯泰特议长定期与相关委员会的主席讨论即将举行的会议,并列出可接受协议的界限范围:"协议中应该包含的内容……[和]不能包含的内容。"参议院领袖还密切关注两院协商委员会的谈判

98

工作。在几个值得注意的例子中，内华达州民主党人、多数党领袖里德都担任了协商会议成员的职责；2009 年年初，民主党参议院参与协商巨额刺激议案的协商会议成员则是拨款委员会主席、财政委员会主席和里德。

两院之间的僵局通常需要领导层的直接干预才能打破。1995 年年底，当审议 4 项拨款议案的两院协商委员会因堕胎问题陷入僵局时，众议院多数党领袖阿梅和来自密西西比州的参议院共和党党鞭洛特参与进来促成了协议，而对于这个协议，坚决反对堕胎的众议院共和党人和更为稳健的参议院共和党人都能接受。1996 年 3 月，参议院多数党领袖多尔几乎单枪匹马地打破了分项否决议案的僵局。在几乎确定自己可以成为共和党总统候选人后，多尔把促成两院协商委员会形成一项议案并提交总统作为重中之重，这是对他办事能力的考验。在这种特殊的政治环境下，共和党参议员——即使是那些极其怀疑议案实质性内容的参议员，也不愿意去反对多尔的立场，即大体同意众议院版本的议案。如果反对多尔的立场，则会大大减少他们的提名机会。分项否决议案由协商会议成员批准并由总统签署通过，总统与多数党领袖多尔和议长金里奇谈判后决定了该议案的生效日期。2003 年，当两院协商委员会陷入僵局时，多数党领袖弗里斯特和众议院议长哈斯泰特就医保处方药议案做了最终的重大决定，将处方药纳入医保覆盖范围。事实上，弗里斯特将他自己任命为两院协商委员会的委员。这是小布什总统和共和党的一项标志性议案，通过这项议案的责任落在了共和党领导层肩上。2007 财年为伊拉克战争提供资金的补充拨款议案对新的民主党多数派至关重要。议长佩洛西和多数党领袖里德高度参与了整个立法过程，精心起草了撤军表述，决定了还应包括的其他内容，并就妥协做出了关键决定。这种参与在很大程度上还包括了控制会议的进程。这些例证都表明，当协商会议成员面临影响成员及其政党的政治命运的艰难和重要选择时，政党领袖可能会做出最终的决定。

在两院协商委员会中，决定需要获得众议院和参议院的同意。传统上，一院的立场是由其参加协商会议的多数成员决定的，而达成最终协议也需要各院参加协商会议的简单多数成员投票通过。这仍然是参议院的解释。然而，众议院要求议案的每一部分都必须由协商会议的全权成员加上有特定管辖权的协商会议成员过半数签署才行（Rybicki 2003）。协商会议成员通过签署统一文本正式表达他们的同意，而统一文本是由协商会议成员商定的妥协立法案文本组成的。众议院审议议案则按照与有特定管辖权协商会议成员的审议部分进行细分。

至少当两院都由同一政党控制时，协商会议成员很少无法达成协议进而导致立法案在协商委员会夭折。在最近的几届国会中，平均每届国会只有不到一项重大议案会在两院协商委员会中夭折。在第108届国会中，巨额交通再授权议案在协商委员会中一直未通过，但问题是如何找到一项令总统满意的协议，因为总统不愿意接受参众两院都同意的巨额支出数字。当立法案提交两院协商委员会的时候，许多人，尤其是许多可能已经为议案工作了数月的协商会议成员，在这个立法上都有着相当大的利害关系。因此，即使众议院和参议院的立法版本非常不同，通常也会达成妥协。

（三）　两院协商会议成员的权力及其限制

协商会议成员对立法案的实质内容拥有相当大的权力。参众两院规则规定，协商会议成员关于参众两院立法案版本之间的差异所达成的协议受到限制。然而，多数情况都是，参议院通过一个对众议院议案

的替代议案（而不是对众议院议案的一系列具体的修正案），在这样的
事例中，参议院规则对这一规定的解释相当宽泛。在众议院，协商会议
成员可以绕开这一规则，方式是根据规则委员会的一项特殊规则将他
们的两院协商委员会统一文本提交院会审议，而规则委员会的那个特
殊规则是不要求执行前述规定的。在一届国会中，由于针对不同议案
组成的许多两院协商委员会直到后期才能完成它们的工作，当每一次
委员会会议都在极其有限的时间里开展工作时，那些不属于两院协商
委员会成员的参议员和众议员往往没有时间研究统一文本，因此无法
对其提出质疑。此外，有一个"暂搁"（layover）的要求规定，议员应在院
会审议前的一段时间内获得统一文本，而这一要求常常遭到规避，这就
进一步限制了获取两院协商委员会报告的统一文本。

　　虽然众议员或参议员可以（通过多数票）就立法案的实质内容对其
协商会议成员发出指示，但这些指示并不具有约束力（Gold et al. 1992,
337–347; Tiefer 1989, 780–833）。经常会有指示动议提出，在第 108 届
国会期间，众议院提出超过 90 次指示动议，并且从 1991 年到 2002 年，
在每届国会中，众议院平均提出了 49 次指示动议。针对多数党越来越
多地使用高度限制性的规则这一情况，众议院少数党经常转而提出动
议指示协商会议成员迫使召开院会就其议题进行辩论。在第 108 届国
会上，有相当数量的此类动议（34 项）都通过了。有时，指示动议确实
会产生影响，2005 年，众议院以 308∶122 的投票结果通过了穆尔萨动
议（Murtha motion），该动议指示协商会议成员接受参议院的反酷刑表
述。当然，由于动议没有约束力，投票支持一个广受欢迎的条款，就可
能是对一个多数党议员的廉价支持。

　　协商会议成员不仅可以无视指示，而且有时还可以拒绝接受两院
都已批准的条款。在 2002 年、2003 年和 2004 年的综合拨款议案中，共

和党领袖就砍掉了一些小布什反对但参众两院都投票支持的条款。民主党人十分不满，但考虑到拨款议案是必须通过的立法案，他们几乎没采取什么救济措施。2006 年 6 月，两院有个关于紧急补充伊拉克战争拨款的议案，两院提交的文本都包含禁止为美国在伊拉克的永久军事基地提供资金的条款，但甚至在两院协商委员会召开会议之前，这一条款就被删除了。小布什政府反对任何此类立法表述。

　　有时，协商委员会也会加入两院各自的议案中都不包含的条款。在 2005 年年末通过的农业拨款议案的两院协商委员会统一文本中就包含了全新的表述，改写并且弱化了有机食品的法律定义，提交协商委员会的两院议案文本甚至完全没有涉及这个议题（《点名报》，2005 年 11 月 16 日）。（该表述是由某人加进去的，这个人应该是一位资深的两院协商委员会成员。）在最近的规则改变之前，专门拨款——用于特定选区或州的项目——经常会在两院协商委员会阶段被添加进去（Lilly 2005，2006）。有时甚至多数党的多数协商参与者都不知道两院协商委员会报告的统一文本中增加了什么内容。事实上，两院协商委员会常常连正式会议都不召开就批准了统一文本。相反，必不可少的签名是由工作人员收集并在协商参与者未看到最终文本语言表述的情况下签署的。新的众议院由民主党掌控，作为多数党的民主党于 2017 年新修改的规则在一定程度上限制了这些做法，但是考虑到两院协商委员会开会次数的减少，新规则的影响很难估计。

　　一旦众议院的多数协商委员会成员和参议院的多数成员通过签署统一文本报告正式表示他们的同意，该报告就会被送回参众两院，而参众两院的全体议员就必须决定是否接受其代表所达成的协议。在这个时候，按议事规程不能提出修正案，议员就这个一揽子的妥协进行投票表决。① 虽然两院协商委员会产生的绝大多数统一文本都会获得批准，但偶尔也有个别会被发回重审——也就是发回两院协商委员会重审，这只是首先审议的一院才能使用的一种国会行动——或者只能投票否决。

当 2002 年的破产议案统一文本退回到众议院时，这一文本包含了禁止性表述，即禁止堕胎抗议者利用破产来逃避因骚扰堕胎诊所工作人员和潜在客户而受到的罚款。坚定反堕胎的共和党人加入那些反对破产条款的民主党人阵营，一起击败了这一规则。这就枪毙了这一准备提交第 107 届国会审议的议案。

2005 年秋天，众议院投票否决了关于劳工部、健康与公共服务部（HHS），以及教育部的拨款议案的两院协商委员会统一文本报告，有 22 名共和党人和全体民主党人一起反对统一文本。民主党人强烈反对削减教育和医疗项目开支，一些稳健的共和党人也起而反对。据一位共和党领袖说，有 10 个不同的议题激起了其他的共和党人的反对（《国会季刊周报》，2005 年 11 月 18 日，第 3133 页）。这个所谓的"劳工-健康议案"（Labor-H bill）规模庞大，将资助数百个项目，而 2005 年的预算决议已经规定了一个严格的支出上限，这就会使很多大受欢迎的项目受到影响。据悉，两院协商委员会取消了所有专为某些选区拨付的款项，这也激怒了一些议员。当然，每个人都知道统一文本的失败并不是最

---

① 例外情况是拨款议案，在这些议案上协商参与者已经超出了审议参众两院议案版本差异的权力范围，或者说，参议院对之增加了构成未经授权的拨款，又或者说，参议院对之增加了非密切相关的修正案——只要参议院通过对众议院议案的一系列（通常为 100 个或者更多）修正来制定它自己的拨款议案。众议院规则允许对这些事项进行单独投票，但这一点可以通过规则委员会的规则而被抛弃。自 20 世纪 90 年代中期以来，参议院反而一直在制作替代众议院议案的议案，这就规避了单独投票的要求（Oleszek 2004，276；Tiefer 1989，833—848）。

终的结果。若一年内没有任何资金,这个议案资助的项目就不能运行。[102]
议长重新任命了协商委员会委员,并且众议院也和参议院一起将议案
发回协商委员会重新审议。对农村医疗保健的投入增长和其他的一些
改变,使得共和党领导层在第一次审议失败的一个月后以微弱优势通
过了新的统一文本。

　　尽管存在这些情况(偶尔也存在其他情况),两院协商委员会的统
一文本重新提交审议或者遭到失败的情况还是很罕见的。虽然协商委
员会统一文本遭拒的情况并不多见,但它的偶尔发生有助于提醒协商
会议成员必须关注本院议员的政策偏好。协商会议成员有相当大的自
由裁量权,但仅限于本院全体议员能够接受的限度之内。

（四）　党派极化和非正统的通过后程序

　　党派高度极化影响了解决参众两院分歧的过程。在重大议案方
面,与 20 世纪 90 年代以来的较近情况相比,两院协商委员会的开会次
数逐渐减少,而其他程序的使用频率逐渐增加。可以肯定的是,直到最
近,很多重大立法案仍是在协商委员会中审议的。成为法律的常规拨
款议案常常就是协商委员会的产物。然而,在第 112 届和第 113 届国会
中,参众两院都没有通过任何常规拨款议案。正是当常规拨款议案被
放进综合议案中时,分歧才可能无法通过正式的两院协商委员会解决。
两院在预算决议与和解议案上的分歧几乎总是通过协商委员会来解决
的。这些议案非常复杂,参众两院的版本可能存在多种分歧,只能期望
通过协商委员会协调解决。然而,最具决定性的事实可能是,预算决议
与和解议案受到参议院《1974 年国会预算和截留控制法》(简称《预算
法》)议事阻挠的保护。因此,尽管这些议案往往带有很强的党派色彩,
但多数党如果决定利用两院协商委员会程序,就不需要担心必须聚集

参议院绝对多数同意。

国防部的年度授权法案,很少具有严格意义上的党派性,这种法案直到最近还总是在两院协商委员会中审议。在第 110 届国会(2007—2008 年)中,许多其他的再授权法案都在协商委员会中得到了协调:2008 年的情报授权法案、农业授权法案、大型水利项目授权法案、启智再授权法案(the Head Start reauthorization)、高等教育再授权法案。尽管这些议案中有许多条款存在争议,在某些情况下还遭遇了激烈的斗争,但没有一项是纯粹的党派性议案。尽管在第 111 届国会中,进入两院协商委员会的重大议案所占的比例创了历史新低,但极具党派性和争议性的议案——包括巨额经济刺激议案和金融服务改革议案——进入了协商委员会。在第 112 届和第 113 届国会中,共和党控制众议院与民主党控制参议院的分裂情况进一步减少了召开协商委员会会议的频率。有多得多的重大立法案从未进入决议阶段。参议院民主党人拒绝审议他们强烈反对但众议院通过了的议案,反之亦然。但仍有一些不具有高度党派色彩的议案进入了协商委员会审议。在第 113 届国会中,两院关于大型水利工程议案、农场议案和退伍军人医保议案的分歧就是在协商委员会中成功解决的。

近些年来,使用替代程序来协调参众两院分歧的决定,有时是由少数党直接阻挠将议案推向两院协商委员会来推动的。参议院需要提出 3 个不同的动议:坚持它自己的修正案、请求协商委员会召开会议、授权主席任命协商委员会委员。虽然这 3 个动议通常是一起提出并获得一致同意的,但在 2013 年 1 月的一次规则改变发生之前,它们各自都可能会受到议事阻挠,因而使得推向两院协商委员会最多成了一个耗时的过程,而且在许多情况下是不可能的。当参议院共和党人使用这种策略来阻止第 103 届国会后期两院协商委员会审议一项竞选资金议案的时候,根据缅因州民主党人、多数党领袖米切尔的说法,这是一个史无前例的行动(Oleszek 2007, 262)。但在今天不能这么认为。

在第107届国会(2001—2002年)中,参议院两党势均力敌。因为副总统虽然有打破这种平衡关系的宪法权力,但是只有在商定每个委员会中的民主党人和共和党人人数都相等之后,才由共和党组建了参议院——选出了多数党领袖和所有委员会的主席。就两院协商委员会的组成没有达成一致意见,并且除了那些受《预算法》保护的议案外,民主党人阻止了所有其他的两院协商委员会会议。副总统的这种宪法权力影响力很小,因为在佛蒙特州参议员杰福兹转而与民主党召开党团会议(caucus),从而让民主党控制参议院之前,共和党想要提交给协商委员会的立法案,鲜有进入到立法程序阶段的。

当共和党人在2002年的选举中夺回多数席位时,他们开始排除少数党民主党人对两院协商委员会审议的实质性参与。所以,例如,只有两名被认为可以接受共和党主张的参议院民主党人实际上参与了2003年处方药议案的协商会议谈判,其他的民主党参会者完全被排除在外。作为回应,参议院民主党人有时会阻止召开协商委员会会议,或在同意召开这种会议之前取得共和党的某些承诺。因此,在2004年的公路重大议案(the massive 2004 highway bill)中,只有在多数党领袖弗里斯特于院会的一次座谈会上向民主党人保证他们可以充分参与谈判后,民主党人才允许召开两院协商委员会会议(《国会记录》,2004年5月19日,S5838)。

当民主党在第110届国会上以微弱多数获胜时,共和党人所做的回应是不时阻挠召开两院协商委员会会议。在两项重大议案即游说改革议案和一项大型能源议案上,反对者都是共和党右翼。特别是在能源问题上,许多参议院共和党人都希望参加协商委员会。然而,由于直接参加协商委员会的途径受阻，政党领袖通过非正式谈判达成了协议。在游说议案上，众议院在一项暂停议事规则 S 1 的动议下，通过了"经修正"——也就是采用妥协表述——的参议院版本的议案。然后参议院同意了众议院的修正案。HR 6 是大型能源议案的基础，作为民主党议程的"2006 年 6 项议案"的组成部分，它最初是由众议院于 2007 年 1 月通过的；6 月，该议案以完全不同的形式（即带有修正案）在参议院获得通过。在经非正式谈判达成妥协后，众议院同意了对参议院修正案所做的修正（妥协），然后参议院同意了众议院关于 HR 6 文本的参议院修正案的修正案。

在第 113 届国会中，国防部授权议案的决议程序提供了一个使用替代程序的更奇怪的例子。2013 年，共和党就院会修正案进行的议事阻挠，阻止了参议院武装部队委员会的国防部授权议案的通过。众议院和参议院的协商参与者提出了一个非正式的妥协方案，众议院将其附加在参议院已经通过的一项不相关的众议院次要议案上，参议院随后接受了众议院的这个修正案。第二年，替代的过程非常相似。国防部年度再授权议案从未在参议院院会进行审议。众议院和参议院委员会领袖在众议院通过的议案和参议院军事委员会报告的议案之间达成一项妥协，然后该妥协通过参众两院之间的修正案获得两院的批准。

少数党反对参加两院协商委员会，有时能使多数党做出重大让步。因此，2007 年，共和党人拒绝批准将一项实施"9·11"事件调查委员会建议的议案提交协商委员会，直到多数党领袖里德承诺放弃一项给予机场安检人员集体谈判权的条款。参议院少数党反对派偶尔也会否决立法案，就像民主党人在第 109 届国会中对堕胎通知父母议案（parental abortion notification）所做的那样。然而，这种情况是罕见的，因为两院都通过的立法案很少会在两院决议阶段遭到否决。大多数时候，当少

数党阻止召开两院协商委员会会议时,多数党领导层会通过替代程序
找到解决问题的方法。多数党领导层有权决定用什么程序来解决分
歧,并且,对于对本党有重要意义的重大立法案,多数党领导层一般会
深入地进行协商谈判。

　　现在,除了避免少数党阻碍召开两院协商委员会会议所必需的参
议院动议外,还有其他种种原因导致要经常使用替代程序。非正式谈
判之后,如果使用一个替代程序,很可能会加快立法行动。统一文本受
对"空投"(airdrops)(在通过后的阶段插入专项拨款)和范围(即协议超
出了参众两院议案之间的分歧范围)所提程序异议的影响;两院之间的
修正案则不受对"空投"和范围所提程序异议的影响。众议院对参议院
议案提出的修正案在参议院享有特权,所以对继续审议动议进行议事
阻挠是不可能的。因此,国会的通过情况绝不会比统一文本报告的情
况更糟。利用参众两院之间的修正案而不用协商委员会的统一文本,
有一个潜在的缺点,这就是,虽然统一文本不受修正案影响,但是众议
院对参议院议案的修正案可以被修正。然而,参议院多数党领袖可以
"填满修正案之树",并且如果他有 60 票可以提起"终结辩论"的话,就
能阻止再提修正案。多数党领袖弗里斯特在第 109 届国会期间就曾两
次使用这种策略,这似乎是这一策略首次被使用。多数党领袖里德在
第 110 届国会中使用这种策略高达 8 次,都是用在重大议案上,如州儿
童健康保险计划再授权议案、道德改革议案和能源议案(Beth et al.
2009, 16)。在第 111 届国会中他 10 次使用这一策略,在第 112 届国会
中则使用了 5 次。

　　领导层现在有时使用的另一个程序是,在众议院和参议院议案之
间举行非正式谈判以达成妥协,然后以"清洁议案"(a "clean bill")的
形式作为谈判成果,随后两院再以相同的形式通过该议案。在第 110

105

届国会期间,参众两院之间因延长和修改《1978 年外国情报监视法》(the Foreign Intelligence Surveillance Act of 1978, FISA)问题形成的僵局就这样被打破了。小布什总统和大多数共和党人都赞成延长时间,不对监控新设限制,明确授予电信公司以往可能向政府披露私人信息的豁免权。大多数民主党人支持大幅提升对监控的限制,反对授予这种豁免权,但一些稳健的民主党人则倾向于小布什的立场,而在选举中处于边缘地区的民主党人和那些来自红区——倾向于共和党的选区——的人肯定不希望自己遭受对恐怖分子心软的指责。参议院按照 60 票的规定,通过了一项小布什支持的议案;众议院议案要强硬得多,而小布什威胁要否决它。经过几个月的对抗,众议院稳健派民主党人变得越来越不安,并向他们的领袖施加压力以允许就该议案进行投票,马里兰州民主党人、众议院多数党领袖霍耶(Steny Hoyer)于是开始进行妥协谈判。霍耶与密西西比州共和党人、众议院少数党党鞭布伦特(Roy Blunt)以及参议院情报委员会主席和少数党首席委员合作,敲定了一项满足小布什大部分要求的协议,但也施加了比参议院议案更多的限制。2008 年 6 月 19 日,这一妥协作为一项"清洁议案"(HR 6304)提出,并于 6 月 20 日由众议院通过。7 月 9 日,参议院通过了该议案,而且没有提出任何修正案。正如这个例证所表明的,一院不做任何改动接受另一院的议案,并不一定意味着两院之间一开始就没有分歧。

　　实际上,最近,不经两院协商委员会审议的通过后程序以一种最为非正统的方式被用于重大立法案的初步通过。不妨再举一个例子——一项确立问题资产救助计划的立法案——来讲讲不经协商委员会审议的通过后程序何以可能,以及为什么有时会使用这种程序。2008 年 9 月 19 日,因金融危机迫在眉睫,财政部部长鲍尔森(Henry Paulson)呼吁国会立即通过救助立法案。鲍尔森提出的立法案过于草率,并且赋予他自己太多不受约束的权力，以至于两党领袖和议员都犹豫不决。尽管如此，迅速采取行动的压力很大，而且常规立法过程需要的时间太长。因此，由国会领袖组成的一个两院制跨党派小组和白宫谈判代表通过召开为期一周的闭门会议，敲定了一项议案。

为了迅速将议案提交院会审议，并且消除提出修正案的可能性，然后让参议院更易迅速采取行动，众议院领袖利用了 2007 年参众两院通过的一项为军人提供税收减免和保护的议案。两院之间关于 HR 3997 的分歧倾向于通过两院之间的修正案来解决，但随后领袖们决定将其各个部分的修改版本包括在其他议案当中。因此，虽然 HR 3997 的主体内容已经成为法律，但仍然可以将它用作工具。

2008 年 9 月 29 日，马萨诸塞州民主党人、金融服务委员会主席弗兰克（Barney Frank）提议众议院"以一项附加修正案赞同参议院对众议院议案修正案的修正"，这个附加修正案就是一揽子紧急援助计划。如果这个附加修正案获得通过，参议院就可以直接接受这个众议院修正案，这就为总统签署议案扫清了障碍。然而，由于公众舆论压倒性地反对紧急救助被视为金融混乱罪魁祸首的贪婪的银行，有 2/3 的众议院共和党人和 40% 的民主党人投票反对这个动议，结果该动议以 205 : 208 的票比未能获得通过。

当投票引发华尔街大规模的股票抛售时，参议院领袖接手来处理这件事情。他们达成了一个一揽子计划，即在紧急救助措辞中增加一些"甜头"——增加一些条款以延长各种受欢迎的税收减免，扩大对可再生能源项目的激励措施，限制一年期替代性最低税（the alternative minimum tax for a year）的覆盖范围，并要求保险公司在为其他健康问题提供保险时也提供同等范围的心理健康保险（《国会季刊周报》，2008 年 10 月 6 日，第 2692—2009 页）。

　　参议院使用了 HR 1424，即心理健康平等法案作为其工具。众议院通过了这个议案，并且参议院早些时候也通过了它自己的议案，但没有正式着手解决这两个议案之间的分歧，因为到了要去非正式地解决两个议案之间的重大分歧时，时间已经不够了。延长广受欢迎的税收减免期限的议案还没通过，因为众议院坚持要求支付税收流失（现收现付），而参议院需要获得 60 票才能否决包括增税在内的议案。HR 1424 根据一项一致同意协议提交院会审议，这项协议要求任何修正案都必须获得 60 票才能通过。第一次投票也是最关键的投票，就是关于多德替代议案（Dodd substitute）取代 HR 1424 的投票。当多德替代议案以 74∶25 的票数获得通过时，协商产生的一揽子议案——包括了参议院关于延长税收减免的表述和在心理健康问题上的妥协——替代了众议院最初通过的议案。参议院随后以同样的票数通过了多德替代议案。

　　尽管众议院民主党领袖没有参加谈判，而且参议院在几个有争议的问题上的表述取代了众议院的表述，但众议院民主党领袖还是勉强接受了这项协议。时间是至关重要的，而那些甜头可能说服了一些共和党人投票支持立法案。2008 年 10 月 3 日，众议院以 263∶171 的票数批准了弗兰克的动议，赞同参议院对 HR 1424 提出的修正案，共和党和民主党内部票比分别为 91∶108 和 172∶63。这次投票为总统签署该议案铺平了道路。

　　共和党人在 2010 年选举中夺回众议院控制权后，奥巴马总统与参议院少数党领袖麦康奈尔就延长小布什时代的减税、失业保险和其他一些即将到期的税收条款达成了协议。第 111 届国会的跛脚鸭会期时间很短而议程很多，许多自由派民主党人和保守派共和党人都对该协议感到不满。因此，为了尽快推动立法，尽可能减少反对者破坏协议的机会，领导层使用了一项两院都已通过的议案。HR 4853 是《2010 年联邦航空管理局延期法》，该法案最初于 3 月在众议院获得通过并于 9 月在参议院获得通过。在 12 月经过参众两院的修正案程序后，该法案成为《2010 年税收减免、失业保险再授权和创造就业法》，后成为法律。

在第 112 届和第 113 届国会中，众议院党派势均力敌，这加剧了调和参众两院之间分歧这一任务的艰巨程度。在 2011 年年初，新一届国会要做的第一件事情就是颁布一项拨款法案，为本财年余下的时间提供政府资金。新的众议院多数党共和党通过了一项大幅削减开支的议案。仍然由民主党控制的参议院否决了该议案。为了防止政府停摆，参众两院通过了几项短期延续拨款决议（continuing resolutions，CRs）。最后，僵局被打破了，白宫、众议院共和党、参议院民主党领袖以及两院拨款委员会主席达成了一项协议。这项协议作为一项新的议案（HR 1472）被提出，就这样在两院获得通过。同年，当参议院用延长贸易调整援助计划修正一项众议院议案时，帮助因国际贸易协定而失业的人的贸易调整援助计划得到了延长，并且众议院也接受了参议院的修正案。立法背景要复杂得多。共和党人反对延长贸易调整援助计划；奥巴马总统支持延长该计划，他表明态度说，除非贸易调整援助计划得到延长，否则拒绝将共和党人支持的 3 项贸易协定提交国会批准。所以众议院接受参议院修正案是奥巴马和众议院共和党人达成协议的结果。在第 113 届国会的跛脚鸭会期中，国会再次面临必须为政府提供资金的难题。在 2014 年选举之前，一项短期延续拨款决议已获通过，但该议案于 12 月中旬到期。虽然没有任何拨款议案在两院都获得通过，但两院拨款委员会主席、肯塔基州共和党人罗杰斯（Harold Rogers）和马里兰州民主党参议员米库尔斯基（Barbara Mikulski）已经非正式地解决了他们各自的委员会报告的议案文本（committee-reported bills）之间的分歧。共和党人对奥巴马总统的移民行动的愤怒使通过资助立法案变得更加困难，极端强硬派共和党人想在拨款法案中加入否决奥巴马移民行动的条款，但参议院民主党人绝不会同意这样做。经过多次艰难的讨价还价，双方就多项分歧达成了协议。协议在两院拨款委员会议案文本的基础上，截至 2015 年 10 月（本财年结束），一直为政府提供大部分资金支持。然而，国土安全部的财政资金设定在当时的水平，并且只延长到 2016 年 2 月 27 日，这让共和党人再次尝试取消总统移民政策的资金支持。这项由一个延续拨款决议（国土安全部那一部分）和一个综合议案（该议案的其余部分）所构成的议案，被称为"长短期拨款议案"（cromnibus），它作为 HR 83 成了法律。HR 83 最初是众议院根据议事暂停程序通过的一个次要议案；参议院以一致同意协议通过了对该议案的修正。随后，众议院领导层使用 HR 83 作为长短期拨款议案的工具。2014 年 12 月 11 日，众议院以 219：206 票的微弱优势通过了一个动议，即动议众议院用一个修正案（长短期拨款议案）赞同参议院的修正案。12 月 13 日，参议院同意了这个众议院修正案，即关于参议院对 HR 83 的修正案的修正案，而这个议案也就被送交总统签署了。

    无论采用何种通过后程序，一旦立法案在参众两院都获得通过，它很少会因两院无法达成一致协议而夭折。从 20 世纪 60 年代直到 21 世纪头十年，在我选定的数届国会中，只有 6% 的重大议案因这一原因夭折了。最近的一次是 2012 年《制止暴力侵害女性再授权法》，参众两院都通过了议案，但众议院的议案远比参议院的议案力量更弱，众议院共和党人拒绝召开协商委员会会议或试图通过其他方式解决问题。

109

三、 通过后立法程序中的总统

    行政部门往往是通过后阶段的重要参与者。在白宫和国会的控制权被两党瓜分的时期，特别是在两党高度极化的时期，总统常常是难以达成一致意见的另一个原因。总统没有正式的角色，但是如果立法者想让他们的立法案成为法律，就必须充分让总统满意，以避免立法案遭总统否决，否则就得准备在参众两院各获 2/3 的赞同票。在两党分别控制两院的情况下，总统往往会在通过后阶段对立法案行使其最大权力。"否决权讨价还价"（veto bargaining）一词是在老布什担任总统期间流行起来的，它形容的是老布什政府试图频繁通过威胁要使用否决权来迫使民主党控制下的国会做出让步的情况。

　　共和党人在 1994 年的选举中控制国会之后，克林顿总统表现了娴熟地就否决权进行讨价还价的能力。大多数议案和所有重大立法案都显示了行政权的影响力——通常都是在通过后阶段。1998 年，两院协商委员会讨论一项批准为农业研究提供资金并弥补联邦作物保险计划缺口的议案，协商委员会委员为该议案增加了一个条款，恢复了 25 万名被 1996 年福利改革法案剥夺领用食品券资格的合法移民领用食品券的资格。协商会议成员这样做是因为克林顿说服了他们必须增加这个条款，否则他将否决这项对他们的选民来说非常重要的议案。在就拨款议案召开的两院协商委员会会议中，克林顿政府的否决权尤其有效，经常从不那么顺从的共和党国会那里为教育和其他优惠项目获取更多的资金。

　　当一党同时控制国会和白宫时，政府就会在整个立法过程中施加影响。政府可能会向国会提交立法草案，就像奥巴马政府在第 111 届国会上提交的金融改革立法案那样。当然，政府官员会在委员会听证会上作证，但不那么正式的协商同时也在进行，而且可能更有影响力。尽管如此，参众两院的联合决议阶段（House-Senate resolution stage）之所以受到政府的特别关注，是因为这是最后阶段。在这一阶段产生的决议案将送达总统。在白宫的参与下，"9·11"袭击事件后通过的航空援助法案得以完全避免召开两院协商会议。在形式上，参议院毫无改动地通过了众议院提交的议案。实际上，该议案是由白宫和参众两院的国会领袖起草的。在第 111 届国会期间，奥巴马政府与民主党控制下的国会在重大立法案上密切合作，在通过后阶段发挥了最为积极的作用。对医保改革所做的案例研究（第七章）说明了总统在整个立法过程中的影响，尤其是在众议院和参议院的决议阶段。

即使共和党在第 108 届国会中控制了参众两院，小布什总统仍经常以使用否决权相威胁，他曾威胁要否决至少 18 项相对重要的议案。① 总的来说，这些否决威胁针对的是他在其他方面所支持的议案中的具体条款。试图推翻新的联邦通信委员会的媒体所有权规则，试图解除古巴旅行的禁令，试图阻止政府修改加班规则，而剥夺一些目前享有领取加班费资格的人领取加班费的资格，试图推迟关闭军事基地，试图允许退伍军人同时领取退休金和伤残补助，还试图阻止政府将联邦工作外包给私营公司，这些都是威胁使用否决权想要达到的目标，并且在某些情况下，还会反复使用这种威胁。

小布什的否决威胁很可能是为了给共和党领导层提供弹药来反对总统反对但多数人支持的那些条款。在一些问题上，小布什被迫做了妥协，但在上述每一个例子中，否决威胁都推动议案转向了他自己的立场。党派领袖在两院协商会议中多次删除了有问题的条款。议长哈斯泰特确保了一个小布什认为有必要否决的交通议案未在 2004 年的协商会议上出现。事实上，据小布什前白宫联络负责人卡利奥（Nick

---

① "相对重要"包括拨款议案以及之前定义的重大议案。否决威胁是通过在《国会季刊周报》中提到的情形来确定的。

Calio)说,"哈斯泰特明确表示,他们不会允许那些将遭否决的议案送到总统的办公桌上"(《点名报》,2003年12月15日)。小布什在他的第一个任期内没有否决任何一项议案,而在共和党于2006年的选举中失去对国会的控制之前,他只否决了一项议案。

2009年和2010年,奥巴马在参众两院都有多数党民主党的支持,但他偶尔也会发出否决威胁。因此,当拨款委员会主席欧贝提议通过削减政府珍视的"力争上游"(Race to the Top)教育项目资金来支付其他国内支出时,奥巴马就威胁说要否决这个提议。提交给奥巴马的议案并不包括削减这项开支的内容。奥巴马还威胁说,如果议案包括了对F-22战斗机项目的授权——他想终止这个昂贵的项目——他将否决国防立法案。最后的议案还是取消了对F-22战斗机项目的授权。在第111届国会期间,奥巴马两次行使否决权,但都不是对重大立法案进行否决。在第112届和第113届国会期间,共和党人控制了众议院,奥巴马总统更频繁地发出否决威胁。在第112届国会期间,他威胁要否决46%的重大议案;在第113届国会期间,这个数字是33%。这些威胁增加了政府讨价还价的力量,并易于推动立法向总统希望的方向发展。由于参议院民主党人和奥巴马往往在大多数政策问题上意见一致,众议院共和党人通过的大部分立法案一到参议院就被否决了;多数党领袖里德拒绝将议案提交院会审议。因此,奥巴马在这一时期实际上不必否决任何一项议案。

2014年的选举再次改变了国会的局面。由于参众两院现在都由共和党控制,威胁使用否决权对奥巴马来说成了一个更重要的工具。他对2015年年初审议的3项最重大的议案——国土安全部拨款议案、伊朗协议监管立法案和基石输油管道批准议案——都发出了否决威胁。这些否决威胁在推动前两项议案的改变上发挥了重要作用。基石输油管道批准议案在参众两院都获得了通过,这是奥巴马在第114届国会期间第一次行使否决权,而国会未能推翻奥巴马的否决。

四、 最后一步

立法案在众议院和参议院以相同的形式通过后,即被送交总统,总统可以签署议案,也可以搁置或者否决立法案。如果总统在国会开会期间签署立法案或将其留置满10个工作日,该立法案就会成为法律。然而,如果国会无限期休会(即在一届国会任期结束时发生的无限期休会),总统就可以通过不签署而将之留置10个工作日的方式,扼杀某个立法案。在这种情况下,总统被称为实施了"口袋否决"(a pocket veto)。①

当总统投出正式的否决票时,立法案会连同总统的反对信息和投否决票的理由一起送还国会。要使这项立法案成为法律,参众两院就必须以2/3的多数票推翻总统的这一否决。

没有任何规定要求国会在多长时间内投票推翻总统的否决。过去,投票推翻否决往往是在总统否决之后不久进行的。多年来,这一直就是人们期望和实践的做法。然而,最近,发起某个议案的一院(必须首先投票推翻总统的否决)有时通过推迟对该议案进行投票来获得政治优势。例如,1996年,共和党领袖直到9月底才计划投票推翻总统对

---

①　关于总统是否有权在国会休会时(例如在两会间隙或休会期间)否决立法的争议,见 Gold 2004, 130-131。国会似乎已经成功地通过授权代理接收来自总统的消息来反击这种策略。

半生产堕胎议案（partial-birth abortion bill）*的否决，而那时距离选举只有几周时间了。这是一项早在 3 月就已经在两院获得通过的议案，而且在 4 月就遭到了总统的否决。

在两院就一个有争议的问题获得 2/3 的票数是一项艰巨的任务。老布什在担任总统的四年时间当中，只有一项否决被推翻，尽管在担任总统的大部分时间里他在政治上都表现得相当软弱。1995 年，尽管克林顿总统在 1994 年大选中受到重创，但他的否决也只被推翻过一次；从 1996 年到 2000 年，他的否决也仅有一次被推翻。在民主党控制的第 110 届国会中，小布什十次用了否决权，有四次被推翻（其中两次是关于一个几乎相同的议案，即一项农业授权议案）。奥巴马的否决从未遭到推翻。议案的支持者明白，如果他们想要通过立法案，就必须要么让总统满意，要么准备好获取两院足够多的支持以推翻总统的否决。前者通常看起来是更容易完成的任务。因此，正如本章前面所探讨的那样，否决权能让总统对立法过程产生相当大的影响。

五、 调和分歧：多大改变？

两院立法过程的改变已经很大，并且影响了调解两院分歧的进程。分送多个委员会审议以及议员们希望广泛参与立法过程的愿望导致产生了更大规模的两院协商会议代表团，众议院的代表团人数更是不断增加。尽管众议院领袖已经控制了协商会议代表团的规模，但两院协商会议仍然经常会有多个委员会的代表。协商会议以小组协商会议的

---

　　* 这是一个关于禁止怀孕晚期堕胎——半生产堕胎——的议案。半生产堕胎是指于怀孕期第四个半月至第九个月施行堕胎，具体做法是先把胎儿旋转，从双足开始引出胎儿，馀下头部。

形式进行，而在众议院方面，小组协商会议仅有权就立法案中明确规定的部分做出决定。这一任务所涉及的协调问题需要政党领导层，即参众两院中唯一的核心领导层介入以往由委员会主导的立法程序。政党领袖在其所属一院更大程度地参与立法过程——例如，在委员会审议之后达成能够促成议案通过的妥协——也使他们在决议阶段可以发挥更大的作用。如果需要领导层的干预才能达成通过议案所需的妥协，那么在两院协商会议上维持妥协并通过会议结论报告常常也需要领导层的参与。

    此外，政党领导层所发挥的更核心的作用——以及参议院中不断增加的阻挠——引发了使用各种非协商会议的办法来解决两院之间的分歧。2013 年 1 月的规则改变使召开两院协商会议变得更加容易，即提出一个单一不可分的动议就行了，而不要求有三个独立的可提议事阻挠的动议。这可能会导致更加频繁地召开两院协商会议。然而，政党领袖在使用替代程序方面变得更有创造性了，并且现在有时还是出于战略优势考虑而以更加非正统的方式使用这些程序。这种情况恐怕不大可能再发生改变了。

第五章　综合立法案、预算程序和峰会

非正统的法律制定并不局限于前几章所考察的对曾经的标准程序和实践惯例的各种创新与修正。几十年前根本不存在或者很少使用的立法形式和决策方式，现在却大行其道。当今的国会经常通过庞大的综合议案来立法，这种情况在 20 世纪 80 年代之前是很少见的。20 世纪 70 年代中叶建立的预算程序，直到 20 世纪 80 年代仍然处于立法决策的边缘，但如今它已经成为立法决策的核心环节。在必须解决的重大问题上，峰会——国会领袖们和直接代表总统的政府高级官员们之间相对正式的谈判，已成为一种相当常见的决策模式，尤其是当国会和联邦政府的控制权被两党分别掌握时。

当立法决定通过综合立法案、预算程序和峰会做出的时候，决策的集中程度要高于其他重大立法，中央领袖——国会党派领袖，往往还有总统——扮演着更加重要的角色，并且往往是决定性的角色。这些立法模式使国会有可能制定法律通过综合性的政策改革，而这对一个权力分散的机构来说往往是一项艰巨的任务；这些立法模式还可能减少对立法条款的精研细读以及普通议员广泛参与的机会。

国会和联邦政府两党分治、党派极化和巨额赤字是导致这些变化发生最重要的环境因素。只要激烈的党派之争和对赤字的担忧持续存在，国会的主要政治冲突就可能继续围绕着综合立法案和预算程序展开。然而，峰会可能代表了一个过渡阶段。

一、 综合立法案

国会需要处理各种立法案，既有短小且简单的一句话议案（one-sentence bill），例如 HR 3989——"将位于明尼苏达州丹尼森市古德大街 37598 号的联邦邮政署机构命名为'奎伊邮局'（Albert H. Quie Post Office）"，[①]也有极为复杂和冗长的议案。例如，1990 年的《空气净化法》约 800 页；2005 年的《能源法》为 550 页；2010 年的《患者保护与平价医疗法》（ACA，也称《奥巴马医改法》）因长约 2100 页而闻名。在许多情况下，非专业人士需要通过讲解才能理解某个立法案。

涉及众多且不一定相互关联的主题、议题和计划的立法案被称为综合立法案，这些立法案往往非常复杂、篇幅甚巨。虽然对什么构成了一部综合议案没有共识性的专门定义，但每位国会观察员都会将 1988 年的贸易法案划归综合立法案，因为它不仅涵盖了 13 个众议院委员会和 9 个参议院委员会的管辖权限，还包括了同样在当年通过的禁毒法案。后者的内容包含了对毒品滥用的教育和防范、对毒品滥用的治疗、对大大小小贩毒分子和毒品滥用者的惩处，以及拦截经陆海空通道从国外流入美国的毒品问题。

尽管在所涵盖的主题上可能并不完全相同，但 2002 年设立国土安全部的议案和 2004 年重组联邦政府情报行动业务的议案也可以被视为综合立法案，每个议案通过的过程都体现了这些议案造成的问题以及领导层为通过这些议案而采用的非正统解决方法。当小布什总统在

---

① 阿尔伯特·奎伊是众议院的前议员，国会经常以前议员的名字来命名联邦建筑物。

2002 年春天要求国会迅速成立国土安全部时，众议院共和党领导层可能预见了一些重大问题。小布什提出的是半个世纪以来最大规模的联邦机构重组，这次重组合并了负责反恐的 22 个联邦机构的全部或部分部门。大量众议院委员会都必须参与进来，因为它们对小布什想要设立这个新部门的计划都拥有管辖权，其中部分委员会可能拒绝放弃自身任何的管辖权。然而，如果众议院不迅速采取行动，该院和共和党的声誉就将受到损害。

116

　　为了解决这些政治问题并完成将十几个委员会的工作融合成一个连贯整体的主要协调任务，伊利诺州共和党人、议长哈斯泰特提议成立一个由 9 名成员组成的特别委员会（select committee）并得到了众议院批准。哈斯泰特选择得克萨斯州共和党人、多数党领袖阿梅担任该委员会主席，并任命领导层成员填补剩余的共和党席位（《国会季刊周报》，2002 年 6 月 22 日，第 1651 页）。6 月 24 日，该立法案在截止日期前被分送给 12 个常设委员会；7 月 16 日和 17 日，12 个常设委员会中的 10 个委员会向特别委员会提出了建议，特别委员会对其中部分建议做了重大修改。合并后的议案于 7 月 25 日开始院会审议，并于 7 月 26 日通过。

　　旨在回应"9·11"委员会建议而提出的这个重组政府情报行动业务议案，是一项涵摄广泛、意义深远的议案，它还包括了众议院方面提出的种种关系松散的提案，例如有关执法和移民等问题的提案。在众议院，该议案被分送给 13 个委员会，其中 5 个委员会就该议案提交了报告。然而，这些正式的流程掩盖了真实发生的事情。该议案实际上是由各个相关委员会的主席在领导层的主持下起草的。正因为如此，该议案才由哈斯泰特议长提出并送交各委员会，而这些委员会也都在 10 天之内或提交了报告或被解除了审议权。

参议院没有采用这种非正统程序来处理这两项议案,这揭示了参众两院之间的分歧。两个议案都是由同一个单独的委员会——政府事务委员会(Government Affairs)——所报告的。当作为少数党的共和党人,利用其冗长辩论的权利,拒绝投票通过小布什反对的议案版本时,设立国土安全部议案的确遭遇了一个典型的参议院难题。

通常带有综合议案标签的许多议案都是一些财政议案。当代国会中最常见的综合议案就是综合拨款议案、预算决议与和解议案。在最近的几届国会中,综合议案占了重大立法案的 11% 左右。①

二、 授权、拨款和专项拨款

理解国会预算程序,需要了解授权和拨款之间的区别。诸如农业或教育等职能委员会,有权报告制定新计划或者修改现有计划的议案。这样的议案通常还会授权国会拨付实施相关计划所需的资金。这些议案通常被称作授权议案(authorization bills),它们大多数都为一个或多个财年授权了具体的最高拨款额度。如果某个计划将在这些已授权的财年后继续实施,国会应该为其再授权,从而在加上的这些财年中为其拨款。在 20 世纪 60 年代和 70 年代,为了鼓励对计划做更多的监督,并提高职能委员会或者说"授权"委员会的影响力,国会从以永久性授权为主转向以临时性但多年期的授权为主。

宪法规定,政府计划的资金必须由法律划拨。国会规则,特别是众议院规则,要求这些拨款必须首先得到授权。一旦某项计划由法律设立,关于其组织、宗旨、活动等的规定将一直有效,除非该法律被修改或

---

① 第 103—105 届和第 107 届国会。

废除,或者除非该法律包括一项"日落"条款,导致这些规定在某一特定日期或特定年限后失效。这种拨款授权针对的计划是那种在一年内有效,或者在有限财年内有效的计划。

之所以人们会说,如果一个计划在有限年限的拨款授权到期时没有得到再授权,该计划本身将不复存在,是因为没有资金(拨款)的计划实际上是不存在的。然而,国会内部禁止未经授权拨款的规则是可以放弃的,而且现如今这种情况经常发生。因此,出于各种政治原因,多年来美国的对外援助计划的拨款一直没有重新获得授权,虽然它们本应该每年都获得再授权。尽管如此,这些计划仍在持续运作,因为众议院通过规则委员会报告的一项特别规则,放弃了禁止未经授权拨款的规则,从而为这些对外援助计划拨付了资金。

拨款是众议院和参议院拨款委员会的职责,每年它们都必须报告并确保一系列法案的通过,以便根据这些法案为联邦政府的众多计划和机构拨款。这两个委员会下设若干个小组委员会(subcommittees),每个小组委员会都要报告一项为多个政府计划和机构提供资金的一般性拨款议案。例如,负责劳工部、健康与公共服务部和教育部拨款事务的小组委员会可以提交议案,为这 3 个联邦政府内阁部门所属的计划和机构拨款。

多年来,众议院和参议院拨款委员会各有 13 个管辖范围相同的小组委员会。在 21 世纪头十年中期,小组委员会的管辖范围和数量发生了一些变化,现在众议院和参议院拨款委员会各有 12 个小组委员会,它们的管辖范围是平行的,每个小组委员会负责报告一项一般性拨款议案。拨款议案只为它们的计划提供一年的资金。如果国会未能通过劳工部、健康与公共服务部以及教育部的拨款议案,这些部门的许多计划和机构将不得不终止和关停。(通过年度拨款之外的机制提供资金的社会保障等政府计划不会受到直接影响。)终止公众期待和依赖的计划所导致的前景是非常可怕的,以至于国会总是会通过拨款法案。尽管在 1995 年年底,国会在中断几周后才通过了拨款法案。这就是著名的 1995 年圣诞节政府停摆危机:作为众议院新晋多数党的共和党人试图通过拒绝拨款来迫使克林顿总统同意他们的预算平衡计划。克林顿态度强硬,公众将停摆造成的痛苦归咎于共和党人,国家公园和华盛顿纪念碑关闭,政府员工领不到工资,以至于他们无法为自己的孩子购买圣诞礼物(Sinclair 2007,第 11 章)。在参议院多数党领袖、堪萨斯州共和党人多尔的敦促下,众议院共和党人屈服了,并且通过了一项延续拨款决议(continuing resolution)。为了强行废除《奥巴马医改法》,共和党人在 2013 年秋季再次拒绝通过拨款立法案,3 周后公众舆论又一次迫使他们屈服了(参见本书第八章)。通常,国会无法在每年的截止日期 10 月 1 日即财年(简称 FY)开始前通过所有的一般性拨款议案。在这种情况下,国会会通过一项延续拨款决议,暂时性地继续提供资金。① 延续拨款决议可以涵盖尚未通过的少数拨款议案,并且仅延长几天或几周的资金。然而,有时国会通过的议案包含一半或更多的常规拨款议案,并将这些拨款议案的时间延长至本财年剩余时间届满——这样的立法案才有资格被称为综合立法案。例如,2002 年,国会未能通过 11 项常规拨款议案。在经过多次延续拨款决议之后,所有的 11 项议案都被打包成一个综合议案,并在财年开始 4 个多月后的 2003 年 2 月获得通过。同样,2004 财年的 7 项常规拨款议案也被打包成一个综合议案,最终于 2004 年 1 月获得通过。2005 财年的综合拨款议案包括 9

---

① 短期延续拨款决议的拨款资金通常与上一年度持平,或者比众议院和参议院提议的数额更低。长期延续拨款决议越来越多地包括了对各种项目拨款数额的调整,从而模糊了延续拨款决议和综合拨款议案之间的界限。

项常规拨款议案。然而,在第二年,国会还是设法分别通过了所有拨款
议案,尽管有些是在财年开始很久后才通过的。

在第 110 届国会开始时,2007 财年的一般性拨款议案中只有两项
获得通过。在跛脚鸭会期,即将离任的多数党共和党通过了一项延续
拨款决议,为其他议案所涵盖的计划提供资金直到 2 月 15 日。该延续
拨款决议为每个项目设定的拨款额度与上一年度持平。作为新晋多数
党的民主党面临着一个问题,即不得不在本财年的 4 个月中通过 9 项
有争议的拨款议案,或将其打包成一个综合议案来通过。由于新晋多
数党有一个雄心勃勃的议程——而且拨款委员会很快就要开始制定
2008 财年议案——拨款委员会的主席们通过谈判达成了一个合并的延
续拨款决议/综合拨款议案,该议案将在 2007 财年剩余的时间内主要
按照前一年的水平为政府计划项目提供资金,综合拨款议案的确也进
行了一些调整,以考虑民主党的优先事项,并避免拨款资金不足的计划
项目陷入困境。该议案在参众两院的委员会均未经审议,而是在众议
院内根据封闭规则进行了审议。这里我们能够再次看到,严峻的政策
与政治问题再次促使非正统程序得以使用。

对于国会来说,将所有的一般性拨款议案以单独议案的形式通过
变得越来越困难。从 1996 财年到 2010 财年,近乎一半的常规拨款议案
被捆绑成综合议案(《每日摘要》,2008 年 6 月 2 日,数据由作者更新)。
从 2011 财年到 2015 财年,没有一项单独的拨款议案成为法律,所有这
些议案都被捆绑并作为综合议案通过(《国会季刊周报》,2014 年 4 月 7
日,数据由作者更新)。

近年来,参议院在通过拨款议案方面遇到了巨大困难。从 2001 财
年到 2010 财年,每年平均有 5 项一般性拨款议案从未在参议院经过审
议(Lilly 2010, 4)。从 2011 财年到 2015 财年,参议院仅通过了一项单

独的拨款议案。参议院作为一个整体，对只作为某个一揽子计划的一部分的议案进行投票，而这个一揽子计划，常常是以两院协商会议报告的形式呈现出来的，只允许对它投"赞成"或"反对"票。问题的根源在于参议院的规则，以及在这个党派两极分化的时代如何使用这些规则。由于少数党经常使用冗长辩论，参议院的有效会议时间就变得非常不足。当多数党将过去没有争议的议案，比如交通拨款议案，提交院会审议时，少数党就会提出大量修正案，最终结果便是，参议院要花费几天的时间才能通过这一议案。民主党人认为，共和党人在 2006 年一失去多数席位就开始"放缓"(slow walking)立法进程。多数党领袖不得不权衡拨款议案需要占用多少院会审议时间，以及他需要多少时间来处理其他更为优先的立法案——鉴于少数党的策略，这些立法案也将消耗大量的院会审议时间。最终的后果便是，多数党领袖往往不会将过多拨款议案提交院会进行初步审议。参议院拨款委员会的确每年都会起草并报告大多数单独拨款议案。参议院和众议院拨款委员会的领袖们就他们的分歧展开了非正式协商，并且他们还将达成的协议纳入一项综合议案中(参见 Hanson 2014)。党派两极分化也影响了众议院的拨款程序，但由于参众两院规则不同，影响方式也不同。传统上，拨款议案在众议院是通过公开程序审议的，该程序允许提出所有密切相关的修正案，即使在大多数其他立法案根据限制性规则提交院会之后，这种允许提出所有与拨款议案密切相关的修正案的情况仍继续存在。然而，当民主党人在 2006 年的选举中控制众议院后，特别是在奥巴马当选总统后，作为少数党的共和党人实际上开始"通过修正案进行议事阻挠"。2009 年，当民主党人将第一份常规拨款议案提交院会审议时，共和党人提出了 100 多项修正案，并拒绝按照传统做法就审议日程的安排达成一致同意协议。民主党人的回应是采用结构化规则审议该议案,这在一般性拨款议案中尚属首次。在第 111 届国会期间,众议院随后的所有一般性拨款议案都是按照结构化规则审议的,尽管这些规则在允许提出的修正案数量方面相当宽松。例如,2010 财年商业、司法和科学拨款议案的规则,根据议事规程列出了 23 项具体修正案,以及少数党首席委员从少数党希望提出的修正案清单中选出的另外 10 项修正案。在共和党重新控制众议院后,他们恢复了对拨款议案更加开放的规则,但也引发了其他困难。从 2012 财年到 2015 财年,众议院每年通过的 12 项拨款议案里,不超过 7 项是单独拨款议案,而在 2014 财年仅有 4 项单独拨款议案获得通过。(关于规则的论述,参见本书第二章和 Hanson 2015;关于这些问题的进一步论述,参见本书第八章。)

除了常规拨款议案外,国会还可以通过补充拨款议案。这些议案旨在解决意外的突发事件,例如卡特里娜飓风救济(Oleszek 2004, 44)。小布什政府使用紧急补充议案来资助阿富汗战争和伊拉克战争,他认为战争所需的金额是无法预测的,因此无法纳入常规预算。补充拨款的金额不计入预算决议规定的支出上限,也不计入对未来预算赤字的预测。此外,与他提交的常规预算中的资金申请相比,总统的补充拨款申请通常不够详细,理由也不够充分。由于这些原因,政府使用补充拨款议案来资助战争的做法越来越引发争议,甚至国会中的共和党人也这么认为。2006 年选举后,在 2007 年年初又进行了一次更大规模的补充拨款,此后政府承诺将战争经费纳入常规预算。奥巴马总统的第一份全额预算案(full budget)的确包括战争经费,但仍然需要补充拨款,而随着许多民主党人越来越对阿富汗战争持怀疑态度,这个补充拨款议案也引起了极大的争议。从那时起,补充拨款已经恢复了它们预期的用途。2013 年年初,国会通过了一项补充拨款议案,用于支付桑迪飓风的恢复工作;然而,在 2014 年夏天,国会拒绝提供更多资金来应对儿童移民跨越边境的危机。

国会预算程序中最著名、最臭名昭著,也最容易被误解的是专项拨款(earmarking)。专项拨款是指导资金用于如桥梁、大学研究中心等特定项目的法律规定。通常,专项拨款是由一名议员为其选区或州的某个项目所申请的。专项拨款的规定可能在议案当中,在这种情况下它对政府行政部门具有法律约束力;也可能出现在议案随附的委员会报告中,虽然在这种情况下它不具有法律约束力,但受其指令(directed)的机构或部门通常将其视为具有法律约束力的条款。毕竟,这些行政部门官员未来的预算都仰赖国会,如果无视国会议员的指令并惹怒他们,自己就会得不偿失。授权立法案可能包含专项拨款,如定期的交通再授权议案总是包括一长串议员为其所在选区要求的具体项目。专门满足一个人或少数人利益的狭义税收规定是另一种形式的专项拨款。然而,拨款议案中的专项拨款仍然是最受关注的。

媒体将所有专项拨款描述为极度浪费且可能产生腐败的"政治分肥"(pork)。头条新闻"不知通向何处的桥梁"似乎也证实了这一情况,一些国会议员和外部团体也在强调这一说法。然而,现实情况要麻烦得多。大多数专项拨款都用于有价值的目的,例如,以下是加利福尼亚州民主党参议员博克瑟在 2011 财年农业拨款议案中提出的前四项专项拨款请求:

> 应用农业和环境研究
> 请求实体:加利福尼亚州立大学
> 地点:全加利福尼亚州的加利福尼亚州立大学校区
> 金额:3 000 000 美元
> 这笔资金将用于支持整个加利福尼亚州立大学系统在气候变

化、空气质量、温室气体排放和碳固定，食品安全和保障，水质、基础设施和交通，以及公共卫生和福利等方面开展的研究。应视这些研究项目研究的优劣程度拨付具体的款项（competitive grants）。

122

旧金山湾区水生害虫防治计划

　　请求实体：蒙特雷县

　　地点：蒙特雷县、圣克拉拉县、阿拉米达县、康特拉科斯塔县和圣贝尼托县

　　金额：2 500 000 美元

　　这笔资金将在加利福尼亚州的五个县实施一项协调防治计划，以应对斑马贻贝（zebra and quagga mussels）构成的经济威胁。这些贻贝是入侵性水生害虫，会迅速堵塞过滤器、管道、水泵以及农业、市政和工业供水系统的关键基础设施。

加利福尼亚州害虫检测提升计划

　　请求实体：加利福尼亚农业专员和检验员（sealers）协会

　　地点：加利福尼亚州各县

　　金额：1 350 000 美元

　　这笔资金将允许县农业专员继续执行一项计划，在加利福尼亚州的入境点对入境植物材料进行检查，以防止侵入病虫害。

社区农业和农业教育

　　请求实体：奥兰治县大公园

　　地点：加利福尼亚州尔湾市

　　金额：850 000 美元

　　这笔资金将用于把公园农场和食品实验室的农作物用地扩大到 120 英亩,该实验室位于前埃尔托罗军事基地(El Toro)。大部分收成将捐赠给当地的食品银行,该基地将成为农业可持续发展的典范。资金还将用于支持以农业为重点的免费教育计划。(http://appropriations. senate. gov/cdsr/cfm)

　　人们可能会质疑这些专项拨款请求以及其他议员提出的许多其他请求是否是对有限资金的最佳利用,但我们也很难说这些项目是极度浪费的项目。

　　此外,关于专项拨款的争论有时忽略了这样一个事实,即有人必须就专项资金用于特定的项目和计划做出决定。宪法赋予了国会决定财政支出的权力,如果国会选择使用这项权力,那么它就可以指定其授权并拨款的每一分钱的用途。当然,考虑到联邦政府活动的规模和范围,这样做既不可行,也不可取。因此,许多细节性的支出决定都被委托给了行政部门。然而,当国会完全剥夺了自己使用专项拨款的权力时,这就代表这项权力向行政部门发生了重大转移。实际上,国会议员经常声称他们比行政部门的官僚更了解自己选区的需求和优先事项。

　　20 世纪 90 年代和 21 世纪头十年确实出现了一些与专项拨款有关的严重问题。在共和党于 1994 年选举中接管国会后,拨款议案中的专项拨款数量激增。根据国会研究服务部的统计,1996 年的拨款议案中有价值 195 亿美元的 3 023 项专项拨款。到了 2006 年,这一数字攀升至价值 640 亿美元的 12 852 项专项拨款。在 1995 年之前,当国会处于民主党控制之下时,一大批拨款议案——例如为劳工部、教育部和健康与公共服务部提供资金的巨额议案——基本上或根本没有采用专项拨款。但是在随后的几年里,这些拨款议案中到处都是专项拨款内容。

拨款议案的专项资金额度也大幅增长。民主党在 20 世纪 90 年代（1995 财年）最后一项为劳工部、健康与公共服务部和教育部提供拨款的议案中没有包含专项拨款；到了 2002 财年，该项议案的专项拨款已经超过 10 亿美元。定期的交通授权议案历来包含大量专项拨款项目；但在共和党控制的国会下，这些专项拨款项目无论在数量还是价值上都有大幅增加。在 1987 年、1991 年和 1995 年通过的 3 项议案中，专项拨款项目的平均数量为 325 个。到了 1998 年，这一数量增加到 1 850 个（价值 95 亿美元），2005 年则增加到 6 371 个（价值 230 亿美元）。

专项拨款不是造成巨额预算赤字的原因，专项拨款所涉及的金额仅占整个联邦预算的很小一部分，而且大部分资金都不是额外追加的，而是从已授权或拨付的总额中划拨的。虽然有一些专项拨款项目存在浪费的情况，但大多数项目是值得的。然而，在一些规模较小的项目中，受限于专项拨款的使用范围，几乎没有资金能够用于未标明用途的项目；在其他一些情况下，例如美国国家航空航天局的预算，专项拨款就把稀缺的资金用在了与该机构核心任务无关的项目上。根据众议院拨款委员会前行政主管厉力（Scott Lilly）的说法，专项拨款大幅增加所带来的最有害影响是，它严重扭曲了议员和其工作人员利用并分配时间的方式。对于议员、议员的工作人员以及委员会工作人员，尤其是拨款委员会工作人员来说，争取专项拨款是一个非常耗时的过程。然而，选民团体越来越期望得到专项拨款，这就使得整个游说工作都围绕着争取专项拨款而发展起来。结果便是议员及其工作人员投入更具广泛影响的立法案的工作时间越来越少。

专项拨款数量的大幅增长和几起腐败丑闻引发了一些改革。程序缺乏透明度是专项拨款的一个主要问题，而改革正是为了解决这一问题。2007 年众议院通过规则要求"详细列明每项专项拨款及其发起人，每位议员皆需公开证明他们在任何专项拨款请求中都没有经济利益,并在两院协商会议中确认'空投'[即插入]的专项拨款"(Committee on Appropriations,March 2010)。2009 年,所有议员都必须在网上公布他们所提专项拨款请求的内容和理由。2010 年,众议院拨款委员会决定不批准指向营利性实体的专项拨款申请。参议院要求所有议员在提出专项拨款申请时,均需在自己的官网上公布有关其专项拨款请求的信息。"每位参议员都必须解释专项拨款的目的,讲明为什么它是纳税人资金的一种有价值的使用方式。"拨款委员会公布了每个参议员请求页面的链接。

2011 年年初,众议院和参议院都同意在至少两年内不再使用专项拨款,自此以后,对专项拨款的禁令一直在延长。拨款委员会领袖们痛惜专项拨款的停用,因为这使他们失去了为自己的议案争取支持的"利益诱惑"。一些长期的国会观察人士认为,众议院议长博纳在团结其议员们通过一些必须通过的立法案方面遇到的困难,至少部分应归因于缺乏专项拨款这一可以用作讨价还价的筹码。然而,只要公众心中将专项拨款与浪费和腐败画上等号,专项拨款就不太可能恢复。

并非所有计划都通过年度拨款获得资助。联邦政府最大的拨款计划之一是应得权益计划(entitlement program)——该计划规定符合特定标准的人有权享有特定福利。社会保障、老年人医保、医疗补助、农产品计划和食品券都属于应得权益计划。为许多应得权益计划提供资助并不受拨款委员会的控制。其中规模最大的一些计划——如社会保障计划和部分老年人医保计划——由信托基金资助,还有一些计划有永久性的拨款。即使有些计划需要每年拨款,如食品券计划,拨款委员会的自由裁量权也受到严格限制。如果拨款在年底前超支,国会必须通过一项补充拨款议案,为符合条件的人提供食品券。削减应得权益计划的开支,需要修改授权该计划的立法案,这属于授权委员会而非拨款委员会的管辖范围。①

三、 预算程序

为了使财政支出决策的过程保持一致,国会于 1974 年通过了《国会预算和截留控制法》(简称《预算法》)。在 1974 年《预算法》颁布之前,国会以零碎且不协调的方式做出财政支出和税收决定。预算程序还为国会提供了一个做出综合性决定的工具,尽管在最初它并不是这样使用的。

《预算法》创造了一个全新的程序,并将这个新程序与国会做出财政支出和税收决定的旧程序叠加在一起。新的预算程序使综合法令成为国会年度工作的常规部分,并以其他直接和间接的方式影响立法进程。尽管本书在此无法详细考察预算程序及其衍生后果,但是如果不去考察预算程序,那么对当今立法程序的讨论将是不完整的(关于预算程序的论述,参见 Oleszek 2004; Schick 1980;以及 Thurber and Durst 1993)。

《预算法》要求,在起草拨款议案之前,国会必须通过一项预算决议设置指导方针。预算决议应明确规定联邦政府在下一财年的支出额、预期税收额,以及预期赤字或盈余的数额(两者之间的差额)。它还要明确规定 20 个广义宽泛的功能类别中每个具体类别的支出额,例如,健康或者农业类支出额。该决议所附的预算委员会报告可能载有关于政策变化的详细建议,这些政策变化将产生总体的支出数额。虽然该报告可能建议削减特定计划的财政支出以达到预算决议中的总体支出

---

① "抚养未成年子女家庭援助计划"(AFDC)是一项应得权益计划,1996 年的福利改革法案将其从一项应得权益计划改为一项需要每年拨款的分类资助计划(a block grant program)。

数额,但其建议没有约束力。

　　估算赤字或盈余不是一项常规的技术工作,这项工作很有可能会引起争议。赤字或盈余取决于预期的财政支出和收入,这两者又取决于一些经济假设。例如,税收收入取决于经济状况。当经济持续增长时,更多的人会有工作,工资可能会上涨,更多的企业能够持续获利,因此,普通自然人和企业缴纳的税款也会更多。联邦支出也取决于经济预期。例如,当经济不景气时,更多的人将满足于获取失业救济和食品券的资格,而这些应得权益计划的支出也会水涨船高。

　　除了估算下一年的情况,预算决议还会预测未来 5 年或 10 年的财政支出、收入、赤字或盈余,这是一项更加棘手的工作。国会依靠由无党派专家组成的国会预算办公室(Congressional Budget Office,CBO)进行估算。白宫行政管理和预算局则为总统提供估算。1995 年,关于使用哪一组数据的争论成为预算之争的焦点。这两个机构对美国经济在未来 7 年的增长率所做的假设略有不同,导致其对 2002 年之前达到预算平衡要削减多少财政开支的估算大相径庭。

　　起草预算决议是参众两院预算委员会的任务。委员会将考虑总统的预算申请,根据法律规定,该申请必须在 2 月的第一个星期一之前提交给国会。正如参议院预算委员会对预算程序的描述所阐释的那样,"国会在起草预算时首先需要了解的事情之一,是行政部门认为哪些资金对于联邦政府的运作而言是必要的"(Committee on the Budget, United States Senate 1998, 10)。其他委员会将其管辖范围内的计划支出意见提交给预算委员会,国会预算办公室提供有关预算和经济前景的报告,以及对总统预算申请的分析。由于预算决议设定了总体的预算政策,因此起草该决议对预算委员会来说是一个非常重要而且往往在政治上十分困难的任务,以至于预算委员会无法独自完成。预算是对事项优先级的一种说明，当资源紧俏时，预算就涉及艰难的取舍。在做出取舍时，国会政党领袖们总是牵涉其中，总统也可能参与进来。

预算决议的立法程序在许多方面与普通立法案所遵循的程序相似。各委员会提出报告后，参众两院都要通过各自的预算决议版本。在众议院，多数党领导层总是根据限制修正案数量的特别规则提出决议，通常只允许提出有限数量的综合性替代修正案。《预算法》将参议院的辩论限制在 50 小时内，并要求修正案必须与预算决议密切相关。因此，不能对预算决议提起议事阻挠。为了在两院各自版本的预算决议之间达成妥协，国会将任命一个两院协商委员会，协商后达成的妥协方案必须得到两院的批准。然而，预算决议并非法律，它是一项无需总统签名的共同决议。

从本质上讲，预算决议是国会商定产生的用于指导其自身——具体来说，是国会各委员会——当年财政支出和税收决定的一套指导方针。预算决议发挥着框架的作用，在其中拨款委员会可以做出财政支出决定。两院协商会议关于预算决议的报告按委员会划分支出总额。由于拨款委员会负责通过拨款完成所有财政支出，因此它们获得的拨款最多。拨款委员会对支出的控制被称为"自由裁量"（discretionary），因为如果不考虑政治现实，而只是根据法律规定，拨款委员会可以随意地削减这些支出。根据 2010 年白宫行政管理和预算局的估计，自由裁量支出仅占联邦支出的 38% 左右（其中 60% 用于国防和国土安全，40% 用于国内）；应得权益支出占联邦支出的 56%；国债利息支出占联邦支出的 6%（OMB 2010，表 8.3）。

预算决议可以包括对其他委员会具有约束力的指示，从而使委员会管辖范围内的法律符合预算决议的规定。自 1974 年颁布《预算法》以来，已有 21 项预算决议被列入此类指示。如果指示的目的是像通常情况那样削减增加的支出，那么应得权益计划就有可能成为目标。决议可以指示一个授权委员会将其管辖范围内的计划支出减少一定数额，而这样做就需要委员会修改其管辖范围内的法律。例如，2006 财年的预算决议规定如下：

众议院农业委员会应报告其管辖范围内的法律变化，这些法律变化足以使该委员会 2006 财年的直接支出减少 173 000 000 美元，2006 财年至 2010 财年的支出减少 3 000 000 000 美元。（House Report 109-062-Concurrent Resolution on the Budget for FY 2006）

预算决议的指示没有规定变更的细节，只规定了节约资金的数额。同样，如果该决议规定税收收入需要增加现行法律规定的税收收入数额，那么参与税收法案编写的委员会——众议院筹款委员会和参议院财政委员会——将得到指示编写一项提高具体税收金额的税收议案，但它们并不会被告知如何去做，例如，到底是提高汽油税率还是提高所得税率。相反，如果预算决议指示参与税收法案编写的委员会减税，指示会包括需要削减税收的具体金额。该报告也许还可能就削减哪些税收提出建议，但这些指示并不具有约束力。预算决议中的指示被称为"和解指示"（reconciliation instructions），它们指示各委员会协调其管辖范围内的法律与预算决议中的金额。和解指示还应明确规定委员会服从建议的最后期限。

预算法和解议案（Budget Act reconciliation bills）可用作全面政策变革的工具。如果没有这一工具，要想通过一项体现重大方向性变化的经济计划，例如里根总统在 1981 年、克林顿总统在 1993 年提出的经济计划，就需要颁布十几项或更多的单独议案。当预算程序被用作全面变革的工具时,受其指示的委员会数量往往非常庞大。1981 年的预算决议载有里根的经济计划,该决议向 15 个众议院委员会和 14 个参议院委员会提出了指示。1993 年的预算决议包含了克林顿的计划,向 13 个众议院委员会和 12 个参议院委员会提出了指示。1995 年的决议囊括了新晋多数党共和党的经济计划,向 12 个众议院委员会和 11 个参议院委员会提出了指示。2001 年和 2003 年的预算决议载有小布什总统的经济计划,尽管规定了大幅减税,但由于只涉及税收削减,因此该决议只对参与税收法案编写的委员会提出了指示。

到了 2005 年,不断增长的赤字迫使共和党人试图控制支出增长,预算决议指示参众两院各自的 8 个委员会削减开支,但它也指示参与税收法案编写的委员会减税。2009 年和 2015 年预算决议中和解条款的目标更加有限,这两份决议都向众议院的 3 个委员会和参议院的 2 个委员会提出了指示。2009 年的预算决议允许在医疗保健问题和学生贷款政策上进行协调。2015 年的预算决议侧重于协调医疗保健政策,并且这份决议明确地想要废除《奥巴马医改法》。

接受指示的委员会起草各自的立法案,然后将其送交预算委员会,由预算委员会再将其打包成综合和解议案。① 然后,该立法案必须获得参众两院的批准。在众议院,严格限制修改活动的特殊规则总是被用来保护这些通常具有争议的大型综合立法案。《预算法》通过将初始的院会辩论限制在 20 小时内,并将两院协商会议报告的辩论限制在 10 小时内,从而保护和解议案免受参议院的议事阻挠。此外,修正案必须与和解议案密切相关且不影响赤字,也就是说,修正案不能增加支出。如

---

① 偶尔会使用的两个和解议案:一个和解议案包括旨在削减支出的有计划的修改,另一个和解议案涉及税收问题。这就是 2005 年的情况。

果放弃这些规则，需要 60 票赞成。

　　由于和解议案在实质上和政治上都非常重要，因此党派领导层总是参与其中。1995 年之前民主党占多数席位时，众议院多数党领袖是预算委员会的领导层代表，并且经常被任命为两院协商委员会委员。佐治亚州共和党人、议长金里奇任命多数党领袖阿梅，得克萨斯州共和党人、多数党党鞭迪莱及其首席副党鞭哈斯泰特参加 1997 年支出和解议案两院协商会议，他们是 5 位共和党和解议案两院协商会议参会人中的 3 位，有权对整个议案进行审议。从那以后的几年里，尤其是在众议院，预算委员会主席已成为政党领导层的实际成员。与预算决议不同，和解议案是一项立法案，因此总统有权否决它。这种可能性使总统在整合议案的过程中拥有较大影响力，即使国会由另一党控制。除非国会多数党在参众两院中都拥有绝大多数席位，否则在触及两党核心分歧的立法上，获得 2/3 的赞同票以推翻总统否决的可能性非常渺茫。如果总统自己所在的政党在国会中占据多数席位，总统和国会政党领袖们很可能就会在这样一种立法的主要内容上密切合作。1993 年的和解议案遵循了克林顿总统提出的大纲，尽管克林顿总统不得不在具体条款上做出妥协。2001 年和 2003 年，占据国会多数席位的共和党满足了小布什总统的大部分要求。在上述两种情况下，多数党领袖们在为属于他们党派的总统提供支持上都发挥了关键作用。

　　和解议案通过一个简短的立法过程做出了大量决策，在这一立法过程中，许多条款都要受到有限的审查。可能不会对立法案中包含的改动举行委员会听证会。由于各委员会的运作受到时间限制，许多条款在委员会最终审议期间可能只得到了敷衍的关注；至于内容更加庞杂的一揽子议案，它们在院会辩论期间可能会遭到完全的忽略。事实上，大多数议员可能不会关注其中的许多条款。然而，和解议案中的条款很有可能成为法律。一揽子议案的庞大规模往往会使人们的注意力被限制在最重要的条款上，从而忽视其他条款。在众议院，议案将根据一项禁止提出大多数修正案的特殊规则进行审议。在参议院，议案受到保护，不受议事阻挠影响。而和解议案被多数党视为"必须通过"的立法案。

鉴于这些优点，存在着一种巨大的诱惑，即利用和解议案来通过那些与执行和解指示无关的条款。为了抵制这种诱惑，参议院在 20 世纪 80 年代中期通过了伯德规则（Byrd rule），该规则以其创造者，西弗吉尼亚州民主党人、参议员伯德的名字命名。该规则禁止和解议案中的无关事项，并做出规定：如果放弃该规则，需要 3/5 的多数票同意（Gold et al. 1992，302-303，326；Tiefer 1989，891-894）。由于什么是无关事项并非显而易见，因此实践中逐渐形成了一套规则和先例，用以界定什么属于伯德规则的范围，什么不属于伯德规则的范围。

伯德规则的适用可能会产生重大的政策后果。例如，1995 年参议院民主党人成功地从和解议案中删除了共和党福利改革立法案的大部分内容。民主党人还曾利用伯德规则从 2005 年和解议案中删除了一项条款，该条款规定，如果医院拒绝为无力支付共付额的贫困医疗补助受益人提供治疗，则可免于承担医疗事故赔偿责任（《国会季刊周报》，2005 年 12 月 22 日，第 3378 页）。由于两院协商会议报告因伯德规则的运用而被修改，修改后的版本必须在众议院获得批准。然而，此时大多数众议院议员已经离开华盛顿去享受圣诞节假期了，在这种情况下，有动议提出推迟了该议案的最终批准程序。2010 年，伯德规则规定了实施医保改革的议案中可以包含哪些内容，不可以包含哪些内容（参见本书第七章）。就像这次的情况一样，伯德规则经常加剧众议院和参议院之间的紧张关系。众议员痛苦地抱怨说，一项参议院的规则规定了哪些内容可以被纳入，哪些内容不能被纳入两院协商委员会关于和解议案的会议报告。

伯德规则只是预算程序在参众两院规则上叠加的另一套高度复杂规则的一个例子。《预算法》引发了许多议事程序问题,其中许多规则都需要在参议院获得 60 票才能放弃。正如参议院预算委员会所解释的那样:"《预算法》的议事程序问题是国会的一种策略,任何国会议员都可以用它来反对一项修正案或一个立法案,理由是该修正案或立法案不在预算设定的范围之内。"(Committee on the Budget, United States Senate 1998, 16)频频有人提出程序异议,他们坚持认为某一立法案的支出超过了预算决议所允许的范围。

在众议院引发的结果是,规则委员会制定的可以放弃预算规则的特殊规则在管理该院事务上变得更加重要。在参议院,预算程序提供了一条不受议事阻挠的立法途径,但也同时增加了一系列需要获得绝对多数赞同的决定。例如,1994 年参议院批准实施关税和贸易总协定(GATT)的立法案时,关键的决定不是通过投票,因为通过投票仅需要简单多数;关键的决定是在参议院投票批准该立法案前,需要 60 票才能放弃参议院预算规则中要求新立法案"预算维持现状"(budget neutral)的规定。由于关税和贸易总协定降低了关税——一种税收形式,因此它不符合该规则。

由《预算法》设立的国会预算办公室,需要根据法律为国会委员会报告的每一项议案提供成本估算。[1] 正如国会预算办公室网站所述,"国会预算办公室的成本估算用于确定提案是否符合预算决议,它已经成为立法过程中不可或缺的一部分"(www. cbo. gov)。真要这样说的

---

[1] "每项未决立法案的成本估算都应评估:(1)对须经拨款的支出(也称为可自由支配支出)的潜在影响;(2)对强制性支出(也称为直接支出)的任何影响;(3)对联邦收入的任何影响……"(www. cbo. gov)

话,这种叙述是不充分的、保守的。国会预算办公室的成本估算可以为提起程序异议提供依据。此外,在一个财政赤字问题令人担忧的时代,成本估算可以成为强大的政治武器。在围绕医保改革的立法斗争中,国会预算办公室成本估算是最重要的。有几次,一份不利的成本估算报告很可能会永久地破坏这项立法工作(参见本书第七章)。

四、 国会、总统和峰会

总统的否决权、作为其所属政党的领袖的地位,以及二者吸引媒体关注的能力,使总统能够在立法过程中扮演重要角色。许多立法提案都源于行政部门。行政部门官员在国会各委员会上就大多数立法案进行说明,他们经常在委员会最终审议期间和两院协商委员会审议期间出席会议。此外,行政部门官员还通过私下会晤和频繁的非正式接触,让委员会和政党领袖知道总统的偏好以及将会签署什么样的法案。

即使总统来自另一党派,与把控国会的多数党有着大相径庭的政策倾向,多数党若想通过法律,也必须对总统的意愿给予一定程度的关注。在这种权力控制较为分散的情况下,总统已经越来越善于利用否决权进行谈判——通过威胁使用否决权,以便从持反对意见的国会多数党那里取得最大限度的实质性让步。当然,如果政策倾向的分歧很大,结果可能是僵持而非妥协。

20 世纪 80 年代和 90 年代,当正常的立法过程无法产生法案并且达不成协议的代价非常高昂时,总统和国会就会诉诸"峰会"。(类似的论述,参见 Gilmour 1990。)作为国会领袖们与直接代表总统的高级政府官员们之间相对正式的谈判,峰会实际上没有正式的地位,它们是在总统和多数党领导层决定进行此类会谈时才举行的。20 世纪 80 年代和

90 年代，由于控制权分裂、政策偏好的巨大分歧以及巨额赤字所带来的艰难抉择，正常的立法过程常常陷入僵局。赤字和预算程序，尤其是在20 世纪 80 年代中期经格拉姆-鲁德曼自动削减开支条款修订后的预算程序，其截止期限规定经常让人深感紧迫，这导致了立法不作为在政治上代价高昂。

例如，1987 年民主党控制的国会和里根政府正走向一场可能非常残忍且旷日持久的争斗。国会民主党人认为增加一些税收必不可少，因而将其纳入预算决议与和解议案，但里根对此坚决反对。之后美国股市崩盘，使得每个人都意识到快速达成一致协议对于恢复经济的信心至关重要。里根呼吁召开一次峰会，国会民主党人表示同意，于是一小群高级谈判人员达成了协议。

1990 年的格拉姆-鲁德曼平衡预算法要求，必须将赤字削减到某一特定数额，否则将采取一种被称为"封款"（sequestration）的程序，这意味着如果总统和国会未能达成协议，代价将非常高昂。"封款"程序将涉及严厉且全面的自动削减开支。此外，对赤字的估算正在不断上升，且经济发展出现了放缓的迹象。在这种情况下，更需要采取果断行动。

大多数独立专家都认为，一项大笔的预算削减计划必须包括财政收入的大幅增加，但在税收决策中，各党派认为这关系到他们未来的选举前景。为了摆脱共和党人成功加诸其身的高税收形象，民主党人决心拒绝主动提出新的税收建议——拒不接受因这种建议而带来的指责。许多共和党人认为，他们的"不加新税"立场是该党在选举中取得成功的原因。老布什在 1988 年的竞选活动中就曾经承诺要坚持这一路线。在他们看来，共和党人违背这一承诺会带来巨大损失。

在这种情况下，正常的预算程序不太可能产生结果。因此，老布什总统提议召开一次峰会。国会政党领袖们任命了 17 名成员为谈判代表。财政部部长、白宫行政管理和预算局局长以及白宫幕僚长代表总统出席。第一次会议于 1990 年 5 月 17 日举行,在 6 月的大部分时间里,会议都在持续着。会议对预算赤字可能规模的估算继续增加,但在制定应对计划方面没有取得任何进展。

最后,9 月 30 日,即财年开始的前一天,总统和国会领袖们宣布协议已经达成。即使老布什总统已经承认有必要增加一些新的财政收入,在税收和削减国内支出方面的分歧仍继续阻碍着谈判的进展。最终,国会谈判小组缩减到只包括政党最高层的领袖,正是这一小群关键领袖们和政府的高级官员们达成了协议。无论老布什总统还是民主党众议院领导层都未能将该协议推销给他们各自的班子,该协议最终在众议院遭到否决。然而,修订后的版本很快获得了通过,从而避免了"封款"(Sinclair 1991)。

1995 年,国会新晋多数党共和党人与克林顿总统之间的预算峰会未能达成协议。共和党人相信,他们可以迫使克林顿接受他们的优先事项,但这些优先事项与克林顿自己的优先事项截然不同。克林顿不仅拒绝了共和党人的要求,而且还赢得了谁应该为僵局导致的政府停摆负责的公关之争。最终,共和党人被迫让步。1997 年,在另一次峰会之后,克林顿和国会共和党人设法达成了一项平衡预算的预算协议。到那时,共和党人对他们可以从总统那里得到什么的期望更加现实了,而蓬勃发展的经济也使达成必要的协议变得更加容易(Sinclair 2007,第 11 章)。

在 20 世纪 90 年代后半期,就拨款议案达成一致越来越需要举行峰会。即使在预算达到平衡之后,克林顿总统和控制国会两院的保守派共和党人在政策倾向上的分歧也足以使正常程序无法充分发挥作用。拨款议案必须每年通过,否则政府就会停摆。由于总统可以否决拨款议案,国会必须要么满足总统的要求,要么获得 2/3 的选票来推翻总统

133

的否决。在党派分立的 20 世纪 90 年代，后者对共和党而言从来都不具备现实可能性，但让克林顿总统满意，就意味着共和党人需要在他们不喜欢的计划上支出更多经费。通常情况下，只有某些拨款议案可以经常规程序获得通过，其余的拨款议案必须被纳入一项巨额综合支出议案，其内容由国会领袖们和白宫高级官员们协商确定。在常规立法程序运作困难的情况下，峰会可能是国会和总统之间达成协议的唯一希望，但作为一种决策机制，峰会对政党领袖和国会来说代价相对较高昂，因为它不仅缩短了正常的决策程序，而且还排斥绝大多数议员参与进来，因此很可能招致不满。此外，峰会不是灵丹妙药，正如 1995 年的事例清楚表明的那样，如果总统和国会多数党在立法偏好上相差太远，并且如果一方或双方高估了自己讨价还价的能力，峰会的结果可能就是僵局，而不是达成协议。

当总统和国会多数党都属同一政党时，召开峰会的必要性就大大降低了。在这种情形下，白宫与众议院和参议院的多数党领导层会不断沟通并定期合作。总统和他在国会的大多数同党派议员都有着共同的政策偏好。由此带来的结果便是，非正统程序很可能足以达成协议。这一点毫不奇怪，在小布什担任总统的头六年里，或者可以说，在奥巴马担任总统的头两年里，都没有举行过峰会。

2008 年的经济刺激法案、2008 年的《经济稳定紧急法》（该法设立了问题资产救助计划，简称 TARP）以及 2010 年年底的减税延期协议是白宫和另一党派的国会领袖们协商达成的。但是，除了《经济稳定紧急法》外，大部分协议都是由党派最高领袖完成的，因此与 20 世纪 80 年代和 90 年代的峰会相比，21 世纪头十年峰会的谈判过程显得更不正式，参与度也更低。事实上，减税延期协议在很大程度上是奥巴马与肯塔基州共和党人、参议院少数党领袖麦康奈尔通过谈判达成的。前文所描述的峰会形式可能只代表了一个暂时的阶段,随着权力进一步集中到国会政党领导层手中,谈判小组可能经常只包括作为其议员代表的政党领袖。无论如何,在联邦政府由两党分治期间,总统必须参与更多的跨党派谈判。虽然减税延期协议是在民主党仍然控制国会参众两院的情况下谈判的,但它是在 2010 年大选之后,在共和党控制众议院并增强参议院控制力的预期下达成的。2011 年 8 月达成的允许提高债务上限并规定大幅削减开支的协议,主要是由参议院领袖麦康奈尔和内华达州民主党人里德与白宫谈判达成的(参见 Sinclair 2016)。共和党和民主党在政策倾向上存在的巨大差异,阻碍了双方在支出、福利和收入问题上达成大规模的妥协。奥巴马和博纳在 2011 年夏天以及 2012 年年底的谈判均未取得成果。2015 年,一份规模更小的协议得以达成,该协议将 2011 年协议规定的严厉削减支出放宽两年,并延缓债务上限直到 2016 年选举之后。只有白宫和 4 位高层党派领袖参与了协议的起草。

五、 什么是常规程序?

　　教科书中关于一份议案如何成为法律的描绘已经不再能够准确地描述重大议案的立法过程。在当今的国会中,立法过程发生了很多变化;更准确地说,立法过程变得更加多元化,并不是所有议案都要经过一套单一的、一成不变的立法步骤。

　　虽然我对立法过程的逐步讨论充分展现了其多样性,但还不足以使大家确切地感受到这些程序和做法的累积性影响,而对重大立法案的立法过程进行系统分析最能呈现这一点。在重大立法中,有多少特殊的程序变化能够彰显其特点? 这些立法案又是以多大频率按照旧有的教科书式立法过程来进行的呢?

对于 20 世纪 80 年代末到 2014 年这段时间国会中能够掌握数据的
618 项重大议案的每一项，我都统计了其在众议院审议过程中遇到的特
别程序和做法的数量。所列举的特别程序和做法有分送多个委员会审
议、综合立法案、立法-行政部门峰会产生的立法案、绕过委员会审议、
委员会审议之后的调整以及限制性规则下的审议。

在最近几届国会产生的 618 项重大议案中，众议院的立法过程中
至少显示出上述特征之一的占了 83%，显示出两个或两个以上特征的
占了 56%（见表 5.1）。认为众议院的"常规程序"中不包括上述特征的
说法已经不再准确——至少在重大立法方面确实如此。而这些数
字——包括参议院中可对比的数字——实际上低估了特殊或非正统做
法和程序的普遍性，因为统计中包含的一些议案没有完整地走完立法
程序，以至于没有遇到某些被计算在内的特殊做法。

表 5.1　1987—2014 年参众两院重大立法案的特殊程序和实践

特殊程序和实践的数量	立法过程采用特殊程序和实践的重大议案所占百分比	
	众议院*	参议院**
0	17	25
1	27	31
2	33	29
3 次或 3 次以上	23	15

注：*列举了立法案在众议院通过过程中可能遇到的特殊程序和实践，包括
分送多个委员会审议、综合立法案、立法-行政部门峰会产生的立法案、绕过委员
会审议、委员会审议之后的调整以及限制性规则下的审议。

**参议院的特殊程序和实践与众议院基本相同，除了限制性规则下的审议
以外（见本章最后一个注释）。此外，还计算了议案是否遇到议事阻挠问题，是否
经过了马拉松式修正（10 次或 10 次以上的唱名投票修正）。

资料来源：由作者计算。

另一个视角是计算遵循常规程序的立法案所占比例：由一个委员

会提交报告的立法案,既非综合立法案,也非峰会的结果,没有经过委员会审议之后的调整,并根据公开规则在院会审议。在众议院的立法过程中,只有不到 5% 的重大立法案(618 项议案中有 28 项)①的立法过程符合上述标准。常规程序不再是常态,在重大立法案中常规程序的运用已成为罕见的例外。

为了评估参议院运用新程序和新做法的频率,我计算了参议院中与众议院具有相同特征的程序和做法,当然,除了限制性规则的使用以外。② 在参议院,这些特殊程序和做法的普遍性略低于众议院,超过一半(55%)的重大议案的立法过程显示出具有至少一种特殊程序特征,13% 显示出具有两种或两种以上特殊程序特征。这一衡量标准与众议院的衡量标准相似,但它没有包括参议院立法过程中最显著的变化:院会修正活动的增加以及对冗长辩论更频繁的使用。如果我们采用第二种衡量参议院特殊立法程序和做法的标准,这一标准将议案是否遭遇议事阻挠或者马拉松式修正(10 次或 10 次以上的唱名投票修正)也统计在内,此时有 75% 的重大议案至少显示出具有一种特殊程序特征,44% 的重大议案显示出具有两种或两种以上特殊程序特征(见表 5.1)。就像在众议院那样,在参议院,重大立法案的立法过程往往不再符合我们仍倾向于理解的那种常规过程。

因此,参众两院在重大立法方面的立法过程已经发生了变化。现在,此类立法更有可能走向一条非正统或非标准的道路。下一章将讨论这种情况如何发生,以及为何发生。

136

---

① 这个数字低于表 5.1 中没有任何特殊程序特征的 17% 这个数字,因为该表包括了未进入众议院院会审议的议案以及根据规则——主要是暂停议事规则——以外的程序审议的议案。

② 我不仅计算了严格法律意义上的分送多个委员会审议的议案,还计算了有一个以上委员会参与其中的议案,因为这些议案也是经非正统立法过程或程序产生的。

第六章　立法程序为何改变以及如何改变

为什么看起来如此常规化和根深蒂固的"教科书式"立法过程,却发生了如此大的变化? 我在本章将要论证,立法程序的修改和创新可被视为对议员——无论作为个人还是集体——所面临的问题和机遇做出的回应,而这些问题和机遇产生于制度结构的变化或者政治环境的挑战。

这个故事很复杂,它的各部分错综复杂地交织在一起,但通过分析我们可以知道,有三个因素是关键:20 世纪 70 年代的国会内部改革改变了参众两院权力的分布状况;国会新预算程序的设立*,这是一项影响足够深远的内部程序改革,值得单独讨论;以及 20 世纪 80 年代和 90 年代初期的政治环境,其特点是权力控制分散、巨额赤字和在意识形态上对国会民主党立法目标的敌视。我将简要讨论其中的每一个因素,进而分析立法过程如何受其影响。

我认为,非正统的法律制定早于当代政治中极端的党派极化现象。不过,党派极化已有力地影响了与其他起源相关的立法程序变革的形式。在本章的最后,我分析了自 20 世纪 90 年代中期以来,共和党和民主党控制下的党派极化是如何影响、塑造立法过程的。

---

* 1976 年,美国国会预算程序正式开始执行。这个程序主要依据 1921 年《预算与会计法》及 1974 年《国会预算和截留控制法》等法律制定出来,其核心要求是,任何预算都必须通过政府年度预算案支持通过才能生效。

一、 参议院中从权力分散到个人主义的变化

在 20 世纪 50 年代及之前的美国参议院,权力是分散的,但并非平均分布,那时,委员会主席和其他主要是保守派的资深议员,行使着最大份额的权力。尽管民主党是多数党(除了艾森豪威尔任内第一届国会之外[1953—1954 年]),但它主要是由保守的南方人构成的,并且由于南方民主党议员比他们的北方同僚更为资深,他们就在各个委员会中不成比例地担任了更多领导职位。这个时代的参议院是一个相对封闭且只关注自身事务的机构。而参议员的典型特征是只专注于研究交付给其所在委员会讨论的问题,很少在参议院院会上发言;他们对资深议员恭敬有加,对参议院忠心耿耿,并且在使用参议院规则赋予的个人权力时非常克制(Matthews 1960;Sinclair 1989)。

当时的参议院规则和现在一样,允许无限制的辩论,并且在大多数情况下,也允许无限制的修改活动。这一时期参议院展现出的克制特征并非参议院规则发挥作用的结果,相反,它依赖于规范——不成文的行为规则——以及一种政治环境,在这种环境中,克制行事对参议员来说相对没有成本。

这种情况在 20 世纪 50 年代后期开始发生变化。1958 年的选举使一大群北方自由派民主党人进入参议院,他们通过一个承诺采取行动的政党纲领赢得了竞争性选举;在 20 世纪 60 年代中期的几场选举之后,此类参议员的人数不断增加。他们无法像旧的行为规范所要求的那样行动,因为他们迫不及待想要大显身手。他们的政策和连任目标都决定了他们持有直接而彻底的行动主义立场。

随着 20 世纪 60 年代和 70 年代政治环境以及华盛顿政界发生的根

本性变化,一种更多参与委员会和院会事务的激进主义风格,对越来越多的参议员产生了吸引力。新问题的不断产生,以及活跃在华盛顿的团体数量的剧增,意味着参议员们急切地希望成为团体事业的拥护者。新闻媒体在政治中发挥着越来越重要的作用,他们需要可靠的消息来源以表明问题立场并发表评论。这些发展变化使得更多参议员可以扮演外向型政策倡导者(outward-looking policy entrepreneur)的角色。成功地扮演这一角色可为参议员带来华盛顿政界的名声、媒体的关注,甚至可能带来竞选总统的机会。

随着充分利用参议院规则赋予议员个人权力的激励因素大大增加,议员们开始在院会上提出更多的修正案,并且开始更频繁地利用冗长辩论。基于此,参议院会场成为一个更活跃的决策舞台。20世纪50年代,立法案遭遇马拉松式修正活动(10次或10次以上的唱名投票修正)的比例很小;在1955—1956年的第84届和1959—1960年的第86届国会中,这一比例平均为3%。20世纪60年代和70年代,这一比例在每届国会中上升到平均8%。20世纪80年代,这一比例平均为15%(Sinclair 1989, 115)。①

表 6.1　1951—2014 年议事阻挠和终结辩论投票的增长

年份	国会	平均每届国会中议事阻挠的次数	平均每届国会中终结辩论投票的次数	平均每届国会中终结辩论投票成功的次数
1951—1960	第 82—86 届	1.0	0.4	0
1961—1970	第 87—91 届	4.6	5.2	0.8
1971—1980	第 92—96 届	11	22	9

① 这些数字是基于第 88 届到第 96 届国会中的偶数届国会的数据,以及第 97 届到第 99 届国会的数据计算而来的。

（续表）

年份	国会	平均每届国会中议事阻挠的次数	平均每届国会中终结辩论投票的次数	平均每届国会中终结辩论投票成功的次数
1981—1986	第 97—99 届	17	23	10
1987—1992	第 100—102 届	27	39	15
1993—2006	第 103—109 届	30	53	21
2007—2014*	第 110—113 届	55	91	55

　　注：* 在 2013 年 11 月 21 日规则修改后，对提名进行的议事阻挠/终结辩论投票，所需票数减少为简单多数票，这些数据没有被计算在内。
　　资料来源：第 82—102 届国会数据：Democratic Study Group（1994, app. B）；Ornstein, Mann, and Malbin（2002, 162）。第 103 届国会数据：Beth 1995a。第 104—108 届国会数据：*CQ Almanac*（*CQA*）for the years 1995–2007（Washington, DC: Congressional Quarterly）。第 108—114 届国会数据：*CQ online*。

　　随着参议员越来越愿意利用他们冗长辩论的特权，公开的或隐蔽的议事阻挠日益成为参议院立法程序的例行环节。如表 6.1 所示，议事阻挠曾经很少见。20 世纪 50 年代，在以相对封闭和内向为典型特征的国会中，只出现了 1 次议事阻挠。到 20 世纪 70 年代，平均每届国会有 10 次以上的议事阻挠，到 20 世纪 80 年代末和 90 年代初，议事阻挠已经达到了每月 1 次以上的频率。[1] 随着议事阻挠次数的增加，试图通过援用终结辩论程序来阻止议事阻挠的努力也在增加，终结辩论投票成为立法过程中的一个常规环节。虽然终结辩论经常得到成功援用，但越来越多有争议的立法案需要 60 票才能获得通过。

二、 众议院改革及其影响

　　20 世纪 70 年代，众议院中院会规则和多数党规则发生的变化，改

---

　　[1] 有关这些数据的注意事项，请参见本书第三章和 Beth 1995b。

变了权势的分布（Dodd and Oppenheimer 1977；Rohde 1991；Sinclair 1983；Smith 1989）。与参议院相比，众议院的立法权势一直掌握在强大并且通常保守的委员会领袖手中——这些领袖通常是南方人，政党领袖和议员几乎无法控制他们。主要由自由派民主党人构成的改革者反对这种制度产生的保守政策，也反对这种制度为普通议员提供的有限参与机会。

　　整个 20 世纪 60 年代的选举改变了众议院民主党的组成，与参议院发生的情况相同，他们增加了北方民主党人的数量（这些人中有很多都是自由派改革者），同时减少了保守的南方人的数量。通过主要发生在 1969 年到 1975 年间的一系列规则变革，改革者们相应地改变了院会内部权势的分布。权力和资源从委员会主席向下转移到小组委员会主席和普通议员，并向上转移到政党的领导层。举个例子，任命小组委员会主席的权力从委员会主席手中被拿走，交给委员会中的多数党议员，此举确保小组委员会有足够的预算和工作人员。委员会主席不是通过他们在委员会中的资历自动获得职位的，而是必须通过多数党议员的无记名投票来获得职位。众议院中资历较浅的议员获得了资源——尤其是工作人员——这极大地提高了他们积极参与立法过程的能力。作为多数党领袖的议长被赋予了挑选规则委员会中多数党成员的权力，在指派其他委员会委员方面也拥有了更大的发言权。此外，议长还拥有了转送议案到委员会的新权力。

　　同一时期，众议院通过了阳光规则，公开了立法过程，将立法程序置于更广泛的公众监督之下。全院委员会中的记名投票成为可能，并且很容易强制进行，修正议案在全体委员会中进行。① 大多数委员会的

---

　　① 在 1971 年之前，全院委员会的投票要么是口头表决（voice vote），要么是计票员表决（teller vote）。在计票员表决时，投赞成票和投反对票的议员从"计票员"身边走过，由"计票员"清点票数，但不记录每个议员的具体态度。

最终审议会议＊和两院协商委员会会议都向公众开放。国会决策更高的透明度提升了议员的积极性。

这些改革产生了深远的直接和间接影响。通过削弱委员会的权力和自主性，这些改革使多数党的立法工作变得更加困难了。可以肯定的是，民主党改革者经常对保守派领导下的委员会制定的法律感到不满。然而，到了 20 世纪 70 年代后期，委员会主席和最有权势的委员会委员比以前更能代表民主党，共和党人和持不同政见的民主党人已经善于使用院会修正案来提出政治观点，并通过政治上困难的选票（politically difficult vote）来对抗主流民主党人。在委员会中精心制定的妥协方案在院会上被拆得七零八落，院会会议被无休止地延长下去。

由计票员表决或记名表决决定的院会修正案数量，从 1955—1956 年的 55 项逐渐增加到 1969—1970 年的 107 项。随着记名计票员（recorded teller）制度的建立，修正案的数量在 1971—1972 年跃升至 195 项。随着电子投票的出现，这一数字在 1973—1974 年又跃升至 351 项（Smith 1989，33）。在第 94 届国会（1975—1976 年）期间，院会提出了 372 项这样的修正案，而在第 95 届国会期间，这一数字上升至 439 项。到了 1979 年，对预算决议的院会审议耗时 9 天，在此期间有 50 项修正案被提出（Sinclair 1983，180）。

民主党人开始寄希望于他们的政党领袖，即院会中唯一的核心领袖来解决这些问题。领袖们通过创新的方式改变立法程序对此做出回应。政党领导层在立法案进入院会前更多地参与到立法中，这种参与越来越多地采取对立法案进行实质性修改的谈判形式（通常是在委员

　　＊　委员会议案修订会议是委员会会议的一种，之所以称其为"最终审议"（markup），是因为委员会基本上是对一项议案进行最终审议后再对其进行修改。在委员会修订会议之后，议案将被提交给院会进行辩论和最终表决。

会审议之后的阶段),从而提出一项能够在院会通过的议案。为了应对院会中提出的一连串修正案,领导层制定了特殊规则,使其成为安排院会决策的强大工具。

三、 预算改革

当尼克松总统侵略性地挑战国会的财政权力时,国会以通过 1974 年《国会预算和截留控制法》(以下简称《预算法》)的方式予以回击。几十年来,总统一直在侵蚀国会的预算权力。由于缺乏做出综合决策的机制,国会长期以来一直将总统的预算作为其预算决策的出发点,并且通常只对总统的预算进行小幅修改。然而,当尼克松声称有权截留即不动用国会拨款时,国会不得不做出回应,否则就等于默许自己的财政权力遭受严重削弱。尼克松辩称国会拨款只是划定了支出的最高限额,没有规定最低支出限额,所以他无需花完国会拨付的所有资金。实际上,尼克松总统认为国会只有消极的权力:国会可以通过不拨款来阻止总统做某事,但它不能强迫总统执行他所反对的政策。

《预算法》的意义远不止是设计了一个控制总统截留预算拨款的程序:它所建立的预算程序提供了一个机制,正是通过这个机制,国会才有可能做出综合性决策。然而,在最初的几年里,预算程序并没有以这种方式使用。在众议院,围绕预算决议的争论是激烈的,而且存在着高度的党派对立;辩论实际上是围绕党派的不同优先事项展开的,而决议本身并不要求进行重大的政策改变(Ellwood and Thurber 1981; Schick 1980)。

在 1980 年,预算决议中首次包含了要求各委员会对其管辖范围内立法案进行修改的和解指示(Sinclair 1983, 181-190)。1980 年 1 月,令人震惊的高通货膨胀率使卡特总统和国会民主党领导层确信必须迅速削减预算。他们认为,普通的立法程序将花费太长时间,并且会遭到受预算削减影响的利益集团的拖延。因此,他们决定使用预算程序,并在第一份预算决议中加入和解指示。这样做引起了极大的争议(部分原因是《预算法》设想将此类指示包含在第二份预算决议中,而在这种情况以及大多数其他情况下,此类指示都为时已晚),而接受指示的委员会也表示强烈反对。尽管如此,附有指示的预算决议还是获得了通过,并且各委员会也确实遵从了指示。如果不这样做,委员会就会违背国会在预算决议中表达的意愿。

　　尽管按照后来的标准来看,1980 年预算决议所要求的政策变革并不激烈,但这一经验使敏锐的政治参与者清楚地认识到,至少在某些情况下,预算程序是一项可供核心领袖进行综合性政策变革的机制。1977 年到 1981 年 1 月,担任密歇根州众议院共和党议员的斯托克曼(David Stockman)就是这些敏锐的政治参与者之一。作为里根总统的第一任白宫行政管理和预算局局长,他在 1981 年建议利用预算程序来将里根的经济计划制定成法律(Stockman 1986)。政府支持的预算决议包括对各委员会进行实质性政策修改的指示。支持者强行将这些政策作为一个整体进行一次性表决,然后将这些政策变革打包成一个庞大的和解议案,其中关键的表决仍然在于是否将其作为一个整体来接受或否决。这一策略使里根和他的支持者们能够在一个抵制重大变革的系统中迅速实现重大的政策变革。

　　预算程序对立法过程产生了广泛的影响。自 1981 年以来,预算政治一直处于重要地位。试图控制里根经济计划所造成的巨额赤字的努力,形塑了 20 世纪 80 年代和 90 年代多数时间里的政治活动。更重要的是,预算程序已经成为那些试图实现综合性政策变革的人的首选工具。

四、 20 世纪 80 年代和 90 年代初期敌对的政治氛围是革新的动力

143

进入 20 世纪 80 年代，众议院和参议院都受到内部权势分配变化所带来的问题的困扰。在高度个人主义的参议院中，每个参议员都被赋予了极大的参与自由，他们在议程设置和公开化方面做得非常出色，但在立法决策方面鲜有建树。众议院大大增加了普通议员的参与机会，但在立法方面也存在问题，尽管其核心领导层已开始制定基本有效的应对措施。

20 世纪 80 年代和 90 年代初期的政治氛围恶化了立法上的难题，特别是对民主党控制的众议院而言。里根是一位保守的、充满对抗性的总统，他的政策观点与国会民主党人的政策观点相去甚远，与他的继任者老布什的政策偏好也不太接近。1981 年，里根与他在国会中的盟友压制了众议院中作为多数党的民主党，并在民主党徒劳的抗议中进行了全面的政策变革。此后，里根在政治上再也没有那么强势过，但他和老布什仍然拥有白宫讲坛（bully pulpit）＊和总统否决权。

两党意识形态的日益分化加剧了冲突。对里根的提名标志着共和党走向右翼。国会政党，尤其是众议院共和党，在 20 世纪 70 年代中后期开始发生变化。不仅当选的稳健派议员越来越少，而且更多立场强硬的、意识形态保守的议员进入了众议院。在 1978 年的选举中，一位来自佐治亚州的共和党新人金里奇进入了众议院。

＊　"bully pulpit"是罗斯福创造的一个说法，它是指总统身处高位，在发表言论或提出某项倡议时很容易引起人们的关注，所以白宫的发言能占据"舆论高地"，是一个独天得厚的讲坛。

20 世纪 80 年代,随着南方民主党阵营的变化,民主党在意识形态上变得更加同质化。共和党人赢得了原先往往由最保守的民主党人占据的南方席位,而剩下的南方民主党人则依靠倾向于自由主义的非洲裔美国人的选票来获得连任。共和党的日益保守化,也使民主党人之间的意识形态差异似乎显得更小了。

众议院民主党人的投票凝聚力在 1982 年选举后开始增强,并在 20 世纪 80 年代末和 90 年代初达到了"二战"后前所未有的水平。一个议员的党派团结指数(party unity score),即所有记名投票中单个议员的立场与其所属政党的一致性,简单来说就是该议员在两党对立的多数票投票中,与本党大多数同僚投相同票的比例。在 1951 年至 1970 年间,众议院民主党人的平均党派团结指数为 78%;在 1971 年至 1982 年期间,它下降到了 74%。① 随后,在 1982 年选举后,党派团结指数再次持续上升,1983—1994 年间平均为 86%。在同一时期,各政党投票比例也有所增加,平均为 56%,与之相对,1971—1982 年的比例为 37%。在第 103 届国会期间,众议院 64% 的记名投票中,大多数的民主党人反对大多数的共和党人(《国会季刊年鉴》,不同年份;Rohde,1991)。

图 6.1 显示了自 20 世纪 80 年代初以来国会政党两极分化的情况。党派投票得分可用于衡量政党之间的分歧或距离。如果平均而言,85% 的民主党人在党派投票中对 90% 的共和党人投了反对票,那么就意味着平均有 10% 的共和党人投票支持 85% 的民主党人,这两个数字之间的差异(75 = 85 - 10)为衡量两党间距离提供了指标。如图 6.1 所

---

① 党派投票是指民主党多数投票反对共和党多数的记名投票(recorded votes)。一名议员的党派团结指数是其在党派投票中与所在政党的多数同僚一起投相同票的百分比。

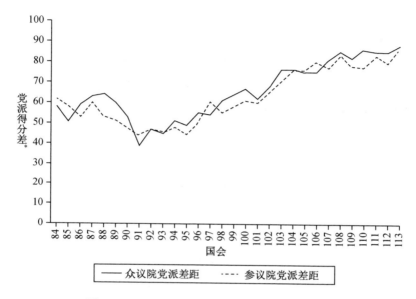

图 6.1　1955—2014 年两党党派投票之间的差距

注:＊党派得分差＝民主党平均投票得分－(100－共和党平均投票得分)

示,两党间距离不断增大。

145　　20 世纪 80 年代,作为众议院多数党的民主党的凝聚力日益增强,但他们面对的是一位充满敌意的总统、一个共和党控制的参议院和更加积极、更为保守的众议院少数党共和党。1981 年之后,巨额赤字成为一项长期问题,严重限制了可行的政策选择。民主党人经常发现自己处于为保护过去的政策成果而斗争的境地。华盛顿的党派冲突和僵局加剧了公众的怀疑,他们怀疑政府是否有能力有效处理国家所面临的问题。许多公民得出的结论是政府无法做好任何事情。在这种氛围下,通过令多数民主党人感到满意的立法案就变得非常困难。即使制定法律来维持政府的运转也很困难,这一方面是因为国会民主党人和共和党总统之间存在意识形态鸿沟,另一方面也是因为立法经常需要做出令人不快的决定。这种艰难的政治氛围迫使立法过程要做进一步的革新,尤其是在众议院。

五、 内部改革和敌对氛围如何催生非正统的法律制定

内部改革、敌对的政治氛围和其他较小的环境变化改变了国会议员发挥作用的环境。当议员及其领袖试图在这种发生变化的环境中推进其目标时,他们改变了立法过程。有时,立法过程的改变是通过正式修订院会规则实现的,但更常见的改变则是通过修改一些实践惯例实现的。

(一) 分送多个委员会审议

随着时间的推移,社会和经济不断发展,争议的焦点问题也发生了变化。例如,20 世纪 50 年代和 60 年代初期,环境保护还是一个不起眼的问题,国会为解决这一问题所做的努力主要是帮助市政当局建设污水处理厂;到了 20 世纪 70 年代,环境问题已成为一个非常突出的问题,国会正在考虑通过雄心勃勃的立法案保护濒危物种,并迫使汽车制造商和其他污染制造者净化空气。随着新问题的出现和旧问题的变化,国会议程上的显著问题与委员会制度之间的契合度越来越低。然而,国会,尤其是众议院,在重新调整委员会管辖权上遇到了巨大的困难。剥夺一个委员会的管辖权会削弱其影响力,与该委员会建立良好工作关系的委员会成员和受影响的利益集团都会反对这一改变。相比于参议院,众议院中的委员会成员资格是构成议员影响力更为重要的基础

146

之一，因此在众议院中重新调整委员会的管辖权以使其更好地适应当前的问题，要比在参议院中更难。

到了 20 世纪 70 年代初，上一次即在 1946 年进行的大幅度委员会管辖权改革已经严重过时。例如，对一些关键问题如能源、环境和健康的管辖权，被分散在多个委员会中，导致了协调性的缺乏和委员会之间的大量权力斗争。20 世纪 70 年代中期，众议院试图改革其委员会的管辖权，但多数尝试以失败告终（Davidson and Oleszek 1977）。而 20 世纪 70 年代末，参议院对委员会进行改革的努力则要成功得多（Davidson 1981）。

由于无法重新调整委员会的管辖权，外加改革派议员增加立法过程中的广泛参与机会这一愿景的推动，众议院于 1975 年修改了规则，允许立法案分送多个委员会审议（Davidson and Oleszek 1992）。① 在 1975 年至 1976 年间第一次实行分送多个委员会审议的国会中，有 6.5% 的议案是被分送多个委员会审议的。随着时间的推移，在促成分送多个委员会审议规则建立的相同力量的推动下，具有分送多个委员会审议经历的立法案成为众议院工作中日益突出的部分（见表 6.2）。在 1977 年至 1986 年的 5 届国会期间，平均有 12% 的议案是被分送多个委员会审议的。自 20 世纪 80 年代中期以来，这一平均比例在国会中已上升到 20%。

对于重大立法来说，分送多个委员会审议的应用增幅更大。分送

---

① 实际上，在此之前，在特殊情况下也发生过类似分送多个委员会审议的事情。当安排给筹款委员会以外的委员会审议的立法案包含财政收入内容时，该部分内容将被再转送给筹款委员会审议。例如，在第 91 届国会（1969—1970 年）中，有 3 项主要由筹款委员会以外的委员会管辖的议案也被转送给筹款委员会审议其财政收入部分的内容。所以，虽然州际和对外贸易委员会是负责审议《机场和航空发展法》的主审委员会，但其中的信托基金和税收条款则是由筹款委员会处理的。

多个委员会审议的议案在重大立法案中所占比例大大高于在所有立法案中所占比例。从 20 世纪 80 年代后期开始,大约有 30% 的重大议案分送给了多个委员会审议。尽管国会修改了规则以限制分送多个委员会审议,但在第 104 届国会中,仍有 51% 的重大议案被分送给一个以上的委员会。从那时起,这一比例通常保持在大约 1/3。不过,在第 113 届国会中,这一比例增加到了近 60%。(不过,请参阅第二章的讨论。)

　　在参议院中,借由一致同意的方式,立法案分送多个委员会审议一直是可行的立法措施。然而,20 世纪 70 年代,参议院实际上设法重新调整了其委员会的管辖权,而且由于参议员比众议员更容易在委员会之外影响立法,他们坚持分送多个委员会审议的动机相对较小(Fenno 1973; Sinclair 1989)。因此,在参议院中将立法案转送给一个以上委员会的情况仍然要少得多。

表 6.2　第 94—113 届国会中参众两院分送多个委员会审议情况

国会 *	年份	众议院		参议院	
		占所有议案的百分比	占重大立法案的百分比	占所有议案的百分比	占重大立法案的百分比
第 94 届	1975—1976	6.5	8.6	3.2	5.2
第 95—99 届	1977—1986	12.3	17.9	2.6	5.0
第 100—108 届	1987—2004	20.0		1.6	
第 100—112 届	1987—2012		34.1		3.7
第 113 届	2013—2014		57		0

注:* 选取若干届国会的重大立法案。

资料来源:所有议案均由美国国会研究服务部政府与财政分部分析员卡尔(Thomas P. Carr)利用立法信息系统(LIS)汇编而成。重大立法案由作者收集。

　　与普通议案相比,重大议案更有可能被分送给一个以上委员会,但即使是重要的和有争议的议案，在参议院被正式分送给多个委员会的情况也比在众议院少得多。为了与参议院采用的不太正式的立法程序保持一致，有时几个委员会会审议同一主题的不同议案。这种做法可能会产生许多复杂的情况，就像正式分送多个委员会审议所产生的复杂情况一样。

（二）委员会作为立法案的塑造者

通过削弱委员会主席的权力，并增加普通议员参与立法过程的机会和动力，20 世纪 70 年代的众议院改革削弱了委员会不加修改地通过立法案的能力。议案不再受到一位强大的委员会主席的保护，因为委员会主席不再拥有对那些在院会或委员会中质疑立法案的议员进行反制的武器。不仅如此，议案也不再受到阻止对大多数院会修正案进行记名表决的投票规则的保护。资历尚浅的委员会成员和不属于委员会成员的议员们现在拥有了工作人员和获得信息的渠道，这些资源的获取使他们参与立法变得可行。分送多个委员会审议的趋势在不断增强，这削弱了委员会的自主权。委员会的领袖们并不总是有能力解决其管辖的委员会之间的冲突，但是如果委员会之间的冲突得不到解决，就会危及院会审议中的立法案。改革者为多数党民主党领袖提供了一些新的工具，随着改革造成的问题越来越明显，现在意识形态上更加同质化的民主党人开始期望他们的领袖利用这些工具，来设计可以得到民主党议员广泛支持，从而可以通过的立法案。

为了回应民主党成员的要求，民主党领导层在立法案到达院会前的阶段里更多地参与了立法过程。到目前为止，一项议案的实质内容是决定其在院会中的命运的最重要因素。由于一个或多个有管辖权的委员会越来越难拟出一份可以通过院会审议的议案，政党领袖们就更频繁地介入其中以提供帮助。

当然,政党领袖可以在委员会审议期间非正式地参与立法。传闻和访谈证据表明,这种干预比过去频繁得多(Sinclair 1995)。然而,这种参与不可能在不同时期被系统记录下来。在立法案被报告之后,对其进行的实质性调整——无论是由政党领袖还是其他人设计的——可以被更准确地计入。①

在改革前的时代,委员会审议之后再对立法案进行调整的情况十分罕见。例如,在第91届国会(1969—1970年)中,众议院领导层参与了对一项议案的调整,但只是在议案遭到否决之后。委员会在院会上的表现相当成功,这减少了它们完成立法工作后进行调整的必要性。即使委员会在院会上失利,而且这种失利并不出人意料,委员会领袖们似乎也并不试图通过对立法案进行实质性调整来避免院会上的失败。这大概是因为,委员会领袖们已经在委员会中做了他们能做和愿做的事情,而政党的领袖缺乏介入的手段。

在第94届国会(1975—1976年)中,有两次明显的委员会审议之后对重大议案进行调整的情况,这两次都涉及新的预算程序。在1975年,以及随后的1976年,预算委员会报告的预算决议显然无法通过。每次,政党领导层都会介入并对预算决议进行修正,以确保决议以大多数民主党人可以接受的形式通过。

20世纪80年代和90年代初,敌对的政治氛围使民主党人通过立法案变得困难。巨额赤字使委员会领袖更难达成可被广泛接受的协

---

① 我研究了部分届数的国会中的每一项重大议案,以确定是否存在委员会审议之后的调整,以及委员会审议之后的调整是否是由政党领导层主导进行的。此一案例研究工作主要依赖于《国会季刊周报》和《国会季刊年鉴》。因此,从公开记录中无法获取的例子可能就漏掉了。但是,当我从访谈或对参与者的观察那里获得独立的信息时,它们证实了我根据书面的公共记录所做的统计。

议。匮乏的政治氛围（climate of scarcity）催生了零和政治，在这种情形
149　下，任何一个群体的受益都被其他群体视为自身利益的损失，可获得支
持的"甜头"也会减少。当委员会中的民主党人试图制定一项既能获得
通过又尽可能接近其政策立场的议案时，他们很容易误判什么是可以
通过的议案。此外，在委员会提出报告后，政治环境的变化，比如问题
的突出性或公众对总统言论的反应，都可能会改变议案的通过情况。
领导层对议员投票意向的统计往往表明，委员会报告的议案无法得到
足够的支持。因此，重大立法案往往需要做实质性的修改。由于重要
的立法案越来越多地牵扯到多个委员会，因此委员会之间需要达成妥
协，这样才能将一项有望通过的议案提交至院会审议，而这往往超出了
委员会领袖的谈判能力。在这种情况下，委员会审议之后的调整几乎
都是由政党领袖主导的，这种做法几乎成了惯例（见图 6.2）。

150　　　　同样的原因——内部改革削弱了委员会的权力和自主性，赋予了
政党领袖权力，而敌对的政治氛围又加剧了改革造成的困难——导致
委员会越来越多地被完全绕过了。可以肯定的是，并非每一次绕过委
员会的做法都是由领导层主导的，偶尔也可能是由成功的"免审请求"
（a discharge petition）造成的。* 然而，当一个委员会被绕过时，做出决
定的往往是政党领导层，尽管这种做法不一定会遭到委员会的反对。

----

　　* 一般而言，议案进入院会审议，需要先经委员会审议，而有的时候委员会会搁置各
种议案，使其胎死腹中。在这种情况下，部分议员会考虑通过"免审请求"（discharge
petition）的手段绕过委员会的审议，直接让议案进入院会辩论和投票阶段。因此，discharge
petition 可以翻译成"免审请求"，也可译成"放行请求"。当某一委员会不愿或未就某一议
案提交报告时，其实是一种自动放弃审议权的行为，此时也可用 discharge 一词表达，这个时
候一般译成"放弃审议权"。而从院会领导角度来看，这种自动放弃审议权的行为甚至有点
不负责任，因此院会领导可以主动宣布某委员会放弃了审议权，此时，就可将 discharge 译成
"解除审议权"，此一行动从委员会角度来说又是"被解除审议权"（be discharged）。本书视
上下文语境对这一极难精准翻译的词语做了不同处理。

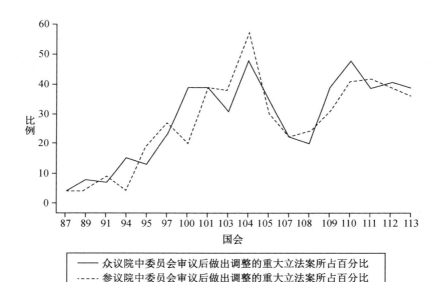

**图6.2　立法过程中委员会的角色变化*：第87—113届国会中
委员会审议后做出调整的重大立法案所占比例**

注：*选取若干届国会为例。

资料来源：由作者收集。

有时,一个委员会会在其成员完全同意的情况下被绕过,这仅仅是为了
加快立法进程。例如,在上一届国会已经通过了相同立法案的情况下
就可能会发生这种事情。

　　在改革前时期和整个20世纪70年代,众议院几乎从未出现绕过委
员会的情况。例如,在第87届(1961—1962年)和第91届国会(1969—
1970年)中,众议院从未真正出现绕过委员会的情况,尽管在第91届国
会中,有一次委员会只是因为面临解除审议权的威胁(a threat of
discharge)才提出报告。(一个例子是,不愿就有组织犯罪控制议案做

出报告的司法委员会，迫于无奈出具了报告，在图 6.3 中，这个例子被算作绕过委员会的案例。）在第 95 届国会（1977—1978 年）中，当众议院同意直接就参议院通过的紧急农业法案（emergency farm bill）举行两院协商会议时，众议院农业委员会实际上就被绕过了。如图 6.3 所示，自 20 世纪 80 年代初以来，绕过委员会的情况变得更加频繁。虽然具体情况千差万别，但在大多数情况下，绕过委员会的决定都是由多数党领导层做出的。政党领袖们变得更愿意使用非正式的特别工作组（task force），甚至不那么正式的工作组（working groups），来达成通过立法案所需的妥协，并亲自直接参与这一过程。

如果说内部改革产生了意想不到的后果，使众议院的立法工作变得更加困难，那么参议院中个人主义的泛滥，则使众议院的问题显得微不足道。此外，与众议院不同的是，参议院没有给核心领导层提供处理这些问题的新工具。

与众议院一样，参议院的应对措施之一是增加委员会审议之后对立法案的调整（postcommittee adjustments）。这种做法在 20 世纪 60 年代和 70 年代很少见。20 世纪 80 年代和 90 年代，委员会审议之后的调整变得更加频繁。参议院多数党领袖经常设计或至少监督对立法案进行的委员会审议之后的修改，但委员会领袖甚至个别参议员有时也会承担这项任务，这反映了参议院中广泛存在的权力分散。

尽管在第 103 届国会中，众议院中委员会审议之后做出调整的频率有所下降，但在参议院中该频率没有下降。对于实施多数统治规则的众议院来说，两党联合控制可使立法变得稍微容易一些，至少不再需要积攒较大的优势来阻止总统否决立法。与此相反，参议院仍然需要 60 票才能通过大多数有争议的立法案。随着第 104 届国会回到两党分别控制的状态，两院中的委员会审议之后的调整再次变得频繁。

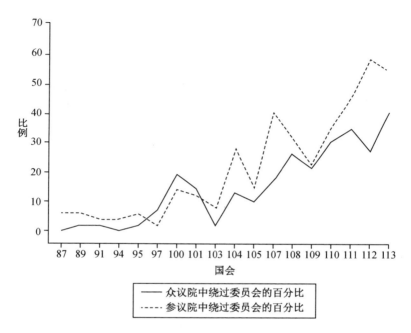

图 6.3　立法过程中委员会的角色变化*：第 87—113 届国会中 绕过具有管辖权的委员会的重大立法案所占比例

注：* 选取若干届国会为例。

资料来源：由作者收集。

　　在参议院，绕过委员会的频率也有所增加。在 20 世纪 80 年代中期之前，重大立法案很少绕过委员会，尽管偶尔也会绕过一些顽固的、拒不服从的委员会。例如，在第 89 届国会（1965—1966 年）中，一项极具争议性的开放日议案（open house bill）就绕过了司法委员会。然而，民权反对者通过议事阻挠的方式阻止该议案的继续审议，成功地扼杀了该议案。

　　自第 100 届国会以来，绕过委员会的频率大幅增加，此后一直保持着远高于以往的水平。21 世纪的前两届国会（第 107 届和第 108 届）中，参议院中两党控制权差异极小。在 2001 年 1 月第 107 届国会召开时，共和党人和民主党人势均力敌。只有副总统切尼担任了参议院议长，才使共和党人重掌议院。2001 年 6 月，佛蒙特州参议员杰福兹离开共和党，开始参与民主党的党团会议，这使得民主党成为参议院的多数党。在 2002 年的选举中，共和党人赢得了足够多的席位，重新夺回多数党地位，但也只是勉强获得 51 个席位。由于高度的党派极化，这些困难变得更加棘手，导致绕过委员会的频率极高，这一点在图 6.3 中显而易见。民主党在 2006 年的选举中以微弱优势重新夺回多数席位后，包括之后在奥巴马担任总统期间，同样也面临着复杂的政治环境，绕过委员会的频率在第 109 届国会短暂下降后再次飙升。

（三）　众议院中的特殊规则

在改革前的时代，大多数立法案都是根据简单的开放性规则提交众议院审议的，该规则允许提出所有与立法案密切相关的修正案。税收议案和筹款委员会的其他立法案通常采用封闭规则进行审议，该规则禁止提出任何修正案（负责起草议案的委员会本身提出的修正案除外）。税收立法案被认为过于复杂，极具政治诱惑力，以至于不允许提出院会修正案。例如，在第 91 届国会（1969—1970 年）中，80% 的重大立法都是根据简单的开放性规则审议的；16% 的议案——主要是筹款委员会报告的议案——是根据封闭规则提交院会进行审议的。只有两项议案是根据比简单允许所有密切相关的修正案或者禁止所有修正案更复杂的规则审议的。

改革使立法案的修改更容易在院会审议中进行。随着普通议员有了更大动力、更多资源提出院会修正案，被提出并付诸唱名表决的修正案数量激增。委员会议案更频繁地在院会审议中被挑刺(picked apart),议员们经常需要参加难以向家乡选民解释清楚的记名投票,院会审议会议一直持续到深夜。

改革者赋予民主党领导层任命规则委员会中的民主党成员和委员会主席的权力,从而使该委员会成为民主党领导层的一臂。20世纪70年代后期,一些民主党人开始向他们的领袖施压,要求他们使用特别规则来控制院会审议程序。1979年,40名民主党人联名致信马萨诸塞州民主党人、议长奥尼尔(Thomas "Tip" O'Neill Jr),要求他更多地使用限制性规则,从而减少频繁的深夜会议(Smith 1989, 40-41)。

如图6.4所示,直到1977—1978年(第95届国会),大多数特殊规则仍然是开放性规则;只有15%的特殊规则以某种方式限制了修正案。随着民主党议员开始认识到改革所带来的宽泛的开放性修正程序所产生的代价,并要求他们的领袖对这些代价有所作为,限制性规则的使用频率才有所增加。在20世纪80年代和90年代初期敌对的政治氛围中,限制性规则得到愈加频繁的使用。达成妥协和保护议员免受政治压力影响变得更加困难也越发重要了,而政党领袖们为了响应其议员的强烈要求,将特殊规则发展为影响议员在院会审议中所做选择的有力工具。到了1993—1994年(第103届国会),70%的特殊规则都在某种程度上限制了修正案。

在第104届国会中,新晋多数党共和党在选举期间曾承诺通过一项雄心勃勃的议程,其中的大部分内容要在选举成功后的前100天完成。然而,在选举之前,众议院共和党人,包括他们的领导层,都强烈谴责限制性规则,并且承诺不会使用这些规则。在第104届国会中,所有限制性规则的使用率确实有所下降,尽管民主党人声称,共和党人根据开放规则审议了一些本应根据议事暂停程序审议的无争议立法案,从

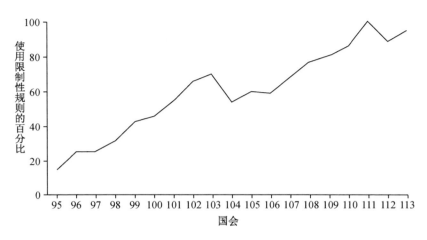

图 6.4　1977—2014 年众议院特殊规则的性质之变

　　注：只有适用于拨款议案的特殊规则不考虑程序异议问题，其他特殊规则适用于对立法案的初次审议。限制性规则是指那些限制能够提出的密切相关的修正案的规则，包括所谓的经修订的开放规则和经修订的封闭规则，以及完全封闭的规则和规定由众议院而非由全院委员会审议的规则。

　　资料来源：由沃尔芬斯伯格(Donald Wolfensberger)根据规则委员会日程表和活动调查，以及作者根据 rules. house. gov 网站上的规则委员会规则清单收集而成。沃尔芬斯伯格曾任规则委员会少数党顾问，后任多数党顾问，现任威尔逊中心国会项目主任。

而操纵了使用率数据。在下一届国会中，对所有立法案使用限制性规则审议的比例有所增加，并且从那以后一直如此，在第 109 届国会（2005—2006 年）中，限制性规则的使用率达到 81%。当民主党人在 2006 年的选举中获得众议院多数席位时，他们与 1994 年的共和党人一样，承诺开放院会审议程序，但他们同时也延续了限制性规则使用率不断增加的趋势。在第 111 届国会中，100% 的规则都至少具有一定程度的限制性，只有一项是经修订的开放规则。共和党人承诺，如果他们重新夺回众议院,将会开放修正程序。在 2010 年的选举使共和党再次成为多数党后,他们也确实增加了开放规则的使用数量,但增加幅度不大。

如果只考察重大议案,使用限制性规则的趋势更明显。表 6.3 显示了根据实质限制性规则,也就是结构化规则、经修订的封闭规则或封闭规则(有关定义请参见本书第二章,第 72—73 页)审议重大议案的百分比。此类规则将可能在院会审议中提出的修正案限制在规则委员会明确允许的范围内。① 从 20 世纪 70 年代到 80 年代末,开放规则或经修订的开放规则的使用频率急剧下降。在 20 世纪 90 年代和 21 世纪头十年,实质限制性规则的使用频率越来越高,从 20 世纪 90 年代初民主党控制的最后一届国会的 60%,上升到了共和党失去控制权前的最后一届国会(即第 109 届国会)的 96%。在民主党赢得控制权后的第 110 届国会中,这一比例也达到了 96%,并在奥巴马首个总统任期内的第 111 届国会中上升至 99%。在接下来由共和党控制的两届国会中,这一比例平均为 96%。

表 6.3 第 89—114 届部分国会根据实质限制性规则审议的重大立法案 155

国会	年份	结构化规则、经修订的封闭规则或封闭规则的百分比
第 89 届、第 91 届、第 94 届	1965—1966、1969—1970、1975—1976	12*
第 95 届	1979—1980	21

---

① 这个百分比是指那些根据此类规则审议的重大议案的百分比,通常罕有重大议案是根据议事暂停程序提交院会审议的。在本书第一版和第二版中,我展示了根据任何形式的限制性规则(包括经修订的开放规则)审议的重大议案的百分比,就像我对所有立法案所做的那样。在本书第三版中,我改用了实质限制性规则,并在本版中继续沿用,从而使后面连续几届国会之间的差异能够一目了然。简单的开放性规则现在已经非常罕见。

国会	年份	结构化规则、经修订的封闭规则或封闭规则的百分比
第 97 届	1981—1982	18
第 100 届	1987—1988	42
第 101 届	1989—1990	42
第 103—107 届	1993—2002	67
第 108—113 届	2003—2014	95

注：＊第 89 届、第 91 届和第 94 届国会的平均百分比。
资料来源：由作者收集。

特殊规则的操控力和灵活性使其在各种情况下都成为一种有用的工具。在 20 世纪 70 年代国会内部改革招致的不确定性,以及 20 世纪 80 年代和 90 年代初不利的政治氛围下,多数党民主党人在立法方面所面临的问题,刺激了复杂的限制性规则使用频率的增加(Bach and Smith 1988;Sinclair 1983, 1995)。1992 年,民主党人当选总统,这为国会的民主党人提供了一个绝佳的立法机会,但同时也给他们带来了在困难情况下完成立法任务的压力。民主党领导层对此的回应是在第 103 届国会期间加强了限制性规则的使用。

当共和党人赢得众议院的控制权时,他们也发现限制性规则是非常有用的工具,并且在重大立法案中加大了对此类规则的使用力度。即使在第 104 届国会,即他们重获控制权后的第一届国会中,这些限制性规则对促进共和党立法目标的作用,也超过了使用这些规则所引发的不可避免的虚伪指控而造成的损害。在 2000 年选举之后,共和党在国会的优势变得微弱,但共和党总统提出了雄心勃勃的议程,这促使共和党领袖经常采用具有高度限制性的规则。同样,当民主党人重新获得控制权时,以及随后当共和党人重新获得控制权时,他们也都发现限制性规则太有用了,以至于无法舍弃。

(四) 参议院:修正活动和冗长辩论

与众议院不同,参议院尚未开发出有效的工具来应对其内部权势分配的变化以及政治环境的挑战所带来的后果。赋予参议员个人巨大权力的规则对现代参议员的吸引力,以及改变参议院规则的难度,使得在参议院开发此类工具变得异常困难。由于需要 2/3 多数票才能中断关于改变参议院规则提案的辩论,因此必须建立一个庞大的变革联盟。要想取得成效,这些工具就必须像在众议院那样,给予多数党领导层更多的控制权,但来自少数党的参议员肯定没有理由这样做,甚至许多多数党参议员也可能会持矛盾态度。

参议院能够做出的规则改变只能是谦抑的。也许最重要的是,《预算法》对预算决议与和解议案的辩论施加了限制,防止了对这些措施的议事阻挠。1975 年,启动终结辩论程序所需的票数,从出席并参加表决议员人数的 2/3 减少到全体议员人数的 3/5——通常是 60 票。(修改参议院规则的终结辩论程序被排除在外,仍然需要 2/3 出席议员投票同意,尽管在一届国会开始时对修改规则的门槛仍然存在争议。)为了应对 20 世纪 70 年代末发展起来的终结辩论程序后的议事阻挠现象,参议院收紧了终结辩论后有关拖延策略的规则。1986 年,终结辩论后的院会审议时间被限制在 30 小时之内。

虽然在 20 世纪 50 年代和 60 年代没有任何规则限制参议员的修正活动,但马拉松式修正(提出 10 项或 10 项以上修正案并付诸唱名投票)并不常见。例如,在第 87 届、第 89 届和第 91 届国会中,平均只有略低于 10% 的重大议案曾遭马拉松式修正。然而,此后在参议院审议的重大议案中,平均有 30% 的重大议案面临着大量院会修正案的修正。这一数字在第 112 届和第 113 届国会中的确下降到了 24% 和 17%,但随着多数党领袖、肯塔基州共和党人麦康奈尔承诺在第 114 届国会中允许更多的修正活动,这一数字很可能会再次上升。

20 世纪 70 年代,参议员们经常通过在院会上提出修正案来追求他们个人的政策利益。在 20 世纪 80 年代、90 年代及以后,参议员对几乎所有议案提出无限制的修正案的权利,被证明对参议员很有用。20 世纪 70 年代的政治氛围可能更有利于政策创业(policy entrepreneurship),并且院会修正案可能更频繁地被用作实现这一目标的工具,但在 20 世纪 80 年代、90 年代和 21 世纪头十年更多意识形态对立和党派斗争的环境中,修正案也被证明是发起政策的有用工具。

在 20 世纪 60 年代及之前,议事阻挠虽然重要,但很少见,因为议事阻挠的对象主要是民权立法。大多数立法案都不太可能遇到任何与冗长辩论有关的问题。如表 6.4 所示,在我掌握数据的 20 世纪 60 年代的国会中,只有不到 10% 的重大议案遇到了此类问题。20 世纪 70 年代,参议员们更多地利用了冗长辩论,并且在 20 世纪 80 年代、90 年代和 21 世纪头十年继续增加对冗长辩论的使用。规则的改变可能使终结辩论程序的启动变得容易了,但这些改变并没有减弱议员使用冗长辩论的动机。极端的个人主义与高度紧张的政治氛围相结合,使越来越多的重大立法案受到议事阻挠程序的威胁。

表 6.4　重大议案遭遇冗长辩论相关问题的上升频次

年份[a]	受到影响的议案(百分比)[a]
1960 年代	8
1970 年代—1980 年代	27

（续表）

年份	受到影响的议案（百分比）
1990 年代—2000 年代中期	51
2007—2008 年	70
2009—2010 年	72
2011—2012 年	59
2013—2014 年	68

注：*包括选取的下列各届国会：

1960 年代：第 87 届、第 89 届、第 91 届。

1970 年代—1980 年代：第 94 届、第 95 届、第 97 届、第 100 届、第 101 届。

1990 年代—2000 年代中期：第 103 届、第 104 届、第 105 届、第 107 届、第 108 届、第 109 届。

2007—2008 年：第 100 届。

2009—2010 年：第 111 届。

2011—2012 年：第 112 届。

2013—2014 年：第 113 届。

资料来源：由作者计算。

[a]数字代表的是"受到议事阻挠影响"的重大议案的百分比，这些议案受到了与冗长辩论有关的问题的影响。

20 世纪 90 年代，议事阻挠日益成为党派工具。在第 103 届国会，即克林顿总统任期内的第一届国会中，半数的重大议案面临着与冗长辩论有关的问题。在该届国会中，议事阻挠被作为党派工具使用的程度在 20 世纪是前所未有的。共和党的一次议事阻挠扼杀了克林顿的一揽子经济刺激方案，共和党人直接利用或威胁使用议事阻挠从而争取使民主党在重大立法上做出让步，例如选民登记立法案（"汽车选民登记制度"）和国民服役计划（national service program）。当然，共和党试图通过议事阻挠来扼杀或削弱特定立法案的做法并不总是成功的。例如，当一些共和党参议员开始担心他们参与其中的政治代价时，共和党人对布雷迪法案（Brady bill）（该法案规定了购买枪支的 7 天等待期）

的议事阻挠行动就失败了。

时间压力使得冗长辩论成为国会末期特别有效的阻挠武器，积压的重大立法案越多，任何拖延所造成的威胁就越大。在第 103 届国会末期，共和党的议事阻挠扼杀了竞选资金议案和游说改革议案。虽然最终没有成功，但共和党人还是尝试了议事阻挠，意图阻止一项大规模犯罪议案、《加利福尼亚州沙漠保护法》和一项综合教育议案的通过。在有些情况下，采取议事阻挠是为了阻止立法案被提交到两院协商委员会，或者，更常见的情况是为了阻止立法案获得两院协商委员会会议报告的批准。共和党威胁要在院会上采取阻塞战略，从而让修改超级基金计划、修订清洁饮用水法规、全面修改过时的电信法以及将联邦劳动法应用于国会等议案夭折。直到 2000 年代中期，随后几届国会中的重大议案也遭受了同样严重的、与议事阻挠相关的问题。然而，当民主党经 2006 年选举重新获得控制权后，这一比例再次飙升（见表 6.4）。在参议院中，通过重大立法案已经需要 60 票支持。

（五）综合立法案和预算程序

综合立法案通常是涉及多个委员会、包含大量迥异的重大议题的立法案，它在国会重大立法议程中所占的比例从 20 世纪 60 年代国会中的零，增加到 20 世纪 70 年代国会中的平均 7% 以及 20 世纪 80 年代国会中的平均 13%。在 20 世纪 90 年代和 21 世纪头十年（第 103—113 届国会），平均有 11% 的重大议案都是综合议案。①

20 世纪 80 年代，作为多数党的民主党领导层有时会决定将立法案打包为综合议案，以此作为对抗在意识形态上怀有敌意的共和党总统

---

① 每种情况下的百分比都是基于我掌握数据的那几届国会统计所得。

的策略之一，尤其是针对里根总统，他非常善于利用媒体为自己谋利。总统非常想要通过的议案，有时会与国会民主党人赞成但总统反对的其他议案打包在一起，从而迫使总统接受那些如果以独立形式提交会遭他否决的立法条款。通过将有关贸易、毒品或犯罪等不同的突出议题的个别条款打包成一项综合议案，民主党人试图与白宫在媒体关注和公众信任上一较高下。在第 103 届国会期间，国会领袖们不再需要强迫总统签署他们的立法案，但综合议案仍然有助于提高普通立法案的知名度，并且这一手段将继续以这种方式得到运用。当共和党人控制国会后，他们也利用综合立法案来达到类似目的。

　　许多综合议案都与预算有关。在 1974 年《预算法》通过后，预算决议、和解议案和巨额综合拨款议案一直都是综合议案的主要组成部分。例如，在第 94 届和第 101 届国会中，所有综合议案都与预算有关。然而，与第 94 届国会相比，第 101 届国会中与预算有关的综合议案在立法案中更具重要性。《预算法》使综合议案成为国会议程的常规部分，但政治环境的变化使预算议案成了争议的焦点。20 世纪 70 年代，预算决议不包括和解指示，即指示各个委员会对法律进行修改。总的来说，预算程序为各个委员会想做的事情提供了方便，而不是施加了限制。

　　正如我之前所讨论的，1980 年总统和国会民主党领袖为了应对经济危机，利用预算程序削减开支，并首次将和解指示纳入预算决议。随后，1981 年，里根政府及其国会盟友不仅利用预算程序对国内计划进行了重大变革以削减支出，而且还实施了一项大规模的减税政策。自此，预算程序成为立法过程的核心，并一直保持至今。里根政府利用预算程序来重新调整政府政策的做法，使预算程序的潜力得以彰显。从那时起，它一直是全面政策变革的首选工具，1993 年的克林顿政府、1995 年新晋多数党共和党以及 2001 年和 2003 年的小布什政府都将预算程序用于这一目的。

预算程序的核心地位还源于 20 世纪 80 年代和 90 年代巨额预算赤字的影响。里根政府减税政策所带来的赤字，有力地形塑了美国政治。从 20 世纪 80 年代中期到 90 年代后期，为解决赤字问题所做的努力主导了政治辩论，甚至法律的颁布。在预算决议以及预算决议通常要求的和解议案中做出的决定变得至关重要。关于其他立法问题的决定是在资源稀缺的背景下做出的，随着可自由支配的国内开支的缩减，必须在各个计划之间进行权衡的难度也越来越大。格拉姆-鲁德曼立法案的既定目标是迫使国会平衡预算，它通过增加年度目标和截止日期，让这一过程变得复杂了。如果未在截止日期前达成目标，将导致大规模的自动开支削减。①

因此，巨额赤字下的政治使得有必要做出令人不快的政策决定。
160 共和党总统和国会民主党人之间严重的政策分歧，* 以及 1994 年后克林顿总统和国会共和党人之间严重的政策分歧，使得联邦政府和国会之间极难就这些政策决定达成一致意见。20 世纪 80 年代和 90 年代，联邦政府、国会和政党之间持续就预算议案进行了明火执仗的决战。同其他综合议案一样，和解议案有时也被用来向来自反对党的总统强加其所反对的条款。当然，这样的做法会加剧冲突的程度。预算程序的存在至少让不受欢迎的开支削减议案（有时是增税议案）有可能被一同纳入一个大的一揽子议案（一揽子议案通常会以议员们想要的条款为甜头），同时还让一揽子议案进行一次性整体表决成为可能。国会领

---

① 格拉姆-鲁德曼法被 1990 年通过的《预算执行法》（Budget Enforcement Act）所取代，后者包含一项"现收现付"条款，该条款规定，应得权益计划中的任何减税或增税，都必须通过增加同等额度的财政收入或者削减同等额度的财政支出来抵消（参见 Oleszek 2004，70-71）。"现收现付"条款于 2002 年到期，直到第 110 届国会开始才得以延长。

* 这里指的应该是里根总统与其总统任期内的国会民主党人。

导层经常可以说服其议员通过这样的一揽子议案,因为如果失败了,政党的声誉将面临毁灭性打击。单独通过一揽子议案中各个组成部分本来就是不可能的。

即使在 20 世纪 90 年代末赤字短暂转变为盈余之后,党派和不同机构间关于优先事项的斗争仍在预算程序的背景下继续进行。党派高度极化和两党对参议院控制权的微小差异,确保了预算程序持续处于立法中的核心位置,因为参议院的预算规则保护预算决议与和解议案免受议事阻挠。在当时的政治氛围下,2000 年代初通过预算程序做出立法改革如果可能的话,必然会引发议事阻挠,而且这些议事阻挠很可能会成功。随着巨额赤字的重新出现,众议院领袖们还发现将许多不一定令人满意的法律修改、打包成一项"大而不倒"的议案很有用。

（六）　峰会

20 世纪 80 年代和 90 年代,总统和国会中作为多数党的反对党在政策倾向上的巨大分歧,以及必须在有限的预算下做出艰难立法取舍的现实要求,有时会使正常立法程序陷入僵局。当正常立法程序,甚至在多数党领袖日益发挥积极作用的情况下,都无法产生法律时,总统和国会就不得不另谋出路——未能就预算问题达成协议的代价实在太高了,尤其是在 20 世纪 80 年代中期规定自动削减开支的格拉姆-鲁德曼法生效之后。峰会提供了新的工具选项:峰会是指国会领袖和代表总统的高级行政官员之间进行的相对正式的谈判。因为只有在非常紧要的情况下才会举行峰会,所以国会政党领袖总是代表本党议员参加这样的会谈,议员并不愿意依靠委员会领袖代表本党全体议员做出这样的决定。

实际上,在某些方面与 20 世纪 80 年代末和 90 年代的峰会相似的立法程序中产生的第一个重大立法是卡特政府时期的 1980 年(1981 财年)预算决议与和解议案。1980 年 2 月 22 日,卡特政府宣布 1 月份消费者价格指数年增长率为 18%,这营造了一种危机气氛。3 月初,卡特政府与民主党国会领导层举行了一系列前所未有的会议,目的是讨论削减预算问题。国会批准的预算决议严格遵循了这些会议达成的协议(Sinclair 1983)。

1983 年达成的重建社会保障系统的财政稳健政策协议,产生于一项与峰会有一些相似之处的程序(Gilmour 1990,248-250)。虽然已经任命了一个特别委员会来制定解决方案,但是该协议实际上是由一些直接代表里根总统的委员会委员和奥尼尔议长在幕后达成的。在 20 世纪 80 年代中期,针对预算问题举办了多次峰会谈判,但成果有限。

在第 100 届和第 101 届国会(1987—1990 年)期间,共举行了 4 次峰会,其中 3 次涉及预算问题。1987 年秋天,股票市场崩溃。作为应对,里根政府的官员与国会领导层会晤并制定了一项协议,形成了 1987 年的和解议案和全年的延续拨款决议。该协议还确定了下一年度(1989 财年)预算决议的主要框架。1989 年春天,新任的老布什政府和国会领导层达成了一项更为稳健的协议,以避免格拉姆-鲁德曼法中的全面削减。这个协议形成了 1989 年(1990 财年)的预算决议和 1989 年的和解议案,尽管它并没有解决所有的重大问题,特别是税收问题。由于采取行动的需要和无法通过正常程序达成一致意见的现实情况,1990 年再次召开了预算问题峰会。援助尼加拉瓜反政府武装这一极具争议的问题是第四次峰会的主题。1989 年,民主党领导层与老布什政府代表会面,就反政府武装援助问题达成了最终的协议。(关于这些情况的细节,参见 Sinclair 1995。)

紧急情况和迫在眉睫的时间压力可能会为峰会召开创造条件,就像 1980 年的情况那样。但当国会多数党和总统同属一个政党时,正常的程序加上非正式磋商和谈判似乎就足够了。事实上,自 1980 年那次峰会以来,当总统和国会由同一党派控制时,并没有举行过峰会。因此,在克林顿担任总统的前两年和小布什总统在任的前六年都没有举行过峰会。(在第 107 届国会的大部分时间里,民主党人控制着参议院,但他们直到 2001 年的预算决议和大型减税法案通过后才获得控制权。)

当总统与国会多数党的政策和选举目标发生冲突时,正常程序更容易失败,这并不奇怪,因为在分裂政府下,当总统由一党控制,国会由另一党控制时,正常程序往往都会失败。事实上,党派极化的加剧和国会领导层实力的增强,使得总统不太可能绕过众议院多数党领导层的反对,并挑选出足够多的多数党议员来支持批准行政部门的优先事项。总统经常被迫与持反对意见的多数党领导层直接打交道。因此,当共和党人在 1994 年的选举中赢得国会控制权后,克林顿总统和国会共和党人发现他们不得不求助于峰会。1995—1996 年的预算峰会未能达成协议,但 1997 年,克林顿和国会共和党人设法达成了平衡预算的协议。在拨款议案上的分歧也越来越多地通过克林顿政府的官员与国会领导人之间的财年末峰会来协商解决。

六、 党派高度分立时代的非正统法律制定

1994 年的选举给国会特别是众议院带来了巨大的、意想不到的政治变化。共和党人赢得了参众两院的多数席位,以重获 53 个席位为结果,40 年来第一次控制了众议院。在竞选期间,众议院共和党人承诺,如果选民愿意把众议院控制权交给他们,他们将改变国会的工作方式。

事实上,构成 20 世纪 70 年代改革的规则变化在许多情况下是民主党规则的变化,而不是众议院规则本身的变化。弱化委员会及其主席,强化政党领导层,在很大程度上是新的民主党党团规则造成的结果,因为这些规则处理的就是委员会委员分配以及委员会主席和小组委员会主席任命的问题(参见 Sinclair 2006)。

因此,人们可能会认为政党控制权的变化将会给众议院的运作带来重大变化。事实上,共和党所控制的众议院的运作确实与前任民主党控制的众议院不同,但是,正如本章介绍的关于特殊程序和做法的数据所显示的那样,共和党控制众议院并没有使众议院的运作在大方向上发生变化,反而加剧了先前已经存在的趋势。分析为何会产生这种情况,可以昭示国会程序与其所处的更广泛政治进程之间的关系。

163　　　在第 104 届国会开会的第一天,众议院共和党人对众议院规则进行了一些重大但远谈不上革命性的改变。通过将能源和商业委员会的一些范围极大的管辖权转移到其他委员会,众议院共和党人实现了委员会管辖权的适度改革。3 个次要的委员会被撤销,委员会的工作人员数量削减了 1/3。阳光规则得到适度加强,这导致委员会会议(committee meeting)更难以结束。委员会主席的任期被限制为 3 届,这一规则的改变最终将对众议院立法权势的分配产生重大影响。

任期限制和裁员都可能会削弱委员会主席的权力,然而,由于涉及到共和党规则,新任共和党委员会主席在某些方面实际上比他们前任的民主党委员会主席拥有更大的权力。他们控制着整个委员会中占多数的工作人员,他们对小组委员会主席的选任以及对小组委员会成员的指派享有更大的控制权。

20 世纪 80 年代和 90 年代初,众议院共和党人在许多情况下模仿众议院民主党人的做法,通过政党规则削弱委员会领袖的自主权,并加强政党领导层的权力。他们的委员会领袖(当共和党是少数党时,其领袖为委员会少数党首席委员;当共和党是多数党时,其领袖为委员会主席),在得到指导委员会(committee on committees)*提名后,须经所有众议院共和党人的共同组织——共和党党团大会(Republican Conference)进行无记名投票批准。共和党最高领袖被赋予了提名共和党的规则委员会委员的权力,并对指派规则委员会委员拥有更多话语权。因此,总的来说,加强共和党领袖权力的规则在第 104 届国会开始时并不新鲜,这些规则也没有给共和党领袖带来民主党领袖不曾拥有的权力。

政治环境的变化,而不是规则的变化,使金里奇成为一位强有力的议长。在大多数共和党人和媒体的眼中,金里奇是奇迹的创造者,因为他被视为共和党在 1994 年出人意料获胜的功臣。多年来,他一直在为共和党成为多数党而努力和谋划(Connelly and Pitney, 1994)。他招募了许多赢得众议院席位的新人(House challengers),还帮助他们筹款和提供竞选建议。"与美国订约",即大多数众议院共和党人竞选的政策议程,正是金里奇的主意,他精心策划了这一目标的实现。

因此,1994 年的选举结果给金里奇带来了巨大的威望。同时,选举也为他提供了一群抱有相同意识形态并决心进行重大政策变革的议员。这个庞大的新晋议员群体——足有 73 人之多——主要由坚定地致力于削减政府规模和影响的人以及平衡预算的忠实拥护者组成。在众议院共和党议员中,意识形态相近的新晋议员和有点资历的议员占了一半以上。这些议员和相当数量资历更深的共和党人认为自己负有

164

---

*　国会两院的两党党团都各自设有审议议员委员会席位请求并制定常设委员会分配的组织,众议院里是民主共和两党各自的指导委员会,参议院里则是共和党委员会事务委员会以及民主党指导与外联委员会。

进行政策改革的使命。即使是稳健派共和党人也强烈地认为，共和党要保住多数党地位，就必须兑现他们在"与美国订约"中做出的承诺。

对非常雄心勃勃的议程的整合、一个团结在议程之下的新晋多数党以及一位极具声望的领袖，这些因素的结合使得实施强有力的领导既是必要的，也是可能的。没有强有力的核心领导，通过一项议程是不可能的。没有团结在致力于迅速和全面推动政策变革理念周围的议员们，任何议长都不可能在立法过程中发挥如此强有力的核心领导作用。

凭借自己在众议院共和党人中的巨大威望，金里奇在 1994 年选举后的日子里行使的权力远远超过了共和党党团大会规则规定的范围。他在几个委员会主席的选举中绕过资历限制，直接指定共和党人担任委员会主席。根据规则，政党指导委员会提名委员会主席人选，然后由共和党党团大会批准。金里奇先发制人，他正确地断定自己的地位将会阻止任何人对他的选择提出质疑。

在第 104 届国会中，政党领导层普遍参与并监督了重大立法的制定过程。在"与美国订约"议案以及共和党试图平衡预算的许多重大立法上，委员会领袖明显都服从于政党领袖。由于大多数资深共和党人都签署了"与美国订约"议案，金里奇便拥有了一个强有力的工具，可以说服委员会领袖在不做重大修改的情况下报告立法案并迅速完成这一切。他只是提醒他们："我们承诺在 100 天内完成立法；我们必须兑现诺言。"在 1995 年年初以及后来的平衡预算问题上，委员会主席们知道政党领导层得到了新晋议员的大力支持。

为了兑现众议院共和党人做出的雄心勃勃的承诺，共和党领导层动用了一整套可用的程序性工具。出于对立法速度与灵活性的需要——有时也因为所涉立法问题的政治敏感性，领导层有时不得不绕过委员会进行立法。在农业政策、枪支管控乃至移民改革等立法问题上,领导层广泛使用了议员特别工作组(member task forces)。总的来说,各委员会并没有正式绕过特别工作组所处理的问题,但特别工作组设立的目的和作用是向各委员会施加压力,使委员会及时提交令多数党满意的立法案报告。

尽管政治环境使委员会领袖对政党领导层和政党议员们的意愿做出了不同寻常的回应,但政党领袖经常发现有必要在委员会审议之后对立法案进行调整。分送多个委员会审议、对立法速度的需求以及雄心勃勃的议程都造成了这样一种情况,即不得不对委员会报告中的立法案进行修改,以便使立法案能够以实现政党目标的形式通过。

正如民主党领袖在 20 世纪 80 年代和 90 年代初造成的情况那样,特别规则已经成为领导层强大且灵活的工具。鉴于共和党人为自己设定的任务,尽管他们在选举前承诺将主要使用开放规则,但他们的领袖很难避免对限制性规则的运用。在努力通过其雄心勃勃的议程时,众议院共和党领袖们继续使用了实质性的限制性规则。

在非同寻常的政治环境下,领导层可以毫无顾忌地使用全套领导工具,包括非正统法律制定的工具,但这种政治环境在第 104 届国会结束前已经消失了。在第 105 届国会中,政党领袖们从实质性深入参与几乎所有重大立法的做法中稍稍退出,而实质性的深入参与者正是他们在第 104 届国会立法中扮演的角色。不过,他们所回归的一种立法程序,仍以我称为非正统法律制定的程序与做法为主要特征。为了满足本党议员的要求,通过他们支持的法律,众议院的政党领袖继续使用非正统法律制定的工具。伊利诺伊州共和党人、议长哈斯泰特在 1999 年就任议长时曾承诺恢复"常规秩序"(regular order),但发现自己经常被卷入实质性立法问题,因而不得不绕过委员会或在委员会审议之后进行调整,而且他经常采用战略性的限制性规则。

当主席任期限制的后果变得明显时，共和党众议院领袖获得了对委员会领袖的额外影响力。2000 年，13 个委员会主席职位同时空缺，其中大多数是因为任期届满，而共和党领导层制定了一个新的委员会主席遴选程序：有志于担任主席的人必须出席指导委员会（Steering Committee）的会议，指导委员会负责向共和党党团大会提名主席人选。在那里，他们要就其立法和沟通策略以及拟议议程接受严格的面试。鉴于领导层对指导委员会的影响以及该委员会代表的构成，新的程序使委员会主席和有志于获得这些职位的人更有动力对政党及其领导层做出回应。众议院政党的领袖利用他们由此获得的影响力，确保提交院会审议的立法案能够被大多数共和党议员和小布什总统接受。

如果说 20 世纪 90 年代共和党人在其拥有多数席位的众议院中通过议程是一项需要采取特殊手段才能完成的任务，那么在参议院中通过议程则要困难得多，有时甚至是不可能完成的事情。堪萨斯州共和党人、多数党领袖多尔和他的直接继任者、密西西比州共和党人洛特，使用了对他们而言所有可用的特殊程序。特别是在第 104 届国会中，他们经常绕过委员会，在委员会审议之后对议案做大量的调整，以使草拟的立法案能够获得参议院通过通常所需的 60 票。

在第 103 届国会中，在共和党人运用议事阻挠有效地对付民主党人之后，拥有少数席位的民主党人进行了还击，充分利用了参议院规则赋予他们的特权。在第 104 届和第 105 届国会中，约有一半的重大立法遇到了与冗长辩论有关的问题。民主党人扼杀了监管全面改革和产权立法案，并迫使作为多数党的共和党人在一些重大法案上做出让步，包括产品责任立法案、农业自由法案（the Freedom to Farm bill）和电信立法案等等。

作为少数党的民主党人越来越善于将冗长辩论和参议院的许可性

修正规则结合起来，从而将他们的议题列入参议院议程。民主党人通过威胁或实际提出自己的议案——这些议案往往是与多数党领袖提交至院会审议的立法案不相关的修正案——并利用冗长辩论来阻止辩论迅速结束，从而迫使共和党人考虑一些他们不愿考虑的议题。最突出的议题包括最低工资、烟草税、竞选经费改革和患者的权利法案（patients' bill of rights）。

对于民主党人的做法，作为多数党的共和党人以自己的程序性策略做出回应。多数党领袖洛特试图在议案提交到院会审议后立即实施终结辩论程序，因为在终结辩论之后，提出的所有修正案都必须是与议案密切相关的。当终结辩论表决失败时，他干脆把议案从院会上撤回，以剥夺民主党人就修正案进行辩论和投票的机会。洛特还"填满修正案之树"，也就是说，他利用自己优先发言的权利，在院会审议所允许的所有时段提出修正案，从而阻止民主党人提出修正案。然而，民主党在终结辩论投票中表现的凝聚力，限制了多数党这种策略的有效性。只要少数党能凑够 41 张选票，多数党也许可以阻止少数党就其议案进行投票，却无法通过自己的议案。这样的结果往往是立法陷入僵局。一旦小布什就任总统，参议院领袖如果想推动他的计划，就不得不放弃这一策略。

党派之间尖锐的两极分化是当代政治最突出的特征，也越来越多地影响了立法过程。从 20 世纪 90 年代中期到 2008 年，多数党和少数党之间的控制权差距很小，有时甚至极小，但两党之间的意识形态鸿沟使得两党妥协的代价高昂。即使在 1994 年选举中共和党人强烈的使命感减弱之后，国会共和党人在意识形态上仍然保持着异乎寻常的同质性，并继续致力于保守主义的政策变革。20 世纪 90 年代，作为多数党的共和党人面临着一位对他们的政策目标怀有敌意、政治上精明的

167

总统。2001 年小布什成为总统后，共和党人在白宫有了一位志同道合的盟友，但他们产出立法成果的压力也大大增加了。小布什总统提出了一项雄心勃勃的议程，总的来说，共和党人——选民、政治活动家和国会议员——基本上都大力支持总统的议程，但由于同样的原因，这一议程对两党的吸引力也很有限。

随后的一段时间里，两党之间近乎"重演"了一次之前的情况，但双方的角色互换了。在 2006 年的中期选举中，民主党人以微弱优势重新夺回了国会两院。众议院民主党人强烈地抱怨共和党领导层不民主。他们认为共和党领导层阻止了少数党参与政策制定，经常将有效的决策权从委员会手中夺走，将其集中在政党领导层手中。此外，他们还抱怨共和党领导层使用具有高度限制性的院会规则，使民主党人提交的大多数修正案未获通过。在竞选期间，民主党人承诺减少党派之争，提高决策的开放性，许多民主党人也渴望恢复"常规秩序"，因为在这种秩序下，委员会将成为主要的政策决策者。然而，众议院民主党人也承诺通过一项重要的国内政策议程，并改变国家在伊拉克的路线。在试图这样做的过程中，他们遇到了一个持坚决反对意见的少数党和一位对达成两党妥协兴趣不大的反对党总统。2008 年的选举使民主党在众议院的多数席位增加到 257 席，接近 60%，并带来了一位志同道合的民主党总统。但是，就像 2001 年的情况一样，新总统的上任和统一控制权的回归极大地增加了选民中的支持者对政策变革的期望。在第 110 届和第 111 届国会中，众议院民主党领袖通过大胆使用非正统的法律制定工具来应对立法任务的复杂性和政治环境的限制。与共和党占多数时的情况一样，众议院多数党领导层对院会的严格控制极大地促进了该党在立法方面的成功，但同时也引发了少数党对立法过程的严重不满和党派之间的敌对。

党派之间高度的两极分化,再加上参议院的许可性规则,给作为立法机构的参议院带来了麻烦。与 20 世纪 70 年代和 80 年代的前任领袖相比,当今的多数党领袖通常可以依靠更有凝聚力的本党议员,但即使是一个完全团结的政党,通常也是不够的。现如今,重大立法案在参议院一般都会遇到与冗长辩论相关的问题。由于少数党现在做出终结辩论投票时往往高度团结,因此多数党要获得 60 票来结束辩论,常常就需要做出重大让步。即使参议院规则在这个党派高度两极分化的时代能对两党妥协造成一定压力,其他规则也几乎对两党妥协不起作用。但是,现如今运用这些参议院规则,常会导致立法陷入僵局。

在 2010 年选举后,共和党控制了众议院,这只会增加所有关键参与者的立法难度。2010 年,众议院共和党人净增 63 个席位,一共获得 242 个席位,这是一个相对来说比较富余的多数。新晋共和党议员和大多数共和党资深议员都将选举结果解读为对奥巴马总统议程的否定,尤其是对 2010 年《患者保护和平价医疗法》的否定,也是对曾经通过该法的多数党民主党的否定。共和党人还将选举结果视为公众对他们缩减政府(shrink-the-government)观点的一种认可和授权。然而,民主党保住了参议院的控制权,尽管多数席位有所下降,同时奥巴马继续担任总统。许多众议院共和党人,尤其是那些与茶党有联系的共和党人,期望他们的领导层以某种方式将自己的政策偏好施加给总统以及民主党控制的参议院,但这是一个博纳议长也无法实现的不切实际的期望(参见本书第八章)。参议院民主党人有责任保护奥巴马第一届任期内国会的政策遗产,并有责任以可接受的形式通过重大立法案。在如此困难的情况下,领袖们不出所料地采用了非正统的做法和程序,有些做法和程序的使用频率甚至比以前还要更高。无论是 1995 年和 2007 年国会政党控制权的变化,抑或是 2011 年众议院和 2014 年参议院政党控制权的变化，还是 2001 年小布什总统和 2009 年奥巴马总统对政府的统一控制，都没有打断走向非正统法律制定的趋势。在一定程度上，非正统的做法和程序的使用具有连续性，并且随时间发展而不断加速，这一切可归因于以下关键条件的持续存在：内部规则没有发生太大变化，当然也没有恢复到曾经强大的、拥有自治权力的委员会主导时期；预算程序继续主导国会决策；新任的国会多数党面临着怀有敌意的反对党总统；此外，那些国会多数党面对的是一种过高的期望——期望在一个党派高度极化的时期能够产生一个团结的政府。也许更重要的是，这些特殊程序和做法的频繁使用之所以仍在继续，是因为无论其起源如何，它们在各种情况下都已成为普通议员和领袖们行之有效的灵活工具。出于这个原因，我们不应期望恢复到曾经的"常规秩序"状态，至少在可预见的未来不会这样。

后续各章的案例研究，既展示了更大的政治环境如何塑造立法过程，也展示了立法领袖——有时是普通议员——如何使用各种非正统法律制定工具，从而利用特定政治环境所带来的机遇并应对其所造成的问题。它们展示了众议院领袖现在如何以过去无法采用的方式来调整立法过程，从而使其适应某一特定议案所引发的问题，尽管参议院领袖仍然常常面临一些难题——一些源于反对者用以阻挠其实现立法目标的工具的难题。这些案例还展示了非正统法律制定的做法和程序是如何相互结合、相互作用的，从而阐明了现今的议案上升为法律——有时未能成为法律——的多种途径。

第七章　通过极端非传统的程序改变
非增量性政策：2009—2010 年的医保改革

医保改革是奥巴马和民主党工作计划的巅峰之作。在漫长的竞选过程中，所有主要的民主党总统候选人都大力倡导医保改革，国会中的许多民主党人多年来也一直致力于解决这一问题。在刺激经济的一揽子计划确立之后，重点就可以转向医保服务了。尽管一些评论家和许多共和党人认为改革应当推迟到经济复苏之后，但政府依旧认为不断上涨的医保费用是对经济的主要威胁，有必要立即解决，而全面改革是解决这一问题的唯一途径。许多民主党人也认为，改革的前景再好不过了，但把这项努力推迟到 2010 年这个选举年，确实是一个错误。

克林顿政府早期医保改革的失败尝试为总统和国会领导层的战略提供了参考。与克林顿不同，奥巴马不会直接告诉国会如何立法，他会提出一般性的原则，并让国会填补细节。他不会把界限划得太清，使未来的妥协变得困难。奥巴马试图通过吸引那些曾扼杀克林顿改革尝试的主要利益集团参与这一进程来提前阻止反对派。让这些集团参与进来并在可能的情况下通过谈判达成协议是政府从一开始就有的主要目标。

一、 第一阶段：协商与起草

在众议院，有三个委员会拥有重要的卫生政策管辖权:能源和商业委员会、筹款委员会以及教育和劳工委员会。为了避免之前阻碍克林顿改革的利益争斗,加利福尼亚州民主党人、议长佩洛西于2009年3月18日公布了一个决定,要求三个委员会的主席协商出一项单独的议案,并保证该议案在三个委员会中都可以提交讨论。拥有管辖权的两个参议院委员会,即健康、教育、劳工和养老金委员会与财政委员会,自2008年6月以来一直在合作共事。健康、教育、劳工和养老金委员会的主席,马萨诸塞州民主党人泰德·肯尼迪几十年来一直在推动医保改革,并认为这是他的首要任务;参议院财政委员会主席、蒙大拿州民主党人鲍克斯也以避免委员会之间的僵局并通过重要立法为己任。两个委员会的工作人员定期举行会议、规划战略。在2009年的几个月和新的一年即2010年里,他们和与改革结果有利害关系的团体代表进行了一系列讨论。

(一) 考虑和解

国会每年都会通过一项预算决议,为下一个财年的支出和税收决策制定框架。预算决议可以要求通过一项和解议案,使立法与预算决议的详细规定相一致。根据法律规定,和解议案在参议院受到保护,不会遭受议事阻挠。2009年春季的一个关键决定和一个主要争议点是,预算决议是否应该允许通过一项和解议案来完成医保改革。众议院领袖强烈赞成这一做法,众议院的决议也包括了这一条款。但参议院预算委员会主席、北达科他州民主党人康拉德(Kent Conrad)反对这一做法,他认为这不是解决医保改革问题的现实方式,而且,由参议院通过并提交两院协商会议讨论的预算决议案并没有规定使用和解的方式。在协商委员会的谈判中,白宫极力主张纳入该条款,认为这将成为促使共和党人参与进来的一个诱因,也是一条最后的退路。康拉德默许了,两院在4月29日批准的会议报告允许将医保改革作为和解议案来推行。当时很少有人注意到，这个预算决议还允许将学生贷款计划的改革也纳入和解议案之中。

（二）健康、教育、劳工和养老金委员会就一项议案提出报告

参议院多数党领袖、内华达州民主党人里德比佩洛西更倾向于给他的主席们相当大的运行空间，甚至在党的首要任务上也是如此。在参议院，这两个委员将产生各自的议案，随后里德将介入其中，试图将其整合起来以通过参议院的审议。4 月下旬，财政委员会与健康、教育、劳工和养老金委员会开始举行一系列工作小组讨论。它们的目标是在 6 月最后审定议案，并在 8 月休会前准备好进行参议院讨论投票。

6 月初，从生病的肯尼迪手中接过主席职责的康涅狄格州民主党人多德，公布了他与健康、教育、劳工和养老金委员会民主党同僚通过数周会议协商形成的议案草案。最后的正式审议于 6 月 17 日开始，历时 13 天 60 小时，其间审议了近 500 项修正案。7 月 15 日，健康、教育、劳工和养老金委员会以党内统一路线投票（on a party line vote）的方式就该法案提出报告。它包括了公立选项（public option）*在内——这是一个与商业保险形成竞争的政府健康保险计划。这一提议成为争议的中

172

---

　　*　"公立选项"，又称"公共选项""国家选项"或"政府选项"，最初由奥巴马总统提出，是指由州政府或联邦政府运营一些医保项目（尽管其实际管理工作可交由商业保险机构来做），而让美国人在医保领域获得更多的选项。一般来说，在医保领域，美国人只能在有限的几个商业保险机构当中进行选择，而商业保险机构数量太少，无法构成竞争性市场。由于政府的使命不是利润最大化，而是确保所有人都能以可承受的价格享受医疗保险，所以奥巴马政府意欲让政府进入商业保险机构没有兴趣涉足的领域，给公众尤其是较贫困者提供更多的选项。"公立选项"是奥巴马医改的重要内容之一，但在当时的美国，此计划争议很大，共和党尤其反对此计划，他们担心政府介入这一传统上由商业保险机构运营的领域，会扩张政府权力，限制商业自由，并助长和养成一些美国人的依赖性与惰性。

心。民主党人认为这对保持商业保险公司的诚信是至关重要的；而共和党人则声称这将使商业公司遭到淘汰，代表着政府对医保服务的接管。对于激进主义者(activists)来说，这个公立选项成了关键的决定。

（三）众议院中的议案起草和委员会行动

在众议院，现在被佩洛西称为"三大男高音"的三位委员会主席于6月初提出了一个议案的大纲，将其提交给民主党党团会议讨论，其中包括一个公立选项。佩洛西和多数党领袖、马里兰州民主党人霍耶经常与各主席以及党派小组会面。蓝狗党人和新民主党人(New Democrats)*尤其关心他们更为温和的观点能否得到倾听。三位主席在6月9日的党团会议上强调："我们将继续征求意见，并与我们的同事、外部的利害相关者和行政部门密切合作，并有望在短期内提出立法案。"(《国会季刊·今日》[CQ Today],2009年6月9日)

6月19日，在佩洛西又召开了一系列会议后，众议院的民主党人公开了一份讨论稿。随后又进行了一系列激烈的谈判。在之后的7月14日，佩洛西、霍耶和三位主席公开了他们的议案。走到这一步是很艰难的。蓝狗党人继续对一批条款表示关切。一封由40名蓝狗党人寄给佩洛西和霍耶的信表达了他们对该议案"强烈的保留意见"，这封信也使议案的公布延期了。一位年资较浅的蓝狗党人、北卡罗来纳州民主党人舒勒(Heath Shuler)抱怨道："我们一直在进行交流，然而，每当他们想要铺开(unroll)某些事情的时候，蓝狗党人投入的精力并没有被纳

---

　　* 新民主党人也称中间派民主党人、克林顿民主党人或者稳健派民主党人。美国民主党内的此派人士，在意识形态上持温和立场。作为民主党内走第三条道路的派别，新民主党人在社会问题上一般持文化自由主义观念，而在经济问题上属于稳健派或保守派。新民主党人自20世纪80年代开始直到21世纪头十年中期一直主导民主党，至今仍是民主党内较大的联合组织。

入考虑之中。"(《国会季刊周报》,2009 年 6 月 13 日)而处于这个政治光谱另一端的进步党团则警告说,如果舍弃公立选项,其成员将反对该议案。绝大多数众议院民主党人都像众议院领袖那样支持公立选项,所以它仍然被保留在这个议案当中。为了支付改革的费用,正如奥巴马和民主党领袖曾经承诺的那样,他们决定对高收入纳税人征收附加税。这一议案,即 HR 3200,被分送给了三个委员会。

7 月 17 日,筹款委员会经过 16 小时的最终审议,批准了 HR 3200。投票结果是 23∶18,所有的共和党人和三名民主党人投了反对票。教育和劳工委员会的最终审定时间更长,经过了 7 月 16 日至 17 日晚间的会晤后,该委员会以 26∶22 的票数批准了该议案。同样,所有共和党人和三名民主党人对该议案投了反对票。有许多修正案得到了采纳,其中的大多数修正案都扩大了该议案的覆盖范围。从这两个委员会中产生的 HR 3200 议案仍然大体相似。

能源和商业委员会也于 7 月 16 日开始了它的最终审议,但审议情况很快就表明:除非得到安抚,否则蓝狗党人可能会阻挠议案的通过。委员会主席、加利福尼亚州民主党人瓦克斯曼在 7 月 20 日的第二次会议后暂停了最终审议工作。21 日,蓝狗党人向瓦克斯曼递交了一份清单,其中列举了他们希望做出的十项修改。委员会成员、蓝狗党医保问题发言人、阿拉斯加州民主党人罗斯(Mike Ross)称,首要问题包括"尽更大努力降低医保开支,更慷慨地豁免小企业提供保险的要求,以及改变可能与商业保险公司竞争的政府经营计划"(《国会季刊·今日》,2009 年 7 月 27 日)。为了应对这一对此前努力的明显威胁,奥巴马召集能源和商业委员会中的民主党人到白宫开会,并就费用问题达成了一份"口头协议",但其他问题并没有解决。谈判继续进行,其中众议院领袖发挥了主要作用。正如瓦克斯曼 7 月 24 日解释的那样,议长佩洛西展开了"广泛的谈判,并邀请每个对此存有关切的人参加"。瓦克斯曼说,谈判结果是"在解决医疗保险地区差异这一悬而未决的重要问题上取得了重大突破"(《国会季刊·今日》,2009 年 7 月 27 日)。

　　谈判的过程时断时续。瓦克斯曼曾一度威胁说要绕过他自己的委员会,直接将议案提交给众议院审议。会议在佩洛西和霍耶的办公室继续进行,众议院领袖通过频繁的党团会议向普通议员(rank and file)通报情况。最终,7 月 29 日,正如罗斯所言,"在两个星期漫长且激烈的谈判后",(各方)达成了一项协议(《政客》[*Politico*],2009 年 7 月 29 日)。这个协议在主要问题上做了让步,而作为回报,能源和商业委员会的四名蓝狗党人同意投票由委员会报告该议案。7 月 30 日,委员会恢复了最终审定程序。7 月 31 日,委员会以 31 : 28 的票数同意报告这一议案。蓝狗党人的让步被纳入了一项修正案中,同时,为了安抚那些因为对蓝狗党人让步而感到沮丧的自由派,议案也做了数处修改。所有的共和党人,外加五位民主党人——四名蓝狗党人和密歇根州民主党人斯图帕克(Bart Stupak)——对该议案投了反对票。

　　作为对蓝狗党最后的让步,众议院领导层同意将院会投票推迟到 8 月休会之后。在看到参议院财政委员会的结果之前,许多稳健派民主党人不想投票,他们的理由是,既然最终结果可能远不如预期那般雄心勃勃,那为什么还要对一个自由派议案投下艰难的一票呢?

(四) 财政委员会主席鲍克斯的谈判

　　财政委员会主席鲍克斯坚持不懈地努力达成一份两党协议。自 2009 年年初以来,他一直在与能源和商业委员会少数党首席委员、爱荷华州共和党人格拉斯利进行谈判。后来他扩大了谈判小组,加入了两党的其他一些财政委员会委员。到了 7 月,主要的谈判者——很快就被称为"六人帮"——包括格拉斯利、怀俄明州共和党人恩齐（Mike Enzi）和缅因州共和党人斯诺（Olympia Snowe），以及新墨西哥州民主党人宾加曼（Jeff Bingaman）、康拉德和鲍克斯本人。7 月 4 日休会之前，委员会终审该议案的最后期限已经过去了，鲍克斯在回答何时终审议案的问题时说："我们何时准备好了，何时就会审议。"

里德每周都会与多德和鲍克斯进行多次沟通，大概是在鼓励鲍克斯推进这一进程。7 月初，里德告诉大家，他已经知会鲍克斯放弃两党协议，只需要拿出一份议案即可（《点名报》，2009 年 7 月 7 日）。自由派对这种拖延越来越不满，并担心鲍克斯可能会做出让步以获得一些共和党人的票数。奥巴马政府希望在 8 月休会前通过参议院议案，而被排除在鲍克斯谈判小组之外的财政委员会民主党人也开始表达他们的不满情绪。尽管有这种压力，里德在第二天似乎还是想有所退让。在与格拉斯利、恩齐和斯诺——他们一直在大声抱怨这种"人为设定的最后期限"——会面后，里德重申了他对两党协议的支持。

正如当前的参议院多数党领袖经常遇到的情况一样，里德发现自己在党内同僚的期望和必须在参议院获得 60 票的要求之间陷入两难。民主党人，尤其是参议员中的多数自由派，对这一程序越来越感到沮丧。正如罗得岛州民主党人怀特豪斯（Sheldon Whitehouse）所言："我确实认为，我们已经到了收拾行装继续前进的时候了，因为这个国家的事务要比外表看上去难以捉摸的两党关系更重要。"（《政客》，2009 年 7 月 19 日）然而，里德知道，如果没有一些共和党人的支持，通过该立法案将困难重重。尽管民主党此时有 60 名议员，但有 2 人经常因病缺席，如果没有几个共和党人的投票作为替代，一些稳健派议员也会对支持这样的重大立法案感到疑虑。和解仍然是一个选择，但充满了严峻的程序复杂性，并可能导致严重的政治后果。

7月30日，星期四，鲍克斯宣布，在8月休会之前财政委员会不再进行终审。几个星期来，虽然每天都进行了长达数小时的谈判，并不断有取得进展的声明传出，然而协议始终未能达成。事实上，当某些成员暗示即将达成协议时，恩齐和格拉斯利都强烈否认了这一点。有四起的传言说，"六人帮"的共和党成员因受到来自其领导层的巨大压力而无法达成协议。而格拉斯利和恩齐关于形成一份能获得75或80票的议案的言论则为这一传言推波助澜。许多民主党人现在相信，共和党人只是在拖延进程，并不打算真正合作（《点名报》，2009年8月22日）。有报道称，里德威胁鲍克斯要接管该议案。第二天，7月31日，鲍克斯将9月15日设定为两党达成协议的最后期限。该小组将在8月休会期间继续谈判，但鲍克斯向他的民主党同僚承诺，无论两党是否能够达成协议，鲍克斯都将在9月15日后继续进行最终审议。

（五）八月休会及其后果

事实证明，正如许多人所担心的那样，8月对民主党人来说是一场公共关系上的失败。由于两院都没能产生一份议案，特别是由于财政委员会议案的框架仍然十分不明朗，所以民主党人缺乏一个可以提供辩护的提案，而关于改革的谣言也开始四处传播。反对者在一些民主党众议员的群众见面会上举行了激烈的抗议活动，而媒体对其中最为混乱的示威活动进行了大量报道。共和党领袖支持这些抗议活动，并抨击民主党的整个改革就是一场昂贵得离谱的大型政府夺权运动。针对某些极为疯狂的谣言——比如说，针对老年人的死亡小组——国会领袖、白宫和媒体予以坚决回击。回击产生了一定的效果，但整体形势依旧十分严峻。当格拉斯利在爱荷华州的家中迫于保守派选民的压力对死亡小组的说法表示信任时，国会中的民主党人认为这无可辩驳地证明,共和党人无意达成任何两党协议。记者和评论人士认为这几乎到了要宣布改革失败的程度。

国会中的民主党领袖向奥巴马施压,要求他做出更有力的回应。在夏天的谈判中,奥巴马和他最亲密的助手多次与各组议员私下交谈,努力继续推进立法进程。奥巴马本人邀请了蓝狗党人、"六人帮"单独或者一起到白宫商谈。他还邀请了其他几位共和党参议员,并在休会前邀请了全部的民主党参议员。在工作人员和负责人层面,白宫和领导层办公室之间的信息共享和战略讨论持续进行(《政客》,2009 年 11月 2 日)。奥巴马还通过声明和露面公开宣传医保改革。然而,华盛顿的共识是,他未能传达"清晰且连贯"的信息。

9 月 9 日,奥巴马在国会协商会议上发表了关于医保改革的演讲。演讲中他强调,他的三个目标是"为已经拥有保险的个人提供安全和稳定,扩大医保的受益范围至那些未被覆盖的人,以及减缓医保支出的增长"(《国会季刊周报》,2009 年 9 月 14 日)。这项计划在十年的时间里将花费 9 000 亿美元。奥巴马承诺,计划的资金将全数支付。演讲深受民主党人的欢迎,支持医保改革的公众人数下降趋势也得到了遏制,民主党议员给出了十分积极的回应。"党团会议中的每个人都喜欢这次演讲,"一位稳健派民主党人这样回应道,"他让人们感觉好多了。"

(六) 财政委员会就一项议案提出报告

在演讲前不久,鲍克斯向"六人帮"的其他成员提供了一份计划草案。9 月 11 日,他召集了最后一次会议,作为他们谈判会议的总结,但没有达成任何协议。正如鲍克斯之后报告的那样:"在 4 个月的进程中,我们举行了 31 次会议,共 63 个小时。"(《国会记录》,2010 年 3 月23 日,S1824)

在两党显然无法达成协议的情况下，负有兑现承诺义务的鲍克斯于9月16日向大众公开了他的议案。该议案很快就受到了来自右翼和左翼——其中还包括一些中间派人士——的批评。自由派对法案不含公立选项的内容表达了反对，尽管出现这一结果并不意外，因为共和党人从2009年年初就开始大规模地表示反对，而鲍克斯的提案没有改变他们的想法。包括共和党人斯诺在内的一些稳健派议员，以及大多数自由派议员认为，补贴过于微薄，以至于中产家庭没有能力负担医疗保险。里德则强调，该议案只是一个开始。

9月22日，财政委员会开始进行最终审议。鲍克斯针对民主党议员的批评做了一些修改。10月2日，在为期7天的辩论和修正结束后，最终审议结束了。委员会否决了规定公立选项的两项主要修正案。共和党人的"杀手修正案"也全部落空。最后的表决并没有进行，因为一些议员想先看一下国会预算办公室关于费用的报告。10月7日，根据国会预算办公室的报告，修正后的议案将花费8 290亿美元，远低于总统原先提出的9 000亿美元这一数字，该款项将由立法案中的收费和费用削减来填补。

当财政委员会在10月13日开会投票表决批准该议案时，唯一的悬念只有斯诺是否会投票支持该议案。不过这一悬念依然令人紧张。斯诺最终投票支持了该议案，但她警告说自己仍有顾虑，不一定会在之后的程序中支持它。而斯诺是唯一一位跨越党派界限的财政委员会委员，财政委员会以14∶9的投票结果批准了该议案。民主党人对获得斯诺的投票感到兴奋，但很明显，他们自己的一些委员的投票并不可靠。

二、 建立获胜联盟以通过医保议案：
委员会审议之后的院会行动

在所有相关委员会报告了议案之后，下一步便是准备立法案供院会审议。这一步骤需要在参众两院中分别将多个议案合并为一个单一的议案，并在此过程中创制一份可以通过各院的议案。在此过程中，政党领袖将发挥核心作用。

（一） 在众议院合并议案

众议院党派领导层在 8 月休会前，已经开始了这一进程，但由于缺少财政委员会的议案，民主党领导层的努力受到阻碍。党派领袖们知道他们可能根本指望不了共和党人的投票，所以他们最多可能失去 39 名民主党人的投票。这意味着他们必须让相当数量的稳健派以至持保守立场的民主党人加入，而这些议员在看到财政委员会的议案之前，对于在最具争议的问题上做出承诺持谨慎态度。

由于医保改革如此复杂，众议院领导层做出了认真且持续的努力来教育议员。在 7 月下旬，领导层就 HR 3200 进行了五小时的辅导：前半部分是专家人员的情况简介，后半部分才允许提问（《华盛顿邮报》，2009 年 6 月 29 日）。随后，他们在秋季举行的党团会议就医保改革的具体问题展开了讨论，比如说公立选项。

核心谈判小组包括党派的最高领导人和三位委员会主席。但正如佩洛西的一位发言人所坚持的那样："每个人都将参加关于医保的讨论……人们将持续性提供意见。"（《政客》，2009 年 8 月 4 日）一些重大争议需要得到解决。议案是否要包括公立选项？如果包括，其形式将是什么？这些问题得到了媒体最大程度的关注。包括佩洛西本人在内的进步派，坚定支持所谓的强有力的公立选项政策，这是一项公共保险计划，该计划将按医疗保险费率加上5%的标准支付给服务提供者。很多蓝狗党人压根就不希望出现公立选项；而有些人则愿意支持教育和商业委员会妥协方案中的版本，该方案要求建立一个公共保险计划，其费率由健康与公共服务部部长协商决定。该议案的费用有多少以及如何支付是有争议的问题。蓝狗党人担心总费用的问题，来自郊区富裕选区年资较浅的民主党人反对筹款委员会议案中向富人征收附加税以支付大部分费用的规定。当奥巴马在9月7日的演讲中呼吁制定一个最高费用为9 000亿美元的议案时，民主党领袖知道他们必须降低HR 3200中的费用，但这样做也会产生其他问题，例如，必须确保为中产阶层提供足够高的补贴，使其能够负担得起保险费用。持反对堕胎立场的民主党人坚持在议案中采用强有力的措辞，禁止任何联邦资金用于选择性堕胎；支持堕胎合法的民主党人对此表示愤怒，声称这将导致反堕胎的措辞比现今更加苛刻。8月，茶党抗议者（tea party protest）和右翼博主们声称，民主党人的医保议案将为非法移民提供便利。奥巴马在他关于医保的演讲中对此予以否认。得克萨斯州共和党人威尔逊（Joe Wilson）则用他那句蹩脚的"你撒谎"回应了总统的断言。拉美裔民主党人担心，议案为了确保无证工作者被排除在受益范围之外，会对合法移民施加苛刻的条件。这些争议中的任何一个如果不能得到很好的处理，都可能造成关键选票流失的威胁。

几个星期以来，佩洛西和霍耶几乎每天都要与委员会主席、其他党派的领袖，以及对立法案有疑问的各种成员团体进行会面。他们还召开了多次党团会议，向所有民主党人简要介绍情况，以便听取更多的观点和意见。进步党团（The Progressive Caucus）声称他们有足够的票数支持强有力的公立选项,而蓝狗党则声称他们有足够的票数来阻止它。两个党团一度产生了针锋相对的党鞭点名计数。佩洛西努力争取票数以支持强有力的公立选项。频繁的党鞭点名计数和党团会议对本党议员的公开质询昭示着多数的出现已经不远了。国会预算办公室的评分结论是强有力的公立选项方案将比其他方案更能削减赤字,这一结论为该方案带来了推动力。然而,佩洛西最后发现她无法获得必要的218票。她决定将带有谈判费率的公立选项列入妥协议案。为了争取其他选票,这个妥协议案提高了对高收入纳税人征收的附加税水平,同时免除了更多小企业提供保险的要求(《纽约时报》[NYT],2009 年 10 月 20 日)。

2009 年 10 月 29 日,众议院领导层召集了党团会议,对议员进行了最后一次情况简介,随后民主党人在议长佩洛西的带领下,来到国会大厦西侧,公告他们的议案(《华盛顿邮报》,2009 年 10 月 30 日)。"我们即将兑现承诺,让所有美国人都能享受到负担得起的优质医保服务。"议长佩洛西说(《纽约时报》,2009 年 10 月 30 日)。"它减少了财政赤字,符合奥巴马总统的要求,也就是在 10 年内将费用控制在 9 000 亿美元以内。同时,它还为另外 3 600 多万美国人提供了保险。"(《政客》,2009 年 10 月 29 日)

民主党领导层仍未能解决堕胎的困境,并且他们无法达到所要求的 218 票。即便在很快就要投票的关头,领袖们仍在进行协商。11 月 3 日,星期二的晚上,他们提出一份主持人修正案,这个修正案旨在确保保险公司不会在大多数改革生效之前迅速提高保费。佩洛西曾承诺,议员在议会行动前有 72 小时来审查该立法案,因此随着这份文件的出台,一场投票会在周六夜晚进行。关于堕胎措辞的问题依然悬而未决,移民问题也同样令人头痛。霍耶在又一次领导层会议后报告称:"我们正在持续与议员们讨论这项立法,一旦我们达成共识,根据 72 小时时限的承诺，我将把它提交给众议院审议。"（《国会纪要》，2009 年 11 月 4 日）当被问及她是否能够获得足够的票数通过议案时，佩洛西回复道："我们会有的。"（《国会山报》[*The Hill*]，2009 年 11 月 5 日）

美国退休者协会（AARP）（前身是美国退休人员协会），这个由大量老年公民组成的团体，以及美国医学协会（AMA），都支持众议院的法案，它们的支持形成了重要的推动力。反对者则在国会大厦外举行了一场声势浩大的抗议活动。许多众议院共和党人，包括其领导层，都对抗议者发表了讲话。

被右翼攻讦吓坏了的边缘民主党人，在投票前的最后一刻，努力让领导层在议案中加入措辞，以免让无证移民在交易场所自费购买保险——这一规定是参议院财政委员会议案中所包括的内容。国会中的西班牙裔党团议员对此感到愤怒，并威胁如果这样做，他们将投票反对将议案提交国会审议的操作。佩洛西让民主党国会竞选委员会（DCCC）主席、马里兰州民主党人范·霍伦与民主党党团副主席、加利福尼亚州民主党人贝塞拉（Xavier Becerra）就这个问题进行协商。奥巴马也在白宫会见了西班牙裔的党团成员（《国会纪要》，2009 年 11 月 5 日）。

支持堕胎的加利福尼亚州民主党人卡普斯（Lois Capps）曾试图提出一些措辞来讨好由斯图帕克领导的反堕胎民主党人。然而在他们看来，卡普斯的措辞缺乏限制性。一位反堕胎的印第安纳州民主党人埃尔斯沃思（Bradley Ellsworth）与霍耶合作，试着提出了一种带有更强限制性要素的措辞。支持堕胎的民主党人表示他们可以支持，然而斯图帕克再次表示这并不足够。斯图帕克希望采用的措辞将阻止任何用于购买涵盖堕胎计划的补贴，可以很清楚地预见到，美国天主教主教团（USCCB）不会迁就。对于很多并不坚定的反堕胎民主党人来说，美国天主教主教团的认可非常关键。如果按计划在周六进行投票，那么规则委员会需要在周五报告议会辩论的规则,而这就意味着堕胎问题需要得到解决。佩洛西在周五举行了一系列会议:与支持堕胎的党团领导人,与美国天主教主教团的工作人员,与斯图帕克、埃尔斯沃思以及另一位致力于解决这一问题的罗马天主教民主党人,来自宾夕法尼亚州的多伊尔(Mike Doyle)。党鞭点名计数表明,由于美国天主教主教团的积极反对,该议案可能很难获得通过所需的票数。因此佩洛西决定,规则必须允许斯图帕克提出他希望的措辞作为修正案。在所有共和党人都可能会投票支持这一修正案的情况下,议案最终便能通过。支持堕胎党团的议员非常愤怒,谴责了这一决定,但他们还是不情愿地表示他们会支持这一议案。

(二) 通过众议院议案

最高领导层、党鞭系统以及行政部门继续将工作重心放在那些摇摆不定的议员身上。一位议员透露,他仅在星期五一天就收到了来自奥巴马、佩洛西、白宫办公厅主任伊曼纽尔(Rahm Emanuel)、健康与公共服务部部长西贝柳斯(Kathleen Sebelius)以及教育部部长邓肯(Arne Duncan)的电话(《华盛顿邮报》,2009 年 11 月 7 日)。领导层已经向拉丁裔议员承诺,不会在议案中加入他们之前反对过的措辞,现在他们与佩洛西会面,寻求进一步的保证,如果共和党人试图通过附指示的发回重审动议来加入这些措辞——这是他们在国会中改变议案的最后一次机会——领导层将尽一切可能挫败这个议案。佩洛西向拉丁裔议员做出承诺,领导层会这样去做,而作为回报,佩洛西希望他们无论在何种情况下都支持议案的通过。周六的时候,奥巴马前往国会山,与民主党党团谈话。他认为,这是一次历史性的机遇,也许是他们所有人政治生涯中最重要的事情。一位参会者透露,奥巴马同样警告他们:"如果你们认为自己投反对票就不会受到共和党人的攻讦，那我只能劝你们再重新考虑一下。"

　　辩论在周六早晨开始。会议的第一项议程是批准审议现在是 HR 3962 的议案——此即《美国平价医疗法》（Affordable Health Care for America Act）——的规则。根据规则，4 小时的辩论时间由"能源和商业委员会、筹款委员会以及教育和劳工委员会各自的主席与少数党首席委员平均分配和控制"。主持人修正案以及"完善"它的修正案在"审议时视同通过"。也就是说，由于规则已获通过，即便是最后时刻领袖通过协商做出的一些修改，主持人修正案也无需对此进行单独表决就能通过。只有两项修正案依议事规程照常进行：斯图帕克的堕胎修正案将会有 20 分钟的辩论时间；此外，还有一个"规则委员会报告 D 部分印制的具有替代性质的"修正案，"如果少数党领袖博纳或其指定的人提出要求的话"，那么这份修正案也将有一小时的辩论时间。就像现在的惯例那样，规则委员会那时已经要求共和党人向委员会提交他们的替代方案，因此整个过程不会再有什么意外的情况。佩洛西作为对这一关键立法案的规则做出终局性决定的人，打算违背她对纽约州自由派民主党人维纳（Anthony Wiener）的承诺，即允许他提出建立单一支付者计划（single-payer plan）的修正案。虽然感到失望，但维纳明白形成多数是多么困难和微妙，佩洛西需要尽可能地让众议院审议顺畅高效，从而尽可能地减少不确定性。

　　在一场以共和党人试图拖延审议进程为标志的争议性辩论之后，关于规则的先决问题以 247：187 的票数成功通过；随后规则以 242：187 的票数获得通过。在第一次投票中，所有共和党人，外加 10 名民主党人投了反对票；而在第二次投票中，有 15 位民主党人投票表示反对。接下来是 4 小时的一般性辩论，对于众议院来说这是极其漫长的一段时间。紧随其后的是对斯图帕克修正案的辩论。有传言称,共和党人可能会投出席票而不是赞成票。如果没有共和党人的支持,那么斯图帕克的修正案几乎肯定会遭到否决,而足够多的反堕胎民主党人可能会如他们所威胁的那样投票反对议案,使其落空。民主党领导层一直深信,美国天主教主教团会向共和党人强调他们对这一策略的强烈反对,而且大多数主要的反堕胎团体也会表示强烈反对。结果共和党人一致支持斯图帕克修正案,该修正案以 240∶194 的票数获得通过,64名民主党人投票支持该修正案。对共和党替代性修正案的投票没有什么戏剧性。国会预算办公室的评估是,这个方案开销确实很小,但也会为一些额外的人提供保险服务。如果没有民主党人投票支持共和党的替代性修正案,该案最终会以 258∶176 的票数遭到否决。

在最后表决之前,确实存在一个潜在的障碍。根据众议院规则,在通过投票前,少数党有权利提出附有或不附有指示的将议案发回重审的动议。附有指示的发回重审动议本质上是一项修正议案的动议,而对少数党来说,这项权利唯一的限制就是其所提动议必须与法案密切相关。少数党在提出这种动议前并不需要将内容告诉多数党。自从2006 年共和党人失去众议院多数党地位以来,他们曾经利用附指示的发回重审动议,通过强硬的投票对抗脆弱的民主党人。民主党人担心的是,在医保改革议案上,共和党人可能重新提交的附指示的发回重审动议会侧重于移民问题,可能还会包括对合法移民的严格身份要求,并禁止非法工人通过交易机构自费购买保险。对于身处红区的民主党人来说,投反对票在政治上具有风险,但是如果该议案最终获得通过,则很可能会对拉美裔民主党人的通过票构成威胁。当共和党领导层就医疗事故问题提出了附指示的发回重审动议后,民主党人——不论领导层还是普通议员——都感到惊喜,并且松了一口气。"我很高兴今天晚

182

上不用担心那些事情了［指移民问题］，"多数党党鞭、南卡罗来纳州民主党人克莱伯恩（James Clyburn）这样说道，"我不太清楚这是不是他们的失误，因为我的确不知道他们为何会这样。"（《点名报》，2009 年 11 月 8 日）由于有 13 名民主党人和 3 名共和党人跨党派投票，民主党人以 247∶187 的票数优势轻易挫败了共和党人的动议。

密歇根州民主党人丁格尔在众议院中任期最长，并且也是长期拥护医保改革的议员。他结束了辩论环节。在大概下午 6 点的时候，根据计划，通过议案的表决开始了。领导层十分自信能够获得足够的票数，这不是那种他们带着碰运气心理提交院会审议的议案。正如范·霍伦几天前解释的那样："别想在这个问题上掷骰子。"（《国会纪要》，2009 年 11 月 6 日）然而，紧张的气氛依旧充斥众议院。电子计票器上的票数起初很快，后来越来越慢。当赞成票达到 218 票时，民主党方面响起了一阵欢呼。然而，佩洛西还有一项工作要做。她来到会场外的一个房间，劝说加利福尼亚州民主党人桑切斯（Loretta Sanchez）进场投下第 219 票。超过了勉强多数，就不能攻击脆弱的民主党人投了这"临门一票"了。到了投票的最后时刻，一位孤独的共和党人为这一议案投下了赞成票，这个人是高（Joseph Cao），他曾在路易斯安那州一个黑人占多数的选区击败了失宠的民主党人杰斐逊（William Jefferson），但他只是在确认了议案能通过后，才投下赞成票的。投票的最终结果是220∶215。39 位民主党人对该议案投了反对票，这些人中有 31 个代表了麦凯恩在 2008 年赢下的选区。53 名蓝狗党人中的 24 人投了反对票（《纽约时报》，2009 年 11 月 8 日）。

参与 1993—1994 年医保议案推进工作的前克林顿政府工作人员拉克斯（Mike Lux）钦佩地评论道："在最后的投票中，党鞭督导过程非常紧张且令人印象深刻。我过去认识的民主党领袖很少打这种硬仗。周六晚上,为了获得这些投票,一些人磨破了膝盖。议长在做每一件需要做的小事时都做得很好。她没有给那些人机会,她十分清楚,所有投反对票的人都会承担后果。她做了她应做的事情。"(《赫芬顿邮报》[*Huffington Post*],2009 年 11 月 9 日)

"这很容易。"佩洛西在众议院通过议案后的新闻发布会上开玩笑说。不过,与在参议院通过一项法案所要求的条件相比,佩洛西所言非虚。

（三）　在参议院合并议案

就在财政委员会报告其议案之后,参议院多数党领袖里德就开始了合并这两份委员会议案的艰巨任务。两个议案在几个方面存在重要差异:健康、教育、劳工和养老金委员会的议案包含了一项公立选项,而财政委员会的议案却没有;健康、教育、劳工和养老金委员会的议案总体而言为中等收入群体提供的补贴要比财政委员会慷慨得多。然而,形成一份可以提交院会审议的议案,需要的不仅仅是在两个委员会之间寻求妥协。欲使医保改革议案上院会审议,需要对继续审议该议案的动议施加终结辩论程序,而这需要 60 票。由于共和党人的坚决反对,里德需要拉拢所有民主党人,外加两位与他们一起参加党团会议的独立人士。

核心谈判小组由继续代表健康、教育、劳工和养老金委员会的里德、鲍克斯和多德组成,而白宫方面的代表则是伊曼纽尔和总统的首席医保顾问德帕尔(Nancy-Ann DeParle)。白宫行政管理和预算局局长奥萨格(Peter Orszag)有时也参加谈判。里德有意将小组规模控制得尽可能小,希望能够加速行动。但是,60 票的刚性要求迫使里德必须与他的同党参议员广泛协商。他本人、鲍克斯以及多德每天与多位民主党参议员举行会议,偶尔也和斯诺会面(《点名报》,2009 年 10 月 22 日)。

　　恰如来自利益集团的压力,来自党内各派的压力同样巨大。自由派们要求议案必须囊括公立选项。"有 52 名坚定的民主党人支持公立选项,"爱荷华州民主党参议员哈金(Tom Harkin)说,"但只有 5 个人反对这种做法。难道 52 个人要向这 5 个人屈服吗? 还是说这 5 个人应当与民主党党团的绝大多数人保持一致?"稳健派民主党人对此进行了回击,宣称他们甚至可能不会投票支持将带有公立选项的议案提交院会审议。在一次民主党参议员的例行午餐会上,双方发生了异常激烈的争论。内布拉斯加州民主党参议员尼尔森(Ben Nelson)开玩笑说,和 8 月的茶党抗议相比,这次争论只是在喧闹程度上略有不及。在印第安纳州民主党参议员贝赫(Evan Bayh)看来,里德的工作"需要所罗门的智慧以及约伯的耐心"(《纽约时报》,2009 年 10 月 19 日)。

　　甚至在财政委员会报告其议案之前,公立选项的一个可能的妥协版本就在华盛顿流传开来。这一版本的议案旨在建立一个全国性的公共健康保险计划,但有一条规定是,允许各州根据其意愿选择退出该计划。这是在一项提案的基础上设计的,这项提案起初由特拉华州民主党人卡珀(Tom Carper)推动,然而民主党领导层中排名第三的纽约州民主党人舒默对其进行了修改,以使其对自由派更具吸引力——卡珀最初的提案是"选择加入"而不是"选择退出"——随后舒默成了该议案最直接的支持者。

184　　　10 月 25 日,舒默在《会见新闻界》(NBC)节目中宣称,里德已接近所需的 60 票。另一位自由派参议员、威斯康星州民主党人芬戈尔德(Russell Feingold)在《面对全国》(CBS)节目中说:"我越来越乐观,我们将有一个医保法案。坦率地说,我对我们可能有一些非常积极的势头感到兴奋。"(《华盛顿邮报》,2009 年 10 月 26 日)然而,稳健派民主党人尼尔森在美国有线电视新闻网的《国情咨文》(*State of the Union*)节目中重申,他还没有加入这一阵营。

第二天的新闻发布会上,里德宣布:"在白宫和多德、鲍克斯两位参议员的支持下,我得出的结论是,推动这一立法进程的最佳方式是纳入公立选项和各州的退出条款。"(《国会山报》,2009年10月26日)在周末与几乎所有的参议院民主党人交谈后,里德发现有56或57张票支持建立一个可选择退出的国家保险计划,他决定继续推动这个进程(《政客》,2009年10月27日)。支持公立选项的民主党人,如舒默,都认为鉴于大多数国会民主党人和公众赞成公立选项,里德应该将公立选项计划纳入议案当中,并迫使反对者接受(《纽约时报》,2009年10月23日)。这一做法将有助于推进公立选项计划。

(四) 将议案提交参议院审议

里德现在需要国会预算办公室对合并后的议案进行费用估算,并需要60张选票的支持来将其提交参议院审议。在所有参与者等待国会预算办公室评估结果的时候,一些稳健派人士公开表达了他们对里德公立选项计划的不满。路易斯安那州民主党人兰德里厄(Mary Landrieu)和尼尔森都表示他们不能支持该议案。康涅狄格州独立人士利伯曼(Joe Lieberman)发誓说,如果最后的议案包含任何形式的公立选项,他将对其提起议事阻挠。里德和他的副手们努力劝说民主党人投票支持终结对继续审议动议的辩论。自仲夏以来,他们一直要求民主党人在程序性投票上团结一致。"我已经敦促我所有的同僚坚持推进这一进程,让他们认识到第一票不是最后一票,我们希望在程序上走到一起,以保证该进程不至于停滞。"参议院多数党党鞭、伊利诺伊州民主党人杜宾(Dick Durbin)在4月解释说:"共和党[少数党]想通过议事阻挠来挫败我们，而我们不能让这种情况发生，我们必须前进。"（《点名报》，2009 年 6 月 29 日）现在，民主党领导层加紧努力，将投票作为一种程序性投票，而不是政策性投票。这是一次让参议院辩论和修改议案的投票。共和党领导层对此予以反驳。少数党领袖、肯塔基州共和党人麦康奈尔辩称，这实际上是对里德议案和他的公立选项版本进行投票。

由于国会预算办公室的评估大大超过预期时间，民主党人开始担心他们的日程安排能否完成。奥巴马不停地敦促在年底前实施最终表决。共和党人则发出信号，表示他们将尽其所能地拖延这一进程。共和党人相信，时间越长，他们就越有可能扼杀这一立法进程。俄克拉荷马州共和党参议员科伯恩宣布，他将要求宣读整个议案，而这一步骤通常是在一致同意的情况下才能实施的。尽管科伯恩是共和党参议员中公认的极右翼另类，但大家普遍推测，他和他的领导层已经迈出了这一步。

里德坚信他必须在感恩节休会前将该议案提交参议院审议，以便在圣诞节前完成漫长的修正过程。应里德的邀请，前总统克林顿于 11 月 10 日在参议院民主党例行周二午餐会上发表讲话。克林顿提醒他们 1993—1994 年发生的事情，并敦促他们通过议案。当天下午晚些时候，里德提交了一份提出动议所必需的动议。要提出的这个动议就是，在退伍军人节休假后的 11 月 16 日（星期一）按议事规程继续审议议案。

11 月 18 日，星期三，里德终于收到了国会预算办公室的报告。报告包含了好消息：评估后的费用低于总统设定的 9 000 亿美元大关，而且算上新的费用、税收和节余，相比于财政委员会的议案，它在十年内还可以减少更多的赤字，并且将覆盖 94% 的人口。由于里德已经预见了报告的内容,于是就安排了下午晚些时候召开民主党党团会议,向他的成员们简要介绍议案内容。会议之前,里德分别会见了尼尔森、兰德里厄和阿肯色州民主党人林肯(Blanche Lincoln)。这三位稳健派民主党人对该议案有所顾虑,尚未承诺投票支持继续审议的动议。里德的发言人曼利(Jim Manley)说:"他正在与他们讨论细节性问题。"(《华盛顿邮报》,2009 年 11 月 18 日)在党团会议上,民主党人基本上都对议案表达了支持的态度。里德和他的团队在随后的新闻发布会上揭晓了议案的内容。但是,他们仍不确定是否能获得足够的选票。多数党党鞭杜宾说:"我们仍在计算。哈里他也仍然在计算、做工作。"(《政客》,2009 年 11 月 19 日)

白宫派内政部部长萨拉扎、参议院前多数党领袖达施勒、副总统拜登(Joe Biden),以及所有的前参议员们前往国会山,帮助里德处理该议案。萨拉扎与稳健派民主党人、来自阿肯色州的普赖尔(Mark Pryor)在参议院餐厅共进午餐,而拜登则花了 3 小时与稳健派——包括林肯——进行一对一交谈(《政客》,2009 年 11 月 18 日)。

里德决定,与其用众议院的医保议案作为工具,不如使用 HR 3590,这是众议院通过的一项没有争议的税收议案,旨在将购房者的税收优惠扩大到武装部队成员。程序是一样的,众议院通过的议案(HR 3590)将被提出,随后参议院版本的(医保)议案会被立即插入其中,也就是说,HR 3590 充当了一个"外壳"的角色。通过使用 HR 3590,参议院民主党人不再需要投出被视为支持众议院议案的一票(这个议案包含了无限制条件的公立选项),而共和党人不得不投票反对一项旨在帮助士兵群体的大受欢迎的议案。然而,这一策略也不能避开 60 票这样一个硬性要求(《点名报》,2009 年 11 月 18 日)。

周四下午,里德提出一项动议,要求结束对继续审议 HR 3590 的动

186

议的进一步辩论，并宣布将在周六晚上 8 点终结辩论、进行投票。里德接着阐述了他与共和党领导层达成的一致同意协议。参议院将在周五上午 10 点至晚上 11 点继续就继续审议动议展开辩论，并在周六上午 10 点至晚上 8 点进行表决。这个一致同意协议进一步规定，"如果对继续审议该议案的动议援引终结辩论程序，那么应归还所有终结辩论程序之后的时间，并应同意继续审议动议；在议案得到报告后，应准许多数党领袖提出他的修正案，并且修正案只能按照编号得到报告"（转引自《每日摘要》，2009 年 11 月 19 日）。这就意味着，如果民主党人得到了 60 票，那么一致同意协议将不会要求进行终结辩论程序之后的辩论，不会要求对继续审议动议本身进行单独表决，也不会要求宣读医保议案（也就是多数党领袖的修正案）。共和党人决定，作为对终结辩论投票前漫长辩论的回报，他们将不再坚持进一步延长第一阶段的进程。并且，对这个一致同意协议的认可也意味着他们终于可以回家过感恩节了。

现在，里德需要做的事只剩下获得 60 张赞成票了。争取最后几个民主党人的努力也进入了加速状态。周五，尼尔森宣布他将投票以启动辩论。周六上午，兰德里厄承诺她也会这样做。里德同意增加一项条款，可使路易斯安那州获得更多的医疗补助资金，这也许是促成她表示同意的原因。现在只有林肯没有做出承诺。当她最终宣布她也将投票开启辩论时，悬念结束了。民主党人拿到了 60 张票。鲍克斯不得不从蒙大拿州飞回来——因为他的母亲生病了，他得去看望她——不过最后的投票及其结果还是如预期的那样。这个议案现在进入到了参议院审议投票阶段。

（五） 参议院马拉松：通过议案

11 月 30 日，星期一，参议院结束了感恩节假期，开始审议医保议案。民主党人知道，里德合并的立法案——现在上会的 SA 2789，本质上是 HR 3590 的替代议案——不可能获得 60 票。4 位民主党人——林肯、兰德里厄、尼尔森和利伯曼——在对继续审议动议的终结辩论程序投下赞成票时强调，他们不支持这样撰写的议案，如果不对议案进行修改，他们将不会投票支持对它本身的终结辩论程序。所有问题都集中在公立选项上，尼尔森还反对他认为过于温和的堕胎表述。林肯在投票前放话说："我已经警告过本党领袖，现在我向我的同僚们承诺，只要议案中还包含着政府管理的公立选项，我就会投票反对议案进入下一阶段的审议。"（《国会纪要》，2009 年 11 月 21 日）

在参议院结束假期的星期一，里德在他的办公室中与民主党高层以及政府官员会面，开始寻求一个 60 名参议员都能接受的妥协方案。参加会议的有伊曼纽尔，内政部部长萨拉扎，健康与公共服务部部长西贝柳斯，参议院前多数党领袖、南达科塔州民主党人达施勒，以及医保改革负责人德帕尔（《政客》，2009 年 11 月 30 日）。里德拉拢了不同的民主党人，并且在几天后，还选出一个由 10 名民主党人组成的小组——其中有 5 名自由派、5 名稳健派——就一项协议进行谈判。最初被邀请的稳健派人士，即"党团中最不听话的人"，包括林肯、兰德里厄、普赖尔、尼尔森和利伯曼（《点名报》，2009 年 12 月 8 日）。不幸的是，利伯曼没有出席，尽管他确实派了工作人员参会。卡珀随后受邀加入这个稳健派小组。

伊曼纽尔每天都与里德会商。德帕尔基本上搬到了国会山，与参与推动这一立法进程的包括"十人帮"在内的各种参与者会面，其中就包括了斯诺和缅因州共和党人科林斯（Susan Collins），这两位共和党人被认为可能投赞成票（《国会纪要》，2009 年 12 月 7 日）。前参议员萨拉扎和达施勒以及白宫的各种助手们继续努力，在里德的指示下，为他的议案工作。12 月 7 日，应里德的要求，奥巴马前往国会山给民主党人做了一次动员讲话。

就在谈判和说服工作于幕后进行的时候，参议院也正在审议医保改革计划。民主党人知道，共和党的策略包括了尽可能地拖延时间。很快，共和党策略的其他要素就显现了出来。从内容来看，共和党人将集中精力对医保计划进行他们所谓的削弱性的费用削减；就程序而言，他们将以动议的形式提出许多建议，从而以附指示的动议方式将议案提交财政委员会审议。共和党人认为，这一程序更清楚地表达了他们的观点，即他们想重新开始这一进程。而且，如果他们真的赢得了这样的投票，民主党人将面临将议案重新提交参议院审议的耗时过程——这一过程将再次需要 60 票。共和党人在议案审议的头几天阻遏了投票，但在周三，领袖们达成了一项一致同意协议，决定次日对两个未决事项进行表决——马里兰州民主党人米库尔斯基的修正案和亚利桑那州共和党人麦凯恩的提交审议动议。这个一致同意协议还规定，阿拉斯加州共和党人穆尔科斯基可以提出她的修正案，该修正案与米库尔斯基的修正案主题相同，而科罗拉多州民主党人贝内特（Michael Bennet）可以提出"第 2826 号修正案，一项与麦凯恩的提交审议动议并列的修正案"（《每日摘要》，2009 年 12 月 12 日）。（"并列修正案"[side-by-side amendments]是指同时审议的关于同一主题的一级修正案，除非得到一致同意，否则无法审议这种修正案。参见本书第三章。）该一致同意协议进一步明确规定，任何表决都需要 60 票才能通过。

这似乎为接下来的程序设定了样板：辩论将被延长，但最终领袖们将通过一致同意协议就投票问题达成一致意见。通常情况下，有两个事项会同时在院会审议，一般是一份民主党的修正案和一份共和党的提交审议动议。虽然米库尔斯基修正案的内容是确保妇女能够获得乳腺筛检的机会,但大部分民主党人的修正案都是为本党拟议的医保议案修订问题提供"掩护"。米库尔斯基修正案的目的之一也是提供掩护。共和党人曾拿出咨询委员会的一份报告,该报告认为大多数妇女在 50 岁之前不需要定期进行乳腺筛检。他们这样做是为了论证民主党人的议案将导致配给制和二流的医保服务。(米库尔斯基的修正案试图在保证检测方面提高标准。)这些动议中的任何一项都需要 60 票才能通过。共和党人的所有提交审议动议都被否决了,甚至没有一个获得多数票。民主党人作为反对派拧成了一股绳。

里德在 12 月 5 日(星期六)和 6 日(星周日)都让参议院继续开会审议。他明确表示,如果共和党人想要进行冗长的辩论,那么结果将不会是轻松的。12 月 8 日,星期二,尼尔森提出了他的修正案,其中的反堕胎措辞与众议院通过的斯图帕克修正案相同。加利福尼亚州民主党人博克瑟提出动议暂缓审议该修正案,这是一项不可辩论的动议,只需要简单多数票即可通过。该修正案以 54:45 的票数遭到搁置,有 52 名民主党议员和 2 名共和党议员投票支持暂缓审议,7 名民主党议员和 38 名共和党议员投票反对。

12 月 9 日,星期三,"十人帮"将他们的成果送交国会预算办公室评估。尽管在国会预算办公室做出决定之前,参与者不愿意透露太多细节,但在过去的几天里,一些方面的内容已经被泄露出来。不同于公立选项,负责管理联邦工作人员健康保险计划的人事管理办公室将与没有雇主提供保险的人协商商业但非营利性的保险计划,并允许一些 55 至 64 岁的人参加这种医疗保险计划。

在民主党人等待国会预算办公室报告的同时,议会厅内的辩论继续进行。12 月 10 日开始审议北达科他州民主党人多根(Byron Dorgan)关于允许进口处方药的修正案。多根修正案给里德提出了一个难题。

189　大多数民主党人，包括奥巴马，都曾经支持药品的进口，但该政策遭到了制药业的强烈反对。然而，2009 年早些时候，白宫与该行业达成了一项协议，呼吁其向医保患者提供价值 800 亿美元的折扣作为对此次改革的贡献。多根修正案将威胁到制药业对改革的支持。里德不确定他是否有足够的票数来击败该修正案，他需要时间来考虑如何处理。

因此，里德决定着手处理一些未完成的重要事务。他提出了两院协商委员会关于 HR 3288 的报告，该报告载有尚未单独颁布的 7 项拨款法案中的 6 项。由于两院协商委员会报告享有的特权，共和党人无法对其提交院会审议的程序进行议事阻挠，但他们可以对协商委员会报告本身进行议事阻挠，并且确实也迫使民主党人启动了终结辩论程序。所以，参议院又花了一个周末开会议事。星期六的时候，终结辩论程序被成功启动，而这个协商委员会报告则在星期日通过了。

同样在 12 月 13 日，星期日，利伯曼在《面向全国》节目中宣布，如果医保议案包含任何形式的公立选项或者医疗保险参股条款，他将与共和党人一起对医保议案进行议事阻挠。第一件事并不令人惊讶，但利伯曼似乎早在 9 月就已经支持医疗保险参股方案了。里德在星期日下午把利伯曼叫到自己的办公室，发现他不愿意让步。里德认为除了答应利伯曼的要求外别无选择，而且盛行的流言称白宫正在催促他这样做。

民主党人对利伯曼感到愤怒，许多人认为他的立场是一种背叛。"两个悬而未决的问题是：参议院进步派是否会被迫放弃医疗保险参股条款以争取利伯曼，以及如果他们这样做了，利伯曼是否会兑现这一交易，"一位匿名的参议院民主高级助手说，"如果［利伯曼］下一个投票支持该议案的个人承诺是对总统做出的，那将是件好事，因为他要违背这个承诺就会难得多了。"（《点名报》，2009 年 12 月 15 日）

里德在星期一下午召集了一次民主党党团会议，看看他的成员是否会同意放弃公立选项和医疗保险参股条款。会议气氛紧张，许多自由派人士感到不高兴，但他们也认为没什么真正的选择。不是所有的人都承诺投票支持这样的议案，但也没人明确宣布反对。

与此相反，许多民主党积极分子和自由派博主感到愤怒，甚至呼吁枪毙该议案。迪恩（Howard Dean）在电视上提了这个建议。但是，一些更有政治头脑的人和许多掌握政策细节的人都认为，枪毙该议案是愚蠢的。即使没有这些条款，该议案也是一大进步，可能不会再有这样的机会了。

12 月 14 日，里德和麦康奈尔达成了一项一致同意协议，将在次日就下述各项措施进行投票：多根修正案、新泽西州民主党人劳滕伯格（Frank Lautenberg）关于药品进口的备选方案、爱达荷州共和党人克拉波（Mike Crapo）将议案提交财政委员会审议的动议（根据动议后所附指示，财政委员会返回的报告应做修改，规定该议案不能有任何条款导致联邦对两类人士增税，即调整后总收入低于 20 万美元的个人和调整后总收入低于 25 万美元的已婚个人），以及鲍克斯所提出的与克拉波并列的修正案。据报道，这个一致同意协议的部分内容如下：

> 按照议事规程，鲍克斯参议员可对克拉波的提交审议动议提出并列修正案；准许劳滕伯格参议员提出第 3156 号修正案，作为修改后的多根-麦凯恩第 2793 号修正案的并列修正案……；在使用或返还所有时间后（upon the use or yielding back of all time），参议院应按照或者根据下述顺序对前述各修正案和动议进行表决：鲍克斯、克拉波、多根和劳滕伯格。每项修正案都必须达到 60 票的赞成门槛，它们如果达到 60 票的门槛，则将予通过；如果未能达到这

190

一门槛，则将被撤回。（《每日摘要》，2009 年 12 月 14 日）

这个一致同意协议还明确规定，在处理完这些修正案之后，佛蒙特州独立人士桑德斯（Bernie Sanders）建立单一支付者制度的修正案以及得克萨斯州共和党人哈奇森（Kay Bailey Hutchison）的提交审议动议将会按计划进行审议。

12 月 15 日，奥巴马将所有参议院民主党人召集到白宫，再次进行鼓舞士气的讲话。他还打电话与一些参议员进行了一对一的商谈，这些参议员大多是民主党人，但也包括斯诺。他的信息是，我们必须完成这项工作。这是一个取得历史性进展的机会，我们不能让它溜走。当天结束的时候，大多数自由派民主党人表示他们将投票支持该议案，甚至连利伯曼似乎也表达了同意。

参议院以 51∶48 的票数否决了多根修正案，从而保留了白宫协议。鲍克斯修正案，即另一项提供掩护的修正案，以 97∶1 的票数获得通过。而劳滕伯格和克拉波的修正案则未获通过。

12 月 16 日，桑德斯要求审议 SA 2837（国家单一支付者制度［National Single Payer System］），并按照惯例请求书记员同意不做宣读。然而科伯恩表示了反对，共和党人强化拖延战术的企图变得越发明显。桑德斯的修正案有 700 多页，书记员们估计需要 10 至 12 个小时才能读完。为了挫败共和党人的企图，桑德斯同意撤回他的修正案并得到许可。对于议员来说，这是一个颇有争议的决定。共和党人认为，在宣读开始后，桑德斯的要求就不合规定了。

对于在圣诞节前完成议案的目标而言，时间变得越来越有限。多数党党鞭杜宾的工作人员估计，如果共和党人充分根据规则利用他们的所有权利——他们很可能会这样做——在里德将最后的妥协作为主持人修正案提交后,将需要 6 天时间。然而,协商仍然未能完成,最后一位民主党人尼尔森依然没有加入。

共和党人在 12 月 17 日出人意料地阻止了对国防拨款议案的快速行动。该议案本身并无争议,但它必须在参议院当年的休会前完成。通过迫使里德对该议案的"同意众议院对这一参议院修正案进行修正的动议"启动终结辩论程序,并坚持在终结辩论后进行满 30 小时的辩论,共和党人希望给民主党人在圣诞节前需要完成的医改目标制造更多困难。里德于 12 月 17 日提出终结辩论要求。反战的民主党人芬戈尔德几周来一直在告诉里德,他不会投票支持对国防部拨款议案提出的终结辩论程序。但是,面对医保议案悬而未决的现实,芬戈尔德还是缓和了自己的态度。12 月 18 日,参议院启动了终结辩论程序。国防部的这一议案直到 12 月 19 日即星期六才获得通过。

与此同时,民主党人专注于说服尼尔森。奥巴马亲自与他会面三次,里德每天都与他会面。白宫高级顾问劳斯(Pete Rouse)被专门指派处理尼尔森的顾虑(《纽约时报》,2009 年 12 月 18 日)。前参议员达施勒和凯瑞(Bob Kerrey)(后者来自内布拉斯加州)也与他进行了交谈。同党参议员和反堕胎的中坚力量、宾夕法尼亚州民主党人凯西(Bob Casey),在这个问题上致力于想办法形成更加折中的措辞。

在之后的 12 月 16 日,星期三下午,里德和舒默会见了尼尔森。他们暂时搁置了堕胎问题,转而讨论尼尔森对于这一立法案的其他问题。尼尔森提供了一份他希望看到的"修正"清单,而里德和舒默将其交给了劳斯以及白宫办公厅副主任梅西纳(Jim Messina)。他们一同提出了一系列方案来解决尼尔森的关切。星期五早晨,里德、舒默、劳斯和梅西纳与尼尔森在里德的办公室见面,到了中午的时候,他们已经就这些问题拟定了一项协议。

　　堕胎问题依然十分显著，这是一个可能无法克服的障碍。尼尔森个人对这个问题有强烈的感受，在保守的内布拉斯加州，他的政治前途可能取决于他能否保持强硬态度。然而参议院的自由主义者同样坚定地认为，生育选择不应当在立法案中受到限制。午餐后，谈判小组开始讨论堕胎问题。到星期五下午 4 点半的时候，谈判小组已经取得了重大进展，但他们需要确定提出的任何协议都是自由派可以接受的。因此，首席副党鞭博克瑟，一位强烈支持堕胎的参议员，受邀加入会谈。里德和舒默没有让两个阵营面对面地交流。在这样一个不确定的问题上，这始终是一项棘手的命题。相反，他们穿梭于里德的办公室与附近另一间办公室，尼尔森和他的工作人员在里德的办公室里工作，而博克瑟和她的工作人员则在附近另一间办公室内工作。在这个问题上，必须采用准确的措辞，因此领袖们来回提出有关立法措辞的建议，试图缩小分歧。到了傍晚时分，协议似乎已经达成。尼尔森前去与反堕胎权利组织商谈。由于他回来时迟到一个多小时，里德和舒默都担心协议落空了。然而，当尼尔森在晚上 9 点半回来时，他对于达成协议已经做好了准备，并在一小时内敲定了最终的细节。自此，里德获得了他的第六十票。晚上 10 点半左右，奥巴马打电话给里德的办公室，祝贺里德、舒默和博克瑟的努力取得成效。（上述内容基于《点名报》员工斯坦顿［John Stanton］的精彩文章《三天的谈判获得了尼尔森的一票》，发表于 2009 年 12 月 19 日。）

　　第二天早晨，也即 12 月 19 日星期六的早晨，里德将他 383 页的主持人修正案提交讨论，该修正案反映了最后一轮的妥协与让步。这个主持人修正案放弃了公立选项，但是规定新设一个由人事管理办公室监督的全国性商业保险计划系统，其中必须包含一个非营利性保险的计划。为了让自由主义者更容易接受公立选项缺失的议案版本，里德提高了对商业保险公司的新的财务要求。从 2011 年开始,为大型企业员工提供保险的保险公司必须将至少 85% 的保险费收入用于医疗理赔。承保小企业员工或向个人出售保单的保险公司必须将至少 80% 的费用用于理赔。桑德斯争取到了政府资助的社区卫生中心和国家卫生服务队的扩张,后者将为医疗服务不足的地区提供医生。一项额外的医保支付计划也被包括在议案内,该计划旨在覆盖内布拉斯加州、佛蒙特州和马萨诸塞州三个州新的有资格参加医保计划的人。当然,这是与尼尔森达成的堕胎协议的一部分(参见《国会季刊周报》,2009 年 12 月 28 日)。

根据国会预算办公室的评估,里德主持人修正案的变化将使该议案的十年成本从里德 11 月发布的版本所估计的 8 480 亿美元增加到 8 710 亿美元,但仍低于奥巴马设定的 9 000 亿美元大关。

随着国防部支出法案于星期六上午 8 点通过,参议院重新开始审议医保问题。少数党领袖麦康奈尔坚持要求书记员逐字逐句地朗读里德的主持人修正案,这个过程耗费了将近 7 小时。当时,华盛顿正处于一场巨大的暴风雪之中。

里德的主持人修正案 SA 3276,是 SA 2786 的修正案,而 SA 2786 则是里德针对 HR 3590 即"外壳"修正案提出的替代性修正案。通过这个医保议案,需要对主持人修正案,接着是替代修正案,最后是经过修正的法案本身,都投下赞成票。很显然,共和党可能会在每个阶段都进行议事阻挠,因此民主党人必须赢得三次终结辩论投票。如果共和党人坚持的话,那么每个成功的终结辩论投票之后都会伴随长达 30 小时的辩论。这就是为何民主党人在拿下 60 张票之后,这个过程仍然需要耗费如此长的时间。

主持人修正案宣读完后,里德就该修正案、替代性修正案和议案本

193

身提出了终结辩论程序。随后，里德采取了"填满修正案之树"的方式，也就是利用他优先发言的特权，在院会审议所允许的所有时机提出修正案。这一举动意味着，在里德的修正案被处理完之前，没有其他的修正案能够被提上议程。而如果启动终结辩论程序的话，里德就可以一再拖延直至时间耗尽，也就是说，阻止他的修正案进入表决程序，直至终结辩论程序之后的时间耗尽，这样一来，其他的修正案就没办法被提出了。至此，共有 21 项修正案或提交审议动议被提出并进入唱名表决程序。

　　一项终结辩论的动议需要"成熟"。规则规定，表决应在终结辩论动议提出之后的第二天，参议院开始开会一小时之后进行。因此，直到 12 月 21 日星期一凌晨 1 点，第一轮终结辩论投票才能够进行。假设在每种情况下都进行 30 小时的终结辩论之后的辩论，那么第二次终结辩论表决大概会在星期二上午 7 点左右进行，第三次表决则会在星期三下午 1 点左右进行，而通过议案的表决将在平安夜晚上 7 点进行。12 月 21 日凌晨 1 点过后不久，在对主持人修正案采取终结辩论程序后，民主党人按照严格的党内统一路线，以 60∶40 的票数赢得了三场关键性投票中的第一场。参议员们离开办公室投票，这是最为重要的议案才会遵守的程序。尽管时间很长，但旁听席上仍然坐着 8 月去世的参议员泰德·肯尼迪的遗孀维姬·雷吉·肯尼迪（Vicky Reggie Kennedy），以及健康与公共服务部部长西贝柳斯、梅西纳和德帕尔。

　　12 月 22 日，主持人修正案以 60∶39 的票数获得通过，并在同一次投票中还对那个相关的基础议案启动了终结辩论程序。（即将退休的共和党参议员邦宁[Jim Bunning]已经回家了。）12 月 23 日，替代性议案通过，并且对这个基础议案也启动了终结辩论程序。在每个阶段，共和党人都要坚持进行整整 30 小时的终结辩论程序之后的辩论，并提出了一系列动议和程序问题，以传递他们的信息。一些参议员因此还提出了"宪法程序异议"，认为该议案违反了宪法。所有这些议会行动都被算在 30 小时之内，所以他们不可能推迟最后的投票，但他们确实向共和党最坚定的支持者表明，共和党人正在战斗到底。

关于第三场终结辩论动议的 30 小时辩论要到平安夜晚上 7 点才结束，而华盛顿的暴风雪预计会变得更加严重。由于参议员和他们的工作人员急于回家过节，共和党的顽固派妥协了，他们的领导层达成了一项协议。通过议案的投票将于 12 月 24 日上午 8 点进行（之后调整到了上午 7 点），随后将会进行债务期限延长 2 个月的投票。作为协议的一部分，共和党人得到了一项保证，即他们可以在 1 月 20 日对长期延长债务限额提出具体的修正案：科伯恩提出的一揽子撤销方案，南达科他州共和党参议员塞申斯提出的一套支出上限计划，南达科他州共和党参议员图恩（John Thune）提出的旨在废止问题资产救助计划的修正案，参议员穆尔科斯基提出的对环境保护局二氧化碳排放监管规定的修正案，以及新罕布什尔州共和党参议员格雷格（Judd Gregg）提出的金融工作组修正案。里德也会提交一个"现收现付"预算修正案（《点名报》，2009 年 12 月 22 日）。

维姬·肯尼迪又一次列席旁听，在副总统拜登的主持下，参议院于 12 月 24 日清晨通过了医保议案。精疲力竭的里德一开始错误地投了反对票，为这一痛苦而漫长的乐章提供了为数不多的轻松音符。从 12 月初开始，参议院已经对该议案进行了 25 天周末无休的辩论。议案共进行了 38 次唱名投票，有些是在半夜，有些是在黎明。为了获得必要的 60 票，大多数民主党议员强烈支持的条款遭到放弃。不过，多数党最终还是勉强获得了胜利。

三、 漫长而曲折的尾声

解决参众两院立法案版本之间分歧的工作在 2009 年年底前开始。正当国会议员尚在家中，经历他们应得但短暂的休息时，医保工作人员已经开始审查文件并为谈判做准备了。

民主党人急于完成医保工作，以便他们能够继续进行更受欢迎的就业立法。尽管国会要到 1 月中旬才正式复会，但总统奥巴马和国会领袖希望到那时就能达成协议。党派领袖必须决定所采用的正式程序。本来确定近期要选任一个两院协商委员会来解决这样一项重大立法案中存在的分歧。然而，12 月，参议院共和党人反对多数党领袖里德提出召开两院协商会议和任命会议代表的要求。因为参议院召开协商会议需要有三项动议，而且都要经过长时间的辩论。民主党人意识到采取召开协商会议的路径也许过于拖沓，而其他路径，诸如制定两院之间的修正案，则较为可行。

尽管众议院和参议院的议案有很多共同之处，但有些条款存在分歧，而且争议很大。参议院议案包含了对高价健康保险计划征税，从而为扩大无保险人的医保提供资金，并在一段时间内控制医保费用。有组织的劳工和许多众议院民主党人强烈反对向所谓的"凯迪拉克计划"（Cadillac plans）征税，认为许多工人已经放弃了加薪以换取更为慷慨的医保覆盖。众议院议案包含了一项公立选项，而参议院议案却并不包含；与参议院议案相比，众议院的议案还包括对中产阶级更慷慨的补贴。两项议案中有关堕胎的措辞也存在差异，参议院议案包含了一些给予某些参议员的"甜头"，这些"甜头"已经变得臭名昭著。共和党人抨击民主党人的"内布拉斯加州回扣"（Cornhusker kickback）* 和"路易斯安纳购地"（Louisiana purchase）**。由于参议院民主党人没有多余的票数，每个人都知道最终的议案版本必然与参议院议案版本相当类似，但众议院民主党人急于让他们的领袖得到尽可能多的让步。

众议院政党和委员会领袖在 1 月的第一周开始开会，并在 1 月 7 日与他们的成员举行了一次有 175 人参加的电话会议。会议中，领袖们保证他们并不会单纯地接受参议院议案，就像曾经被建议的那样。

白宫加大了参与力度，正如它在这个阶段所一直计划的那样。奥巴马在这一周内与佩洛西进行了两次会面，还与多数党领袖霍耶以及主席鲍克斯和多德会面。里德和杜宾通过电话参加了会谈。奥巴马明确表示，他希望对"凯迪拉克计划"征收某种形式的税，作为一种费用控制措施。

第二周，随着里德的返回，在白宫的谈判也在加紧进行。1 月 13 日，星期三，奥巴马会见了佩洛西和里德，随后他在一场从上午 10 点半持续到下午 6 点 40 分的会议上会见了所有主要参与者：议长佩洛西；众议院多数党领袖霍耶；众议院多数党党鞭克莱伯恩；众议院主席、加利福尼亚州民主党人米勒（George Miller），纽约州民主党人兰格尔（Charles Rangel），纽约州议员瓦克斯曼；参议院多数党领袖里德；助理领袖杜宾；参议院主席鲍克斯、多德和哈金；白宫助手伊曼纽尔、希里罗（Phil Schiliro）和德帕尔（《华盛顿邮报》，2010 年 1 月 14 日）。会议要求关闭手机。小组成员逐条审议了一揽子医保计划（《点名报》，2010 年 1 月 15 日）。

---

　　*　Cornhusker 是内布拉斯加州居民的别称。Cornhusker kickback 是立法贿赂或立法交易中的一次事件。这里是指民主党领袖为了顺利通过本党医保改革法案，而用给予内布拉斯加州特殊好处的手段换取内布拉斯加州保守派民主党人尼尔森的同意投票。

　　**　"路易斯安那购地"是指 1803 年美国总统杰斐逊从法国购买路易斯安那领地的历史事件。这里亦喻指民主党给予某些参议员的好处。

星期四,马拉松式的会议仍在继续。在政府官员和劳工领袖分别举行会议后,奥巴马宣布已经就"凯迪拉克计划"征税达成协议:税收将变得不那么繁重,但仍将留在议案中。星期四晚,奥巴马向众议院民主党党团会议发表演说,就医保问题给参会成员鼓舞士气(《纽约时报》,2010 年 10 月 16 日)。"我深知我们目前正在经历艰苦的斗争。"他说道。"我知道你们当中有些人在自己的家乡遭到谴责,但我要说的是,"他继续说道,"为我们所坚信的事业而奋斗,这正是我们每个人当初投身公职的初心。"(《点名报》,2010 年 1 月 14 日)奥巴马预言说,一旦议案通过,成为法律,美国人民将会了解它的真正内涵,法案就会更受欢迎。

奥巴马随后重返会谈,会谈一直持续到凌晨 1 点。星期五下午,包括奥巴马本人在内的协商代表们再次在内阁会议室召开会议,会议从下午 1 点持续到了 3 点 45 分。随后,白宫方面宣布不再计划召开其他会议,这说明关于费用支出和保险覆盖范围问题的协议已经初具框架,并已提交国会预算办公室进行评估。与会者在公开评论中表现出了谨慎乐观的态度。"我们今天做得很好,我们在一些问题上达成了协议,"参议院多数党领袖里德说道,"我们的观点已经很接近了。"(《政客》,2010 年 1 月 15 日)

1 月 19 日,星期二,以反医保改革和反华盛顿为施政纲领的马萨诸塞州共和党人布朗(Scott Brown)宣布赢得了因肯尼迪去世而空出的马萨诸塞州参议院席位。在民主党人的重镇马萨诸塞州,这次意外的胜利让民主党人感到阵阵寒意。马萨诸塞州选举前的民调对民主党人来说越来越不妙,这促使他们努力尽快完成医保改革。即将失败的前景在民主党人内部引发了恐慌。许多评论家以及华盛顿内部人士都宣布医保改革已死。

关于民主党在医保立法方面应该做些什么,人们展开了激烈的辩论。一些人敦促通过一个或多个精简的法案，并且法案中只应包括更多更受欢迎的要素。其他人——尤其是参议院的民主党人——主张众议院应当通过参议院的议案，并宣布它是一个胜利。还有人建议将注意力放在选民更直接关心的，因此也是更受欢迎的问题上，这其实就是在含蓄地建议放弃医保改革。国会里的共和党人一致呼吁民主党人放弃他们的工作，"重新开始"一项稳健的、能够得到两党认同的议案。

议长佩洛西从来没有考虑过这些行动方针。在她看来，不论是基于政策考虑，还是基于政治考虑，都应当通过一项全面性的法案。她相信，这是在为美国人民做正确的事情，从政治上看也是在做一件明智的事情。在经历了克林顿政府早期医改努力失败的可怕选举后果后，她认为，如果民主党控制下的国会再次失败，就表明它无法治理国家。那些投票支持医保议案的民主党人并不会因为医保议案没有成为法律而免受国会共和党人的非难，如果民主党人被证明不具备立法的能力，那么所有的党员都会遭殃。在白宫方面发出了一些令人困惑的信号后，奥巴马也坚定地站在了推行全面改革的一边。他已经将他的总统任期押在了医保计划的完成上，如果在此时收手，虽然可以减少失败的损失，但其作用微乎其微。奥巴马在 2010 年 1 月 25 日的国情咨文中说道："我对于国会的要求就是：不要放弃改革。至少不是现在，不是在这个我们已经快要胜利的档口。让我们想办法团结起来完成这项工作。"2 月初，当加利福尼亚州蓝十字圣歌公司（Anthem Bule Cross of California）宣布对其健康保险的个人用户大幅提高费率时——有些甚至高达 39%——奥巴马发现了一个完美的例证来深入传达"改革很有必要"的信息，他在整个公开竞选活动中都有效地利用了这一例证来推销该议案。

197

（一）程序的选择

共和党人在马萨诸塞州的胜利导致程序上的图景复杂了起来。民主党人失去了在参议院 60 票的优势，如果没有共和党人至少一票的支持——而获得一票非常困难——那么经由常规程序通过任何妥协议案都将是天方夜谭。对于布朗的胜利，一名众议院民主党人解释说，"（他的胜利）导致任何需要 60 票的选项都无从谈起了"。虽然已经决定避免召开会议，但是采用两院之间修正案的方式也需要参议院至少 60 张支持票。1 月 21 日，佩洛西公开表示，她一直在告诉所有有关人士：众议院不会那么简单地通过参议院的议案，选票并不足够。她的成员反对对"凯迪拉克计划"征税，他们认为对中产阶级的补贴太少了，他们永远不会投票支持那些已经变得如此不受欢迎的"甜头"。

一条传言中的道路现在似乎变成了唯一的选择：众议院会通过参议院的议案，但同时也要通过一项两院协商代表都同意的妥协议案。由于后者是一项和解议案，它并不会在参议院中遭到议事阻挠。因此，里德只需要获得 50 张赞成票，而不是 60 张。不过，该程序的一大障碍在于众议院民主党人对参议院的不信任，他们希望获得一项担保，即参议院确实会通过和解议案。

（二）奥巴马的峰会

领导层明白，现在需要给成员喘息的空间。民主党人于是转向了就业立法。但在幕后，对医保改革的讨论仍在继续。马萨诸塞州的特别选举结束后，佩洛西和她的领导层团队召开了一系列"探风"会，与会者既包括新晋议员和第二年任期议员，也包括蓝狗党人与进步党团（《点名报》，2010 年 1 月 21 日）。这只是接下来几周一系列马拉松式的会议和党团会议的开始。里德同样频繁与他的同僚接触。参众两院谈判代表之间的讨论也在继续,试图解决剩余的实质性分歧,并就程序性路径达成一致意见。

总统奥巴马在"超级碗"(Super Bowl)大赛开幕前的 2 月 7 日,接受了库里克(Katie Couric)的电视采访,并邀请国会的共和党议员参加了医保峰会。"我想要与共和党的同僚们更加密切地商谈,"奥巴马说道,"我想做的是邀请他们公开他们的意见……我想让……共和党人和民主党人系统性地研究所有最好的想法,并且将这些想法坚定地推行下去。"(《纽约时报》,2010 年 2 月 8 日)峰会将于 2 月 25 日举行,为期半天,并将进行电视直播。

国会民主党人的反应从挠头("奥巴马觉得这能实现什么?")到不屑一顾("他只是在拖延一个痛苦的过程,想要得到共和党的票是没有希望的"),但奥巴马的邀请和随后的峰会完成了很多有用的工作。会议让人们的注意力回到了解决问题本身,而不是在国会中要花招或是讨价还价。它提供了一些喘息的空间,使得国会领导层能与其同僚合作,但它也将压力传导给国会领导层的同僚们,迫使他们在峰会过程中达成一份协议。此外,峰会还聚焦于共和党人以及他们所提出的没有医疗保险的解决方案。

2 月 23 日,在为峰会做准备的过程中,奥巴马公布了一份长达11 页的行动计划,其中包括了他希望在最终版本的医保议案中看到的内容。这表明,他将继续推动全面改革,主要是遵循参众两院通过的议案。该行动计划还为解决参众两院之间剩余的分歧提供了指导,并解决了众议院最紧要的关切(《华盛顿邮报》,2010 年 2 月 27 日)。共和党人对此大声叫嚷,再次要求一切重新开始。民主党人则因政府更强硬的公众姿态备受鼓舞。佩洛西高兴地宣称,这将加快最终议案的形成。

2 月 25 日，峰会在布莱尔国宾馆（Blair House）举行，会议持续了 7 小时。这是一次实质性的、严肃的、文明的会议，但正如预期的那样，会议并没有取得突破。共和党人认为，国会没有能力有效地制定全面政策，只应该尝试小规模的渐进改革。奥巴马回应认为，考虑到医保系统的复杂性及其面临的问题的相互关联性，只有全面改革才有可能奏效。国会的民主党人被总统强有力的理由所鼓舞，也做出了积极的回应。

3 月 3 日，奥巴马在白宫向医疗界人士发表讲话时，敦促国会"完成其在医保改革方面的工作"，并表示国会"应在医保改革问题上为美国人民投上最终一票"。他继续说，这项立法"应该得到和福利改革、儿童健康保险计划、为失业者提供的 COBRA 医疗保险，以及两位布什总统的减税法案一样的决定性投票——所有这些都必须在国会以简单多数通过"。由于所有这些法案都是经由和解程序通过的，奥巴马显然是支持使用和解程序的（《华盛顿邮报》，2010 年 3 月 4 日）。白宫高级助手明确表示，政府将从下周总统前往费城和圣路易斯开始，在几个星期内积极向公众宣传医保改革。白宫新闻秘书吉布斯（Robert Gibbs）在谈到总统的日程安排时说："要不惜一切代价完成医保改革。"（《华盛顿邮报》，2010 年 3 月 4 日）

（三）　制定和解法案

制定一份能够通过的最终协议是一个复杂且需要多方面考量的过程。它需要达到费用估算要求，并能经受住参议院的国会规则（伯德规则）的挑战。不仅如此，其实质内容和程序还必须为两院的多数党所接受。共和党人竭力将和解程序的运用描绘成一种卑鄙的、不民主的伎俩，但他们自己过去对这一程序的运用削弱了他们的主张。（奥巴马在演讲中提到的所有例子都发生在共和党控制国会的时候。)在众议院,多数党领袖霍耶在布朗获胜之后,迅速且有效地遏止了陷入恐慌的蓝狗党人反对和解程序的企图(《赫芬顿邮报》,2010 年 4 月 9 日)。尽管众议院领袖们很快意识到和解是唯一可行的程序途径,但他们并没有"强行让议员们接受",而是利用"没完没了的会议和党团会议"来敦促议员们自己意识到这一点。总统决定性投票的观点赢得了公众的支持,也赢得了中间派民主党参议员的支持。参议院一名资深民主党助理说:"我认为,白宫已经在很大程度上赢得了确定对医保议案进行决定性投票是否合理的战斗。判断我们是否赢得这场信息战的一个绝佳指标就是 51 名或更多(民主党人)的满意程度。如果共和党人取得了突破……你会看到更多反复无常的议员。"(《点名报》,2010 年 3 月 9 日)

由于奥巴马签署了一系列众议院民主党人想要的解决方案,再加上进步和倾向于民主党的组织的推动,许多自由派众议院民主党人被说服并加入进来。尽管仍然对许多条款表示不满,但他们意识到,必须在一个不完美的议案和一无所有的结果之间进行权衡。即便是来自左翼的俄亥俄州民主党人库坎奇(Dennis Kucinich)——他曾是单一支付者方案的激进支持者,并且给众议院最初的议案投了反对票——最终也改变了自己的看法。奥巴马和库坎奇一起飞往他的克利夫兰选区。受当地一次医保集会游行以及奥巴马在"空军一号"上多次面对面劝说的影响,库坎奇最终同意投票支持该议案。

奥巴马曾承诺该议案的费用支付会有保障——而且,不管在何种情况下,许多稳健派民主党人都不愿投票支持一项实施不了的议案——因此,做出必要的实质性调整以获得自由派的选票,同时又不失去稳健派的选票,这需要一种微妙的平衡。国会民主党人反复与国会预算办公室的分析师和联合税收委员会（Joint Committee on Taxation）的两党工作人员进行磋商，他们对议案的各项条款进行了微调，必要时还得根据前述目标来调整这些条款（《纽约时报》，2010 年 3 月 18 日）。

　　当然，包含妥协内容的议案在得到众议院通过后，还需要参议院批准，作为一项和解议案，它不会遭到议事阻挠，但它必须遵守伯德规则（参见本书第四章）。这条规则要求，和解议案中包含的任何内容都必须具有预算影响，但除此之外，规则还有其他复杂的内容。参议院规则专家 * 是习惯上的仲裁者，因为主席会听从他们的建议，这些规则专家将决定哪些条款遵守了伯德规则，哪些条款没有遵守。如果主席裁定某一条款不符合伯德规则，那么要想放弃使用伯德规则，就需要 60 票。如果放弃的动议未获通过，那么有争议的条款将被从议案中划掉。当然，民主党人试图通过和解来避免 60 票的门槛，他们也想避免议案被送回众议院再次投票，因为如果条款被划掉了，就需要将议案送回众议院再次投票，所以他们需要确保自己的议案不违反伯德规则。参议院民主党人和他们的共和党对手会就各种条款是否通过伯德规则的检测与规则专家进行谈判。共和党人认为其中的一些关键性条款不能通过检测，而民主党人则持相反意见。民主党人还试图"擦洗"那些规则专家暗示无法通过检测的立法措辞。

　　伯德规则限制了和解议案可能包含的内容，这使达成一项让足够多的众议院民主党人接受的协议的过程变得复杂了。因此，更为强硬的反堕胎措辞和全国而非各州的医保交易机构——这两项改革都是众

---

　　* 参议院规则专家是参议院中无党派倾向的顾问，专就参议院程序问题和立法活动提供建议。在参议院开会期间，规则专家——或来自其办公室的工作人员——坐在参议院讲台旁边，为会议主持人提供建议。参议院规则专家为参议院秘书长所雇，此一职位最早设立于 1935 年。

议院民主党人希望看到的——都被划掉了。然而,允许提出和解议案的预算决议已经将学生贷款改革以及医保作为可能的和解主题。学生贷款改革作为一项普通议案在众议院获得通过,但和其他许多议案一样,似乎卡在了参议院。现在,政府和众议院民主党人都敦促把它包括在和解议案当中。参议院民主党人对此则持谨慎态度。到 3 月 13 日即星期五的时候,谈判人员已经接近达成最终协议了。

(四) 在众议院通过议案

几天来,奥巴马总统和众议院领导层一直在努力争取众议院议员。奥巴马曾与进步党团会面,认为该议案将成为该团体所欲实现的更有雄心的项目的一个良好开端。该党团联合主席、加利福尼亚州民主党人伍尔茜(Lynn Woolsey)说:"他告诉我们,'这并不是一切的结束,相反,这只是一切的开始'。"(《洛杉矶时报》[*LAT*],2010 年 3 月 8 日)奥巴马还召集其他小组成员前往白宫,他打了无数个电话。众议院领导层又安排了一系列密集的情况通报会,以确保没有议员声称不知道议案内容。佩洛西、霍耶和克莱伯恩与议员个人以及小组和经常召开的党团会议议员交谈。他们在实质问题和政治后果上争论不休,强调不通过医保法案将对民主党造成"严重损害"。佩洛西等人则尽其所能解决某些议员在立法案中遇到的个人问题,通常是与选民有关的问题。不仅如此,他们还与各个利益团体进行协调。佩洛西为此还在 3 月初召开的一次会议上请求全国医院协会的领导人提供帮助。医院"在大多数国会选区都是有影响力的雇主,尤其是在以许多摇摆不定的众议院民主党人为代表的农村地区"。美国公立医院和卫生系统协会主席盖奇(Larry Gage)称,佩洛西议长说:"我没有足够的选票……我想我们是可以得到所需要的票数的,但我必须从一切地方寻求可能的帮助。"

（《洛杉矶时报》，2010 年 3 月 8 日）

在 3 月 14 日的周日访谈节目中，言辞之争愈演愈烈。共和党人继续发誓要挫败这项议案。民主党人则表达了不同程度的乐观。奥巴马的高级顾问阿克塞尔罗德（David Axelrod）断言，民主党人"将会有足够的票数通过这项议案"。众议院民主党党鞭克莱伯恩则更为谨慎地断言，"今天早上还没有达到所需的票数，但我们整个周末都会为此而工作"。他补充道，"我对我们最终能够完成这件事情抱有同样的信心"（《华盛顿邮报》，2010 年 3 月 15 日）。

3 月 15 日，周一，众议院预算委员会以 21 票赞成、16 票反对的结果，按照预算程序的要求，批准了一项和解议案。根据和解规则，该议案必须由预算委员会提出，但预算委员会不得对其进行修改。委员会使用众议院教育和劳工委员会以及筹款委员会批准的医保议案作为基础文本，但这个东西只能作为谈判达成的补救措施的载体。这些补救措施将会由规则委员会植入议案当中（《国家杂志·委员会审议报告》［*National Journal's Markup Reports*］［*MR*］，2010 年 3 月 15 日）。全体共和党人和两名民主党人投票反对这一议案。

3 月 17 日，国会预算办公室公布了其评估结果：这个一揽子立法案将在未来十年耗资约 9 400 亿美元，在此期间将减少 1 380 亿美元赤字，并在下一个十年减少 1.2 万亿美元赤字（《纽约时报》，2010 年 3 月 17 日）。因此，这项议案符合奥巴马的标准，并为稳健派民主党人提供了保证。在制定一揽子解决方案的整个过程中，谈判代表们一直与国会预算办公室密切合作，确保所提出的协议在整个过程中都能得到国会预算办公室的批准。

国会预算办公室的报告预示着众议院投票的临近。原定前往印度尼西亚和澳大利亚出访的总统推迟了他的行程，集中精力通过该议案。

该议案于 3 月 18 日周四晚些时候提交了。它包括学生贷款改革以及众议院民主党人想要的其他一些条款。议案大致遵循了奥巴马提议的框架，而奥巴马的提议在很大程度上又遵循了政府和国会民主党人在马萨诸塞州大选前达成的初步协议。议案的实际措辞是在参众两院民主党领袖以及包括白宫办公厅主任伊曼纽尔在内的白宫高级幕僚参加的一系列会议上敲定的。

佩洛西曾向众议院议员承诺，从议案提交到投票之间有 72 小时的时间，因此在 3 月 21 日周日之前不会进行投票。有很多事情还需要去完成。

当然，该议案将根据一项特殊规则提交众议院审议表决。3 月 16 日，佩洛西就曾建议是否可能采用一种自动生效规则，使她的议员们不必直接对参议院议案进行投票。从本质上来说，这项规则明确规定，一旦得到采用，参议院的议案即获通过。因此，辩论和最终的投票将围绕参议院议案的一揽子修正展开。大多数众议院民主党人实在不想投票支持这个参议院议案，因为它除了规定对"凯迪拉克计划"征税外，现在又给个别参议员施与了在政治上有害的"甜头"。由于不需要对参议院议案进行直接投票，自动生效规则将为众议员们提供一些掩护，使其免受他们所担心的反对派竞选广告的影响。

投票的倒计时开始后，有线电视新闻几乎完全集中在即将到来的医保之争上，这一程序成了保守派在电视广播上的一个热门话题。尽管国会共和党人在控制众议院时也曾使用这一规则，他们现在却认为这是在滥用权力，一些右翼评论员也附和并放大了他们的观点。到了需要对是否采用这一规则做出决定的时候，很明显，该程序不再能发挥掩护的作用——事实上作用正相反了——因此，佩洛西放弃了这一想法。在 3 月 15 日的那一周，她重申了自己一直在对议员们说的话：该规则不允许对修改参议院堕胎或移民条款的修正案进行投票，因为它们无法通过伯德规则的检测。

这一周，先前几周就已经激烈挥舞的党鞭更是频频抡起。在一则具有象征意义并经常被引用的轶事中，《纽约时报》(2010 年 3 月 20日)曾这样描述佩洛西的努力："随着投票将近，数十名众议院民主党人仍然摇摆不定……众议院领导层的助手们来到佩洛西的办公室，手里拿着一份 68 名立法人员的名单，这些人需要游说、转变或支持。助手们猜测，民主党领导层会分别去应付其中一部分人，但佩洛西却说：'这68 个人都归我了。'"

白宫的政治运作也高速运转起来，收集信息并跟踪议员的投票意向，与联盟的团体合作，让有影响力的选民游说他们的议员。奥巴马全身心地投入其中，那些曾经批评他没有完全投入的国会民主党人如今也对他获得最终的胜利给予了充分信任。"把它扩散到全国范围，发表演讲，举行集会，与那些保险公司较量，这些都非常重要，"进步党团联合主席、亚利桑那州民主党人格里哈尔瓦(Raul Grijalva)说道，"白宫的按钮静音太久了。"(《纽约时报》，2010 年 3 月 20 日)总统在白宫花了无数个小时通过电话和面对面的接触，试图说服民主党人投票支持该议案。在众议院投票前一周，奥巴马总统与 64 名议员进行了交谈(《纽约时报》，2010 年 3 月 20 日)。举个例子，华盛顿州民主党人贝尔德(Brian Baird)与奥巴马总统进行了私人会晤，并与副总统拜登和前华盛顿州州长、商务部部长骆家辉(Gary Locke)进行了会谈。他还与白宫行政管理和预算局局长奥萨格逐条审议了该议案，并在承诺周日投下赞成票之前，与佩洛西的一名高级医保顾问进行了讨论(《点名报》，2010年 3 月 23 日)。

3 月 20 日，星期六，奥巴马总统来到国会山，向民主党党团会议发表讲话。他说,"每隔一段时间,你就会有机会证明你对自己、对这个国家抱有的最好的希望","现在就是这样的时刻"。总统指出:"几十年来,我们一直在讨论医保问题。现在,这个问题已经争论了一年。它的命运就掌握在你们手中。"现场气氛就像集会一样,当奥巴马认可两名来自边缘选区(marginal-district)*、承诺投赞成票的年资较浅的民主党人的勇气时,他们都获得了其他议员的起立鼓掌(《点名报》,2010 年 3 月 20 日)。健康与公共服务部部长西贝柳斯,白宫行政管理和预算局局长奥萨格,众议院前议员、内政部部长萨拉扎,交通部部长拉胡德(Ray LaHood)也参加了这次党团会议(《点名报》,2010 年 3 月 20 日)。议长佩洛西对她的党团说,他们正处在"创造伟大历史的边缘"(《点名报》,2010 年 3 月 20 日)。

里德出席党团会议是为了向民主党人保证,参议院实际上会通过和解议案。众议院的民主党人则对他们通过的议案数量感到不满——有时是针对参议院毫无结果的艰难投票——他们担心和解议案也会发生同样的情况。这样一来,他们就无法避免为一项他们在政策和政治上都不满意的参议院医保议案投赞成票。为了劝说她的议员投票支持参议院的议案,佩洛西曾试着让参议院民主党人承诺,他们会公开且以书面形式保证通过和解议案。"我们事实上正在联系每一位民主党参议员,"参议院多数党党鞭杜宾周日在《与媒体见面》(Meet the Press)节目上说道,"当佩洛西在她的众议院民主党党团会议上发言时,更有助于确保,一旦和解协议来到参议院,我们就会通过它"(《点名报》,2010 年 3 月 16 日)。但是在最终的立法措辞敲定前,民主党参议员不愿意

204

---

* 边缘选区意为选举中一方仅以微弱多数取胜因而不稳固的选区,其对应词语为"安全选区"(safe district)。

做出承诺。在党团会议上，里德说他"很高兴地宣布"绝大多数参议员已经正式承诺采用和解协议的方式通过全面改革。他说："我得到了美利坚合众国参议院绝大多数议员的承诺，他们会将一部良法制定得更加完美。"（《纽约时报》，2010 年 3 月 21 日）里德公布了一封由 50 多名民主党参议员签署的信件，但他并没有将名字公示出来。

这一整个星期，众议院民主党人一直都在宣布他们将如何进行投票，媒体显示的党鞭点名计数迅速增加。民主党领导层的计票不断上升，但是尚不足以使他们树立必胜的信心。最大的问题在于参议院所采用的堕胎措辞。尽管该议案是坚决反对堕胎的参议员们的作品，但斯图帕克的团队依旧认为议案的措辞不够强硬。斯图帕克威胁说，如果他更强硬的措辞得不到采纳，他将推翻这一议案。佩洛西和她的团队知道，任何关于堕胎的措辞都无法通过伯德规则的检验，所以同意斯图帕克的要求是不可能的。他们对斯图帕克团队的成员做了工作，并设法剥离了其中一些人，毕竟，有一部分人是医保改革长期的坚定支持者。来自各个宗教修道会的超过 50 名修女向全体众议院议员写信，支持这项议案，她们的信提供了帮助（《纽约时报》，2010 年 3 月 17 日）。天主教医疗协会（Catholic Health Association），一个由天主教医院和其他医保机构组成的大型组织，也认同了该议案。然而，美国天主教主教团仍然坚决反对不采纳斯图帕克措辞的议案。领导层曾经考虑以其他的方式给予斯图帕克一票，但当他们面临着支持堕胎的民主党人的叛变威胁时，最终还是选择了放弃。即便没有斯图帕克和他的少数党羽，领导层依然能够获得足够多的票数。但是，共和党人可能会因此提出一项附指示的动议，要求将和解议案发回重审，而指示之中大概率会包含斯图帕克的措辞。如果没有达成协议的话，那么这项发回重审动议极有可能获得通过。

　　周日下午,白宫和众议院领导层宣布,在众议院通过医保改革议案后,奥巴马总统将会签署一项执行令,意在澄清联邦专款不会用于堕胎领域(《点名报》,2010 年 3 月 21 日)。该执行令将重申,该议案"与长期以来限制联邦资金用于堕胎的政策一致"(《纽约时报》,2010 年 3 月 21 日)。在随后的新闻发布会上,斯图帕克和其他几名反对者宣布支持医保改革。斯图帕克说:"我很高兴地宣布我们达成了一项协议。"有了这些议员的加入,领导层就掌握了足够的票数。

　　3 月 21 日,周日下午 1 点,众议院召开了会议。会议从 10 次一分钟的演讲开始,为即将到来的辩论埋下了伏笔。民主党人欢呼这一历史性时刻,并大肆宣扬这项立法的好处。"今天,在泰迪·罗斯福(Teddy Roosevelt)总统首次提出这个问题一个多世纪之后,我们迎来了一次历史性的机遇,为医保改革奠定基础。"俄勒冈州民主党人布鲁门瑙尔(Earl Blumenauer)宣布道(《国会记录》,2010 年 3 月 21 日,H1820)。宾夕法尼亚州民主党人施瓦茨(Allyson Schwartz)说:"议长先生,今天我们将采取具有美国特色的医保改革方案。我们的行动将降低中等收入家庭的医疗费用,帮助小企业为他们的雇员支付医疗保险,提升老年人的医保覆盖面,控制浪费的开支,并为 3 200 万未参保的美国人提供医疗保险。"(《国会记录》,2010 年 3 月 21 日,H1820)田纳西州共和党人布莱克本(Marsha Blackbum)反唇相讥:"议长先生,我的同僚们正在庆祝一项伟大的新的福利计划的诞生,只有他们会把对联邦政府的依赖以及自由的消亡视为一项值得庆祝的事业……我的同僚们可以说是喜出望外了,很快,他们那种让美国人民不管在贷款、学生贷款、退休还是医保方面都依赖于联邦政府的目标就会实现。这真是一个让人不寒而栗的目标啊……自由在今天有些许暗淡,不幸的是,有的人却在那里弹冠相庆。"(《国会记录》,2010 年 3 月 21 日,H1820)许多共和党人也将之视为一项重大的抉择。得克萨斯州共和党人珀伊（Ted Poe）说道："议长先生，今天是这个国家历史上一个决定性的时刻。我们到底是要选择通往个人自由之路，还是选择走上政府暴政之路？"（《国会记录》，2010 年 3 月 21 日，H1820）

　　这次会议的实际工作始于一些争议性不大的未完成事务，这给了民主党更多时间来达成堕胎协议。下午 2 点刚过，规则委员会主席、纽约州民主党人斯劳特尔（Louise Slaughter）提出了 H. Res. 1203 号决议，即医保立法案的规则。规则委员会开了 13 个半小时的会，审议了 65 名共和党人提出的 80 条修正案，并在午夜过后不久完成了这项关于规则的工作。这个规则规定，"审议参议院对议案（HR 3590）[参议院曾经采用的基础议案版本]的修正案[参议院版本的医保议案]……以及审议符合关于 2010 财年预算的共同决议第 202 条规定的和解议案（HR 4872）"（国会图书馆网站）。该规则还规定，"由多数党领袖和少数党领袖或其各自指定的人平均分配和控制两个小时"，讨论"这两项议案所涉及的主题"。换句话说，针对两项议案的辩论将同时开始。辩论结束后，"由多数党领导人或者由其任命的人提出的众议院赞成参议院修正案的单一动议"应当按照议事规程进行。如果动议获得通过，那么众议院[而不是全院委员会]将会审议和解议案（HR 4872），也就是预算委员会所报告的议案。经过艰苦谈判达成的修正内容应根据如下规则条款纳入到 HR 4872 号议案中："经规则委员会报告 B 部分印制的修正案修改的本决议，其所附规则委员会报告 A 部分印制的替代性质的修正案，审议时应视同通过。"此外，"经修正的议案应如所读的那样进行审议。针对经修正的议案条款所提的程序问题异议，应搁置不论"。这两个条款都是典型的防止反对者采取拖延战术的规定。不仅如此，这个规则还规定，"先决问题的审议，按议事规程应如经修正的议案那样，在获得最终的通过前,不得再提任何新的动议,但附有或不附有指示的发回重审动议除外"(国会图书馆网站)。这个规则条款禁止了修正案的提出,却允许提出发回重审动议,因此反对派把它作为更改议案的有力武器。

　　共和党人再一次尝试拖延战术,他们提出数个程序异议,其中每个都需要 20 分钟时间来辩论。不仅如此,他们还利用了议会法上对执行议长的质询来拖延时间。在共和党人的坚持下,众议院开展了两次记名投票,以决定众议院是否应该审议这个规则,尽管有异议说这一规则会搁置某些程序异议。两次投票(民主党人)都凭借着党内统一路线而获胜。在处理完这些动议后,关于立法规则的一小时常规辩论开始了。民主党人主要争论实质性问题。共和党人不仅讨论实质性问题,也争论程序性问题,他们反对这一规则,因为它阻碍了修正案的提出。一些人还唤出"参议院不会通过和解议案"这一幽灵来恐吓民主党人。规则委员会少数党首席委员、加利福尼亚州共和党人德雷尔(David Dreier)就这样说道:

　　　　民主党领导层一直在试图说明,一揽子的和解将会解决参议院议案中的所有问题。这种说法与事实相去甚远。参议院议案所提出的实现医保改革的根本性方式有着致命的缺陷,而这一缺陷将会始终保留。抛开这个残酷的现实问题不谈,更为紧要的问题在于,一揽子和解议案今天没有办法成为法律。它只会被送到我们的朋友们那儿,我们在另一具身体里的同僚那儿。在那里,它们会被缓慢分解,就像是其他被送到另一具身体里的东西一样。也许参议院会对它进行修正,然后把它送还到我们这里,等待进一步的行动。议长先生,它可能根本无法生效。没人会知道谁在这里说了些什么,我的议长先生。也没有人会知晓在那走廊的尽头,那看起来有数英里之遥的地方，会发生什么。今天，唯一会被送到总统那里签字的，就是几乎没人支持的参议院议案！（《国会记录》，2010 年 3 月 1 日，H1835）

尽管德雷尔主张否决先决问题，以便他能对规则提出修正案，要求对立法案进行实际的唱名投票而不是电子表决（这是一个耗时的过程），但是处理规则上的先决问题的动议仍然以 228：202 的票数获得通过。立法规则本身则以 224：206 的票数获得通过。如果说先前还有人表示怀疑的话，那么这些投票足以证明，民主党人有足够的票数通过医保法案。

对于立法案本身进行的两小时辩论在下午 6 点 43 分开始，随后便愈来愈充满火药味且异常激烈。共和党人把这个立法案叫作"财政弗兰肯斯泰因"（fiscal Frankenstein）*，并声称它是"肮脏交易"的结果，他们要求众议院的同僚们"对极权主义说不！"（《华盛顿邮报》，2010 年 3 月 22 日）。在共和党人看来，这个议案允许政府资助堕胎，提高税费和保险费用，会造成巨额开支并削减医保费用。在他们看来，议案会导致政府控制 1/6 的美国经济。"议长先生，我需要阐明一个简单的事实，这个议案就是一个彻头彻尾的杀人犯，"佐治亚州共和党人布罗恩（Paul Broun）沉吟了片刻后说道，"它用 520 亿美元的托管和税负扼杀了 500 多万个未来的就业岗位。它扼杀了经济自由和美国的企业家精神。它更是用主要针对穷人和老年人的价值 170 亿美元的托管和税负，扼杀了家庭预算。它通过允许纳税人资助的堕胎来扼杀我们的未

＊　弗兰肯斯泰因是一个创造怪物而自己被它毁灭的医学研究者，这是英国女作家玛丽·雪莱（Mary W. Shelley）于 1818 年所著同名小说的主角，意为作法自毙者。

来。"(《国会记录》,2010 年 3 月 21 日,H1839)

民主党人相信自己会获得胜利,不过他们要更有分寸一些。"正如一位老朋友今天对我说的那样,在政治上你没有多少机会去做那种不朽的事情,但今天这样的机遇就摆在我们的面前,"来自加利福尼亚州的马绥(Doris Matsui)说,"我们今天有机会投票支持一项医保改革法案,以改善数百万美国家庭的生活质量。它还将控制费用,改善医保待遇,并减少赤字。"(《国会记录》,2010 年 3 月 21 日,H1836)北卡罗来纳州民主党人普莱斯(David Price)在一份雄辩的声明中,同样强调了这一时刻的历史性:

> 议长先生,伟大的废奴主义诗人詹姆士·拉塞尔·洛威尔(James Russell Lowell)曾写道:"每个人、每个国家都有一次需要做出决定的时刻。"
>
> 议长先生,历史上有着这样的时刻:情势已然明了,我们不应再等待去做正确的事情。我们有机会迈出重要的一步而能让我们的国家变得更加美好,这种机会一生中只有寥寥数次而已。今晚,这一时刻就摆在我们面前。
>
> 我们的医保系统远远不能满足美国人民的基本需求……
>
> 改革将为企业家、雇主和纳税人节约资金。它将结束保险公司的肆意妄为。它将让年轻人在 27 岁之前一直享受父母的保险。它将覆盖 95% 的美国人。它还扩大了社区卫生中心,增加了初级护理医生和护士的数量。此外,这个议案还将结束被保险人每月以更高保费的形式支付的隐性税收……
>
> 议长先生,美国人民等待太久了。我们今天晚上面临着历史性的抉择,在未来的数十年里,就像社会保障和老年人医疗保险一

样，它将产生深远的影响。为了那些选举出我们来为他们服务的人民，为了我们的子孙后代，让我们抓住这样一个历史性的机遇吧！（《国会记录》，2010 年 3 月 21 日，H1907）

很多人讲述了他们所认识的人，以及曾经向他们写信的人的故事。在这些人中，有的人因为生病而失去了保险，有些人因为先天性的状况无法申领到保险，有些人起初认为自己有足够的保险，直到生病之后才发现保险政策只能涵盖很小的一部分。新泽西州的安德鲁（Robert Andrews）对共和党人的观点发起了挑战：

> 议长先生，坐在走廊另一边的同僚们今天晚上一直在问一个问题：我们到底是一个什么样的国家？他们问的是一个很好的问题。明天，当有人因为罹患乳腺癌而失去工作，或者因为患有哮喘病而被要求交纳高额的保险费用，美国会成为一个什么样的国家呢？明天，当一位老者发现她活期存款账户里的储蓄仅仅能够用来支付水电费用或她的药品费用中的一项，美国会成为一个什么样的国家呢？当一个今晚还在擦地、加油或者端茶倒水的人，明天必须为她和她的孩子们购买医疗保险，美国到底会成为一个什么样的国家呢？
>
> 通过社会保障，我们给予了老年人尊严。通过老年人医疗保险，我们给予了年长者同情。通过《民权法》，我们给予了美国人民平等。今天晚上，我们将实现体面与正义。这才是美国应当成为的国家。（《国会记录》，2010 年 3 月 21 日，H1896）

少数党领袖博纳和众议院议长佩洛西最后发言，按照惯例结束了关于这个最具争议和最重要的立法案的辩论。他们截然相反的观点显示了两党在这个问题上的分歧有多大。在共和党的欢呼声中,博纳发表了愤怒的讲话:

> 看看这个议案,问问你们自己,你们真的相信,如果你们喜欢现有的医保方案,你们就可以一直保有它? 不,不可能,你们不能就此断言。
>
> 看看现在的经济局势,看看现在的失业率,想想我们现在对就业和经济增长的迫切需要,现在我国真的到了提高税收,增设官僚机构,给每个工作的创造者增加负担的时候吗? 答案是否定的。
>
> 当你们返回家乡后,你们能告诉那些年长的公民们,在老年人医疗保险中的这些削减不会限制他们看医生,或者进一步来说,不会削弱整个医保体系吗? 不,你们不能。
>
> 当你们返回家乡后,你们能满怀信心地告诉选民,这个议案尊重所有人生命的神圣性,30 年来第一次不允许用纳税人的钱来资助堕胎吗? 不,你们不能。
>
> 看看这个议案是如何起草的。你们能说这是公开的、透明的、负责任的,没有幕后交易,也没有秘密行动吗? 我的天呐,不,你们不能。
>
> 你们读过这个议案吗? 你们读过和解议案吗? 你们读过主持人修正案吗? 我的天呐,你们没有!
>
> ……………
>
> [美国人民]为今天所见的事情感到害怕。他们害怕是因为他们不知道接下来会发生什么。他们感到厌恶,因为他们看到的是,在本应是一项全国性的政策讨论中,一个政党将另一个政党排除在外。他们同样感到愤怒,因为不论他们如何参与到辩论中,这个

209

机构都在违逆他们的意愿而前进。

　　为我们感到羞耻，为这个机构感到羞耻，为你们每一个人感到羞耻，因为你们将自己的意志和贪欲凌驾于自己的同胞之上……（《国会记录》，2010 年 3 月 21 日，H1895）

佩洛西这样回复道：

　　议长先生，今晚我们将怀着无比的谦卑、无上的自豪为我们的国家创造历史，为美国人民带来进步。试想一下，我们将加入那些建立社会保障、老年人医疗保险，以及今晚为所有美国人提供医疗保险的人的行列……

　　这项立法将为美国人民带来更加健康的生活，更多追求希望、梦想和幸福的自由。这将是一个尊重美国传统的提案……

　　通过今晚的行动，通过医疗保险改革，3 200 多万美国人将会享受到医疗保险，那些已经拥有医疗保险的人也会免于这一行业的摆布——他们的保费涨幅惊人，还会在你生病的时候取消保单，即便你已经全额支付了保费。在这项立法中，与医保相关的内容还有很多：为 3 200 多万人提供保险，让中产阶级更能负担得起，结束保险公司对先天性疾病的歧视，改善老年人医疗保险的护理和福利，将老年人医疗保险的偿付能力延长近十年，通过预防、保健和创新，打造一个更健康的美国，创造 400 万个就业岗位，并通过为纳税人节省 1.3 万亿美元来完成这一切……

　　我敦促我的同僚们一起行动，通过医疗保险改革，创造历史，重振美国梦。我希望大家按下"赞成"键。（《国会记录》，2010 年 3 月 21 日，H1897）

晚上 10 点 30 分，南卡罗来纳州民主党人斯普拉特（John Spratt）受多数党领袖霍耶的委派，提议众议院通过参议院的修正案。当这项动议通过后，众议院批准了参议院的医疗保险改革议案，随后它将提交给总统签字。投票结果是 219：212，34 名民主党人与全体共和党人投了反对票。尽管有很多支持议案的边缘民主党人或许更想对议案投下反对票，不过他们最终还是让议案通过了。投下反对票让议案遭受败绩是民主党无法接受的。

当小木槌落下时，尽管众议院民主党人沉浸在欢呼与拥抱之中，但他们的任务只能说才完成了一部分。10 点 49 分，包含修正内容的和解议案开始审议。因为之前的两小时已经被用来对两个议案进行讨论，所以此时不再安排辩论。不出所料，共和党人提出了一项附指示的发回重审动议，意图用更加强硬的堕胎措辞来修正议案。在分配给这个发回重审动议的 10 分钟辩论时间中，斯图帕克表达了对于动议的反对。他的行为对于议案的支持者来说是一场"政变"，斯图帕克的反对让最为坚定的堕胎反对者也动了投下反对票的念头。在他发言的时候，会场传来了"婴儿杀手"的呼声。第二天，得克萨斯州共和党人诺伊格鲍尔（Randy Neugebauer）承认自己就是喊话者，不过他表示这一声并非针对斯图帕克，而是针对议案本身。他的话确实暴露出了这场斗争的激烈程度。茶党抗议者聚集在国会大厦外示威，很多共和党人也怂恿他们这样做。尽管如此，发回重审的动议仍然以 232：199 的票数遭到否决，和解议案则以 220：211 的票数获得通过，只不过没有一名共和党人投票支持。佩洛西用 1965 年通过老年人医疗保险法案时使用的木槌，为此次表决画上了句号。

奥巴马和副总统拜登在白宫观看了表决过程。午夜之前，奥巴马在东厅向媒体发表了讲话。他说："这并不是一次激进的改革，但它确实是重大的改革。"奥马巴以此含蓄驳斥了反对派的观点："归根结底，今天发生的一切奠定了美国梦牢固基础上的又一块基石。今晚，正如我们的祖祖辈辈那样，我们再一次响应了历史的号召。在面临危机时，我们没有在挑战面前退缩，我们克服了它；我们没有逃避我们的责任，我们拥抱了它；我们没有惧怕我们的未来，我们塑造了它。"（《纽约时报》，2010 年 3 月 21 日）对于这次投票，他说道："证明我们依然有能力完成伟大的事业。我们证明了我们的政府——一个民有、民治的政府——依然在为民享的目标而奋斗。"（《华盛顿邮报》，2010 年 3 月 22 日）

（五）　参议院通过和解议案

现在行动要围绕参议院展开了。正如参议院民主党领袖向众议院民主党人承诺的那样，和解议案将由参议院来通过。然而，由于参议院在 12 月通过的那个议案现在将成为法律，参议院此刻的行动更显得虎头蛇尾。如果共和党人能够在此时阻止和解议案，这最多只能让民主党人尴尬。然而，共和党人依然承诺进行顽强的抗争，以回应他们基础选民的要求。他们的战略取决于伯德规则。因为在和解的情况下，民主党人只需要获得 50 票就可以了——如果有必要，副总统拜登可以提供打破平局的一票——共和党通过决定性投票否决该议案的可能性是不现实的。然而，如果他们能让规则专家发现议案中有违反伯德规则的地方，搁置伯德规则将需要民主党获得 60 票，这也完全没有现实的可能性。如果不可能搁置伯德规则的话，任何被发现违反该规则的条款都将遭到剔除。其结果就是，如果对伯德规则的违反触及了议案的核心，那么就会导致整个议案被推翻；如果议案在一些次要的地方违反了伯德规则，那么至少也会导致它被送还众议院重新投票。

两党的高级幕僚一直在与参议院规则专家进行协商，民主党人起草了他们的和解议案,以避免伯德规则的成功挑战。不过,正如参议员康拉德所说的那样,一切都不确定,"虽然我们已经和这位规则专家谈了很多个小时,但是对于一些事情他仍然没有做出决定。在此之前,他想听取双方的意见"(《点名报》,2010 年 3 月 18 日)。在 3 月 22 日周一与这位规则专家见面时,共和党人指出,对"凯迪拉克健康保险计划"征税会对社会保障造成影响,因此也就违反了伯德规则(《国会山报》,2010 年 3 月 23 日)。如果不得不放弃这一条款,那就等于直接枪毙和解议案。周一晚些时候,这位规则专家在这一点上做出了不利于共和党的裁决,而民主党人曾相当确信他会这样做。民主党人知道,共和党人会继续梳理议案,寻找其他可以挑战的条款。

　　3 月 23 日周二早晨,奥巴马签署了参议院版本的医保法案,使之成为法律。参议院规则专家曾在 3 月初裁决,总统必须签署最初的医保改革议案,然后参议院才能就修正该议案的一揽子和解协议采取行动(《点名报》,2010 年 3 月 11 日)。随着共和党人在马萨诸塞州胜选,当民主党领袖寻求一条前进的道路时,有人曾建议在众议院对参议院的原始议案进行投票之前让参议院通过和解议案。由于大多数众议院民主党人厌恶参议院的议案,并且不信任参议院有能力通过立法案对其进行修正,这本来会让民主党在众议院获得足额票数变得更加容易。然而,规则专家的裁决使之成为不可能。

　　在总统签字使议案上升为法律后,参议院多数党领袖里德动议参议院继续审议 HR 4872 号议案,即医保一揽子和解立法案。由于不会受到议事阻挠,这项动议得以迅速表决,并以 56∶40 的票数获得通过。投票严格遵循了党内统一路线。议案通过后是 20 小时的限时辩论环节。辩论由财政委员会主席鲍克斯开启。他指出,既然总统已经签署了这个大型议案,使之上升为法律,那么现在参议院需要做的就是对议案进行适度的修正。"今天,摆在我们面前的不是一部完整的医保改革议案,而是一份旨在完善新的法律的议案。我们没必要将两年以来所有的问题再讨论一遍,我们也不需要将讨论过的与医保相关的问题再重复一遍……"(《国会记录》,2010 年 3 月 23 日,S1824)

鲍克斯的请求是徒劳的,这场辩论复刻了当前所有已经熟知的问题。共和党人提出了一连串的修正案,而民主党人指责其中很多都带有高度的政治色彩。民主党党鞭杜宾谈到了科伯恩提出的一项修正案,该修正案旨在禁止为强奸犯和猥亵儿童者提供治疗勃起功能障碍的药物。杜宾说:"这可真不是我瞎编的。坐在走廊另一侧的同僚们有着丰富的想象,梦寐以求给议案'挖坑'……为儿童猥亵犯提供伟哥。"(《国会记录》,2010 年 3 月 23 日,S1850)

周二,参议院对议案进行了长达 7 小时的辩论。当年资较浅的民主党人、来自俄亥俄州的布朗(Sherrod Brown)在当晚宣布参议院闭会时,他警告他的同僚说:"周三对参议员们来说将是漫长的一天,因为整天都会在投票中度过。"(《国会记录》,2010 年 3 月 23 日)

3 月 24 日,周三,参议院在早上 9 点宣布开会。多数党领袖里德提醒参议员们,20 小时辩论将在下午的时候期满。随后,"连续投票"将会开始。虽然《1974 年国会预算和截留控制法》(或称《预算法》)规定了对和解议案的辩论时间限制,但它并没有限制提出修正案的数量。因此,参议员可能提出无数的修正案。但是一旦辩论时限届满,除非获得全体一致同意,否则将不得就这些问题进行辩论。由此产生的一系列记名投票被称为"连续投票"。

民主党领导层已经努力说服本党议员必须否决共和党的所有修正案,民主党人不应该提出修正案。他们与众议院民主党人达成的协议,不会更改和解议案中协议的内容。在对于修正案的投票开始后,鲍克斯提醒他的同僚说，"现在所提的每一个修正案都旨在扼杀医保改革，这就是要让这些修正案全都落空的原因"（《国会记录》，2010 年 3 月 24 日，S1992）。最后，没有民主党人提出修正案。

在众议院投票之前，参议院共和党人曾威胁要通过修正案进行议事阻挠，这种做法是规则所允许的。然而，当众议院通过了两项议案后，大多数参议院共和党人意识到这样做收效甚微，尽管他们还是提出了一系列修正案，但他们承诺不再无限期地继续下去。里德也愿意通融，就像他对"连续投票"过程中允许辩论的解释一样：

> [我们]并非必须要赞同一分钟辩论，而是我们希望每个人都明白，在整个立法过程中，我们要尽可能做到公平……近年来，我们一致同意，对于每个修正案可以有一分钟的解释时间，同时也可以用一分钟的时间表达对于该修正案的异议。我认为这样做是适当的。我们想要做的就是保证每个人都被公平对待。
>
> 但我同时也想警告大家：主席将会执行……按照法律字面的含义……如果这个基于共识的协议得到大家认同的话——也就是用一分钟的时间解释修正案，用一分钟的时间表示对修正案的异议。（《国会记录》，2010 年 3 月 24 日，S1992）

在提出了他和少数党领袖麦康奈尔达成的一致同意协议后，里德继续说道：

> 总统先生，我还注意到，仅就已经提出的修正案而言，如果我们幸运的话，可能需要 9 小时左右，甚至更长时间来处理它们。接下来将会有连续的投票，中途没有任何停顿。除非发生意外，否则

213

我们不会有任何休息。应告知参议员们，在这个过程中，他们应当保持在场。如果到了截止时间议员却不在场的话，我们就会结束对该事项的审议。我们必须不断地推进程序。在休会前，我们还有其他的事情要做。我需要和共和党领袖合作。要实现这个目标，需要耗费大量的时间。每个人都待在这里。如果我的同僚们都坐在自己的座位上，那么效果可能会好很多。我衷心希望，整个"连续投票"的过程都尽可能有序地进行。(《国会记录》，2010 年 3 月 24 日，S1992)

在 3 月 24 日这一天的会议中，参议院进行了 29 次记名投票。共和党人提出了修正案。大多数情况下，民主党都动议暂缓审议。完全由民主党人所组成的国会多数投票搁置了这个修正案，从而使其落空。由于只需要简单多数，一些民主党人就可以在那些在他们看来极为纠结但又根本无法获得足够通过票数的修正案上稍稍"变节"。

在"连续投票"的过程中，领导层得知，规则专家打算对至少一个共和党人提出的有关伯德规则的程序异议问题做出有利的裁决。虽然是个小问题，但这清楚地表明，参议院无法在当晚完成议案表决工作。因此，经过商议，里德和麦康奈尔达成了一项完成工作的协议。里德对此做出了如下说明：

在和我的朋友，尊敬的肯塔基州参议员进行长时间的讨论后，我请求大家一致同意在几分钟后休会。今天上午 9 点 45 分，会议将重新召开，恢复对议案和修正案的审议，直到下午 2 点。在下午 2 点之前，我们将处理那些已经做出决定的程序异议问题，其中有一个现在仍在审议。在下午 2 点以后，就不允许提出新的修正案了,在我们 2 点处理完程序异议问题后,将对议案进行三读。

　　我以一致同意协议的形式提出上述请求。(《国会记录》,2010 年 3 月 24 日,S2012)

〔214〕

凌晨 2 点 56 分,参议院休会。

　　3 月 25 日的会议按照预期继续进行。"连续投票"也继续进行,以处理另一批修正案。它们全部都被否决了。参议院总共对 41 项修正案进行了记名投票。所有表决结果都遵循了党内统一路线。两项伯德规则程序异议得到支持,但都是小问题。参议院领袖与众议院议长佩洛西进行了磋商,后者告诉他们这不会造成严重的后果。民主党人对于主席两项裁决中的任意一个都没有表示异议。法案最终以 56∶43 的票数获得通过。49 名民主党人中的 46 人投出了赞成票,而共和党方面无一人投赞成票。

　　众议院在 3 月 25 日晚间讨论了略有改动的议案。一项规则在晚上 8 点 23 分得到批准,它规定了 10 分钟的辩论时间。8 点 24 分,众议院教育和劳工委员会主席米勒提出了众议院同意参议院修正案的动议;到 9 点 2 分,众议院批准了该动议,也就是医保议案的第二部分,投票结果是 220∶207。

　　3 月 30 日,总统奥巴马签署了法案,它正式成为法律,即《2010 年患者保护与平价医疗法》。

四、 在党派分立的时代做出非增量性的政策改变

　　通过复杂的立法来进行非增量的政策改变并不容易,而在一个党派高度分立的时期,这的确显得尤为困难。正因为如此,立法过程中出

现这么多非正统程序就不足为奇了。在巨大的赌注面前,政策的支持方和反对方都有充分的动机使用各种他们能够采用的方式。

总统及其行政部门扮演着议程制定者、协调者和激励者的核心角色,这一角色是非增量性立法所必需的。我们权力分立的体系使之成为一种必要的环节。近年来不断极化的党派对立确实增加了民主党的风险,多数国会民主党人将总统的命运与他们自己的命运紧密地联系在了一起。一种观点认为,如果民主党标志性的优先事项——医保改革——遭遇失败,那么它不仅会对奥巴马总统的任期造成重大影响,也会给国会中的民主党人带来致命打击。这种观点不但被经常援引,而且通常来看确实就是这样。

这项任务的复杂性、高风险和党派极化的现状,普遍要求国会领导层自始至终且无处不在地参与到立法的过程当中。

215

表 7.1 《患者保护与平价医疗法》年表

日期	众议院行动	参议院行动	通过后的行动
2009 年 3 月	佩洛西要求三位主席起草一项议案	鲍克斯与格拉斯利谈判协商	
6 月—7 月	非正式谈判协商	跨越两党的六人帮,财政委员会委员,谈判协商	
7 月 14 日	佩洛西、领导层团队以及三位主席揭晓 HR 3200		
7 月 15 日		健康、教育、劳工和养老金委员会批准议案草案	
7 月 17 日	筹款委员会批准 HR 3200。教育和劳工委员会批准 HR 3200		

日期	众议院行动	参议院行动	通过后的行动
7 月 31 日	能源和商业委员会批准修正版本的 HR 3200		
9 月 22 日—10 月 2 日		财政委员会最终审定	
10 月 13 日		财政委员会批准议案	
9 月—10 月	党派领袖和委员会领袖与其成员谈判协商，以草拟可以获得通过的法案	里德以及委员会领袖与成员谈判协商，以草拟可以获得 60 票的议案	
10 月 29 日	谈判协商出来的议案 HR 3962，被领导层揭晓并推介		
11 月初	佩洛西就规则进行谈判协商		
11 月 7 日	就 HR 3962 适用的规则进行辩论，并批准规则；对议案进行辩论，审议修正案，议案以 220∶215 的票比获得通过		
11 月 19 日		提出继续审议 HR 3590（外壳法案）的动议	
11 月 21 日		参议院投票对审议 HR 3590 的动议启动终结辩论程序。修正案 SA 2786 本质上是里德提出的替代修正案	

（续表）

日期	众议院行动	参议院行动	通过后的行动
11 月 30 日—12 月 24 日		辩论，审议修正案，通过终结辩论动议	
12 月 24 日		修正后的 HR 3590 以 60：39 的票比获得通过	
2010 年 1 月—3 月			奥巴马与参众两院领袖谈判协商议案最终版本
3 月 21 日	HR 4872，和解议案，以 220：211 的票比获得通过		众议院以 219：212 的票比同意参议院对 HR 3590 所做的修正
3 月 23 日			总统签署 HR 3590
3 月 25 日		带有修正案的 HR 4872 以 56：43 的票比获得通过	众议院同意参议院对 HR 4872 所做的修正
3 月 30 日			总统签署 HR 4872

注：在上表中，官方和正式的行动以宋体字表示；幕后和非正式的行动用楷体字表示。

217　　　　议员们已经习惯了在立法过程中接受更为集中的领导，特别是在具有最高优先级的议案上。因此，众议院议长佩洛西可以委托三个委员会的主席就一项议案进行谈判，她不仅可以对全过程进行监督，还可以在她认为必要的时候参与谈判。参议院多数党领袖里德比佩洛西更尊重委员会主席的意见，但他也深入参与了一场谈判，使一项议案在 2010 年 12 月得以通过。由于立法战略和政策内容在起草能够获得通过的议案的艰难过程中如此紧密地交织在一起，党派领袖经常做出重大的实质性决定。在参众两院，党派领导层在委员会报告议案和院会审议议案之间的这段时间里精心策划"如何进行所有委员会审议之后的调整"。虽然佩洛西和里德及其领导团队在这一过程中发挥了关键的核心作用，但参众两院的民主党委员会领袖也在持续参与这一过程。两党及其委员会领袖都会广泛征求其成员的意见，经常想方设法照顾他们的特殊关切。即使在领导力量异常强大的时期，国会领导人也不像军队将领那样可以直接向军队下达命令，并期待他们毫无疑问地服从。与士兵不同，国会议员可以直接说不。

在众议院，特殊规则的创造性使用帮助民主党人通过了他们辛辛苦苦形成的议案，整个过程快速且没有添加任何修正案。到了参议院，情况正相反，规则成为少数党的工具。少数党领袖麦康奈尔将本党议员聚集起来形成反对势力，尽管共和党在参议院只有 40 人，麦康奈尔无法阻止议案通过，但他迫使民主党必须保证有 60 名参议员意见一致。此外，通过坚持他们根据规则而来的所有权利，少数派共和党人迫使多数派民主党人分别四次跳过终结辩论程序规定的所有障碍——如果算上国防拨款议案的话，则有五次。启动终结辩论需要提交终结辩论申请，并经过持续一天的间隔期。如果激活终结辩论程序，反对者会坚持 30 小时的辩论。直到最后一场终结辩论后的辩论结束，共和党人的态度才有所软化，不再坚持 30 小时的辩论，这才可能使投票通过议案在平安夜的早上而不是晚上 7 点完成！里德则使用了他能够采取的方式保护议案，比如说，在进程的最后阶段，里德以"填满修正案之树"的办法，阻止了可能分裂他的联盟并拖延程序的共和党修正案。然而，在面对坚定的反对者时，参议院多数党领袖的程序性武器是微不足道的。即使少数党的人数不到 41 人，也可以有效地使参议院长时间停摆。

从程序上来看，预算程序对医保立法案的通过至关重要。考虑到极端的党派对立，当民主党人丢掉了他们在参议院的 60 票优势时，也就意味着他们失去了通过另一种程序实现医保改革的机会。两院之间形成的协商会议报告或修正案需要参议院的 60 票才能通过,而众议院民主党人完全不愿意直接接受参议院的议案。那些坚持在预算决议中列入关于医保的和解指示的协商会议成员被证明是有远见的,尽管他们可能也没有预料到这一进程将会如何发展。

在此之前,主要的政策变化都是通过预算程序实现的。里根在 1981 年的经济计划、克林顿在 1993 年的经济计划,以及小布什在 2001 年和 2003 年的减税政策就是突出的例子(参见本书第五章对小布什减税政策的论述)。然而,随着时间的推移,关于什么可以被纳入和解议案的规则已经收紧,最明显的表现就是伯德规则的制定。考虑到现有的议会规则,整个医保议案不可能作为和解议案通过。该立法案所建立的结构中有太多的内容无法通过伯德规则的检验,因为这些内容与预算直接相关。尽管如此,众议院民主党人所需要的足以让参议院议案被接受的内容,可以作为和解议案获得通过。事实上,许多医保支持者认为,和解议案中"修正"的内容使最终结果要比众议院或参议院版本的议案的内容好很多(Jacob and Skocpol 2010)。总而言之,正是预算程序让医保改革议案的通过成为可能。

第八章　高风险的预算政治：
2013 年的政府停摆和瑞安–默里协议

每年,国会都要通过一项预算决议,为其支出决定制定指导方针。预算决议旨在为这些决定提供一些条理性,具体说明联邦政府在下一个财年将花多少钱,预计将征多少税,以及赤字或盈余(两者之间的差额)预计有多大。此外,预算决议还规定 20 个综合功能领域中的每一个要花费多少钱,比如医疗或者农业领域的开销。由于这类问题构成了两党政策分歧的核心,预算决议总是会争议不断。

对 2013 年预算决议通过的情况说明,揭示了当前预算程序的形成方式,阐明了它逐渐蜕变成更加非传统的法律制定之原因。参众两院在 2013 年春季都通过了预算决议,但是两院的决议差异巨大,也没有人真正试图去弥合这些差异。然而,几个月后政府即停摆了,此后两院的预算委员会主席通过谈判达成了一项协议,明确了预算决议应当提供的支出决定指导方针。

一、 行动一: 2014 财年预算决议

当共和党人在 2010 年的选举中赢下对众议院的控制权后,通过常规途径形成预算的可能性便接近于零了。共和党控制下的众议院决定通过大幅削减国内开支来限缩政府的规模,而民主党控制下的参议院

220　在其优先事项选择上与共和党的众议院截然不同，预算决议从本质上来说就是对政策优先事项的声明。事实上，民主党的第 111 届国会未能在 2010 年完成预算决议。由于对赤字的广泛关注以及民主党议员对即将到来的选举的担忧，这个多数党的领导层并不确定国会可以通过一项决议。与之相反，共和党控制下的众议院急于强调其对良好的预算政策的观点，在随后的几年里都通过了预算决议。以众议院预算委员会主席、共和党人瑞安命名的"瑞安预算"规定大幅削减国内开支，还提议将补充营养协助计划（SNAP；也就是以前的"食品券"）和医疗协助计划从应得福利计划转变为对各州的固定拨款，并将老年人医疗保险变成一个折扣券项目。民主党人强烈反对所有这些提议。2011 年，处在防御姿态的民主党参议院从未审议其预算委员会制定的差异巨大的预算决议。2011 年 8 月通过的债务限额协议（《2011 年预算控制法》［BCA of 2011］）规定了 2012 财年至 2021 财年的支出上限，以及 2012 财年和 2013 财年国内与国防可自由支配开支各自的上限。参议院民主党人认为，这个《预算控制法》避免了对预算决议的需求，而参议院在 2012 年也并未考虑预算决议的问题。

（一）众议院委员会的行动

2013 年 3 月 13 日晚间时分，众议院预算委员会以 22∶17 票的严格党内统一路线投票结果通过了委员会主席的预算决议草案。委员会花费了一整个白天和大半个晚上来进行"最后审议"，在此期间，民主党人提出的 23 项修正案有 22 项被否决。

该预算计划声称要在十年内通过削减 46 亿美元来平衡联邦预算。它与之前的"瑞安预算"非常相似，尤其在削减国内开支方面。它还要求废除《2010 年患者保护与平价医疗法》，将补充营养协助计划和医疗协助计划转变为对各州的固定拨款,并在此过程中削减其费用。此外,该预算计划还意图将医疗保险转变成一项折扣券项目。该计划还提议对税法进行全面改革,将最高个人所得税税率降至 25%,并通过填补规定模糊的税收漏洞来获得相同的财政收入。

在未受修改的情况下,《2011 年预算控制法》制约着 2013 年的支出决定。《2011 年预算控制法》规定,如果根据该法成立的一个专门委员会无法就 1.5 万亿美元的开支削减达成一致意见,最终导致开支超出该法本身所包含的内容,那么自动削减(又称为封存)就将生效,削减的资金一半来自国防,一半来自国内开支(《国会季刊周报》,2011 年 8 月 8 日,第 1761—1762 页)。自动减支被视为如此糟糕的一项公共政策,以至于有人希望以此作为威胁来强迫专门委员会达成一致意见,因为共和党人非常关注对国防开支的削减,而民主党人则更加关心对国内开支的削减。然而,专门委员会一直未能达成协议,自动减支于是就在 2012 年春季生效了。

共和党的这个预算决议改变了 2014 财年的自动减支数字,提议进一步削减国内可自由支配开支,增加国防开支。它将总支出设定在《预算控制法》所要求的水平以下,从而更快地平衡预算。

(二) 参议院委员会的行动

3 月 14 日,经过两天的最后审议,参议院预算委员会在没有重大改动的情况下批准了主席、华盛顿州民主党人默里(Patty Murray)准备的预算决议草案。共和党提出的修正案,希望参议院预算委员会版本的预算决议能够更加接近众议院预算委员会的版本,但是这些修正案最终未获批准,针对修正案的投票严格遵循了党内统一路线,而默里的预算决议最终以 12∶10 票的党内统一路线投票获得通过。

　　正如众议院预算委员会的预算决议反映了共和党人的优先事项一样，参议院预算委员会的预算决议也反映了民主党人的优先事项。在这样一个党派对立高度极化的时代，两份预算决议的内容自然也是大相径庭。默里的提案要求用一揽子增税和削减开支的措施来取代剩余9年的自动减支计划。默里的决议将2014财年可自由支配开支的上限设定为1.058万亿美元，而众议院预算委员会预算决议设定的上限仅为967万亿美元。此外，默里的决议案保护了诸如医疗补助和老年人医疗保险的福利计划，并且也没有废除《患者保护与平价医疗法》。参议院预算决议包含了对各个委员会的和解指示，要求它们对税收和其他项目进行必要的修改，以执行预算决议。尽管众议院预算委员会的预算决议也对法律的修改做出了大量要求，但瑞安并没有在决议中包含任何和解指示。

（三）　众议院院会审议行动

　　3月19日，午后12点40分，众议院开始对第122号决议进行辩论，该决议是审议H. Con. Res. 25的特殊规则，而H. Con. Res. 25则是众议院预算委员会报告的预算决议案。审议这一决议案所用的特殊规则的多数党主持人、佐治亚州共和党人伍德尔（Rob Woodall）解释说，这个特殊规则规定了4小时的一般性辩论，并规定可按议事规程提出5个替代修正案。伍德尔称赞该规则提供了多样化的选择。然而事实上，这不过是一个典型的预算决议规则，它给了众议院中的一些重要团体一个机会来提出其预算，并争取相应的投票。少数党主持人、纽约州民主党人斯劳特尔集中关注"瑞安预算"的内容，其他多数发言者也是如此。民主党人呼吁要推翻该项规则，因为"瑞安预算"议案削减了对于美国人民来说重要的各类项目，尤其是对穷人削减得太多。共和党人则称赞"瑞安预算"议案是负责任的议案,并且有可能刺激经济增长。

在分配给该规则的一小时辩论后,伍德尔提出了先决问题动议,而这将切断辩论。当这一动议获得通过后,伍德尔又动议众议院批准该规则。两项动议都以严格的党内统一路线获得通过,这是目前规则投票中常见的现象。

根据规则,众议院决定由全院委员会就预算决议 H. Con. Res. 25 展开辩论。预算委员会主席瑞安和少数党首席委员、马里兰州民主党人范·霍伦担任院会主持人,并开始辩论。他们的开场白充分暴露了两党的分歧有多么巨大。作为报告委员会的主席,瑞安说道:

> 总统先生,今天我们在这里提出并推介 2014 财年的预算决议案。我们坚信,我们一直欠美国人民一个负责任的、平衡的预算,而这正是今天我们要提交众议院审议的东西。我们的预算决议案将在未来十年内平衡预算,而且它不会增加新的税负。预算的平衡将有助于培育更加健康的经济环境,并促进就业。(《国会记录》,2013 年 3 月 19 日,S1597)
>
> ……　……
>
> 我们必须控制我们的支出欲望。我们必须改革像老年人医保这样的项目,使其不会背负债务。我们必须改革我们的保障措施,从而让我们的人民自力更生。这些就是这个预算决议案希望达到的目标。(《国会记录》,2013 年 3 月 19 日,S1598)

范·霍伦对此回应道:

> 去年秋天,这个国家曾经有过一场激烈的辩论……美国人民

选择去支持奥巴马总统提出的愿景，即刺激经济增长，为更多人提供就业，对我们的长期赤字采取共同承担责任的方式，以一种平衡且智慧的手段减少赤字。而他们却拒绝了对国内最富有的人进行减税来推动经济发展的方案，尽管这一方案所带来的好处如涓涓细流，多少能够惠及大众。他们依然拒绝了这种一边倒的方案，因为它让所有人都背上平衡预算的负担，而不是最上层的少数人。这一预算决议案通过削减重要的投资，在牺牲我们子女教育的基础上平衡预算……他们将自动减支的数额增加了一倍。这些都是对我们子女教育的投资。这些都是对科学与研究领域的投资，而科研的进步将有助于提振经济。这些都是帮助我们的基础设施现代化的投资。在建筑业失业率高达 15% 的情况下，他们却削减了15% 的交通开支。

总统先生，美国人民已经明确拒绝的那种偏颇且缺乏妥协性的议案，今天又被呈递到众议院了。（《国会记录》，2013 年 3 月 19日，S1598）

223　　第二天，在恢复审议之后，5 个替代修正案进入到了审议环节。首先是马尔瓦尼（Mick Mulvaney）的修正案，它基本上包括了参议院预算委员会通过的预算决议案。作为一个极端保守的南卡罗来纳州共和党人，马尔瓦尼提出了一个具有民主党特色的预算决议案，以证明它无法通过众议院的审议。在规则分配的 20 分钟辩论之后，全院委员会进行了口头表决，主席裁定修正案未通过，有议员要求对该修正案进行唱名投票，并在规则允许的情况下将投票推迟到当天晚些时候。修正案最终以 261∶154 票未获通过，有 35 名民主党人投了反对票。

之后，全院委员会又审议了国会黑人党团的替代修正案，接着是进步党团的替代修正案。两者都为国内项目提供了远比"瑞安预算"议案更慷慨的资金。相比之下，之后进行审议的由保守的共和党研究委员会提出的替代修正案要比"瑞安预算"更加激进，该修正案削减了更多开支，并打算在四年的时间内实现预算平衡。以上三个替代修正案都没有获得通过。黑人党团的修正案以 305：105 票被否决，80 名民主党人投了反对票。进步党团的修正案以 327：84 票被否决，102 名民主党人投了反对票。没有一个共和党人支持这两项替代修正案。共和党研究委员会的修正案以 132：104 票遭到否决，118 名共和党人投了反对票。与上一年相同，171 名民主党人投了出席票，以此迫使共和党人投票反对共和党研究委员会的替代修正案，确保它不会通过。因为一旦这个修正案获得通过，它将会替代原先的"瑞安预算"议案。

民主党党团的替代修正案由众议院预算委员会少数党首席委员范·霍伦提出，该替代修正案提供了比"瑞安预算"议案更慷慨的国内资金，它以增加收入和削减开支的组合取代了自动减支机制下的自动开支削减。三位党派最高领导人都对这一方案表示了支持。多数党领袖、加利福尼亚州民主党人佩洛西用一句话结束了自己的评论："摆在我们面前的选择是明确的：就业杀手共和党人瑞安的预算案，就业创造者范·霍伦的替代修正案。我呼吁我的同僚们支持范·霍伦议案。"（《国会记录》，2013 年 3 月 20 日）该替代修正案最终以 253：165 票未获通过，其中有 28 名民主党人——大多数都来自有保守倾向的选区——投了反对票。这次投票结束后，全院委员会休会。

审议在第二天早晨恢复。众议院变身全院委员会，主席宣布："根据规则，可以进行最后一次一般性辩论，不得超过 10 分钟，时间由预算委员会主席和少数党首席委员平均分配和控制。"瑞安将发言权交给了众议院议长博纳，因为博纳强调"瑞安预算"议案将在十年内实现支出平衡，还敦促大家通过这个议案。范·霍伦继续主张挫败该案：

主席先生，出于各种各样的原因，我将会敦促我的同僚反对共和党人提出的这一修正案。

首先，共和党人的这个议案打算采取一种缺乏妥协且完全意识形态化的方式解决我们的预算问题。在我们刚刚经历过的全国性大选中，两位总统候选人，奥巴马总统和罗姆尼州长，都认同一件事情，那就是这个国家的人民在我们前进的方向上面临着一种根本性的抉择。美国人民通过投票明确拒绝了共和党人在他们预算案中提出的、已经被连续使用了三年的这一做法。

正如我们在过去几天里听到的那样，这份预算案在许多方面都是失败的。首先，它采用了欧洲式的紧缩方法，我们已经看到，在欧洲的很多地方出现了经济增长速度放缓的现象。与之相反，我们应当专注于就业增长，让人们重新回到工作岗位上……

此外，该方案也无法通过采取平衡方案的考验，因为它压根就建立在一个完全错误的想法上，共和党人幻想对高收入群体实施新一轮减税，并指望这一优惠政策的涓涓细流能够让所有人的收入水涨船高……

我们都知道，美国面临着基础设施老化的问题……然而共和党人的方案却砍掉了我们在基础设施和交通领域20%的预算。

此外，这个方案让学生更难获得大学教育机会。共和党人的预算案将在7月导致学生贷款的利率翻倍，从3.4%上涨到6.8%。

在我们的预算中，我们对科学、研究和教育进行重要投资的部分，会产生几倍于自动减支的效果。

它还违背了我们对老年人许下的重要承诺……

　　我敦促我的同僚们否决掉这一方案，并且采取由民主党提出的更加平衡的方案，以应对这些全国性的挑战。（《国会记录》，2013 年 3 月 21 日，H1795）

瑞安代表多数党共和党进行了回应：

　　主席先生，这一预算案是建设性的。它凸显了双方的优先事项，并且暴露了我们之间的分歧。

　　我们想平衡预算；他们从不考虑。我们想要限制开支；他们只是想花更多的钱。我们认为纳税人已经为华盛顿花了太多的钱；他们却想增加至少一万亿的税收。收得更多就是为了花得更多。我们想要强化老年人医保这样的项目；他们却甘愿与之一同堕入地狱。我们将奥巴马医改视为以患者为中心的医保改革的绊脚石；他们却将医保改革抬到了不可置疑的神圣地位。我们认为国家安全居于首要地位；他们却想掏空我们的军队。我们提供了现代化、改革、增长和机遇；他们却安于这样的现状：更多的税收、更多的开支、更多的借贷。

　　我们的方案充分认识到，如果不去解决失控的债务问题，我们将会失去对未来的控制。（《国会记录》，2013 年 3 月 21 日，H1795）

　　全院委员会主席宣布所有的辩论时间结束，全院委员会休会。之后临时议长担任主席，并下令进行唱名投票。瑞安预算决议案以 221：207 票获得通过。10 名共和党人投下了反对票，其中有 6 人认为这个预算案削减开支的速度还是不够快，剩下 4 人认为预算案在错误的领域过于激进地削减了开支（《国会季刊周报》，2013 年 3 月 25 日，第578 页）。

（四）参议院院会审议行动

参议院在 3 月 20 日就其预算决议开始了院会审议。参议院审议依据的是 1974 年的《国会预算和截留控制法》（或称《预算法》），而非普通的参议院规则。因此，审议过程中不允许议事阻挠，所提的修正案也必须具有密切的相关性。不过，参议院的院会审议还是与众议院有着根本上的不同：辩论时间为 50 小时，对于可能提出的修正案的数量也没有限制。

预算委员会主席默里要求全体一致同意，才能审议 S. Con. Res. 8，即由参议院预算委员会报告的预算决议案。她还要求一致同意在明天到来之前不得提出任何新的修正案。辩论随后开始了。

参议院的情况与众议院相同，两党之间巨大的分歧立刻凸显出来。默里称赞她自己的预算方案实现了平衡，因为该方案明智地将预算削减和收入增加相结合，取代了自动减支措施并减少了财政赤字。参议院预算委员会少数党首席委员、阿拉巴马州共和党人塞申斯却批评它根本无法做到平衡预算。其他参议员的发言基本上重述了各自党派的主张。

第二天，即 3 月 21 日，在参议院多数党领袖、内华达州民主党人里德宣布日程安排并进行相应的警告后，审议开始。里德的发言内容如下：

> 总统先生，如我们所听到的那样，参议院恢复了……对预算决议案的审议。今天的会议上，我们将继续进行辩论。当然，在安排

投票时，参议员会收到通知。

预算案审议还剩下 34 小时的时间，在此之后，我们会进行一些投票。在 34 小时耗尽前，我们是否能够进入到投票环节还取决于该议案的两位主持人。这是两位经验丰富的参议员，他们知道如何处理这个预算案。但在我看来，我们应该尽快采取行动，就这些问题进行辩论……

大家应当认识到，如果要把 34 小时耗完，至少得到明天晚上 7 点。在我看来，两位主持人可以稍微缩短这一时间，如果他们不愿意的话也无妨，在议案最终完成审议前我们都会待在这里。如果要让我们周五整晚都待在这里的话，我们也会照做。昨天晚上我和默里参议员谈过，她说愿意一整晚都待在这里；今天晚上和周五晚上她也会如此，直到我们完成这些工作。我们会推进这一过程，直到议案审议结束。(《国会记录》，2013 年 3 月 21 日，S2053)

辩论重新开始。少数党首席委员塞申斯打响了共和党人改变参议院预算委员会预算案的第一枪："我动议将今天院会审议的这份预算发回委员会重审，并附指示对其进行修改，以产生一个平衡的预算案。"从效力上来说，一个附指示的发回重审动议相当于一份修正案。不论是共和党还是民主党都提交了修正案，根据参议院的规定，一般是由各个党派议员轮流提出。

当天，一项一致同意时间协议达成了。协议规定，在当天晚些时候对 4 个具体修正案进行表决，并在第二天上午对 6 个已被命名的修正案进行表决。

第二天，在里德阐述了一致同意协议(这份协议也印在《每日摘要》中)的条款内容，并且再度进行了警告之后，审议程序宣告继续进行。

里德先生,总统先生,从现在开始到上午 11 点,在议会厅将有一个会谈。上午 11 点的时候,我们将会进行 6 个唱名投票。第一个投票将耗时 15 分钟,然后按照我们昨天说的那样,之后的投票每个耗时 10 分钟,这些都将由我进行监督和执行。时间到了之后,我们就会结束投票。如果到时候共和党人不在,那就太糟糕了;如果民主党人不在,也同样糟糕。今天我们会进行很多次投票,所以每个人都必须确保在场。要知道,如果你到时候不在的话,我们就会叫书记员将投票结果上报。

从上午 11 点开始,在我们完成 6 轮唱名投票后,在剩下两个小时里我们将对决议案进行辩论。因此,除非发生意外情况,"连续投票"将在今天下午 3 点开始。我希望大家都明白,我们已经提交了大概 400 份修正案,这 400 份修正案都需要进行投票。平均通常在 25 至 35 票之间。因此,每个人都应该明白,这就是我们大致应该达成的目标。

大家都会很累。两位主持人已经为此操劳了很长一段时间,大家也要体谅他们耗费的时间、精力和努力。(《国会记录》,2013年 3 月 22 日,S2225-S2226)

参议员默里进行了详细的阐述:

从现在到上午 11 点,我们今天上午还有几个小时的辩论,随后是一些投票,之后我们将结束辩论,进入我们在今晚晚些时候或明天早上最后通过决议案之前的所有其他投票。

正如多数党领袖所言,我们有几百个修正案。如果每个修正案都需要投票的话,整个周一和周二我们时刻都要在这里投票。

我相信,大家都会明白这是不可能发生的。我鼓励每一位参议员与贵方的主持人合作,这样我们就能尽早提出修正案,并就各方都希望表决的修正案进行投票。

我敦促我的同僚们与我们以及我们的工作人员通力合作,确保我们知道哪些事项具有优先性,如何去推进,我们将和大家一起合并那些相似的修正案。很明显,这 400 份修正案中,有很大一部分是相似的。我们将会尽可能通过口头表决的方式,清理掉那些没有太大争议的修正案,我们将以公平合理的方式获得尽可能多的投票。我们期待能与塞申斯参议员合作,确保我们实现上述目标。(《国会记录》,2013 年 3 月 22 日,S2236)

50 小时的辩论期满后,下午 3 点 45 分,"连续投票"开始。尽管对预算决议案的辩论时间是有限的,但可以提出修正案的数量没有限制,而且参议院的规则要求,一个待决的修正案,也就是已经在院会审议提出的修正案,必须在根据议事规程进行的通过表决之前得到处理。结果,在辩论时间届满后,总有大量修正案待决。之后的环节一般被称为"连续投票"。修正案需要一个接一个地进行投票表决。如果严格按照规则,那么在投票前就没有时间对修正案进行辩论,但参议院通常会放弃这一规则,允许修正案的支持者和反对者各有 30 秒或 1 分钟的时间发表意见。投票时间会从通常的 15 分钟压缩到 10 分钟,并且不允许像通常的唱名表决那样超过预设时间。

关于 2014 年的预算决议案,一共提出了 573 份修正案,其中有 113 份被提交至院会审议,在审议期间它们处于待决状态;46 份修正案通过唱名投票的方式处理,因此更多修正案实际是通过口头表决处理的。共和党人提出的修正案包括取消要求增税的和解指示、废除《平价医疗法》、批准基石输油管道立法案等热点问题。民主党人提出的修正案旨在防止老年人医疗保险变成一种折扣券项目，并意图确保女性能够获得包含家庭节育以及由雇主提供的避孕保险在内的医疗保险。默里提供的修正案采纳了"瑞安预算"议案，她的目的就是证明这一预算案无法通过参议院的审议。并不是所有的修正案都是饱受争议且有高度党派对立性的，其中有很多可以通过口头表决或者一致同意的方式通过。

随着院会审议会议进行到深夜和凌晨，参议员们会变得更容易接受缩短程序。于是，在凌晨时分，默里和塞申斯就剩下的一揽子待审议的修正案达成了协议，其中包括 17 份民主党修正案和 13 份共和党修正案，协议同意对这些修正案一起进行审议。在"连续投票"过程中，他们与提案人针对这一揽子修正案，在为此召集的短暂且符合法定人数的会议上进行了谈判。随后，默里提出了一致同意的请求，列出了一揽子修正案，并向参议院保证，这些修正案已经得到双方主持人的同意（《国会记录》，2013 年 3 月 22 日，S2308）。这种"即兴创作"是参议院比较典型的特点，也是参议院区别于众议院的另一特征。

总的来看，参议院通过了 63 份修正案，虽然在这些修正案中，没有一份对预算决议案做重大改动（数据源自国会网）。

228　　　精疲力竭的参议院终于在 3 月 23 日凌晨完成了"连续投票"。同意 H. Con. Res. 8 的动议以 50∶45 票获得通过。所有的共和党人以及 4 名民主党人投下了反对票，这些议员都来自红州。凌晨 4 点 56 分，参议员默里宣布预算决议案通过。

（五）　尝试调和参众两院的分歧

在常规程序下，下一步将是指定一个协商委员会，就两院之间的妥协方案进行谈判。参众两院预算决议案之间的巨大分歧使得达成协议的前景渺茫。正如一名参议院工作人员诙谐地调侃的那样："〔参议员〕卢比奥和说唱歌手 Jay-Z 今年夏天一起举行巡回演唱会的几率，都要比瑞安和默里达成协议的几率大得多。"（《点名报》，2013 年 4 月 11 日）

　　即便如此，参议院民主党人还是想通过两院协商委员会尝试一下。尽管无情批评了参议院民主党人三年来没有通过一项预算决议案，但众议院共和党人现在仍然拒绝参加两院协商会议。他们认为，首先需要达成一个协议框架。两院协商委员会成立 20 天后未能达成协议，博纳议长因而对民主党人此后可能提出的向协商委员会委员发布指示的动议深表关切。他说，他怀疑协商会议成员会抛出"出于政治动机的炸弹"（《点名报》，2013 年 4 月 22 日）。

　　参议院民主党人试图指定与会代表，从而向众议院共和党人施加压力，让他们"照葫芦画瓢"，参议院共和党人则站在了他们众议院同僚的背后，拒绝了一致同意的要求。民主党人尝试了一次又一次，希望能使共和党人感到相形见绌因而最终同意。到 6 月初的时候，他们已经 11 次尝试提名与会代表（《国会季刊周报》，2013 年 6 月 3 日）。由于民主党人缺乏实施终结辩论程序所需的 60 票，而共和党人始终态度强硬，所以预算决议案似乎是要夭折了。

二、 行动二：从预算决议案到瑞安-默里协议

　　2013 年下半年，关于是否会举行预算决议案会议的内部大戏被政府停摆的全国性大戏取代了。预算决议案应当为支出决定提供指导方针，但由于它基本上是国会对自己的指令，并不会上升为法律，因此国会不通过预算决议案，并不会导致可怕的现实后果。国会一般通过拨款议案做出实际的支出决定，因为拨款议案确实能够上升为法律，而一

旦拨款议案无法在国会获得通过，它们管辖范围内的许多项目就将不得不停止。

2013 年的春季和夏季，众议院和参议院拨款委员会根据各自议院的预算决议，开始着手起草拨款议案。7 月末，就在 8 月休会之前，众议院党派领袖将交通拨款议案——通常被认为是最没有争议的一个——提交院会审议，然而，他们还是无法获得足够的票数通过该议案。郊区共和党人反对该议案，因为一些激进的削减措施将会影响到他们所在的选区，但那些觉得任何削减都不为过的议员则拒绝妥协。"通过这一行动，众议院拒绝执行其三个月前通过的预算案。"拨款委员会主席罗杰斯沮丧地说道（《点名报》，2013 年 7 月 31 日）。众议院共和党人似乎不太可能单独通过任何一项国内拨款议案。第二天，共和党人阻止了参议院交通拨款议案的终结辩论程序，该议案在委员会获得通过时得到了相当多共和党人的支持。由此观之，参议院似乎也没有办法单独通过拨款议案。

新财年开始于 10 月 1 日，到那个时候拨款将会耗尽。为避免资金中断，国会通常会通过一项延续拨款决议，资金通常与前一年的水平保持一致。债务上限也必须在 2013 年秋季的某个时候提高。

到了 8 月，利用即将到来的延续拨款决议来抽回奥巴马医改资金的想法在强硬派共和党中逐渐获得支持。先是由"增长俱乐部"（Club for Growth）和"遗产行动"（Heritage Action）这两个最激进的极右翼团体发起的倡议，来自得克萨斯州的共和党参议员克鲁兹（Ted Cruz）很快就成了一位大声疾呼的支持者。来自犹他州的共和党参议员李（Mike Lee）、克鲁兹，以及共和党的 10 名同僚共同签署了一封联名信，发誓要反对向奥巴马医改注资的任何延续拨款决议。在众议院中，60 名共和党人很快加入进来，签署了所谓的梅多斯信函（Meadows letter）（《点名报》，2013 年 7

月29日)。尽管议长博纳反对这一做法,并且尝试提出其他方案以满足其成员的要求,但他最终还是失败了。众议院通过了减少对奥马巴医改注资的延续拨款决议,参议院则拿掉了众议院提出的撤销注资条款,退回了未做任何改变的延续拨款决议,于10月1日通过了这个决议,并且不带有任何形式的已经制定出来的拨款议案。政府停摆开始了。

停摆持续了16天。正如众议院共和党领袖所担心的那样,公众对于共和党的行为反应消极。民调显示,只有26%的人支持共和党处理预算谈判的方式(盖洛普机构,2013年;皮尤人民与新闻研究中心,2013年)。此外,10月中旬提高债务上限的最后期限即将到来,尽管对于那些支持和依赖政府项目的人来说,政府停摆是一件很糟糕的事情,但允许美国政府债务违约的后果可能同样可怕。

10月14日,参议院多数党领袖里德和参议院少数党领袖、来自肯塔基州的麦康奈尔开始了正式协商。众议院议长博纳偶尔也会参与进来,他和奥巴马总统都被告知了协商的情况。到了10月16日,达成的协议已经准备好提交院会审议。里德开启了辩论:

> ……在花了几周的时间,跨越通常被认为无法跨越的党派鸿沟之后,我们的国家走到了灾难的边缘。但最终,政治对手们搁置了他们的分歧和异见,制止了这场灾难。
>
> 我对共和党领袖在达成这一重要协议过程中的勤勉努力表示感激。共和党领袖的合作对于达成一项可以通过两院审议并交由奥巴马总统签署的协议至关重要。
>
> 作为我们协议的一部分,为了确保国会继续开展工作,让这个国家的财政能够支撑得住,这项立法案指示由政党领袖提名预算协商委员会的代表,以让我们国家的财政能够支撑得住……

230

这项立法案还为政府提供资金至 1 月 15 日,并避免债务违约直到 2 月 7 日,在此期间,我们可以努力达成长期预算协议,以防止这些频繁的危机。

也许最重要的事情是,这项立法案会结束今年秋天华盛顿所面临的停滞不前的僵局。(《国会记录》,2013 年 10 月 16 日,S7500-S7504)

由于速度至关重要,而且这样做会减少可能的议事阻挠的次数,参议院领袖同意使用 HR 2775,一个众议院通过的无关法案,作为他们的立法工具。领袖们就加速行动的问题达成了一项一致同意协议。里德在院会上宣布了这项协议:

总统先生,我请求一致同意参议院开始第 193 号审议议程,即审议 HR 2775;请求一致同意桌上的替代修正案[关于拨款和债务上限的协议];然后宣读对桌上经修正的议案的终结辩论动议;放弃第 22 条规则规定的法定人数;对该议案不再提出其他修正案、程序异议问题或动议。然后,参议院继续就一项动议进行投票,该动议旨在启动对经修正的议案的终结辩论程序。如果终结辩论程序启动,那么所有终结辩论后的时间要返还,修正后的议案将会被三读,之后参议院将就修正后的议案的通过问题进行投票。如果修正后的议案得以通过,那么摆在桌面上的标题修正案(a title amendment)*将获得通过。最后,如果没有启动终结辩论程序,则

---

　　*　标题修正案是指仅仅对一个议案的标题所提的修正案,它的法律效力与对一个议案的实体内容所提的修正案相同。标题修正案的目的是使议案标题中的描述符合其实际内容。尽管通常来说修正案都是针对议案的实体内容提起的,但只对一个议案的标题提出的修正案也可以成为一个单独的修正案。

上述有关该议案的修正案的行动无效,该议案应重新列入议程。

　　主席:没有异议,即如所言安排。

　　这个一致同意协议确保了快速行动,当时已经是晚上了。很快,辩论终结辩论程序以 83∶16 票通过,HR 2775 在经过修正后,也就是经过协议的修正后,以 81∶18 票获得通过。所有投出反对票的都是共和党的人。

　　众议院正在等待着这一议案。规则委员会主席、得克萨斯州共和党人塞申斯在当天晚上 9 点 30 分经许可发言:

> 　　塞申斯先生:议长女士,我请求大家一致同意,可以在任何时候按议事规程从议长的议事桌中拿出 H. R. 2775 及其参议院修正案,并在没有提出任何程序异议问题的情况下,审议由众议院拨款委员会主席或其指定人员提出的一项动议,即众议院同意参议院修正案的动议;参议院的修正案及动议经宣读后予以审议;该动议可以辩论一小时,辩论时间由拨款委员会主席和少数党首席委员平均分配和控制;根据其通过动议所规定的议事规程审议先决问题,审议过程中不应提出拆分议题的动议或要求。

　　塞申斯的提议看起来像是一个特殊规则,但它是以一致同意请求的形式提出的。尽管众议院并不经常通过一致同意的方式将立法案提交院会审议,但它可以这样去做,并且在这种情况下,一致同意能够加速审议进程。当然,它需要获得反对党的同意。塞申斯提出一致同意请求后的谈话证实他确实这样要求过反对党。

231

临时议长：有人反对这位来自得克萨斯州的先生的请求吗？

斯劳特尔女士［规则委员会少数党首席委员］：我保留反对的权利，议长女士，我想建议我的同僚们站在我们这一方，支持这个请求。

基于此，我撤回我的保留意见。

临时议长：还有人反对这位来自得克萨斯州的先生的请求吗？没有异议了。（《国会记录》，2013 年 10 月 16 日，H6616）

拨款委员会主席、多数党院会审议主持人罗杰斯在他的开幕词中这样说道：

从本质上讲，今晚摆在我们面前的这项议案允许我们继续推进审议。它处理了国家当前的短期问题，并且为国会留出时间处理更大范围的问题：我们债务的真正驱动因素是什么，我们如何避免在未来达到债务上限，以及我们如何避免从一个财政危机走向另一个财政危机。

232
在经历了漫长的两周后，是时候结束政府停摆了。是时候不再讨论债务违约的威胁了。是时候让这里恢复理智了。为此，我们每一个人都应当贡献出自己的一点力量。（HR 6619-6620）

辩论持续的时间不到分配的一小时，在辩论结束后，众议院对罗杰斯"撤回众议院修正案并同意参议院议案修正案［也就是瑞安-默里协议］的动议……"进行了表决。由于参议院使用了一个由众议院通过的无关议案作为其立法载体，众议院对该协议的批准采取了批准参议院修正案的形式，而两院议案的协调则采取了两院之间修正案的形式。

众议院的投票结果为 285:144,其中共和党人分裂为 87 票赞成,144 票反对。

一旦总统签署了 HR 2775 号法案,政府就能重新开张,并且直到 1 月 15 日都将获得资金支持,政府的债务上限也将提升至 2 月 7 日。很明显,这只是临时性的解决方案。该协议还要求召集一个预算委员会两院协商委员会,负责在 12 月 13 日之前敲定一项长期的预算协议(《纽约时报》,2013 年 10 月 16 日)。启动这一进程需要采取进一步的立法步骤,由于两院都打算开始休会,因此这些立法步骤必须在同一天晚上进行。

众议院拿出了 S. Con. Res 8,也就是参议院的预算决议,删去这一制定条款(enacting clause)*之后的所有内容,代之以 H. Con. Res. 25,也就是众议院预算决议案的条款,还继续坚持自己的修正案,并要求召开两院协商委员会会议。参议院也采取了同样的做法,并指示"协商会议成员应于 2013 年 12 月 13 日之前发回报告"(S 7532)。两院都委任了协商会议成员。这些都是在没有唱名投票的情况下同意的。

由此,预算决议案最终被提交给两院协商委员会。参议院共和党人坚持要达成一项协议,认为这个协议应"规定,如果包含了提高债务上限的和解指示,则参议院按照议事规程不应审议关于 H. Con. Res. 25 或 S. Con. Res. 8 的协商委员会报告……"和解议案可以经由简单多数通过,这样就剥夺了参议院共和党人议事阻挠的机会,也因此剥夺了他们大部分的筹码和手段。

预算决议两院协商委员会第一次开会是在 10 月 30 日。它包含了 29 名成员:7 人来自众议院,22 人来自参议院。众议院代表团由 4 名共

---

*　制定条款是指法案标题或序言后面用以说明法案制定过程的一段文字。

和党人和 3 名民主党人组成,其中 4 名共和党人都来自预算委员会,3
名民主党人分别是:少数党首席委员范・霍伦,助理民主党领袖、南卡
罗来纳州民主党人克莱伯恩,以及拨款委员会少数党首席委员、纽约州
民主党人洛维(Nita Lowey)。与之相对,参议院委任了其全部的预算委
员会委员。与会成员的开场发言一方面表达了对双方达成重要协议的
期望,另一方面也揭露了共和党人和民主党人的巨大分歧。作为两院
协商委员会主席,瑞安直接排除了各种形式的增税,他说:"如果开这个
会议是为了争论税收问题的话,那我们什么协议都无法达成。"作为副
主席的默里回应认为,共和党人必须同意结束某些减税优惠以达成协
议,她说:"当我们在各种项目中寻找负责任的节约方式时,共和党人也
将不得不与我们合作,在庞大的税法中四处搜索,填补靡费巨大的漏洞,
并停止一些特殊利益的补贴。"(《国会季刊周报》,2013 年 11 月 4 日)

　　虽然两院协商委员会定期开会,但瑞安和默里仍然是主要的协商
人。事实上,早在达成结束政府停摆的协议之前,他们就已经开始了非
正式谈判。他们很快就意识到无法达成一个雄心勃勃的协议,于是便
专注于达成更加有限的协议。两人都与各自议院的党派领袖关系密
切,并经常与他们磋商。对于一项关乎两党声誉的重要协议,两党领袖
都必须参与其中。瑞安和默里还必须确保奥巴马政府对此知情。

　　12 月 10 日,瑞安和默里宣布达成一项协议,将 2014 财年和 2015
财年的可自由支配开支上限分别设定为 1.012 万亿美元和 1.014 万亿
美元,并在两年内将自动减支削减 630 亿美元。增加的开支将被分摊
到国防和国内项目中。尽管不是一项全面的协议,但它仍将缓和未来
两年由于自动减支造成的最为严重的问题,并让拨款程序能够继续
运行。

　　通常情况下,预算决议案两院协商委员会会提出一份妥协性的预

算决议案,然后提交参众两院批准。而这一次,如果按照常规程序进行,将产生几个问题。一份预算决议案,除了包括对未来一年的预期,还将预测未来五年或十年的项目支出、财政收入、赤字或盈余。提出一项预算决议案将会产生潜在的不可调和的党派冲突。由于瑞安-默里协议改变了《2011 年预算控制法》中规定的自动减支标准,所以必须要有一个立法案来调整这些标准。预算决议案并没有法律效力,它实际上是国会对自己提出的一套指示。如果国会通过了一份妥协性预算决议案,它还需要通过一项单独的立法案。党派和委员会领导层决定只通过立法案,并以停滞不前的众议院议案作为工具,这份议案是 H. J. Res. 59,它是一个延续拨款决议,已经由众议院通过,在参议院被修正后也获得通过,成为《2013 年两党预算法》。(联合决议是常规的立法案,它们必须经总统签署才能成为法律。)

12 月 12 日午后不久,众议院的代表开始了对 HR 438 的审议,也就是 H. J. Res. 59 的规则。这条特殊规则是这样开头的:

> 兹决定,在通过本决议时,应按议事规程从议长桌上取下联合决议(H. J. Res. 59)……并由众议院审议——审议过程中不应提出任何程序异议问题——预算委员会主席或其指定的人提出的动议,即众议院撤回其修正案并同意参议院的修正案,该修正案印在本决议所附的规则委员会报告的 A 部分,并经该报告 B 部分中印制的修正案修改。(《国会记录》,2013 年 12 月 12 日,H7702)

根据这条规则,众议院是在修正参议院对众议院通过的议案的修正案,也就是说,众议院是在通过两院之间的修正案程序来调解两院之间的分歧(这一过程俗称"打乒乓球")。从技术角度而言,这是正确

234

的，但是"印在规则委员会报告 A 部分的修正案"正是瑞安-默里协议，一经采纳，它将代替整个旧的议案。"印在规则委员会报告 B 部分的修正案"是一个临时的"新医保税法案"，它引发了大量的争议。

规则还规定，辩论时间为 70 分钟，其中 60 分钟由预算委员会主席及少数党首席委员控制，剩余 10 分钟由能源和商业委员会主席及其少数党首席委员控制。

一项规则可以被争议一小时，随后又引发了更加激烈的争斗。民主党人觉得他们被耍了，因此非常愤怒。预算委员会少数党首席委员范·霍伦这样解释道：

> 议长先生，我确实认为，达成的预算协议虽然只是向前迈出的一小步，但却是积极的一步，这些问题我今天晚些时候再谈。我现在想谈的是过去 8 小时内发生的程序滥用和协议条款术语被更改的问题。
>
> 在协议中，众议院民主党人和其他人提出了一项建议，在我们处理预算问题的时候，我们也应当处理"新医保税法案"的问题，确保医生在帮助老年人医保患者的同时能够获得充分补偿，但是我们也应当去帮助那些即将失去失业补助的人。这就是我们所说的问题，我们将它以书面形式呈递给了大家。我们认为，如果"新医保税法案"要处理三个月，我们失业保险的延长问题也应当处理三个月；如果"新医保税法案"要处理一年，那么我们这一年也应当处理失业保险问题。但那不是预算谈判的一部分，虽然我们非常希望它是。
>
> 瑞安主席，同参议员默里一样，昨天承认了这一点。他们说，这两个问题——"新医保税法案"和失业保险——我们都不会将其

作为预算协议的一部分进行处理,不过我们将在协议之外处理这两项问题。然而,议长先生,该协议的墨迹还未干,众议院共和党人和众议院议长就提出了一项规则,将我们支持的"新医保税法案"写入了预算协议中,而它们将会以整体的形式被纳入到协议中。

他们这样做是打算动真格解决"新医保税法案"的问题,但是他们遗漏了什么呢?他们漏掉了为130万美国人延长失业保险,这些人将在圣诞节后三天失去这一重要的资助。他们在会议进程的最后一刻遗漏掉了这一点。

现在,正如莱文(Levin)[筹款委员会少数党首席委员]先生所说,他和我昨天晚上去找了规则委员会,我们说,好吧。如果我们要去处理可持续增长率(SGR)的问题,我们就必须处理失业补偿的问题,而我们会就此提出修正案。这个修正案现在就在我手中——酝酿了整整三个月。我们说过我们会为它提供资金支持,而且我们已经为其支付了资金,伍德尔先生以一种两党都能够认同的方式……

然而,正当我们得到机会就预算协议中的"新医保税法案"表决时,规则委员会和众议院议长却已然告诉美国人民,你们不能允许投票来帮助那130万即将被遗弃在寒冬里的美国人。

所以说,议长先生,这完全是毫无良心且耻辱的行径,我们明明已经达成了协议,要将经修正的可持续增长率和失业保险囊括在协议里,但最终他们决定我们不能这样做,我们在最后一刻才得到了这一空降而来的结果,并且面临着130万美国人冻饿于风雪之中的现实。太可耻了!你们应当允许投票,如果你们投票反对先决问题,我们就能够继续我们的工作,并投票支持它。(《国会记

录》,2013 年 12 月 12 日,H7706-H7707)

民主党人谴责这一规则,并敦促投票反对先决问题,如果该问题遭到否决,民主党人就可以对这一规则提出修正案,允许就延长失业保险的修正案进行表决。然而,大多数人表达了对协议本身的支持。民主党领袖佩洛西在结束她的院会审议演讲时说道:"议长先生,我敦促大家对规则投'反对'票,对议案投'赞成'票。"

对先决问题动议的表决和对批准特殊规则的表决,如今都是典型的党内统一路线投票,此处也不例外。两项表决最后都获得通过,没有民主党人投赞成票,只有一个共和党人投了反对票。

对于议案本身的辩论开始了。预算委员会主席瑞安牵头发言:

……我代表两党支持的预算协议案起立发言……

该议案贡献如下:

它减少了 230 亿美元的赤字,没有提升税率,并且采用了一种更为明智的方式减少了开销。我们所做的是临时性的全面削减,之后我们将用更有针对性的长期改革取代它,这些改革将会立刻生效……

这个议案没有达到我所希望的程度。它没有达到我们早些时候通过的那个预算案的广度和范围,但在一个充满分歧的政府中,这是正常的结果。这就是妥协的本质。在一个分歧巨大的政府中,你不会得到你想要的一切,但我认为这个议案是朝正确方向迈出的坚定一步……(《国会记录》,2013 年 12 月 12 日,H8066)

少数党首席委员范·霍伦紧接着发言:

这个协议还远远谈不上完美。这不是我或者我的同僚们想要撰写的预算协议，但我相信的是，总的来说，在一定程度上，它还是向前迈出了微小但积极的一步。(《国会记录》，2013 年 12 月 12日，H8073)

多数发言者表达了同样的看法。协议远远谈不上完美。议案是稳健而非雄心勃勃的，它包含了发言者不喜欢的一些条款，遗漏了发言者渴望加入的其他一些条款，但是与停滞和僵局相比，它仍然向前迈出了一小步。在看待协议的主要优缺点上，民主党和共和党存在着根本的分歧。三位共和党领袖——多数党党鞭、加利福尼亚州共和党人麦卡锡(Kevin McCarthy)，多数党领袖、弗吉尼亚州共和党人康托尔(Eric Cantor)，以及议长、俄亥俄州共和党人博纳，都发表了看法并敦促批准议案。民主党领袖佩洛西在规则辩论的时候就发表过这样的意见。只有少数党党鞭、马里兰州民主党人霍耶表达了反对意见。

议案辩论期间不允许提出修正案，接下来进行表决的事项是"众议院撤回其修正案并同意参议院的修正案，该修正案印在本决议所附的规则委员会报告的 A 部分，并经该报告 B 部分中印制的修正案修改"。这一动议以 332∶94 票获得通过，共和党的投票分裂为 169∶62 票，民主党的则分裂为 163∶32 票。共和党的反对票大多来自强硬派，他们反对采用任何形式放宽自动减支的数额；民主党的反对意见多来自那些对排除延长失业保险感到失望的自由派。

众议院于是将议案送交参议院，并进入到了圣诞节休会期间。

12 月 15 日，来自众议院的消息摆在了参议院的面前。多数党领袖里德动议"同意众议院对参议院对 H. J. Res. 59 号决议案所作修正的修正"。随后，他提出了终结辩论的动议，随即又提出了一系列修正案用以"填满修正案之树"。这样一来，他就阻止了提出其他修正案的可能。多数党领袖优先发言的权利使他有权这样做。由于众议院已经休会，参议院必须通过这个未经修改的议案，以便使其可在圣诞节前成为法律。不仅如此，如果允许用修正案修改瑞安－默里协议，很可能就会导致协议告吹。

237　　　根据参议院的规则，终结辩论申请不能立刻进行投票，需要搁置一天。这样一来，参议院就可以在这一间隙处理其他的事务，于是参议院转而开始讨论国防授权法案。

12 月 17 日，参议院回到了对预算的讨论中。一位反对者对当时的情况进行了解释：

> 维克尔（Wicker）先生［密苏里州共和党人］：总统先生，根据我的理解，在上午 10 点，参议院将对拟议的预算案进行终结辩论投票。该预算案已经众议院通过。终结辩论投票需要 60 名参议员投票赞成。如果 60 人投的都是赞成票，随后我们将进入辩论的环节——实际上，只是形式辩论，因为这个问题我们已经决定了。如果议员们不赞成这个预算案，登记反对的时间是今天上午。上午 10 点之前，是对这个提案说"不"的最后机会，如果不同意的话，只需将提案重新送还谈判人员，要求他们制作一个更好的提案即可。（《国会记录》，2013 年 12 月 17 日，S8870）

反对者确实站了出来。预算委员会少数党首席委员、参议员塞申斯以程序和实体内容为由，对终结辩论提出了强烈的反对意见：

> 总统先生，预算协商委员会没有开会。我们没有在会议上提

出预算案。协商委员会委员也没有进行投票。由协商委员会的两位领导人——参议员默里和众议员瑞安——所设计的现在供我们表决的立法案，在我看来有一大堆问题。跳过协商委员会产生这一立法案并不是处理此项问题应当采取的正确程序。现在的问题在于，我们是否应当推进这项立法案，或者说我们是否应当对它进行完善。在我看来，它可以得到完善，并且应当得到完善……在我看来，今天最恰当的投票就是对终结辩论投下反对票，并且告诉领导层和参议员里德，我们想要对这项立法案提出修正案。（《国会记录》，2013 年 12 月 17 日，S8871）

预算委员会主席默里回应认为，尽管这个协议还谈不上完美，但它要比之前的"从一个预算危机到另一个预算危机，从一个财政悬崖到另一个财政悬崖"好很多（《国会记录》，2013 年 12 月 17 日，S8871）。她还为这一程序进行辩护：

为了这个问题，我们花了 7 周时间。我和众议院预算委员会少数党首席委员范·霍伦以及我在参议院预算委员会的现任和离任同僚亲密合作。令我无比自豪的是，上周我与瑞安主席就两党支持的 2013 年预算法案达成了协议。（《国会记录》，2013 年 12 月 17 日，S8871）

上午 10 点，启动终结辩论的动议宣读，之后进行了强制性的唱名投票。终结辩论动议以 67∶33 票获得通过，12 名共和党人与所有民主党人都投票赞成该动议。考虑到一旦终结辩论程序得以启动，立法案只需要获得简单多数就能通过，很明显，这个议案最终就能通过参议院的审议。然而，终结辩论后的 30 小时辩论仍然获得了批准，反对者决定利用这一时间。他们对实体问题提出意见。很多共和党人，包括少数党领袖麦康奈尔都感到愤怒，因为 2014 财年和 2015 财年的自动减支标准被打破了。几乎所有人都对军人养老金生活费用调整规定（military pension cost-of living adjustments，COLAs）削减年轻退伍军人的费用以支付增加的开支这件事感到愤慨。有些人也和参议员塞申斯一样对立法程序提出了意见。"我虽然身处两院协商委员会中，但在协议达成时，我们就像其他不在委员会中的人一样，通过报纸了解了它的内容，"怀俄明州共和党参议员恩齐抱怨道，"我们没有得到任何特别的通知，告诉我们有个协议达成了。在两院协商委员会里，我曾经见过类似的交易。但我确实没有见过这么少的人进行的交易。"（《国会记录》，2013 年 12 月 17 日，S8875）

支持者强调了与默里相同的观点：这远不是一个完美的交易，但比其他选择要好，为自动减支提供两年的宽限期就是一项重要的成就。弗吉尼亚州民主党参议员华纳（Mark Warner）这样说道：

> 我愿意去支持这项两党都支持的协议……它缓和了自动减支中最为严厉的部分。自动减支被认为是最为愚蠢的一项选择，以至于没有一个理性的团体会认同这一选择。我称其为极端的愚蠢。（《国会记录》，2013 年 12 月 18 日，S8944）

所有终结辩论后的时间在 12 月 18 日下午 4 点半届满。塞申斯做出了最后一搏，他针对里德的同意动议提交了一项搁置（也就是扼杀）动议，该动议以 54∶46 票遭到否决。随后，参议院对里德提出的同意众议院对参议院联合决议修正案的进行修正的动议（也就是 H. J. Res.

59)进行了表决。动议最终以54:36票获得通过,9位共和党人,外加所有的民主党人投下了赞成票。

瑞安-默里协议获得了批准,并且被呈递给总统签字。这个预算程序并未真正结束。这一次,协议提出了可行的支出上限额度,并批准国会拨款委员会撰写一份考虑种种变数和优先事项的拨款议案,而延续拨款决议并没有做到这一点。尽管他们还是得在严格的时间限制下工作,但是拨款委员会委员们做得非常成功。经过整个圣诞假期的努力,他们制定了一项综合拨款议案,并在1月中旬的最后期限前获得通过,从而避免了又一次政府停摆。

三、 非正统的预算政治

预算程序本身曾一度被认为是一种非正统的法律制定。随着时间的推移,它成了正常立法过程的一部分。

表8.1 2014财年预算决议与瑞安-默里预算协议年表 239

日期 (都是2013年)	众议院行动	参议院行动	通过后的行动
3月13日	预算委员会批准 H. Con. Res. 25 (瑞安预算)		
3月14日		预算委员会批准 S. Con. Res. 8(默 里预算)	
3月21日	众议院通过 H. Con. Res. 25		
3月23日		参议院通过 H. Con. Res. 8	

（续表）

日期 (都是 2013 年)	众议院行动	参议院行动	通过后的行动
3—6 月			参议院民主党尝试召开两院协商会议的努力失败
10 月 1—16 日	政府停摆		
10 月 14—16 日	领导人就结束政府停摆达成协议，并要求众议院和参议院预算委员会就资助政府达成协议		
10 月 16 日	众议院通过协议	参议院通过协议	
10 月 30 日			两院预算协商会议召开
12 月 10 日	预算委员会的主席瑞安和默里公布协议。 领导人决定使用 H. J. Res. 59 作为瑞安-默里预算协议的载体		
12 月 12 日	众议院退让并同意对参议院修正案的修正案(瑞安-默里预算协议)		
12 月 18 日		参议院同意众议院对参议院修正案的修正案	
12 月 26 日			总统签署 H. J. Res. 59

　　然而,现在两党之间的意识形态分歧变得非常巨大,当国会两院和各个部门由不同党派控制时,让国会有效运行变得非常困难。

　　预算决议本身并非必须通过的议案,但是由预算决议指导的拨款法案和提高债务上限的立法案是必须通过的。当两院由不同党派控制,并且多数党的部分议员不愿妥协时——就像这次在众议院出现的情况一样——其结果可能就是立法的僵局。2013年秋天,强硬的共和党人迫使政府停摆,并威胁要放任政府债务违约。共和党领袖意识到这种做法将对党派声誉造成不良影响,最终掌握了局势并与国会民主党人达成了两党妥协协议。实际上,制定协议的过程,尤其是制定瑞安-默里协议的过程,正是非正统的。一个预算决议两院协商会议最终制定了一个立法案,而不是形成一项决议。很多非正统的程序被用来加速进程,并使议员对协议保持一致意见。最终,共和党与民主党的领导层设法避免了灾难的发生,至少是暂时缓解了危机。

第九章　一个跨党派联盟迫使政策改变：《美国自由法》

2015 年 6 月 1 日，反对恐怖主义的《美国爱国者法》（《使用必要手段阻遏恐怖主义以团结并强化美国法》）的核心条款即将到期，除非国会对这些条款重新续期。正如《美国爱国者法》这种情况显示的那样，国会经常会为立法条款设置“自动废止期”（sunset），以迫使人们对条款进行重新审议，而国会的大部分工作也都是由这种再授权组成的。有的时候，再授权只是简单的、没有争议的项目延长，但它们往往也会演变成对原始法案进行重大修改的艰苦斗争。

《美国爱国者法》在“9·11”恐怖袭击发生之后立即获得通过，该法案赋予了政府广泛的监控权力。对于该法可能影响公民自由的担忧也浮出水面，并影响了该法之后数年的几次续期，不过对该法的修改依然十分有限。引发争议最多的是该法第 215 条，这一条款允许联邦执法人员向秘密的外国情报监视法庭（Foreign Intelligence Surveillance Court，或称 FISA Court）申请法庭命令，从而调查与恐怖主义相关的“任何有形物品”，包括商业与图书馆记录。2013 年，斯诺登（Edward Snowden）揭露国家安全局（NSA）正在扫荡美国人民的电话记录。商业记录条款成了国家安全局实施这一计划的法律依据。《美国爱国者法》的很多起草人都声称，监控通话记录从来就不是这一条款所欲包含的内容。由此一来，支持控制这一条款的联盟越发壮大。联盟既包括了共和党人,尤其是那些具有自由主义倾向的共和党人,也包含了民主党人。奥巴马政府对收集和使用这些原始数据的方式进行了改革,并对通过立法限制这一条款表示了支持。

2014 年,众议院通过了限制政府收集和使用通话数据的两党议案。242司法委员会和情报委员会在这个问题上有着很大的裁量权,而且近年来,这两个委员会一直针锋相对,司法委员会更关心公民的自由,情报委员会则更加在意安全问题。两个委员会都对议案进行了最终审定,并且在没有异议的情况下通过了议案。与政府官员的闭门会晤导致了一些变化,由规则委员会通过的议案在某种程度上要比司法委员会通过的议案温和一些。众议院在 5 月 22 日以 303∶121 票通过了《美国自由法》(The USA Freedom Act),两党的多数人都投下了赞成票。

参议院司法委员会召开了听证会,但是没有就议案提出报告。然而,参议院司法委员会主席、佛蒙特州民主党人莱希针对众议院的《美国自由法》提出了一项配套法案。情报委员会对莱希的议案表达了严肃关切,多数党领袖、内华达州民主党人里德直到跛脚鸭会期才将议案提交参议院审议。在参议院,在对继续审议动议采取终结辩论的努力失败后,莱希的议案也就石沉大海了。很快就要成为多数党领袖的少数党领袖、肯塔基州共和党人麦康奈尔强烈反对提交这一议案,认为应当在下一届国会中审议它。

一、 第 114 届国会的众议院行动

2015 年 4 月 28 日,星期二,众议院司法委员会主席、弗吉尼亚州共和党人古德莱特(Robert Goodlatte),少数党首席委员、密歇根州民主党人科尼尔斯,以及参议员莱希和犹他州共和党人李参加的由众议院司

法委员会委员组成的跨党派小组宣布，他们将提出一项立法案，彻底修改《美国爱国者法》。这个立法案建立在众议院于 2014 年通过的《美国自由法》的基础上，它的主要发起人就是曾经担任最初的《美国爱国者法》主要设计师的威斯康星州共和党人森森布伦纳（Jim Sensenbrenner）。根据这一新的议案，政府不再有权搜集通信数据，电话公司将继续持有数据，政府如果想调查特定通信记录，需要获得授权。

　　该议案的提出远非立法进程的开端，而是司法委员会委员之间的谈判，以及司法委员会委员与情报委员会领袖和众议院共和党领导层之间谈判的高潮。该议案远比 2014 年的《美国自由法》强硬，它充分反映出众议员越来越支持限权措施。然而，俄亥俄州共和党人、议长博纳还是否决了司法委员会多数人所支持的这些更严格的限制。

243　　**（一）众议院委员会行动**

　　4 月 28 日，再一次命名为《美国自由法》的 HR 2048 被推出并提交到众议院司法委员会、众议院情报委员会以及金融服务委员会。司法委员会在 4 月 30 日完成了对议案的"最终审定"工作。一共提出了五项修正案，所有这些修正案都旨在强化该议案。委员会领袖反对任何形式的修改。他们说，如果限制措施增强的话，议长不会允许议案提交院会审议。

　　最具争议的是得克萨斯州共和党人珀伊和俄亥俄州共和党人乔丹（Jim Jordan）提交的修正案，这两位议员都是极端保守的"茶党"共和党人。他们的修正案将终结一项不同的国家安全局计划，该计划允许国家安全局收集美国人和外国人电话或邮件来往实际内容的记录。委员会领袖敦促其成员投票反对这个修正案。"如果该修正案被通过，你就可以吻别这个议案了，"森森布伦纳说道，"议案中的改革是如此重要，我们不能就这样和它说再见。"(《国会季刊·最终审定和投票报道》,2015 年 4 月 30 日)少数党首席委员科尼尔斯重申了这一观点,用以说服民主党人投反对票。最终,修正案以 24∶9 票被否决。

根据议事规程,该议案以 25∶2 的投票结果顺利报告给众议院。只有乔丹和珀伊投票反对。司法委员会发布的一项概况介绍将新法案与 2014 年众议院通过的法案进行了对比:"在保证国家安全的同时,给予了公民自由更多的保护。"在隐私保护的关键领域,该法案"终止了大量收集[电话记录]的行为,并且细化了对'特定选择条款'的定义,以禁止政府大规模且不加区别的信息收集行为,例如收集整个城市、整个州的通话记录,甚至邮政编码"(《美国自由法》,众议院司法委员会官网,judiciary. house. gov)。

(二) 提交至众议院

5 月 7 日,第二巡回上诉法院裁定,《美国爱国者法》第 215 条并未像国家安全局所声称的那样,授权其大规模收集通话信息,而是让国会来解决这个问题。这一裁定对于该议案起到了进一步的推动作用。

司法委员会在 5 月 8 日将 HR 2048 报告给了众议院。同一天,情报委员会与金融服务委员会被解除审议权限。其领导人在议案推出之前已经参加了协商,所以正式的委员会行动被认为是非必要的,同时也是耗时和有风险的。

规则委员会在 5 月 12 日当天开会,并报告了审议 HR 2048 的规则。这是一个所谓的"摸彩袋规则"(bag grab rule),它规定要审议三个不同的议案。对于《美国自由法》,该规则规定该法需要在众议院审议,而非由全院委员会审议,并且"先决问题的审议,按议事规程应如经修正的议案和任何进一步的修正案那样,在获得最终的通过前,不得再提出任何新的动议,除了以下两种情况:(1)1 小时辩论,由司法委员会主席和少数党首席委员平均分配和控制;以及(2)一项附指示或不附指示的发回重审动议"(《国会记录》,2015 年 5 月 13 日,H2892)。这实际上是一个封闭性规则。在党派领导人看来,允许广泛的讨论和接纳修正案可能会导致议案最终无法得到接受,因此允许提出任何修正案都会是非常危险的。

民主党人反对这一规则。规则委员会少数党首席委员、纽约州民主党人斯劳特尔解释说:

> 这条规则被称为"摸彩袋规则",适用于两个或者更多不相关的立法项目的院会辩论。当很多不相关的议案被塞入一个规则中时,院会辩论将会受到负面影响。议长女士,这是一种立法上的弊病,它不仅一直存在于此,而且现在越来越严重。

> 在这一程序下,支持和反对各种议案的观点纠缠在一起,导致辩论非常零散、不连贯且混乱。不仅如此,每一项议案都没有得到它应有的审议,最后的结果不仅会损害规则委员会,更会影响到整个众议院,最重要的是,它将损害美国人民!(《国会记录》,2014年 5 月 13 日,H2893)

（三）　众议院院会审议行动

事实上,对于这一规则的大部分院会辩论都集中在 HR 36 上,该议案禁止怀孕 20 周之后堕胎。规则以 240∶186 票获得通过,除了两人没有支持外,几乎全体共和党人都投了赞成票,所有的民主党人都投下了反对票。在当前的众议院中,对限制性规则的投票几乎都遵循了党内统一路线;特别是多数党议员,他们都会在这样的程序性投票中支持自己的政党。

5月12日早晨,在院会审议行动开始前,政府向众议院发送了一份政府政策声明(Statement of Administration Policy, SAP),表达了对于该议案的大力支持。声明中写道:"政府赞成且欣赏两党及两院的努力,因为这些努力促成了这项议案的形成,它在重大改革和维护重要的国家安全工具之间取得了平衡。"(www. whitehouse. gov/omb/ll4/legislative_sap_number_2015)事实上,在此之前白宫就已经清楚地表达了对议案的支持,并在起草议案过程中还与提案人通力合作。

众议院的一小时辩论开始于司法委员会主席古德莱特,他提出了议案。在开场陈述中,古德莱特这样说道:

> 议长先生,就在我们说话的间隙,数以千计——不,数以万计——的通话记录原始数据已经流入了国家安全局,他们每天都在监控,一天24小时,一周7天。尽管奥巴马总统去年宣布了对国家安全局大规模收集原始数据计划的修改,但大量收集记录的工作没有停止,也不会停止,除非国会采取行动将其停止。(《国会记录》,2015年5月13日,H2914)

在解释了议案的形式和实质内容后,古德莱特通过强调议案的两党属性进行了总结:

> 从始至终,这都是一个精心撰写的两党都支持的议案,因此它也受到了广泛好评。我想要感谢本立法案的发起人:犯罪、恐怖主义、国土安全和调查小组委员会主席森森布伦纳,全体委员会少数

党首席委员科尼尔斯，法院、知识产权和互联网小组委员会少数党首席委员纳德勒（Jerry Nadler）。感谢他们与我一起共事，共同撰写了这部重要的两党立法案。（《国会记录》，2015 年 5 月 13 日，H2914）

随后，他将情报委员会和金融服务委员会主席的信件以及他的答复载入了《国会记录》。情报委员会主席、加利福尼亚州共和党人努内斯（Devin Nunes）的信件内容如下：

> 众议院，情报问题常设专门委员会，华盛顿特区，2015 年 5 月 4 日
> 致司法委员会主席古德莱特阁下，雷伯恩众议院大厦，华盛顿特区

> 敬爱的古德莱特主席：
> 2015 年 4 月 30 日，司法委员会按议事规程就 H. R. 2048，即 2015 年《美国自由法》向众议院提交报告。
> 正如您所知道的那样，HR 2048 包含修正《外国情报监视法》的条款，该法属于情报问题常设专门委员会的管辖范围。由于您事先与委员会进行了协商，并且为了加快众议院对 HR 2048 的审议，情报问题常设委员会将放弃对该法案的进一步审议。
> 委员会采取这一行动的前提是，这一程序性途径不应被解释为损害众议院情报问题常设特别委员会对该法案或任何类似法案的管辖权。此外，这一弃权不应被视为今后审议与委员会有管辖权的事项的先例，包括众议院随后对该法案任何相关事项的审议。情报问题常设委员会将在可能就该立法案召开的任何参众两院协

商会议上寻求参加协商的机会。

最后,我希望在众议院对 HR 2048 进行辩论的时候,您可以把我们就此事进行通信的复印件纳入《国会记录》。我非常感谢我们两个委员会针对此事展开的建设性工作,感谢您的审阅。

您真诚的,

主席,努内斯(《国会记录》,2015 年 5 月 13 日,H2915)

来自财政委员会主席的信也是相似的。因此,这两个委员会明确表示,尽管它们允许自己在非正式谈判后被解除审议权限,但它们并没有放弃管辖权。古德莱特主席的回信也承认了它们的管辖权主张。

少数党首席委员科尼尔斯紧随其后发言,强调法案本身达成了一个完美的妥协。他的发言如下:

议长先生,参众两院的部分议员反对这项法案,因为他们觉得法案没有囊括我们可对监控法做出的每一项改革;还有一部分议员也反对这项法案,因为他们觉得法案对现存的监控计划做了太多改变。

这一法案实际上代表了一种合理的共识,它将完成近 40 年来对政府监控行为最全面的改革。(《国会记录》,2015 年 5 月 13 日,H2916)

随后是司法委员会和情报委员会的其他委员发言。情报委员会主席努内斯表示他更期待看到一种"清洁的"再授权——也就是说,不进行任何改变——但他也承认这在政治上没有可行性。"我们今天审议的议案是众议院确保国会采取负责任的行动来保护国家安全的最佳途径，"努内斯总结道，"因此我敦促我的同僚们支持这一议案。"（《国会记录》，2015 年 5 月 13 日，H2917）他的少数党首席委员对议案的态度要更加积极，与大多数发言者一样，他表达了对议案的强烈支持。不过，还是有部分议员感慨议案对个人隐私的保护力度不够，并且敦促采取进一步的行动。

辩论时间届满后，临时议长宣布如下：

> 根据众议院第 255 号决议，先决问题，按议事规程应如经修正的议案一样审议。
>
> 此一问题为议案的审读和三读。
>
> 议案按议事规程应进行审读和三读，并且已经完成了三读。
>
> 此一问题为议案的通过。
>
> 先决问题已经处理；临时议长宣布"同意"表示对议案的支持。（《国会记录》，2015 年 5 月 13 日，H2923）

随后，古德莱特主席要求进行赞成和反对的表决，并且指令进行记名投票。

HR 2048，即《美国自由法》，在众议院以 338：88 票获得通过。共和党人以 196：47 票表达了对法案的支持；民主党人的表决结果分裂为 142：41 票。反对者由一个不同寻常的左右联盟组成，主要是反政府的茶党共和党人以及左翼自由民主党人。两派都认为该法案没有很好地约束政府的监控计划。

二、 第114届国会的参议院行动

　　尽管诸如斯诺登泄密等事件造成了众议院共和党人倾向于重大改革,参议院共和党人仍然以捍卫国家安全的鹰派为主。参议院多数党领袖麦康奈尔和情报委员会主席、北卡罗来纳州共和党人伯尔(Richard Burr)都强烈支持在不经修改的情况下再授权第215条。4月22日,麦康奈尔提出了S 1035,一个五年期的再授权议案。伯尔是其最初的共同提案人。伯尔承认,考虑到众议院的情绪,大概需要做出一些妥协。

　　4月22日,当S 1035按规定进行二读的时候,麦康奈尔表示反对,他给出的解释是,"这是为了根据第十四条规则的规定将议案列入议程"(《国会记录》,2015年4月22日,S2312)。因此他阻止将议案提交给更加倾向于改革的司法委员会。事实上,4月28日,参议院司法委员会前主席、现少数党首席委员莱希与茶党共和党人、司法委员会委员李便提出了S 1123,一个与众议院改革议案HR 2048相同的议案。他们有17名共同提案人,其中有4人是共和党人。该议案被提交到了司法委员会。

　　尽管《美国爱国者法》的关键监控权限,包括第215条在内,将于6月1日到期,而参议院也将在5月21日到6月1日之间迎来阵亡将士纪念日休会,但多数党领袖麦康奈尔提出了其他一些没到最后期限的议案。通过使用自己在排期上的权力,麦康奈尔让参议院的工作重心转向了反人口贩运法案议案、对林奇(Loretta Lynch)成为司法部部长的提名以及快速审批贸易议案。他的手段,被很多人总结为"堵塞"参议院战术:直到最后时限才提出再授权议案,迫使参议员同意他所赞成的版本,否则就让该计划期限届满。在这种情况下,麦康奈尔打算利用参议员们害怕计划过期从而被指责将美国的国家安全置于危险中的心理。

5月13日,众议院通过其议案的第二天,伯尔抨击了这一议案,认为这并不比让第215条到期更好。伯尔说,提交参议院讨论的这个议案将会完整地获得五年的延期。然而,就在第二天,麦康奈尔暗示了两个月延期的可能性。同时,麦康奈尔打算结束参议院对贸易法案的院会辩论审议。

5月15日,星期五,参议员兼总统候选人、肯塔基州共和党人保罗(Rand Paul)在发送给其支持者的筹款邮件中宣布:"由于《美国爱国者法》的一些关键条款将在5月31日到期,我正在牵头进行议事阻挠。"该项计划的支持者"知道如果他们想放任这项流氓的监控计划,就得在立法过程中对我进行刁难"(《点名报》,2015年5月17日)。保罗不仅反对"清洁的"延期,也反对众议院的改革议案,在他看来,该议案在保护美国人民的隐私方面做得还不够。

5月20日,星期三,下午1点18分,保罗获得批准,开始了他的马拉松式演讲。由于友好的参议员们不时提出冗长的问题,他在院会的发言一直持续到了晚上11点50分。关于这是否算真正的议事阻挠,爆发了一次微小的争论。正在参议院讨论审议的议案并非《美国爱国者法》的延期议案,而是贸易法案。保罗发言的时候,对于贸易法案的终结辩论动议无论如何都必须延期,因此他并没有拖延法案的审议。然而,保罗的一位助手宣称这确实是一次议事阻挠。"议事阻挠就是有意妨碍立法进程的任何行为。这正是保罗参议员为了捍卫宪法第四修正案所做的事情"(《点名报》,2015年5月20日),而第四修正案旨在保护美国人民免受不合理的搜查和逮捕。

休会前的院会行动

5 月 19 日，麦康奈尔说他会批准对《美国自由法》进行投票。"我当然认为我们应允许对众议院通过的议案进行投票，"他说，"如果没有足够的票数通过该议案，我们就需要寻找一个替代议案。"麦康奈尔相信他有足够的票数阻遏该议案的通过，一旦他向自己的支持者证明这一点，他仍然希望通过一项"清洁的"短期延期。与此同时，伯尔尝试与参议院中认同众议院改革议案的支持者们达成妥协。他们正在考虑一个相当漫长的过渡期，从原先由美国政府收集原始通话记录的旧制度，转向由电话公司收集相关信息的新制度。由于众议院不愿考虑"清洁的"短期延期，这一进程变得越发复杂。众议院改革议案的支持者认为，既然众议院的大多数议员都赞成了该议案，参议院也应当对议案进行一次干净利落的决定性投票。众议院共和党领导层虽然更同情参议院领袖的强硬观点，但他们对参议院无视众议院如此强烈的情绪感到不安，并且拒绝停止休会以迁就参议院。

5 月 21 日，星期四，参议院以 62∶38 票启动了对贸易法案的终结辩论程序；星期五晚上，法案以全体一致的投票通过。同样是在 5 月 21 日，麦康奈尔对《美国爱国者法》两个月的延期和众议院改革议案同时申请了终结辩论程序。除非提前达成协议，否则投票将在星期六进行。

众议院继续休会，但仍然有一条途径可行。只要无人反对，众议院可以一致同意的方式通过延期提案。然而，《美国自由法》的众议院支持者向议长博纳明确表示，他们强烈反对这种做法。

星期六的时候，麦康奈尔提出动议，要求对《美国自由法》的继续审议动议启动终结辩论程序。反对终结辩论的参议院共和党领导层通过党鞭督促程序，使得该动议以 57∶42 票遭到否决，所有民主党人以及

12 位共和党人投下赞成票。麦康奈尔转而提出审议投票结果的动议，这样一来，如果他再次提出这个问题，就不需要申请终结辩论程序了。麦康奈尔随后辩驳道：

> 总统先生，参议院已经证明，由众议院通过的议案无法获得 60 名参议员的支持。我敦促对两个月的延期投下"赞成"票。正如我们所知，情报委员会主席、参议员伯尔和情报委员会少数党首席委员、参议员范斯坦一直在研究一项提案，他们认为该提案能够极大改进由众议院所呈递的、未被参议院接受的立法案版本。这将使委员会能够就该议案开展工作，完善它，并将其提交给我们审议。所以说，在我看来，两个月的延期最有利于获得一个参议院和众议院都能接受的立法结果，并且有望获得总统的同意。（《国会记录》，2015 年 5 月 23 日，S3314）

以个人特权问题的方式，加利福尼亚州民主党参议员范斯坦获得了发言权，并对麦康奈尔的立场声明提出异议。她说，她支持《美国自由法》，而不是伯尔的妥协方案。

参议院对继续审议 S 1357 号议案的动议——也就是续期两个月的计划——是否启动终结辩论程序进行了投票。最终，终结辩论的动议以 54∶45 票遭到否决，10 位共和党人，以及除了 2 位民主党人以外的几乎全部民主党人都投了反对票。麦康奈尔的伎俩失算了。《美国自由法》的支持者们拒绝了他的"堵塞"战术。

麦康奈尔还试图在这场灾难中挽回一些东西，他接着说道：

> 总统先生，我想告诉我的同僚，很明显参议院中没有 60 票用

以通过众议院的议案,也没有 60 票支持 60 天的延期。

因此,我将提出一系列一致同意请求,看看我们能否避免该计划在距今大约 1 周后到期。

基于此,我请求一致同意让参议院着手处理议案的延期事务,将其失效期延长到 6 月 8 日,并请求对议案进行三读,在没有相关行动或辩论介入的情况下通过该案。(《国会记录》,2015 年 5 月 23 日,S3314)

接下来发生的事情体现了当前的参议院的特点:

主席:有反对意见吗?

来自肯塔基州的参议员保罗先生:我保留反对的权利,我们正在进行一场重要的辩论。这场辩论事关能否允许一家公司凭借一个授权就去搜集通话记录——我们国家全体国民的全部通话记录。

我们的国父们无疑会反对这种做法。这种笼统的授权正是他们所鄙夷的事情之一。我们必须对此进行辩论。我之所以表示反对,是因为我提过一个非常简单的请求——让我们提出修正案,让我们对修正案进行投票,而且我还希望获得让它们能够得到投票表决的保证。

那天一开始我就提出 6 项修正案。现在我愿意进行妥协,只提 2 项修正案,要求进行一次简单多数的表决。

我想这是非常合理的观点。如果我们不能做到这一点,不能就我们花了 4 年时间准备的事情进行广泛的辩论,那么我将会表示反对,我会这样做的。

综上，我反对。

主席：反对意见已被听取。

麦康奈尔先生：总统先生，我重申我的一致同意请求，并对其进行修正，将即将到期的授权延长至 6 月 5 日。

主席：对此有反对意见吗？

怀登先生：我反对。

主席：反对意见已被听取。

多数党领袖麦康奈尔先生：总统先生，我重申我的一致同意请求，并对其进行修正，将即将到期的授权延长至 6 月 3 日。

主席：对此还有反对意见吗？

来自肯塔基州的参议员保罗先生：总统先生，如果来自新墨西哥州的参议员想提出反对意见，我将把发言权交给他。

海因里希先生：总统先生，我表示反对。

主席：反对意见已被听取。

麦康奈尔先生：总统先生，我重申我的一致同意请求，并对其进行修正，将即将到期的授权延长至 6 月 2 日。

主席：还有反对意见吗？

来自肯塔基州的参议员保罗先生：我反对。

主席：反对意见已被听取。

麦康奈尔先生：总统先生，我将请求改变为重新审议动议。

凌晨 1 点 30 分，麦康奈尔终于获得了一致同意，但只是要求参议院在 5 月 31 日下午返回华盛顿，即在第 215 条规定的时限之前几个小时。

休会期间，推进某些事情的压力进一步增大了。《美国自由法》的众议院支持者诋毁伯尔的妥协方案，声称它一旦被提交至众议院就将被扼杀。行政机关重申了它们对《美国自由法》的强烈支持，并警告不要让监控权失效。到了5月31日早晨，参议院中《美国自由法》的支持者非常自信地声称，他们已经获得了足够的票数启动对该法的终结辩论程序。然而，只要保罗继续阻挠，参议院就无法迅速采取行动，以阻止第215条失效。参议院在5月31日下午晚些时候返回华盛顿时只能对继续审议动议的终结辩论动议进行投票。如果不顾保罗的反对，通过该法案，还需要提出另一项终结辩论动议——针对法案本身的终结辩论动议——因此，在提出申请和投票表决之间有一天的间隔时间。

三、 休会后的终幕大戏

当参议院在周日下午重新集合，并经过一番激烈的辩论后，麦康奈尔做了挣得时间的最后一搏。他要求一致同意"参议院立即审议摆在桌面上的一项议案，将即将到期的有关'独狼'（lone wolf）和巡回窃听［两项无争议的监视权限］的条款延长2周，并对议案进行三读，之后通过，同时提出重新审议动议，在没有干预行动或辩论的情况下提交院会辩论审议"（《国会记录》，2015年5月31日，S3331）。参议员保罗对此表示反对。

随后，麦康奈尔发言道：

252

> 这样一来，我们只剩下第二个选项，即众议院通过的议案。这当然不是理想的做法。但是，在对一些试图确保该计划能够真正如预期运作的稳健修正案进行投票的同时，这也是当前唯一现实的出路。因此，我决心继续努力，在这种情况下尽可能为美国人民争取最好的结果。

这就是我们现在所处的境地,同僚们。摆在我们面前的是众议院通过的有着严重缺陷的议案,我们希望通过一个短期续期,采取我们通常的做法——通过某种协商程序改善这一议案,但这种期望目前无法实现。

考虑到这样的问题,我提议重新审议第 194 号投票,也就是对继续审议 H. R. 2048 的动议不采取终结辩论程序的那个投票。(《国会记录》,2015 年 5 月 31 日,S3332)

麦康奈尔的动议获得了同意。于是他提出一项重新审议动议,要求对 HR 2048 号议案继续审议启动终结辩论程序。参议院在随后的投票中以 77∶17 票启动了终结辩论程序。

正如他在声明中清晰表露的那样,麦康奈尔和重视国家安全的鹰派还不愿意完全屈服。他们打算修改众议院通过的议案,尽管这种做法会延长监控机构停摆的时间。为实现这一目的,麦康奈尔"填满了修正案之树",也就是说,运用他优先发言的权利,麦康奈尔在国会议事规程允许的所有时间段内都提出了他的修正案。如此一来,麦康奈尔所提的修正案处在了待决状态,阻止了其他参议员提出他们的修正案。他进而对该议案提出终结辩论、提交投票的要求。

周一的时候,麦康奈尔再次要求一致同意,对终结辩论进行投票表决。保罗又一次表示,只有在允许他按照正常程序——也就是按简单多数即可通过——提出修正案的情况下,他才会同意麦康奈尔的请求。在发现他无法得到这样的承诺后,保罗拒绝了麦康奈尔一致同意的请求。

终结辩论动议所要求的搁置时间于 6 月 2 日周二早晨到期,参议院于是以 83∶14 票同意终结辩论。在这周的党派午餐休会后,参议院开始审议麦康奈尔的修正案。

对于修正案的辩论涵盖了我们已然熟悉的内容。重视国家安全的鹰派认为,政府没有滥用其监控权力,监控计划保障了美国人民的安全。他们认为,他们的修正案只保证了改革后的计划仍将有效。然而,他们也不得不给自己留出相当大的余地。修正案没有像他们最初希望的那样,允许政府收集和保留原始通信数据,其中一项修正案仅仅延长了过渡期。《美国自由法》的支持者们回应认为,修正案不仅削弱了改革的力度,而且被众议院视为"毒丸"。得克萨斯州共和党党鞭科尔尼(John Cornyn)愤愤不平地问道:"什么时候开始,参议院把决策权外包给众议院了?"然而,在事实上,现在时间上的压力对想要修改议案的人不利。如果成功,众议院将不得不按原样批准修正后的议案。如果众议院不同意批准,就需要寻求一个妥协方案。与此同时,《美国爱国者法》授权的监控项目,包括那些无争议的项目,都处于暂停状态。

国家安全鹰派人士的修正案接连遭到否决。议案在没有修改的情况下以 67∶32 票获得通过。共和党人分裂为 30∶23 票;民主党则分裂为 44∶2 票。

总统在同一天签署了议案。于是,议案上升为法律(参见表 9.1)。

表 9.1　《2015 年美国自由法》年表

日期 (都是 2015 年)	众议院行动	参议院行动
2015 年早期	司法委员会委员之间谈判协商,司法委员会委员与情报委员会领袖和众议院共和党领导层谈判协商	

（续表）

日期 （都是 2015 年）	众议院行动	参议院行动
4 月 22 日		麦康奈尔提出 S 1035，一个不包含改革内容的五年期再授权议案
4 月 22 日		麦康奈尔反对对 S 1035 进行二读，以便将议案列入审议日程
4 月 28 日	两党的众议院司法委员会领袖和参议员莱希、李宣布提出《美国爱国者法》的改革议案	
4 月 28 日		莱希和李提出 S 1123，一份与 HR 2048 相同的议案
4 月 30 日	司法委员会指令报告 HR 2048	
5 月 8 日	司法委员会报告 HR 2048，情报委员会、金融服务委员会放弃报告	
5 月 13 日	众议院在未附修正案的情况下通过 HR 2048	
5 月 21 日	众议院休会直到 6 月 1 日	
5 月 23 日		对继续审议《美国自由法》启动终结辩论程序的动议遭否决；对继续审议"两个月延期"议案启动终结辩论程序的动议遭否决；麦康奈尔提出一系列一致同意的要求，要求短期的延期；保罗及其盟友表示反对
5 月 31 日		参议院休会，直到 5 月 31 日启动对继续审议 HR 2048 的动议的终结辩论程序

日期 （都是 2015 年）	众议院行动	参议院行动
6 月 2 日		对 HR 2048 启动终结辩论程序;麦康奈尔的修正案遭否决;参议院未经修改通过 HR 2048

四、　非正统的法律制定和两党合作的形式

"9·11"事件之后,人们对再发生一次恐怖袭击的恐惧逐渐减少,对公民自由受到侵犯的担忧却不断增加。在斯诺登的爆料使人们的担忧成为现实威胁后,对《美国爱国者法》进行完善的条件也逐渐成熟。尽管当时的参众两院被共和党人控制,这些人一般而言更加支持原先条款的规定,但仍有相当数量的共和党人质疑该法对美国人民自由的负面影响,他们的质疑让政策改变有了现实可能性。

在众议院,改革议案的通过依然遵循相当传统的立法程序。无论是 2014 年还是 2015 年,法案都是经由委员会提出后,在没有委员会审议之后做出修改的情况下通过了院会审议。妥协是在相对较早的阶段做出的。众议院共和党领导层尽管对改革并不热情,并且对改革的幅度做了限制,但他们并没有试图制止改革。共和党虽然控制着参众两院,而且与民主党在最突出的问题上存在巨大的政策观点分歧,但整个立法过程中两党始终保持着合作,两党的大多数成员都支持这个改革议案。

参议院的立法过程相对而言就不那么传统,这一方面是由于参议

院的特点,另一方面是由于反对改革的多数党领导层确实试图阻止改革。在参议院,有管辖权的委员会并没有就议案提出报告,大多数行动都是在院会进行的。改革的支持者和多数党领袖麦康奈尔都试图利用延长辩论和 60 票的要求来切断辩论,以此迫使投票结果对他们有利。参议员保罗也是这样做的,在一个两党高度极化的时代,他的做法表明了参议院中个人主义的可能性和局限性。最终,由于众议院不愿重新审议其通过的议案,再加上对该议案再授权的时间压力,麦康奈尔的立场遭到削弱,这个改革议案也获得了通过。通过该议案的联盟可以被视为一个跨党派的联盟,因为它包含几乎所有的参议院民主党人,以及不到一半的参议院共和党人。

第十章 非正统法律制定的后果

在美国国会中,非正统的法律制定已经成了一项标准的操作程序,从该语词最为严格的意义上来说,它已经不再是非正统的了。不仅教科书中所列的标准模式不再能够描述多数重大立法如何上升为法律,或者为何没能上升为法律,而且没有任何一种新的模型能够以其他方式来描述这个过程。一些先前看起来很反常的实践形式已经成了标准,比如说各党派的重要领导人介入到院会讨论审议前的阶段中。总的来说,多样性而非统一性,成为当前立法过程的特点。

在简要考察非正统法律制定的轮廓后,本章将检视其产生的后果。对议案上升为法律这一过程来说,组成非正统法律制定的那些程序和实践究竟起到了促进还是阻碍作用? 非正统法律制定是否存在一些不那么容易衡量的成本和收益? 总体而言,国会观察家又应当如何评估非正统的法律制定?

一、 当前国会中的法律制定

过去,多数重大立法都会遵循单一、明确的程序,每一阶段的问题都是该议案是否应当(以及以何种形式)进入到下一阶段。今天,议案和其他重要提案都面临着一系列决策问题,其中有着更为复杂的选择问题。

一项议案是否应当被分送给一个以上的委员会? 在众议院,委员会管辖权规则决定了议案应当被送交哪些委员会，除此之外，议长也拥有一些裁量权。议长通常会指定一个负责牵头的委员会，其他具有管辖权的委员会可能同时也会得到初次推荐的议案，而议长很有可能对审议等工作施加时间限制，限制可松可紧。当多个委员会就同一项议案开展工作时，各种观点和利益在议案起草的时候便得到了体现。如果各个委员会之间能够达成协议，那么支持议案的联盟将变得非常强大。然而，牵涉的委员会越多，达成协议的过程可能就越长，解决各个委员会之间分歧的难度也就变得更大。为了解决时间上的问题，辅理委员会更多会选择退出，不过它们关切的问题通常会被纳入到非正式的协商中。然而，因为负责谈判的通常是资深的委员会领袖，年资较浅的委员会成员就很少能获得发言权。

　　在参议院，委员会领袖之间通常自己解决管辖权冲突的问题，很多解决方式都是非正式的。在相当多的情况下，参议院的几个委员会都是处理解决同一主题的不同议案，在这种情况下，可能会产生许多与众议院中分送多个委员会审议相同的问题和难题。

　　尽管在两院中，多数立法案都需要转送委员会审议，但依然存在完全绕过委员会的选项。多数情况下，只有党派领袖才能行使这一权利。绕过委员会能够极大地提升立法的速度，尤其是在多个委员会都有管辖权时。出于这样的原因，委员会领袖有时会完全同意采取这样的策略，尤其是委员会在上一届国会已经报告了某一议案，或者与之非常类似的议案时。党派领袖有时候会绕过委员会，自己草拟立法案，或者将起草工作交由一个特别工作组来做，因为他们认为委员会无法提交一个令人满意的工作结果。他们担心，由于成员组成或立法问题的政治敏感性，委员会可能难以在合理的时间内达成一份协议，也有可能它们提交的议案无法在本院通过，或者它们的议案会令大量多数党议员感到不满。然而，频繁绕过委员会可能会让多数党与少数党议员产生相当大的意见,那些需要党员选票才能连任的党派领袖往往不愿意采取这样的行动,除非在某些特殊情况下。在最近几届国会中,党派领袖认为情况"非同寻常"的频率要比过去高得多,至少有一部分原因是,两党的高度极化使得拟定一部能够通过院会审议的立法案成了一项更加微妙的政治任务。

一旦委员会就议案提出报告,多数党领导层就必须决定委员会所报告的议案是否已经做了充分准备接受院会审议。这一决定取决于一系列问题的答案:如果议案是由多个委员会报告的,那么各个委员会版本的议案之间是否存在重要且显著的差异? 委员会报告的议案能够获得足够的支持以通过院会审议吗? 它能够令大部分多数党议员满意吗? 如果这些问题的任何一个答案是否定的,那么委员会审议之后对立法案所做的修改就必须协商。如果总统有明显的党派倾向,他的意见也有可能被考虑在内,总统所反对的条款也可能引发委员会审议之后的协商。

一旦政党领袖认为,委员会审议之后的修改是必要的,那么他们就面临着一系列修改所应采取形式的选择问题。在众议院中,下一个选择聚焦于采用何种特殊规则将立法案提交院会审议。立法案是否会有分送多个委员会审议所导致的特殊问题? 是否需要制定特殊的条款,以便将委员会审议之后的妥协载入议案? 是否有议员非常支持或者非常不支持的修正案? 通过与规则委员会多数的协商,多数党领导层会设计一项规则,旨在使立法案在院会审议中得到最好的机会。然而在过去,大多数的规则或是单纯的开放规则,或是单纯的封闭规则。现在,能够限制规则形式的只有政党领袖的创造力,以及对众议院批准的需求。人们越来越倾向于选择高度限制性的规则。众议院的多数议员能够否决规则,但由于政党领袖对其党派同僚的偏好极为敏感,这种情况很少发生。

在参议院,多数党领袖并没有这样强力的工具供其支配。他通常会设法达成一项或者一系列一致同意协议，以便在议会中迅速而有序地审议议案，不过，要想成功，他必须获得所有参议员的默许。

　　个别参议员和少数党拥有的特权使他们在这个阶段可以做出选择。如果他们并不认同某项立法案，是否应当通过搁置议案来阻止其被提交院会审议？他们是否应当明确表示要进行议事阻挠？是否应当向议案的支持者表明他们愿意协商？不论他们对议案持有怎样的看法，如果议案的确要提交院会审议，他们又应当提出怎样的修正案？他们是否应当提出与法案主题并不相关的议案，作为非密切相关的修正案？这要么是为了增加立法案的负担，降低其通过的可能性，要么是希望在这样一部热门的议案中捎带上自己的奇思妙想。少数党是否应当将议案作为一种工具，争取在某一议题上的选票？如果他们强烈反对的某项议案通过了院会审议，他们是否应当阻止其再被提交给两院协商委员会，或者对协商委员会的报告进行议事阻挠？相应地，多数党领袖必须决定是否应当通过"填满修正案之树"的方式阻塞其他修正案？如果这样做，他又是否能够得到实施终结辩论程序所需的 60 票，从而就议案通过进行投票表决？

　　这些都是立法者或多或少在一般重要的议案上所面临的各种选择。立法者也可以选择（或者面临着）几十年前根本不存在或者很少使用的复杂立法类型或立法程序。比如说，领导人可以决定将一系列广泛的规定打包成一个综合议案，以提高关于某个热门问题的单个稳健议案的知名度，或者通过将那些不受欢迎但有必要通过的条款与那些更受欢迎的条款绑定在一起，从而使前者更有可能获得通过。预算程序使综合议案成了立法过程的一个常规组成部分，并迫使多数党领袖定期处理通过此类宽泛的议案所引发的问题。

　　核心领导层——多数党领袖，也包括总统——可以利用预算程序作为尝试推动全面政策调整的机制，而在 1974 年《国会预算和截留控制法》(或称《预算法》)通过之前,受制于当时立法程序的运作,这种政策调整是极为困难的。当总统和国会多数党无法通过常规程序就重大立法案达成协议时,他们可能会决定召开一次峰会——国会领袖与总统高级代表甚或总统本人之间的正式协商。当总统与国会多数党属于同一党派时,峰会并不一定需要召开,但是高度的党派极化让峰会的必要性日益凸显,尤其是在国会的某些部门被不同党派控制时。

国会行动的参与者,尤其是国会的多数党领袖和参议员个人,以及参议院少数党,现在有更多的选择,他们的选择将会导向不同的立法过程。多数党领袖十分重视选择,其目的是促进立法案的通过;参议员个人和参议院少数党的脑海中则有完全不同的想法。当国会行动的参与者做出选择,产生了一项不同于传统教科书模式中标准的非正统立法过程时,正如他们经常所做的那样,这种选择对议案是否能够成为法律会产生什么样的影响呢?

二、 非正统的法律制定及其立法结果

我曾经提出,立法过程中的变化可以被看作是议员们对制度结构和政治环境带来的问题与机遇所做的回应,因为议员们都在单独或集体地追求连任、在议会中的影响力以及良好的公共政策等目标。具体而言,我认为,许多创新和修正都是由立法上的困难所驱动的,而这些困难又是由 20 世纪 80 年代国内改革和针对多数党民主党的敌对政治气候造成的。当共和党人在 20 世纪 90 年代中期赢得对国会的控制权,并且共和党总统于 2001 年入主白宫后,他们根据自己所面临的问题调整了立法过程,这个问题就是:试图以微弱的党派优势实现雄心勃勃的计划。当民主党人重新夺回国会的控制权后,他们同样利用了这些过

260

程,甚至还在某些情况下进一步发展了非正统法律制定的过程与程序。如果说采取非正统程序的目的在于促进成功的法律制定,那么从实际来看,这种程序是否达到了这一目的呢?

多数议案并不能够成为法律。在最近的几届国会中(从第 100 届到第 110 届),众议员所提议案平均有 14%获得众议院通过,参议院的这一比例大约为 22%,当然,只在某一院通过的议案并不能确保成为法律(Ornstein, Mann, and Malbin 2002,146-147;《国会活动概要》[Résumé of Congressional Activity],各类数据)。每一届国会参众两院都会提出成百上千的议案,没有哪一院能审议完全部议案,大多数议案都在提交委员会后便遭到否决,没有进一步的行动。国会议员会出于各种原因提出立法案,从安抚本选区或母州的某个利益集团,到推广一个鲜为人知的问题或是为一个广为人知的问题提供具有创造性的解决法案,都可以成为提案的原因。提案人可能并不指望自己的议案获得通过,有的时候,他们甚至都不想让自己的议案获得通过。

重大立法案则有所不同。所谓重大立法案,是指那些已经被列入国会议程的非常重要的立法案,在国会中它们将得到认真审议。如表 10.1 所展现的那样,重大立法案的前景要比其他立法案好得多。多数重大议案都会在至少一院得到讨论,而这些议案通常都能通过,尽管在众议院通过的概率要比在参议院通过的概率高得多。① 超过六成的重大议案通过了两院的审议,而只有不到六成的议案成为法律,或是成功完成了审议程序。② 因此,那些在国会议程中被认为具备重要立法地位的议案确实更

---

① 由多数党领袖提议继续审议(proceed to consider),但未能启动终结辩论程序的议案,视为进入了院会议程。

② 立法上的这种成功,若讲的是议案,那就是指得到颁布;若讲的是预算决议,那就是指参众两院批准了协商委员会的报告;若讲的是宪法修正案,那就是指每院均有 2/3 多数投票赞同。

有可能成为法律,但这并不是一件确定的事情。事实上,在共和党控制众议院,民主党控制参议院的第 112 届和第 113 届国会(2011—2014年)中,通过两院审议的议案比率降到了 37%,重大议案成为法律的比率则降至 44%。(颁布率[the rate of enactment]之所以会高于两院通过率[the rate of passage],是因为有些议案并没有通过两院审议,而是以其他法案某一部分的形式成为法律的。)

表 10.1　1989—2014 年(选出此间若干届国会为例)重大立法案的命运

	重大议案的比率	重大议案的数量
议案总计数量	100	624
进入众议院	89	557
进入参议院	80	497
通过众议院	85	533
通过参议院	67	420
通过参众两院	63	395
成为法律*	59	368

注:*或者说是成功完成了立法过程。若讲的是预算决议,那就是指参众两院批准了协商委员会的报告;若讲的是宪法修正案,那就是指国会每院均有 2/3 多数投票赞同。
资料来源:由作者计算。

这些重大议案的立法过程中经常出现的特殊程序和实践是如何影响其成功颁布的概率的?对特殊程序和实践的使用数量与立法成功率之间关系的检视,至少为我们提供了部分答案。在此我们使用了第五章介绍的累积指数。针对我所记录的 1987 年至 2014 年间国会通过的每一项重大议案,众议院的衡量标准是计算立法案在通过该院各种立法程序时遇到的下列特别程序和实践的数量:分送多个委员会审议、综合立法案、峰会的成果、绕过委员会、委员会审议之后的调整、限制性规则下的审议。参议院的衡量标准与众议院相同,只不过它不包括限制性规则下的审议。

议案通过众议院审议的可能性伴随着特殊程序和实践运用数量的增加而提升,参议院也是如此。如果众议院审议议案的过程中包含了至少一项特殊程序或实践,那么这一议案成为法律的概率要比不采用特殊程序高得多;如果众议院审议议案的过程包含了两个及以上的特殊程序,那么这个议案将更有可能成功完成立法的过程(参见表10.2)。当然,对于参议院来说,这一层面的联系也是相同的。

262

表 10.2　1987—2014 年(选出此间若干届国会为例)非正统法律制定对国会两院立法成功的影响

	特殊程序和实践的数量 *	所有的重大议案	
		参众两院通过的比率	成为法律的比率
众议院	0	55	43
	1	85	58
	2	94	61
	3 个及以上	97	60
参议院	0	56	48
	1	74	63
	2 个及以上	88	78

注:* 立法案在各院通过各种程序时使用的下述特殊程序和实践的数量计入总数:对于众议院来说,包括分送多个委员会审议、综合立法案、作为立法-行政部门峰会成果的立法案、绕过委员会、委员会审议之后的调整,以及复杂或封闭规则之下的审议;对于参议院来说,除了复杂或封闭规则之下的审议外,前述各种都算作特殊程序和实践。

资料来源:由作者计算。

由于成为法律需要立法案同时在两院获得通过,因此两院特殊程序和实践的结合应当会产生影响。正如表10.3展现的那样,事实的确如此。在两院中采取两个及两个以上特殊程序和实践的议案中,78%都成功完成了立法过程。从另一个极端来看,如果两院都没有采用任何特殊程序,那么只有48%的议案完成了立法过程。

表 10.3　1987—2014 年(选出此间若干届国会为例)非正统法律制定对立法成功的累积性效应

特殊程序和实践的数量*	重大议案获得颁布的比率
两院都没有采用的情况	48
一院采用而另一院未采用,或者两院都采用了一项的情况	48
两院都采用了两种及两种以上特殊程序这一情况外的其他组合	61
两院都采用了两种及两种以上特殊程序的情况	78

注:＊立法案在各院通过各种程序时使用的下述特殊程序和实践的数量计入总数:对于众议院来说,包括分送多个委员会审议、综合立法案、作为立法-行政部门峰会成果的立法案、绕过委员会、委员会审议之后的调整,以及复杂或封闭规则之下的审议;对于参议院来说,除了复杂或封闭规则之下的审议外,前述各种都算作特殊程序和实践。

资料来源:由作者计算。

当然,在其他条件相同的情况下,国会的领导们更有可能在最为重要的立法案,也就是他们认为为了国家或党派的利益必须通过的立法案上采取这些特殊程序和手段。

然而,领袖们不太可能运用自己控制的特殊程序及实践,除非在他们看来,以一种令人满意的形式通过法案存在困难。在委员会审议之后的调整中进行协商,起草和通过限制性规则,更不用说绕过委员会了,这些都是耗费时间和精力的行为。如果立法案可以毫无障碍地获得通过,为何还要耗时又耗神?所以说,当立法过程中出现一些特殊的程序和实践时,很可能便是议案遇到了一些麻烦,如果不进行干预,其立法成功的几率将低于其他立法案。考虑到数据所显示的更高的立法成功率，可以认为这些特殊程序和实践确实实现了其目的。

源自参议院独特规则的特殊实践可以被参议员个人或少数党使用，与那些主要是领导层工具的特殊实践相比，它们很可能会用于不同的目的并产生不同的后果。马拉松式修正和议事阻挠会对立法结果产生何种影响呢？马拉松式修正与立法的成功紧密关联。相比于其他议案，经参议院以唱名投票决定的 10 个或更多修正案所修改的议案，更有可能在参议院获得通过，同样也更有可能成为法律（参见表 10.4）。

采纳院会修正案将提升议案最终立法成功的机会，因为这种修正案能够让一个议案具有更广泛的吸引力，至少那些成功修正案的提案人在立法案通过时有更大的利害关系因而会支持立法案。然而，修正活动频繁的议案和修正活动稀少的议案在立法成功率方面的显著差异有力地表明（不管提出的修正案是否能够通过），当参议员参与到议案的马拉松式修正中时，议案更有可能成为法律。参议员有时候会采用参议院的许可性修正规则，试图枪毙立法案，但这并不是他们使用这种规则的主要目的，他们主要将此类规则用作法律制定的工具。当然，他们有时候也将其作为表达政治观点的工具。

表 10.4　1987—2014 年（选出此间若干届国会为例）发生在重大议案上的马拉松式修正、议事阻挠，以及立法结果

结果	是否经过马拉松式修正*		是否出现议事阻挠	
	是	否	是	否
通过参议院的比率	88	69	68	79
颁布的比率	74	59	59	68

注：*所谓马拉松式修正，指的是有超过 10 个修正案被提出并被付诸唱名表决。只有到达参议院审议环节的议案才会被包括在内。

资料来源：由作者计算。

　　参议员对冗长辩论的运用无论在目的还是在效果上一般都不是出于善意,当冗长辩论成为党派斗争的工具时,将对立法成果产生最严重的影响。与其他立法案相比,那些遭遇议事阻挠问题(包括搁置、威胁性的议事阻挠,或者议事阻挠)的立法案不太可能在参议院获得通过,也不太可能成为法律(参见表 10.4)。在最近的几届国会中,79% 没有遭遇过冗长辩论相关问题的重大立法案通过了参议院审议,68% 最终成了法律;与之相对,只有 68% 遭遇冗长辩论相关问题的重大立法案通过了参议院审议,最终仅有 59% 成为法律。在未能通过参议院审议的重大议案中,有超过一半(61%)遇到了议事阻挠问题。在那些未能完成整个立法流程的议案中,有 56% 遭遇了议事阻挠。

264

　　当然,无论是实际的还是威胁性的议事阻挠,都能够在不枪毙待议立法案的情况下影响立法的结果。那些"肇事者"的目的,可能是向议案的支持者索要实质性的让步,而非枪毙议案本身。尽管遭遇了议事阻挠,那些最终成为法律的议案表明,委员会审议之后做出调整的概率非常之高(在我选取的 1987—2014 年的部分国会中达到了 48%)。这说明,如果要解决议事阻挠问题,就必须有实质性的改动。

三、　其他的成本和收益

　　除了对立法结果的影响外,非正统的法律制定还具有怎样的影响呢?学者们发现,在复杂的组织和程序中,即使是有计划的改变,也可能产生意想不到的后果。这里所讨论的很多变化并非有意而为,而是源于人们对紧迫问题的临时应变。

（一） 众议院的审议及其包容性

长期以来，国会一直都在委员会中进行严肃的实质性立法工作。构成非正统法律制定的许多程序和实践正是对委员会自主权和权力衰退的回应。然而，包括分送多个委员会审议、委员会审议之后做出调整和绕过委员会在内的程序与实践又进一步损害了委员会的影响力，至少在一定程度上如此。这样的结果是否降低了立法起草的专业性，或者削弱了院会审议之前的阶段的审议？ 如果是这样，那它将是非正统法律制定带来的严重负面影响，因为这一阶段是真正进行审议的阶段，如果进行了审议的话。

政治制度中的国会权力，尤其是众议院权力，依赖于其专业的专家委员会。联邦政府需要处理的事务和问题过于繁多庞杂，仅凭单个人的力量很难处理。国会这样一个相对较小的机构要想在行政部门和外部利益集团面前保持自己的独立性，就必须进行分工合作，并依靠其成员在各自的专业领域所具有的专业知识。那么，非正统的法律制定是否降低了议员的专业化水平和获得专业知识的积极性？

至少在 20 世纪 90 年代中期以前，院会审议之前的审议总体而言并未被放弃。正是在绕过委员会的情况出现后，这种审议的削减才变得极为可能。不过，在很多情况下，当委员会在某一届国会被绕过时，它实际上可能已经在上一届国会报告了立法案。在民主党众议院领袖利用工作组而不是委员会起草立法案的情况下，他们选择了在某一问题上具有丰富的实务和政治专业知识的成员担任特别工作组的组长（Sinclair 1995，188-192）。

从 20 世纪 90 年代中期开始，一系列看似特殊的政治环境变化弱化了对委员会的敬重。决策权，包括那些通常被认为是重大立法的决定在内,开始更多集中于党派领导层。在第 104 届国会期间,40 年来首次成为众议院多数党的共和党有很多试图开展的计划。众议院共和党领袖对委员会施加了巨大的压力,迫使其尽快报告立法案。即便要举行听证会,也都是敷衍了事。最终审定往往是匆忙进行的,而且通常是在多数议员还没研究待议问题的立法措辞之前就进行了。从实际来看,它们是临时性的。在委员会或委员会审议之后的调整过程中,党派领袖和由缺乏经验的新人主导的工作组对立法案的内容产生了相当大的影响。出于让立法案得到更快推进以及其他实质性的原因,绕过委员会的情况频频发生。在第 104 届国会的众议院,尤其是在 1995 年,委员会实质性的专业知识和繁重的工作并未让它们产生多大影响力。审议和立法案的质量确实受到了影响。许多共和党人,无论是议员还是工作人员,都在私下承认,提交至院会审议的立法案最多只能被形容为敷衍草率,根本就没做什么细致的实质性工作。

这一届国会盛行的决策模式是在极不寻常的情况下产生的——共和党 40 年来首次成为众议院多数党,以及随之而来的一种使命感。到了 1996 年,委员会重新获得影响力,在第 105 届和第 106 届国会,委员会的很多程序变得与共和党掌权之前相似。可以肯定的是,两党仍然高度对立,共和党与民主党的席位差距很小,这就导致了某种程度的更大集权化趋势会长期存在下去。在这样的背景下,立法的困难就迫使多数党领导层参与到立法过程的各个环节中去。

随着小布什的连任,众议院共和党领导层决心为他们的总统服务,再次主导了最优先立法事项的立法决策权,也有效地统辖了各个委员会。委员会主席和其他资深多数党议员通常扮演着重要角色,但多数其他的委员会成员,不论是多数党还是少数党,都被排除在委员会行动范围之外。如果无法充分回应白宫的意愿,即便委员会的主席们,也可能发现自己沦为局外人，可能发现他们的委员会被绕过，而委员会所报告的立法案被政府认可的版本取代。

不仅如此，共和党领导层对众议院议程的安排导致委员会很难完成工作。众议院一般在一周的早些时候只审议暂停议事动议：众议院在周一要么根本不开会，要么只安排审议暂停议事动议。到了周二，众议院只会就暂停议事动议进行审议，这两天所有的记名投票都会推迟到下午 6 点半以后。到了那个时间，投票就会出现堆叠的情况，也就是说，投票需要连续进行，中间无法进行任何立法事务。首先是持续 15 分钟的投票，随后的投票时间被缩短到 5 分钟。多数议员会刚好赶上推迟到周二下午 6 点半进行的唱名表决，并在周四最后一次投票后离开。到了周五，众议院很少召开真正的立法会议。举个例子，在 2006 年的众议院议程中，只有 71 天要求在白天进行投票，另有 26 天投票时间不早于下午 6 点半。与之相对，在 20 世纪 80 年代和 20 世纪 90 年代，国会每年开会的平均时间是 140 天（《点名报》，2006 年 3 月 7 日）。

华盛顿每周的工作时间被大大缩短，这就造成委员会和小组委员会很难处理大量重要的工作，特别是当它们作为工作小组或集体单位处理工作的时候。对于委员会委员来说，会议相互冲突，委员会和小组委员会很难达到法定的开会人数。即便委员会想要举行重要的监督听证会，时间压力也不利于开展此类活动。国会专家奥恩斯坦（Norman Ornstein）报告了委员会和小组委员会会议数量急剧下降的情况："在 20 世纪 60 年代和 20 世纪 70 年代，国会召开委员会和小组委员会会议的平均数量为 5372 场；到了 20 世纪 80 年代和 20 世纪 90 年代，平均数量为 4793 场。在第 108 届国会（2003—2004 年）中，数量锐减到到 2135 场。"（《点名报》，2006 年 3 月 7 日）委员会曾是众议员们认识、了解其他党派议员的会场，但近年来，这一作用已经大大减弱。

当民主党人于 2006 年重新夺回众议院后,委员会重新发挥了更加积极的作用,不过这种作用的发挥很大程度上依然处于党派领导层的监督与影响之下。就像第 104 届国会的新多数党共和党一样,第 110 届国会的新多数党民主党也有宏大的计划和信念,他们深信自己的政策和选举目标都要依靠迅速而果断的立法行动来实现。在 2008 年选出民主党总统后,这种信念得到了进一步强化。要实现这一雄心勃勃的计划,需要领导层更加积极地参与到立法过程的各个阶段中去。委员会依旧高度活跃,尽管负责处理重要议程事项的委员会主席在达成必要的妥协中扮演着核心角色,但很明显的是,党派领导层依然掌控全局。在第 110 届和第 111 届国会中,委员会确实足够积极地充当了决策舞台的要角,这就使其委员能够真正发挥专业知识。

当共和党人在 2010 年的选举中夺回众议院后,新任议长、俄亥俄州共和党人博纳承诺减少集中指挥,并恢复委员会在立法决策中的主导地位。然而,这个新的众议院多数党面临着来自其老议员和许多新晋议员的压力,他们要求与曾经的政策方向彻底决裂。不仅如此,还有相当多的众议院共和党人认为,在两院领导权分立的情况下,那种为完成任务而做出的必要妥协就是在出卖自己。受此影响,博纳发现,让多数党团结起来通过哪怕是最为基本且必要的立法案也极度困难,因此共和党领导层经常在立法过程中绕过委员会,或不得不对立法案进行委员会审议之后的调整。对于一个有效的立法过程而言,确保听取和审议最广泛的利益诉求,与专业知识同样重要。那么,非正统法律制定倾听各种观点和利益诉求的可能性会产生什么影响呢? 自从 20 世纪 90 年代中期以后,少数党很大程度上被排除在了众议院最引人注目的重大立法的院会审议前的决策阶段之外,有的时候也会被排除出法案通过之后的阶段。可以肯定的是,每届国会都会以两党多数支持的形式通过一些相当重要的立法案。那些没有明显党派分歧的政策事项仍然经常在委员会中经由两党协商来决定。然而，当今国会之所以呈现出党派高度极化的特征，正是因为民主党与共和党在许多方面存在深刻的分歧，不论是在选民、政治活动家、议员层面，还是在他们对"何为良好的公共政策"这一认识的层面。在许多重大问题上，不存在民主党和共和党的多数人都认为明显好于现状的政策调整，因此，妥协不符合任何一方的利益。当民主党人于2007年夺回多数党地位时，有几位委员会的新任主席尝试以两党合作的方式开展工作，但他们发现，在最优先的立法事项上，两党合作与立法效率是相互冲突的。毫无疑问，多数党领导层和委员会主席有时会在非必要的情况下使用非正统的程序，其结果便是排除了少数党的参与，加剧了党派对立的情况。更常见的情况是，党派对立使得多数党领袖必须在院会审议之前和法案通过之后的阶段采用非正统的程序和流程，以便成功立法。

268 　　最后，在评价非正统的法律制定程序对众议院院会审议之前的立法过程之包容性的影响时，必须认识到，正统立法过程往往是具有高度排他性的。某个委员会垄断某一特定领域的立法行动时，并不必然会回应众议院或多数党的意愿。决定通常是关门做出的，许多委员会在某种程度上偏袒某些利益集团并排斥其他利益集团。一些分散的利益诉求几乎很难得到表达的机会，尤其是消费者利益和环境利益，这些利益诉求几乎都不会得到那些富裕且人脉通达的组织成员的关注。

　　作为少数党时，共和党与民主党都声称，那些为众议院审议立法案而专门制定的、通常具有限制性的特殊规则降低了院会审议的质量。情况果真如此吗？在我看来，期待在参众两院中任何一院进行审议——很多人都会用这个词——都是不现实的，这当然也包括众议院的审议在内。如果把审议界定为一种过程，即一群人聚集在一起，讨论复杂的问题,描绘问题的轮廓,明确替代方案并弄清每个人所持的立场,那么期待这一切都发生在院会过程当中是不现实的。审议是一种非线性的、形式自由的过程,它需要对小组规模进行严格限制。小组委员会、其他小型团体,在可能的情况下还包括委员会,这些都是能够促进审议的场所。在限制性规则盛行之前,这样的审议当然不会出现在众议院的院会讨论之中。

在院会中能够并且应当期待的是那些彰显真知灼见、能够提供有用知识的辩论和明智透彻的决策。事实上,限制性规则能够对这些目标起到促进作用,能够为院会审议复杂且有争议的立法案提供秩序和可预见性。无论是在特定议案的审议过程中,还是在整个立法过程中,限制性规则都能够确保院会合情合理地分配时间,确保辩论始终集中于主要的备选方案上,而不是关注那些次要的或边缘性问题。除此之外,使用限制性规则,还可以避免院会对委员会妥协吹毛求疵。①

一个人对于特殊规则的适当形式所得出的结论,取决于他认为众议院院会能够或不能做出什么样的决定。全体议员作为一个整体能够并且应当做出重大决定;全体议员能够并且应当在已经提出的主要备选方案中进行选择。我相信,一个由 435 人组成的机构不应当通过大量的个人修正案参与院会审议过程当中对立法案的具体修改。议院过于庞大和笨拙,缺乏必要的专业知识,此外,过于短暂的审议时间,导致无法充分审议拟议修改可能产生的影响。限制性规则本身并不必然会

269

---

① 程式理论家(formal theorists)已经证明,对于那些稍微复杂一点的议案(从技术上来讲,是指那些拥有不止一种选择方向的议案)来说,总会有可以击败它的替代方案(因而实际上也就存在一个可以击败这个替代方案的替代方案,这是无穷尽的)。这一结果意味着立法者的偏好不是也不可能是立法结果的唯一决定性因素,因为没有任何一种多数人所偏好的选择也都是其他人所偏好的,立法结果也是这一机构规则的一项功能。有关这方面的文献,请参阅 Krehbiel(1988)。

损害众议院审议的质量。

然而，当委员会程序和其他院会审议之前的程序将少数党排除在有意义的参与之外时，高度限制性的规则就会变得更有问题。自 20 世纪 90 年代中期开始，众议院少数党已经三次成为多数党。在这全部的三次事例中，当某个党派作为少数党时，都曾愤怒地抱怨多数党如何利用规则限制参与院会审议，并承诺如果今后成为多数党，就将开放院会审议过程。而在全部的三次事例中，新的多数党都没能兑现自己的承诺。1995 年和 2011 年的共和党人，以及 2007 年的民主党人很快就发现，一个更加开放的院会审议过程与他们兑现立法承诺的能力相冲突。可以肯定的是，两党有时候完全是出于方便才采用了过度的限制性规则。然而，在一个党派高度分立的时代，期待少数党不会最大限度地利用公开的院会审议过程来获得政治利益，并反过来期望多数党自我克制，不去使用限制性特殊规则这一强大工具，是不现实的。

不止是少数党对院会审议程序的限制性以及多数党领导层的决策集中化感到不满。自由党团，一个由 40 名左右强硬派众议院共和党人组成的团体，实质上迫使议长博纳退休了，并否决了多数党领袖、加利福尼亚州共和党人麦卡锡在 2015 年秋季接替他的候选人资格。他们抱怨本党领导层对奥巴马不够强硬，抱怨本党的普通议员缺乏参与立法过程的机会。他们要求减少领导层对委员会委员任命的影响力，给予委员会更多尊重，并给予普通议员更多在院会审议中提出修正案的机会。然而，如果众议院在其领导层拥有非正统法律制定程序这一工具的情况下都几乎无法运转，那么当这些工具被拿走后，指望其发挥作用便更加不可能了。

（二） 参议院中的决策

在参议院中,非正统法律制定最显著的表现是参议员们越来越频繁地运用冗长辩论,特别是自 20 世纪 90 年代中期以来,少数党更是习惯性地采用这一手段。参议院出现的这种趋势,除了阻挠特定立法案外,有何其他影响? 是否具有其他方式无法获得的、远超成本的收益呢?

参议员对冗长辩论的习惯性运用,已经对立法过程产生了广泛的影响,这一影响远超其对特定立法案所产生的影响。由于任何争议性立法案的通过都需要绝对多数,建立联盟的过程变得越发困难,而旨在维护现状的制度也越发陷入僵局。长期陷进僵局的代价可能是极为严重的,一个无法采取行动、回应公民要求并令其满意的政府将失去正当性。

议事阻挠的支持者认为,这一程序有助于审议的完善,通过减缓立法进程,议事阻挠提供了一个重新考虑的机会,或许能够让头脑冷静的人占据上风。此外,还有很多人认为,议事阻挠格外重视立法过程中的极端意见,它使持极端意见的少数派能够保护自身,免受可能出现的多数人的暴政。

作为回应,我们可以认为,暂不论参议院进行的冗长辩论,立法过程本身就有利于极端意见。举个例子,委员会委员的任命程序(在其中,委员的偏好具有相当大的权重)以及参众两院议员在某个问题上投入时间的相当大的自由度,二者共同导致了对某个问题具有极端偏好的人更能发挥较大影响(Hall 1987; Shepsle 1978)。通过保障少数派有时间对其认为不明智的提案提出公开反对意见的权利,审议得到了完善,但是确保少数人有机会公开其观点并不需要如此困难的终结辩论

270

程序。

参议员个人及小型团体已经频繁地运用参议院的许可性修正规则，并结合冗长辩论来提升人们对遭到忽视的议题和政策提案的重视程度。他们的目标在于将他们的议题提上公共议程，将其置于辩论的中心，也许还会迫使参议院采取立法行动。现在，少数党经常试图利用这一策略，把多数党不愿考虑的议题强加到议事日程当中。少数党的目的在于提升议题的曝光度，迫使人们对其展开广泛的辩论，并在可能的情况下通过立法案。然而，在当前的环境下，无论多数党还是少数党的计划，其结果往往是，既没有对之采取辩论，也没有相应的立法行动。多数党会采用程序性的工具，阻止对少数党计划进行辩论和行动，少数党也会通过阻挠多数党的议程计划进行回应。

第 111 届国会令人印象深刻的立法成就——刺激法案、医保改革、金融服务规程，以及"不问不答"政策的废止，还有一些不太出名但很重要的法案——都可以被视为证据，表明参议院在适当的环境下也能立法，而正因为如此，改革也并非必需。相反，我们应当注意，作为多数党的民主党席位异常之多，但通过这些法案仍然异常困难。少数党越来越频繁地迫使多数党经历耗时的过程，对几乎所有事项都提出终结辩论程序，其结果是参议院甚至无法审议大多数的拨款法案。大量由众议院通过的议案因为时间不足，从未被提交到参议院进行审议。当然，这就是少数党的目的。当参议院多数党席位相对较少时——大多数时候可能都会这样——陷入僵局的情况就有可能出现。

四、 评估非正统的法律制定

那么，总的来说，我们又应当如何评价非正统的法律制定呢？要进行更为广泛的评估,就需要讨论评判国会的适当标准。除非我们清楚我们希望国会做什么,否则我们又如何对非正统法律制定的影响进行评价呢?

当然,我们期待国会能够代表我们,我们期待议员们将其选民的意见、需求和愿望纳入立法过程,并且我们期待国会这样一个机构能够提供公共讨论的场所,供社会各个阶层表达自己的利益和诉求。除此之外,我们也希望国会能做出决定,换言之,能够通过法律。

第二个标准有时候被称为法律制定,但很显然并非所有法律都适用于这种说法。在描述国会被期待通过什么样的法律时,有两个标准会被频频提到,而且经常被混为一谈。其一,国会通过的法律应当反映人民的意志,也就是说,国会应当顺应多数民众的意见。其二,国会应当通过那些能够迅速有效地解决国内紧迫问题的法律。这两项标准,一个可以被称为回应性(responsiveness),另一个可以被称为责任性(responsibility),二者是有区别的。只有在理想的状态下,多数人所希望实现的内容才会与政策专家们认为最可能有效的内容相契合。回应性与责任性都是我们希望国会在法律制定的过程中能够进一步弘扬的价值,然而这两者之间可能会产生冲突。

在公众和媒体的话语中,国会议员被告诫要"做正确的事,而不是做受欢迎的事"。但是我们真的希望国会经常忤逆多数民众的意见吗?此外,更为重要的是,具体的政策选择和社会结果之间的联系存在不确定性,这就意味着,在大多数主要政策领域,对于什么是好的公共政策,存在着合理的意见分歧。国会议员还被告知,要关注民众而不是特殊利益集团或高高在上的专家。然而,当人民的期待建基于错误的逻辑和不正确的信息时,国会又应当如何回应呢?考虑到公民并不经常关注公共政策,这种问题实际上并不少见。如果所说的多数派是一个人

272

数不多或相对冷漠的多数派，而少数派却怀有强烈的异议，此时国会又应当如何应对？

代表、回应和责任这几种价值间存在的紧张关系是不可避免的。最有利于实现这些价值的体制和程序不见得完全相同。一个权力去中心化的、开放的、可以参与的机构，其中的每个成员都享有相当多行动的资源和自主权，这种机构在代表价值的实现上，也就是在表达社会最广泛的意见和利益时，具有巨大的潜力。一个权力更集中的、科层化的机构往往更能迅速有效地进行决策。决策过程在公众面前高度公开，有助于进一步实现回应价值，而那些不够公开的决策过程也许更有助于责任价值的实现。代表价值的实现是需要耗费时间的，尤其是当存在各式各样的观点时。顾名思义，法律制定需要收尾、结束辩论，以及或隐晦或明确地在相互竞争的选项之间做出选择。所以说，在逻辑上这三个价值并不能同时实现最大化，否则就需要这样一个机构和立法过程了：既快又慢地做出决定，机构成员既深受舆论之压，又能独立自主。

如果我们期望国会在每个问题上都能充分和公平地倾听每个利益团体的声音，然后又能在所有情况下迅速立法以满足多数人（最好是尽可能多的多数）意愿，同时还可以有效解决问题，那么我们注定就会失望。国会从未能达到这种要求，而国会今日发挥功能的环境使这一要求的实现相较以往更不可能。这个国家所面临的问题极为复杂。在许多问题上，专家对适当的政府应对措施鲜有共识；在其他一些问题上，专家开出的良药稍显苦口。对于到底希望政府做什么这一问题，公民们的意见是分裂的、模糊的，常常也是矛盾的。对于哪些要素构成了良好的公共政策，政治精英们，包括那些由公民选举产生的代表们，也都是异见歧出。

正如我所论证的那样，从逻辑上讲，如果国会不可能同时完美满足代表、回应和责任标准，如果它目前运作的环境是困难的，那么我们又应该如何评价非正统的法律制定呢？我在本书的前几版中认为，只要非正统的法律制定方式能够促进国会的决策能力，不牺牲掉审议，或者不明显限制参与这一过程的利益团体范围，那么它就发挥了极其重要的作用。自 20 世纪 90 年代中期以来，在众议院，包容性和迅速有效的法律制定之间的天平已经过度地倾向于后者。非正统法律制定的工具使后者成为可能，没有了这些工具，众议院可能根本无法发挥其应有的功能。考虑到党派高度极化的情况，高度开放和包容的程序，例如，在常规基础上确立起来的院会审议开放规则，很可能会使众议院无法制定法律。

　　在参议院，少数党对该院许可性规则的运用使快速决策几乎不可能，即便缓慢决策也变得极为困难。许多参议员和大量外部观察人士都认为，如果参议院要充分发挥作用，就需要针对现有情况采取补救措施。他们提出了许多改革建议。有人提议，应该禁止就某些动议或者某些类型的立法案进行辩论，比如继续审议某项议案的动议，或者拨款议案。第 22 条规则可以做出修改，使一项议案在院会辩论的时间越长，采用终结辩论程序所需的绝对多数票就越少。可以要求那些反对终结辩论程序的人凑齐 41 张出席票并投票反对，而不是让多数党凑齐 60 张赞成票。（参见参议院规则和行政委员会关于议事阻挠程序召开的听证会，http://rules. senate. gov/public/index. cfm？p＝CommitteeHearings。）问题在于，参议院规则很难被修改。根据一项解释，修改这些规则要求 2/3 多数的赞同票，甚至比实施终结辩论程序所需要的绝对多数票还要多。根据另一项解释，这些规则可以在一届国会开始时通过简单多数投票予以改变，但这样的尝试很可能加剧两党之间的敌意。2013 年，民主党人确实通过主席的裁决以简单多数改变了关于提名的辩论规则，而共

273

和党人也可以对立法案的辩论规则做出同样的改变（参见本书第三章）。参议员们对这样的改变持怀疑态度，因为这将削弱他们作为个人的权力，当然，这还会进一步加剧党派之间本已十分强烈的敌意。

　　如果前文对国会功能的评估看上去有些不够乐观的话，我们就应当牢记，国会在代表、回应和责任之间取得平衡的黄金时代是不存在的。如果我们认为今天两党的高度极化成了国会做出兼具包容性和有效性决策的阻碍的话，那么在不久之前，人们也曾感叹意识形态上的异质性和政党的无纪律性同样是一种阻碍。虽然 20 世纪 50 年代的国会因其"开明的两党共同"决策，因其是正统法律制定程序的堡垒而饱受赞誉，但 20 世纪 50 年代的国会实际上是一种由资历较深且大多为保守派的议员组成的寡头组织，他们将资历较浅的议员排除在有意义的决策之外，并阻遏了自由派的立法（Bolling 1965；Matthews 1960）。

　　我所讨论的非正统法律制定的发展，是持续进行的国会改革与变化故事中的最新篇章。面对使法律制定工作日益困难的政治与制度环境，国会领袖时而修正、时而改变现有的程序和实践，从而达到促进立法工作的目的。非正统法律制定的结果并不总是那么让人称心如意，尤其是在那些非常突出、争议很大、有可能成为新闻焦点的问题上。然而，非正统法律制定程序是高度灵活的，正因此，它可以针对某一重大议案所引发的政治性、实质性和程序性问题进行调整。非正统的法律制定往往会赋予众议院多数党和参议院少数党权力，不过到目前为止，它使我们最具代表性的机关仍然有可能在民众意见分裂、态度含混的时代继续履行其制定法律的基本职能。因此，它让我们所有人都有机会推进一种政治制度建设，在这种制度中，与人民关系最为密切的机关能够更好地履行我们赋予它的艰巨任务。

274

参考文献

Bach, Stanley. 1994. "Legislating: Floor and Conference Procedures in Congress." In *Encyclopedia of the American Legislative System*, vol. 2, ed. Joel Silbey. New York: Scribner's.

Bach, Stanley, and Steven S. Smith. 1988. *Managing Uncertainty in the House of Representatives*. Washington, DC: Brookings Institution.

Beth, Richard. 1994. "Control of the House Floor Agenda: Implications from the Use of the Discharge Rule, 1931−1994." Paper presented at the annual meeting of the American Political Science Association, New York, September 1−4.

——. 1995a. "Cloture in the Senate, 103rd Congress," memorandum, Congressional Research Service, June 23.

——. 1995b. "What We Don't Know about Filibusters." Paper presented at the meeting of the Western Political Science Association, Portland, Oregon, March 15−18.

——. 2003. "Motions to Proceed to Consider in the Senate: Who Offers Them?" Congressional Research Service Report RS21255.

——. 2005. "'Entrenchment' of Senate Procedure and the 'Nuclear Option' for Change: Possible Proceedings and the Implications." Congressional Research Service Report RL32843.

Beth, Richard, Valerie Heitshusen, Bill Heniff, and Elizabeth Rybicki. 2009. "Leadership Tools for Managing the U. S. Senate." Paper presented at the annual meeting of the American Political Science Association, Toronto, Canada, September 1−4.

Binder, Sarah. 1996. "The Partisan Basis of Procedural Choice: Parliamentary Rights in the House, 1798−1990." *American Political Science Review* (March): 8−20.

——. 1997. *Minority Rights, Majority Rule: Partisanship and the Development of Congress*. New York: Cambridge University Press.

Binder, Sarah, and Steven S. Smith. 1997. *Politics or Principle? Filibustering in the United States Senate*. Washington, DC: Brookings Institution.

Bolling, Richard. 1965. *House Out of Order*. New York: Dutton.

Cohen, Richard E. 1992. *Washington at Work: Back Rooms and Clean Air*. New York: Macmillan.

Committee on Appropriations. 2010. Fact Sheet: Recent History of Earmark Reform. House of Representatives. March.

Committee on the Budget, United States Senate. 1998. The Congressional Budget Process: An Explanation. Committee Print. 105th Cong., 2nd sess.

Congress and the Nation. 1993. Washington, DC: CQ Press.

Congress Daily (now *National Journal Daily*).

Congressional Quarterly Almanac. Various years. Washington, DC: CQ Press.

Congressional Quarterly Weekly (before 1998, *Congressional Quarterly Weekly Reports*). Washington, DC: CQ Press. Online by subscription at http://library. cqpress. com/cqweekly.

Connelly, William, and John Pitney. 1994. *Congress' Permanent Minority? Republicans in the U. S. House*. Lanham, MD: Rowman and Littlefield.

Cooper, Joseph. 1981. "Organization and Innovation in the House of Representatives." In *The House at Work*, ed. Joseph Cooper and G. Calvin Mackenzie. Austin: University of Texas Press.

Cooper, Joseph, and Cheryl D. Young. 1989. "Bill Introduction in the Nineteenth Century: A Study of Institutional Change." *Legislative Studies Quarterly* (February): 67–106.

CQ Today (now *Roll Call*).

Davidson, Roger H. 1981. "Two Avenues of Change: House and Senate Committee Reorganization." In *Congress Reconsidered*, ed. Lawrence C. Dodd and Bruce I. Oppenheimer, 2nd ed. Washington, DC: CQ Press.

——. 1989. "Multiple Referral of Legislation in the U. S. Senate." *Legislative Studies Quarterly* (August): 375–392.

Davidson, Roger H. , and Walter Oleszek. 1977. *Congress Against Itself.* Bloomington: Indiana University Press.

———. 1992. "From Monopoly to Management: Changing Patterns of Committee Deliberation. " In *The Postreform Congress*, ed. Roger H. Davidson. New York: St. Martin's.

Democratic Study Group. 1994. "A Look at the Senate Filibuster. " *DSG Special Report*, June 13, 103 – 128, Appendix B (compiled by Congressional Research Service).

Dodd, Lawrence C. , and Bruce I. Oppenheimer, eds. 1977. *Congress Reconsidered.* New York: Praeger.

Ellwood, John W. , and James A. Thurber. 1981. "The Politics of the Congressional Budget Process Re-examined. " In *Congress Reconsidered*, 2nd ed. , ed. Lawrence C. Dodd and Bruce I. Oppenheimer. Washington, DC: CQ Press.

Epstein, Lee, and Jeffrey Segal. 2005. *Advice and Consent: The Politics of Judicial Appointments.* New York: Oxford University Press.

Evans, C. Lawrence, and Walter J. Oleszek. 1995. " Congressional Tsunami? Institutional Change in the 104th Congress. " Paper presented at the annual meeting of the American Political Science Association, Chicago, August 31 – September 3.

Fenno, Richard. 1973. *Congressmen in Committees.* Boston: Little, Brown.

Gallup Organization. 2011. "111th Congress Averaged 25% Approval, Among Recent Lowest. " January. www. gallup. com.

———. 2013. "Republican Party Favorability Sinks to Record Low. " October. www. gallup. com.

Gamm, Gerald, and Kenneth Shepsle. 1989. "Emergence of Legislative Institutions: Standing Committees in the House and Senate, 1810 – 1825. " *Legislative Studies Quarterly* (February): 39 – 66.

Gilmour, John B. 1990. *Reconcilable Differences?* Berkeley: University of California Press.

Gold, Martin. 2003. Interview by Donald Ritchie, Office of the Senate Historian. December 9.

———. 2004. *Senate Procedure and Practice.* New York: Rowman and Littlefield.

Gold, Martin, Michael Hugo, Hyde Murray, Peter Robinson, and A. L. "Pete" Singleton. 1992. *The Book on Congress: Process, Procedure and Structure.* Washington, DC: Big Eagle Publishing. Supplements published biannually.

Hall, Richard L. 1987. "Participation and Purpose in Committee Decision Making." *American Political Science Review* (March): 105-127.

Hanson, Peter. 2014. *Too Weak to Govern.* New York: Cambridge University Press.

———. 2015. "Open Rules in a Closed House: Agenda Control in House Appropriations from 1995 - 2012." Paper delivered at the Congress and History Conference, Vanderbilt University, May 22-23.

Hibbing, John, and Elizabeth Theiss-Morse. 1995. *Congress as Public Enemy.* New York: Cambridge University Press.

Huffington Post. www. huffingtonpost. com.

Jacobs, Lawrence, and Theda Skocpol. 2010. *Health Care Reform and American Politics.* New York: Oxford University Press.

King, David. 1994. "The Nature of Congressional Committee Jurisdictions." *American Political Science Review* (March): 48-62.

Koger, Gregory. 2002. "Obstructionism in the House and Senate: A Comparative Analysis of Institutional Choice." Dissertation, University of California-Los Angeles.

Krehbiel, Keith. 1988. "Spatial Models of Legislative Choice." *Legislative Studies Quarterly* 13: 259-320.

Lee, Frances. 2010. "Individual and Partisan Activism in U. S. Senate Floor Politics, 1959-2008." Paper presented at the Dole Institute Symposium on Changing the Slow Institution. University of Kansas, March 25-26.

Lilly, Scott. 2005. "How Congress Is Spending the $. 18 a Gallon You Pay in Gasoline Tax." Center for American Progress Report, October.

———. 2006. Statement before the Subcommittee on Federal Financial Management, Government Information, and International Security Committee on Homeland Security and Governmental Affairs, United States Senate, March 16.

———. 2010. From Deliberation to Dysfunction: It Is Time for Procedural Reform in the U. S. Senate. Center for American Progress, March 11.

Longley, Lawrence, and Walter Oleszek. 1989. *Bicameral Politics*. New Haven, CT: Yale University Press.

Mann, Thomas, and Norman Ornstein. 2006. *The Broken Branch*. New York: Oxford University Press.

Matthews, Donald E. 1960. *U. S. Senators and Their World*. New York: Vintage Books.

Office of Management and Budget. 2010. The President's Budget Historical Statistics.

Oleszek, Walter J. 2004. *Congressional Procedures and the Policy Process*, 6th ed. Washington, DC: CQ Press.

——. 2007. *Congressional Procedures and the Policy Process*, 7th ed. Washington, DC: CQ Press.

Oppenheimer, Bruce. 1994. "The Rules Committee: The House Traffic Cop." In *Encyclopedia of the American Legislative System*, vol. 2, ed. Joel Silbey. New York: Scribner's.

Ornstein, Norman, Thomas Mann, and Michael Malbin. 2002. *Vital Statistics on Congress 2001–2002*. Washington, DC: CQ Press.

Pearson, Kathryn, and Eric Schickler. 2009. "Discharge Petitions, Agenda Control and the Congressional Committee System 1929 – 1976." *Journal of Politics* 71: 1238–1256.

Pew Research Center on People and the Press. 2013. Poll, October 6, 2013. www.people-press.org.

Politico. www.politico.com.

Résumé of Congressional Activity. *Congressional Record—Daily Digest*. Various dates.

Risjord, Norman K. 1994. "Congress in the Federalist-Republican Era." In *Encyclopedia of the American Legislative System*, vol. 1, ed. Joel Silbey. New York: Scribner's.

Rohde, David. 1991. *Parties and Leaders in the Postreform House*. Chicago: University of Chicago Press.

Roll Call. Online by subscription. www.rollcall.com.

Rybicki, Elizabeth. 2003. "Unresolved Differences: Bicameral Negotiations in Congress, 1877 – 2002." Paper delivered at the History of Congress Conference,

University of California-San Diego, December 5-6.

Schick, Allen. 1980. *Congress and Money*. Washington, DC: Urban Institute.

Shepsle, Kenneth. 1978. *The Giant Jigsaw Puzzle: Democratic Committee Assignments in the Modern House*. Chicago: University of Chicago Press.

Sinclair, Barbara. 1983. *Majority Leadership in the U. S. House*. Baltimore: Johns Hopkins University Press.

——. 1989. *The Transformation of the U. S. Senate*. Baltimore: Johns Hopkins University Press.

——. 1991. "Governing Unheroically (and Sometimes Unappetizingly): Bush and the 101st Congress." In *The Bush Presidency: First Appraisals*, ed. Colin Campbell and Bert Rockman. Chatham, NJ: Chatham House.

——. 1995. *Legislators, Leaders and Lawmaking*. Baltimore: Johns Hopkins University Press.

——. 1997. *Unorthodox Lawmaking: New Legislative Processes in the U. S. Congress*, 1st ed. Washington, DC: CQ Press.

——. 2000. *Unorthodox Lawmaking: New Legislative Processes in the U. S. Congress*, 2nd ed. Washington, DC: CQ Press.

——. 2006. *Party Wars: Polarization and the Politics of the Policy Process*. Julian Rothbaum Lecture Series. Norman: University of Oklahoma Press.

——. 2007. *Unorthodox Lawmaking: New Legislative Processes in the U. S. Congress*, 3rd ed. Washington, DC: CQ Press.

——. 2012. *Unorthodox Lawmaking: New Legislative Processes in the U. S. Congress*, 4th ed. Washington, DC: CQ Press.

——. 2014. "House Leadership and the Speakership of John Boehner." Paper delivered at the Leadership in American Politics conference, University of Virginia, June 2-3.

——. 2016. "Partisan Polarization and Congressional Policy Making." In *Congress and Policy Making in the 21st Century*, ed. Jeffery Jenkins and Eric Patashnik. New York: Cambridge University Press.

Smith, Steven S. 1989. *Call to Order: Floor Politics in the House and Senate*. Washington, DC: The Brookings Institution.

——. 1995. *The American Congress.* Boston: Houghton Mifflin.

——. 2014. *The Senate Syndrome.* Norman: University of Oklahoma Press.

Smith, Steven S. , and Marcus Flathman. 1989. "Managing the Senate Floor: Complex Unanimous Consent Agreements since the 1950s." *Legislative Studies Quarterly* (August): 349-374.

Stanton, John. 2009. "Three Days of Negotiations Delivered Nelson's Vote." *Roll Call*, December 19, 10:31 p. m.

Stockman, David Alan. 1986. *The Triumph of Politics.* London: Bodley Head.

Strom, Gerald, and Barry Rundquist. 1977. "A Revised Theory of Winning in House-Senate Conferences." *American Political Science Review* (June): 448-453.

The Hill. http://thehill. com.

Thomas. thomas. loc. gov.

Thurber, James, and Samantha Durst. 1993. "The 1990 Budget Enforcement Act: The Decline of Congressional Accountability." In *Congress Reconsidered*, 5th ed. , ed. Lawrence C. Dodd and Bruce I. Oppenheimer. Washington, DC: CQ Press.

Tiefer, Charles. 1989. *Congressional Practice and Procedure.* Westport, CT: Greenwood Press.

Wolfensberger, Donald. n. d. Information Sheets on Congress. The Congress Project.

国会研究常用网站

国会核心网站：

http://thomas.loc.gov——国会图书馆网站，包括法案年表、《国会记录》，以及其他国会网站和政府网站的链接。

www.house.gov——众议院官方网站，包括有关运作和日程安排的信息，以及委员会和议员网站的链接。

www.senate.gov——参议院官方网站，包括有关运作和日程安排的信息，以及委员会和议员网站的链接。

国会政党网站：

www.dems.gov——众议院民主党网站。

www.gop.gov——众议院共和党网站。

www.democrats.senate.gov——参议院民主党网站。

www.republican.senate.gov——参议院共和党网站。

国会山媒体：

www.c-span.org

www.hillnews.com

www.rollcall.com

本书常见报章名称缩写

CD　　　　《国会纪要》(*Congressional Digest*)

CQA　　　《国会季刊年鉴》(*CQ Almanac*)

CQW　　　《国会季刊周报》(*CQ Weekly*)

CR　　　　《国会记录》(*Congressional Record*)

Daily　　　《每日摘要》(*CongressDaily*)

LAT　　　《洛杉矶时报》(*Los Angeles Times*)

MR　　　　《国家杂志·委员会审议报告》(*National Journal's Markup Reports*)

NYT　　　《纽约时报》(*New York Times*)

RC　　　　《点名报》(*Roll Call*)

Thomas　　国会图书馆网站(Library of Congress site)

WP　　　　《华盛顿邮报》(*Washington Post*)

索　引

（索引页码为原书页码，即本书边码）

译后记

　　人民主权原则是现代政制的第一原则,人民主权原则的具体制度表达是,人民的代表机关为国家的最高权力机关,最高权力机关行使最高权力的最重要方式即为制定法律。此种表达为制定法律之权的最高国家权力,实际上是说,一国人民最重大的事务,都应交由人民的代表机关来最终决定。现代世界第一部成文宪法《美利坚合众国宪法》第一条第一款规定:"本宪法所授予的全部立法权均属于由参议院和众议院组成的合众国国会。"这一规定至少在字面上充分体现了人民主权原则及其具体的实施方式。

　　但是,如何才能保证人民代表机关制定的法律之正确性,是个极大的难题。为了确保出自最高权力机关的法律正当合理、不出差错,现代政治家设计了种种严格的议事规则和程序性制度,试图从根本上保证法律体现人民的意志,符合人民的利益。于是,若欲确保立法机关制定的法律具有较高的品质和成色,首先便要依赖严格的程序,这就是"正统的"法律制定。

　　然而,在现代国家,甚至重大事务亦常如惊涛骇浪,突如其来,仅靠严格程序来制定法律,断难应付世事之波谲云诡、瞬息万变。何况代表机关之内,因个体观念差异和党派利益纠葛,代表个人和派性集团常又各行其是,相互掣肘,而致立法延宕,事之不济。

　　于是有"非正统的法律制定"手段出来,意欲矫正"正统程序"的立法之弊，探索复杂社会中的人民主权之道。此一状况，不独美国为然，二十世纪尤其二战以后世界各现代国家，几乎莫不如此。故而本书的研究主题，虽是美国"非正统的法律制定"，但实在具有普遍性的参考价值。正如作者在书末所言：了解非正统的法律制定，可"让我们所有人都有机会推进一种政治制度建设，在这种制度中，与人民关系最为密切的机关能够更好地履行我们赋予它的艰巨任务"。"我们人民"所期望于代表机关和政治制度者，非此而何？彼于人民主权理念和代议制有所思虑者，不能不从中深得启示教益！

本书作者辛克莱供职国会山有年，从事国会问题研究几乎可谓终生。她在国会立法、国会院制、议员身份品性、国会政党斗争、立法政治学等领域的研究，独树一帜，影响广大。《非正统的法律制定》一书，更于首版后大受欢迎，竟而至数年间出了五版——也算是作者的绝笔之作，第五版修订交稿后辛克莱即魂归道山。

职是之故，各位译者能得翻译本书，亦可谓幸甚至哉！其中，赵雪纲译前言、自序、第一章和第二章，冯健骧译第三章和第四章，李彤译第五章和第六章，顾佳羽译第七、八、九、十各章。末后赵雪纲逐字统校了全部译稿并为读者理解便宜而出注。然则译事体大，诸位译者虽已竭尽全力，仍不敢保证一无舛误，诚望识者有以教之！

商务印书馆承丽娟女士，勘校正误之功，尤不可没。译者于此谨致谢忱！

赵雪纲

2024 年 8 月 27 日

图书在版编目（CIP）数据

非正统的法律制定：美国国会的新立法程序：第五版 /（美）芭芭拉·辛克莱著；赵雪纲等译 . -- 北京：商务印书馆，2024. --（立法学经典译丛）. -- ISBN 978-7-100-24077-2

I . D971.2

中国国家版本馆 CIP 数据核字第 2024Z6E223 号

立法学经典译丛

非正统的法律制定

美国国会的新立法程序（第五版）

〔美〕 芭芭拉·辛克莱 著

赵雪纲 顾佳羽 等译

商 务 印 书 馆 出 版
（北京王府井大街 36 号 邮政编码 100710）
商 务 印 书 馆 发 行
南京新世纪联盟印务有限公司印刷
ISBN 978-7-100-24077-2

2024 年 11 月第 1 版　　　开本 880×1240 1/32
2024 年 11 月第 1 次印刷　　印张 14⅝

定价：88.00 元